THEATRUM
COGITATIOCUM
思想剧场

Essays and Reviews: 1959–2002

Bernard Williams

威廉斯论评集（1959—2002）

［英］伯纳德·威廉斯 著　谢沛宏、吴芸菲、郭予峤 译

上海人民出版社

序　言

　　记得威廉斯有一处说，一位哲学家的论著可能很不容易读，可是又似乎饶有深义，怎么办呢？不妨先读读他的一些平常议论，倘若这些议论中肯甚至精彩，那么他那些艰深的著作多半值得费力去读解。这话用在威廉斯自己身上蛮合适；而这部评论集里的文章正是他比较平易的议论。

　　这本评论集里绝大多数是书评，涉及的论题很广，大宗是伦理—政治，此外还有实在论、相对主义、阐释学、科学、人工智能、戏剧、音乐，等等。所评论的文著本身多半都值得去读。埃科写什么都写得生动有趣，威廉斯的妙评锦上添花。明斯基是人工智能领域的泰斗，但他关于社会、自我等的议论有时显得好幼稚，他说道："自我的功能在于我们能够执行我们的计划"，诚如威廉斯诘问："如果事先不存在有着未来和计划的自我，怎么可能会有关于未来的计划呢？"（本书第 371 页）有些书评很简短，甚至有点儿潦草，比如评道金斯的《自私的基因》。有些篇什幅长，集子里最长的两篇，一篇评论瓦格纳的歌剧，另一篇评论内格尔的《理性的权威》，内中展开实质的讨论，可以视作大型论文。

身为学院中人，评论的语气通常相当克制，不过，仍很明显，有些作者受到更多尊重，例如罗尔斯、内格尔，有些则否。威廉斯最推崇的是尼采，最嫌恶的是海德格尔，说他是在二十世纪的著名哲学家中"唯一一个可被严肃地认为是骗子的人"（本书第233页）。这时候他正在评论海德格尔的《尼采》大部头，在他眼里，这些讲座"对理解尼采毫无助益，读来也没法有所收获"。威廉斯的思想我大半很认同，可不知为什么，对哲学家的观感我们之间颇有参差。他一向不大赞许亚里士多德，在不少文著中也说明了缘由，却完全没有改变我的看法。不过，既然我愿意了解威廉斯的整体思想，了解他对这一位那一位的态度仍然是有帮助的，而在这部评论集中，他的态度往往表达得更为鲜明。

比起大部头著作，短评的一个特点是一篇一篇可以变换视角，不用太多考虑这一视角和那一视角是怎么连上的。不过，给予短评深度的，又是作者在篇章内外有连贯的思想。窃以为，在二十世纪下半叶的思想者里，威廉斯总体思想的深度数一数二。许多评论很精彩，因为它们是从深刻思想中生发出来的。例如，嫌恶瓦格纳的批评者通常把他的歌剧和他的反犹立场直接挂钩，致力于在他的歌剧里寻找反犹立场的踪迹，威廉斯认为这种努力颇为牵强：瓦格纳虽然执极端反犹的理论，但他不是根据这种理论来构造其歌剧的，也没有在歌剧中表现之。若从艺术和政治的关系视角来分析瓦格纳，我们可以看到，他厌恨俗常的政治，厌恨功效主义的、党派的、权力的、谈判的政治，颂扬深刻的、精神性的更高统一体。这种瓦格纳类型的反政治超政治包含着一种重大的危险——它召唤一种更具威胁性的救赎政治。威廉斯的这番评论十分独到，精通音乐和戏剧而外，这番评论的独到来自他对政治的通盘深入思考。

对内格尔《理性的权威》的评论也是一篇长幅评论。下面我集中谈谈这篇书评。内格尔是威廉斯的主要论友之一；前面说，威廉斯对某些哲学家透露出格外的好感，内格尔就是其中之一。威廉斯评价说这本书"精妙、简练且有力"。内格尔的书我读过几本，我称道内格尔诚恳认真、不弄玄虚，但不很觉得他格外精妙。

内格尔这本书的主题是批判主观主义和相对主义：你认为某一点是真的，fine，但我认为相反的旨点为真，也没什么错。你可以诉诸认之为真的理由，但这帮不上什么忙，你有你的理由，我有我的理由。这里的"我"和"你"，往往可以换成"我们"和"你们"，文化相对主义通常是这样措辞的。这类论说通常会用到对错真假这些语汇，但认真说来，没有什么事情说得上对错真假。（本文把这一类主张减省地称为相对主义，虽然细说起来，主观主义和相对主义不能画等号。）

内格尔反对相对主义，他的一个考虑是，"某些类型的思想是我们无可避免地终归会有的"，是"我们无法跳出的"。一个突出的例子是"我存在"，此外还可列举出有些逻辑思想和数学思想，虽然它们不像"我存在"那么确定。这些在我听来都蛮好，只是不大清楚它们在实在论讨论中起到的是何种作用。我们都听说过，有些宗教、有些哲学家坚持认为"我"是个幻觉。笛卡尔倒是认可"我存在"，不过，对笛卡尔的一种寻常解读认为那是从"有所思"推论出来的。至于逻辑思想和数学思想，它们即使是实在的，其实在的方式恐怕也不同于"我实在"。我很愿意跟内格尔站在一起来捍卫"健康常识"，但若可以直接引健康常识为证，那我想说，依健康常识，实在的何止是我，或逻辑思想，地球、树、好人和坏人，实在的东西多了去了。但若思辨被允许超出常识，那些断然跳不出去的想法究竟是些什么想法就变得不那么确定了。我是个有感有知的生物，这在我是个跳不出去的想法，但这个断言究竟意味着什么呢？有时，跳出了还是没跳出甚至也拿不准。我若达乎这样的结论：所谓感知，就是像烟雾探测器那样发出警报，所谓思想和理解，就是像计算机那样根据一套算法做出计算，这时候，我跳出了原来的想法还是没有跳出呢？即使我真真切切没有跳出这个想法，这个想法的意义也可能变得面目皆非。我本来以为只有人拥有思想，后来我却认为动物也会思想，树也会思想；我本来认为只有活人会思想，现在却认为人在死后仍然有感有知，"我是个有感有知的生物"于是有了不同的含义。

内格尔还诉诸一个逻辑上的考虑来反驳相对主义，这个反驳简易说来是：相对主义若要成立，它自己的主张也必须被理解为客观上是有效的。我们可以从不同角度来分析内格尔的反驳。在这篇评论里，威廉斯大致采用的是这样一个进路：这个反驳太强了，无视相对主义提出的是什么主张，为自己提供的是何种辩护，一概驳倒。在威廉斯看来，相对主义发动的是一场游击战，而内格尔施用的则是"一套长距离、大功率、多用途的防御系统"。这个简单而强大的反驳若能成立，我们简直就无法想象有谁会坚持任何形式的相对主义。我同意威廉斯，在我看来，凡单纯逻辑层面上的反驳都有这个问题——它们过于强大，不分青红皂白。哲思者须对纯逻辑论证保持足够的警惕，富有意趣的论证都含有某种情境性、针对性，而哲学家们却总是希冀发明出某种一劳永逸的证明——尽管前辈哲学家从来没有成功发明出这种东西。

针对不分青红皂白的内格尔进路，威廉斯提醒我们，"并非所有受到主观主义、相对主义或自然主义威胁的思想都处于同样的境地……我们的道德的某些部分，或我们的长时段历史叙事，或我们个人的自我理解模式，比我们的科学或逻辑更容易受到怀疑，更容易以令人不安的方式被证明取决于一个狭隘的'我们'"。的确，在道德—政治领域持相对主义立场的论者有可能承认，至少科学真理是客观的、普遍的。当然，极端的相对主义连这个也不买账，他们主张，连科学也是建构出来的，因此是区域性或地方性的。谁建构出来的？也许是人类——外星人也许有另一种科学。或者，干脆就是一小撮科学家建构出来的——区域性不一定是地理上的区域性，也可以是智识层级上的区域性。毕竟，大多数人"不懂"科学，因此，他们即使人云亦云赞同科学是客观的，也不知道自己在赞同什么。智识层级上的区域性也可以跟地域上的区域性联合，比如认为科学是一小撮西方科学家建构出来的。

当然，多数人没那么极端，他们应该会同意威廉斯：有些事情比另一些事情具有更显著的相对性。例子不胜枚举，什么例子合适，要看你想说明什么，现在胡乱举个例子："炒鸡蛋好吃不好吃"，因人而异，"鸡蛋是母鸡生的而不是树上长的"，就未见得人言人殊相持不下。

威廉斯举的一个例子更微妙些。虽然"我们的绿色概念和好笑概念都植根于我们的感性和我们应对世界的方式"（本书第 509 页），但说起颜色，我们倾向于较少相对主义语调，即使恐龙是色盲，说"恐龙在绿叶中穿行"也不甚违和；说到可笑，我们就更容易采用相对主义语调，即使一个笑话让几乎所有人都觉得好笑，也不能说成它"在我们接触它之前就好笑"（本书第 510 页）。这话也可以说成，世界本身不包含好笑，同样，世界本身不包含丑恶。"既然我们的地方性倾向能够在无须将世界看作包含好笑或丑恶之事的情况下得到解释，那么就此而言，我们也能够理解何以其他人未必会觉得同一些事儿好笑或丑恶。"（本书第 510 页）

世界本身不包含好笑吗？内格尔说："这个世界从客观事实上说包含着我们的主观印象。"（本书第 503 页）内格尔肯定是对的——世界包含一切，没有任何东西在世界之外。那么，是威廉斯的表述不够严谨吗？严谨当然好，但我们不可能找到绝对严谨无可误解的表述法。在这个上下文，加上客观—主观肯定不会变得更加严谨——在世界包含一切的意义上，客观也包含一切。但客观世界包含一切这样的论断几乎放到任何讨论里都过于强大了，换言之，它会错过所有的实际争点。它肯定会错过实在论争点——如果有实在论问题，我们就不得不区分说，世界包含左尔格但不包含 007。（我不觉得内格尔精妙，这也是一例。）

不过，说到包含不包含，我与威廉斯的想法不尽相同。我猜想，要问世界是否包含月亮、地球、树，我们街上人估计都会回答 yes；问世界是否包含绿色，也许有人犹豫；要问世界是否包含好笑和丑恶，犹豫更多一点儿；要问世界是否包含疼痛、痒痒，well——。我们常说："这事儿真好笑""世界是丑恶的"，就此而言，似乎世界本身包含好笑或丑恶之事，但若你不是诗人，你大概不会说"这刀真疼"，鹅毛搔得你痒痒，你不会说"鹅毛痒痒"，就此而言，世界不包含疼痛和痒痒。

我与威廉斯的划界不尽相同，因为我们背后的想法不尽相同。威廉斯的很大一部分评论是沿着对"我们"有多宽的考虑展开的。平常我们断言一件事情，对断言的适用范围不言而喻有所限制，"这朵玫瑰谁来看都是红的"，这个"谁"不包括色盲、青蛙、恐龙。"我们都知道地球绕着太阳转"，这个"我们"排除了哥白尼之前的几乎所有人。"我们都想去游泳"，这个"我们"也许只有三四个人。

我们不妨从"我们"的范围入手，但要防止它把讨论引向琐碎。我们在意的，主要是提示出种种概念区别的"我们"。"我们都想去游泳"的"我们"并不提示概念区别，但认为世界包含绿色的人群和认为世界不包含绿色的人群却提示树和绿色之间有某种概念区别。简要说来，这个区别在于，说到树，我们通常不会去考虑"在谁眼中它是树"，说到绿色，则更可能要考虑这一点。若像威廉斯建议的那样，"假设我们考虑一个没有生物和感知的世界"，谈论树应该没什么疑问，但是否还谈得上色彩缤纷？有一个流行的段子问：在一个没有任何生物的星球上，山体崩塌是否伴有巨大的声响？山体崩塌、发出巨响听起来十分平顺，而这个段子却提示，巨响似乎预设了某种感知者，而崩塌则没有。你也许认为玫瑰本身是红的、世界本来是丑恶的，但你多半不愿说"这刀真疼""世界是痒痒的"，这提示颜色和痒痒之间又有一项概念区别。刀割导致我们感到疼痛，笑气导致我们发笑——这是因果关系，玫瑰的颜色却不在同样的因果导致意义上导致我们看到红色，笑话也不在同样的意义上导致我们发笑。当然，说我感到痒痒"这个印象"也是客观存在的，更无疑错过了这里的概念区别。

我们看到红色，色盲没看到；一个笑话我们觉得好笑，另一些人不觉得好笑——他们不懂汉语，他们不熟悉笑话依托的故事背景；这里并没有什么难解的相对主义。这里要做的是弄清楚人们为什么对同一事物有不同感知、不同看法。我们能不能取得一致看法？如果他站的地方看不到我看到的，不妨请他移步到我这里来看一眼；但炒鸡蛋对蟑螂来说是什么味道（本书第 347 页），我们恐怕永远无法知道。

内格尔这本书的原名是 *The Last Word*，中译者译成《理性的权威》，亦经内格尔本人首肯。这本书的主旨本来就是理性握有最终发言权。如果理性是说，弄明白人们为什么有不同看法，哪些看法分歧有可能消除，哪些看法分歧无法消除，那我们的确要诉诸理性。但若那是说我们只要诉诸理性就能获得同样的看法，我会颇感犹豫。且不说我们凡事都拥有共识是否可欲，就说消除分歧，恐怕从来靠不上 the last word，无论它发自感性还是理性。什么是天空的颜色？天阴沉沉的，一片灰色；来了沙尘暴，一片黄色；污染严重，一片乌突突的颜色。大鹏扶摇而上九万里，天空一片蔚蓝。这应该是天空的正色。可庄子用的是一个疑问句："天之苍苍，其正色邪？"庄子接下来问："其远而无所至极邪？"老子也有这一问："孰知其极？其无正邪？"我恐怕不会主张世上没有正误，但我的确认为正误并不来自至极之处。思辨可以上穷碧落下探黄泉，但总要有个实际的争点，思辨才有个着落。思辨没有 the last word，或如威廉斯评论的结语说："最终的发言权，一如既往地握在实际发生的事情手里。"

陈嘉映

于 2024 年 1 月 9 日

于龙湾

目　录

前　言

　　本书再版了伯纳德·威廉斯的多篇书评，在第一篇，他回顾并驳斥了一种他认为已经过时的对柏拉图的评价，不留情面地故作惊讶道，竟还有人提出或认同过这种观点。他远远不觉得《理想国》是"西方自由主义和启蒙的屈指可数的丰碑"，相反他只从中窥见了"历史错谬和哲学误解的非凡交织"，发觉它支持了一种"建立在寡头的骗术以及对很多正当的抱负和人类多样性的鄙夷之上的……政治体系"。柏拉图把"依他自己的前提，实际上必定是强制的体系"，表达成了"一个同意的体系"。这是篇精彩又言辞激烈的文章，让我们毫无疑问地了解了威廉斯本人的政治道德立场，或许还有他对心智独立的机会和重要性的关注。在同一篇书评中，威廉斯还独到地使用并定义了"勾人的"（provocative）一词。威廉斯评鉴的是重新发行的《今日柏拉图》，作者理查德·克罗斯曼是一位国会议员，还是个杰出的工党知识分子。这本书被威廉斯称为"在最好的意义上是勾人的——它勾动了思想"。

　　威廉斯的学术哲学家生涯很有建树——他拿到第一个学位后不

久，就赢得了牛津大学万灵学院的学业优异奖学金，34 岁便当选了伦敦大学学院的哲学教授。后来，他历任剑桥大学、牛津大学和加州大学伯克利分校的教授；在 1979 年至 1987 年间，还担任了剑桥大学国王学院院长。他主持过政府的淫秽和电影审查委员会，还频繁且透彻地就众多公共话题发声，内容涵盖了宗教、法律、科学、堕胎和大学的未来。这项工作在本书中多有反映，这些篇章所展现的智识的广博多样甚至超出了这些丰富多彩的活动，唯有一颗热衷于探索的心灵才过得上这样的心智生活。

虽然在本书收录的篇章里，威廉斯没有明确或专门针对他的专业同侪，但他却总是以他理解的丰富意义上的**哲学家身份**来写作；他认定，只要好奇心和思考以任何严肃或有说服力的方式结合在一处，哲学就运作起来了。这样的见解让他对自己受业的学科，即古典学和哲学，都报以崇高的敬意。他说过，分析哲学拥有"文明思想享有的某些优点：因为它提供理由，提出论证，让人们得以明白地遵循和考虑；也因为它把问题弄得更清楚，并梳理了混淆之处"。同时，威廉斯却也担心：英国（及某种程度上的美国）哲学太过满意于自身与法德思想流派的疏离，竟到了不拿法德思想流派当哲学传统的程度，认为它们不过是某种形式的智力杂耍。

> 黑格尔的影响彻底改变了其他的欧洲思想，并持续在其中发挥作用，但英国哲学的怀疑论般的谨慎却以卓绝的方式，杜绝了黑格尔的影响——绝妙，但却是毫无疑问的损失。

卓绝，绝妙。敬意的余音仍在，可对自满的指责再明显不过了。我们可能会想，到了某个程度，"怀疑论般的谨慎"便倾向于取缔好奇心，甚至宣布探究这一概念为非法。很久以前，笛卡尔就明白了这一点，比他早的蒙田也是。威廉斯相当敏锐地评说了笛卡尔的哲学反讽，也就是《谈谈方法》开篇的那个"冷笑话"。"健全理智

（good sense）是世间万物里分布得最均匀的"，笛卡尔说的是法文"Le bon sens est la chose du monde la mieux partagée"。我们认为自己的"健全理智如此充分，即便那些在其他一切方面都最难知足的人，通常也不想比已有的健全理智再多要一些"。这个隐蔽（且非常有趣）的命题容许各种各样的解读，其中有一对论断是相互矛盾的：既说健全理智可能与自以为是难分难解，又说就算是明智的人，也不想有超出必要程度的明智。就我们的语境来说，笛卡尔的命题当然意味着，要是别人的健全理智与我们的看上去并不相似，那我们就很难看出别人的健全理智。

威廉斯的风格多年来以各种方式发展，可他的风格所包含的活力和清晰却未见消退；即使关注的话题非常广泛，他的核心关切也保持了惊人的一致。在对柏拉图的评论中，历史和哲学的结合也是重要的，而同样的结合也一贯地出现在本书的各篇文章和书评里：从威廉斯早年对斯图尔特·汉普希尔的《思想与行动》一书的赞扬（"他认为除去人类心灵的绝对基本的特征，历史的理解对于领会一切东西都是必不可少的"），一直到题为"为什么哲学需要历史"的最后一章；最后这章与威廉斯为新版《快乐的科学》（*The Gay Science*, 2001）所做的工作关联密切，也和他最后的著作《真理与真诚》（*Truth and Truthfulness*, 2002）密不可分。

尼采把"缺乏历史感"称为"哲学家的遗传通病"；威廉斯引述了这句话，还接着说：这条在 1878 年提出的论断，在二十一世纪初年甚至可能显得更真切："当下许多哲学比以往任何时候都更加彻底地非历史。"可是，要点并不是哲学家都该当哲学史家：

更重要的是他们忽视了另一段历史——哲学所试图理解的那些概念的历史。哲学始于我们不够理解自己。我们在伦理上不够理解自己（所谓伦理上，意指我们为什么应该对人的某些而非另一些性情倾向和实践采取积极或消极的关切，以及这些关切应该是怎样的）；我们并不完全理解我们的政治理念；我们也不理解我们怎么就获得了各种观念和经验……哲学帮助我们理解自己的方法包括：反思我们所使用的概念，反思我们思考这些不同东西的模式；有时还会提出反思上述事项的更好的方法。

在柏拉图书评里所提出的"历史错谬"是拒不查询可见的记载所致，而"哲学误解"则源于简陋的或情绪化的逻辑。忽略现实、曲解现实，不关注现实，或是关注得很差劲，这些方法我们格外钟爱，也颇受推崇，却让我们时不时都会犯错。

借用威廉斯在本书的篇章里反复使用的一个短语，我们在上述模式下，会以各种各样的方式没"弄清真相"（get it right）。值得一提的是，对各式各样的准确性的这一要求，可不是什么狭隘的实证主义作祟，也不是什么吹毛求疵之举。威廉斯并没有把视角主义连同相对主义一道予以摒弃。比方说，他建议阿拉斯戴尔·麦金太尔应该更"切合实际"，但这不是说那位哲学家应该别那么期待任何人会留意他卓绝却怀旧的道德史重构。这个建议意味着，麦金太尔应该多想想事物本身所是的模样，而不是事物经任何人的欲望和梦想所点缀的样子。谈到这里评论的一本书①时，威廉斯说，它"有时对日常真相不屑一顾，这样做的代价可承受不起：要是没有了那种真诚，那种对日常事物的敏锐而机警的感知，就没什么探究可以帮我们理解自身了"。我们要注意，这里说的是"日常事物"，而非常常令人困惑的"日常语言"。维特根斯坦在另一个场合说，一旦我们见识到了事物本身的模样，有很多话我们就不会去说了。

于是，起码在做哲学的时候，威廉斯和许多哲学家不一样，他相信具体的历史语境，相信言词和行动在它们发生的地点和时间所

---

① 指《心智社会》一书，参见本书的《马文·明斯基〈心智社会〉》一文。——译者注

含的意义——他在本书某处 ① 说道，这种意义的根据是"在某些现实的社会情况下的某个现实权威"。"我们思考世界的一切方式，都受制于包含惯例、礼仪和利益在内的特定历史情境。"鉴于这个理由（以及其他理由），威廉斯提倡他所谓的"局部怀疑论"（partial scepticism）的做法。

> 例如，总体的怀疑论证说的是，我们对他人的心灵一无所知，但这是不痛不痒的，因为该论证完全是理论上的；更让人不安的是，认为也许我们对他人知道个一星半点，却比自以为知道的要少得多。

也就是说，我们的知识和无知大多并非"完全是理论上的"，或者说，压根儿就不是理论上的；关于"不痛不痒的"怀疑论的看法，倒让人想起了威廉斯在别处对伯特兰·罗素的"无成本的英雄姿态"的评论。我们可以仿效亨利·詹姆斯对他所谓的"实在"的做法，断言事物本来的模样是我们没法**不**知道的。我们可以这样下断言，但如此一来，我们也得记住：不知道我们知道什么，是我们最钟爱的逃避和自保的方式之一。

威廉斯迥异于其他分析哲学家，还体现在（至少）两个别的方面：他推崇风格（style），并认为说不了的话，有时候也值得试着说一说。他把笛卡尔——我们已经切身领教过了——描述为"天才的哲学风格家"。不过，威廉斯说，"摩尔出了名的细心和精确"是优点，但"他以磨人的风格，为这两个优点树起了一座丑陋的纪念碑"；摩尔发展出了"一种显著的模糊性，说来古怪，竟与其律师般的谨慎印迹并存"。海德格尔风格的特点是"晦暗和可怕的武断"，他的思想摆脱不了这个印迹。的确，威廉斯觉得风格是思想

---

① 即本书的《罗伯特·诺齐克〈哲学解释〉》一文。——译者注

的一个方面，但文学史家和哲学家一样可能错过、可能拒绝风格与思想的会同。谈到文学史家的严重缺点，他说：

> 倘若对哲学家的真正意思没有什么哲学的理解，又怎么标出那些［对哲学家的］误解呢？……哲学的见识与对哲学写作的**文学**理解分不开，因为哲学的见识与理解哲学的写作完全没法分离。

威廉斯还在更宽泛的意义上，用"风格"一词来表示做哲学的方式。因此他可以表明，尼采借着自己煽动性的方式，追求他自己理解的准确和信实；尼采的写作确实在这方面提供了宝贵的一般教训："在哲学中，可不止有一种风格体现了弄清真相的需要。"

至于模糊随意的思想，威廉斯没工夫多想。"矛盾本身并不使生活更丰富。很多时候，矛盾甚至连让生活更有趣都办不到。"我们了解到，乔姆斯基"在他的理论关注和他如此明确拥护的政治理念之间往来，速度快得吓人，方式还简单得有点危险"。对于一位杰出的资深同侪，威廉斯也指出，实在让人遗憾，"赖尔所言也许潜藏着某种真相，但他的考量没有把真相揭示出来"。

然而，威廉斯即便在这种情况下，都容许真理的可能性，并且他反复申明，相对于人类的需求，何者必须被视为智慧或者思想的善意。"哪怕它是幻觉，也难以舍弃"，威廉斯是这么说宗教的，我们对许许多多的事物也可以这么说。他还提醒我们，"仅当宗教是真实的，有关宗教的最有趣的问题才是它的真相。倘若宗教是虚假的，那么有关它的最有趣的问题是……它实际上告诉了我们关于人性的哪些方面的内容"。哪怕是现代哲学里最具开创性、最深思熟虑的很多工作——比如约翰·罗尔斯和德里克·帕菲特的工作，威廉斯都觉得它们有点闷（airless），对历史世界的"粗暴且热烈的不合理性"关注得还不够。

　　有一种迷人的谬误形式可以最大限度地试出威廉斯的友善。那是一种别致的怀疑论，见于某些解构性写作，尤其是文学批评和文学理论，有时还见于理查德·罗蒂的一些论证。这种怀疑论是说，语词便是存在的一切，或是我们谈论得了的一切。剩下的唯有沉默，或者应该唯有沉默——维特根斯坦《逻辑哲学论》的最后一句，就这样遭逢了令人眩晕的、文学性的恶化。威廉斯援引了加州大学伯克利分校一位同事的说法，还在本书中说过不止一遍："把这话讲给对外文本老兵协会（Veterans of Foreign Texts）听听。"①他的目光——顺带一提，这说法我也从伯克利学术圈的成员那儿听过——对准了保罗·德曼（Paul de Man）《盲视与洞见》（*Blindness and Insight*）里臭名昭著的一句话："历史知识的基础不是经验事实，而是书面文本，即便这些文本乔装成战争与革命的样子。"要是这句话的意思是——德曼很可能真这样认为——战争无非文本而已，那么这句话全无心肝，也不真实。可这句话的意思是这样吗？

　　威廉斯本人心胸宽广，有助于我们搞清正在发生的状况。我们可以问，这些怀疑论的说法理应满足什么需要，它们就我们自己和他人，又告诉了我们些什么。显然有许多批评家和其他人士喜爱"世界是文本"这一观念，顾不上一切肉体的疼痛和悲伤。同样明显的是，还有别的人——这批人兴许比第一批人还要多——希望把一切关乎文本和诠释的言谈，全都视为对人尽皆知的事实的纯粹的混淆。可如此一来，我们便会好奇，为什么我们或任何人会珍视这些简单化的总体愿景，而我们的好奇心也许必须留到另一个问题——威廉斯从尼采那儿获取了该问题的一种表述，用以结束他为

---

① 根据这种"别致的"怀疑论，战争不过是一些文本，此外别无真相。可怀疑论者又哪敢把这番话说给那些亲历战争的老兵听呢？美国有个"对外战争老兵协会"（Veterans of Foreign Wars），此处把"对外战争老兵协会"替换成"对外文本老兵协会"，其实是在戏谑"战争无非文本而已"的说法。——译者注

《快乐的科学》而作的言辞生动的导论："他①想让他的读者不仅在本书的最后，还要在全书，乃至于他的全部著作中，都问一问自己这个问题——'这是你**想要**的吗？'"

通过为一本论知识分子的书作评论，威廉斯在短短的篇幅里问出并作答了，作者保罗·约翰逊在 300 多页肤浅的篇幅内规避的那个困难的问题。尽管那位作者的论证似乎是说，知识分子不过是有名的混蛋罢了，但威廉斯却厚道地假定，约翰逊心里其实有个更好的疑问，即："为什么知识分子应该享有某种权威呢？为什么要有人在意他们呢？"——尤其是，要是没有迹象表明，知识分子比他人"道德上可靠，或判断上良好"，那么为什么在意他们呢？威廉斯的答案是，既然萨特这样的哲学家受人尊敬，这不是因为他讲了一些——用约翰逊轻蔑的措辞来说——"关乎人性的光辉真理"，反倒是因为他理解了如下事项：

> 政治必然涉及观念，当政治否认这一点时尤其如此；政治观念需要其他观念供给的环境、批评和生命；有的人富有想象力，能把这些观念引入将要有赖这种政治为生的人的思想中。

这篇书评的最后这番话，把我们带回了威廉斯早期对柏拉图的非自由主义的强制观所做的思考："知识分子的权威……依赖于受影响者未遭支使的反应。"

威廉斯的想法大多汇集在这些方面：观念有生命，即便它们的生命未获认可；相对于观念的生命，需要发挥想象力——威廉斯就撒切尔夫人及其支持者说道："撒切尔式的政治不是没观念，而是缺乏想象力"；还有一种感受，即我们在心智领域能为别人做的，顶多是和他们一起思考，而非替他们思考。我们没法命令他们，

---

① 此处的"他"指尼采。——译者注

也不该设法改进他们。威廉斯最尖锐的评论之一就谈到了他的畏惧，他怕他评论的一本书 ① "正企图干一件可怕的事儿：把哲学带回到本世纪的工作费尽心力去摆脱的抱负，也就是实行教化的抱负上去"。

不过，我们不图教化——甚至都不图帮忙——也可以帮上忙，威廉斯提出了一个强有力的建议，对一切事关思想的深思熟虑都很宝贵。就此而言，甚至连柏拉图都得到了威廉斯友善的认可：起码他是为了勾人。

> 柏拉图知道，通向有益之物的道路不仅艰深，而且难测，让人们一路前行的动机未必与帮忙的欲望扯上关系。那些动机囊括了哲学的另一个动机，即好奇心。其实这两个动机没法真的分开，帮人为怀的哲学可离不开旨在帮助我们理解的哲学。

这个论断相当复杂精妙。哲学常常想要帮忙——我已经引述过，威廉斯就讲，"哲学始于我们不够理解自己"——但哲学家心中所想，可能无外乎他们自己的困惑罢了。尽管如此，他们可能还是帮得上忙，就像那些宣传自己乐于助人的人一样——想一想所有那些关于如何促进思考的手册——他们能做的，也不过是让我们在自己趋向的困惑里陷得更深。威廉斯的建议包含的错综复杂的力量，便在于此。道路艰深难测，可还是路。这是我们的路。我们因分担道路而变得更好；可要是假装道路柔缓平顺，或是完全放弃帮忙的念头，我们会糟得多。

迈克尔·伍德

（谢沛宏　译）

---

① 即罗伯特·诺齐克的《哲学解释》一书，参见本书的《罗伯特·诺齐克〈哲学解释〉》一文。——译者注

R. H. S. 克罗斯曼《今日柏拉图》

二十五年前，柏拉图的《理想国》被公认为西方自由主义和启蒙思想的一座至高丰碑。人们认为该书与修昔底德在他所撰的历史中令伯里克利说出的那番葬礼演讲一道，代表着希腊政治智慧和道德志业的顶峰，因此对于从经典中汲取教益的统治者和政府首脑而言，二者起着导引和启迪的作用。这种对于柏拉图政治学的看法仍未彻底消失，并且无疑还在公学的演讲日上时不时被提到；但是它实际上已然过时，因为人们已经揭露出，它从来都只是由惊人的历史错缪和哲学误解交织成的产物。在英国，这种观点从严肃讨论中销声匿迹，主要归功于波普尔教授所造的重型破坏机器，《开放社会及其敌人》；但是早在 1937 年，克罗斯曼先生在他的《今日柏拉图》中施展的那些轻巧但有力的武器已经使之承受了巨大的损伤。[1]这本见解独到、启人思考的书如今有幸再版，做了一些改动，并添加了一个新的简短导言，在导言中，克罗斯曼貌似无害地说明了为何不做更多改动。

关于这种一度流行的关于柏拉图的观点，最奇怪的一件事莫过于人们竟然曾相信它。即使一个人对希腊历史的知识还不及柏拉图的崇拜者们，也能发现柏拉图的政治理论并不代表对雅典理念的最精妙的哲学表达，而是对雅典民主制度和伯里克利的一种蛮横的反动。进一步说，只要读过一遍《理想国》一书，就可以，或者说，应该可以意识到，书中所推荐的那种政治体系既僵化又畸形，虽然其背后有着崇高的意图，但它终归——并且毫不掩饰地——是建立在寡头的骗术以及对很多正当的抱负和人类多样性的鄙夷之上。那些有着学识和良知的人们竟然曾将其视为对伯里克利葬礼演说的原则的绝佳体现，抑或一种有尊严的人类生活形式，这的确令人讶异。

正如克罗斯曼所言，对于人们所犯的第一个错误，即历史的错误，主要可以解释为他们根本不愿意用历史的观点看待柏拉图的政治思想。克罗斯曼的书有一部分致力于补充历史背景，尤其是柏拉图的生平。他对此作了生动的阐述；虽然专业学者难免会质疑其中的一些地方，但是所有核心的论点都有理有据，足以使读者获得对希腊政治的真切认识。克罗斯曼对苏格拉底的看法则可能招致更一般的怀疑。他已经先于波普尔想到了后者的一个思路：苏格拉底不同于柏拉图，是一个真正的"民主派"，一个反抗权威的诘问者，他把自己变成了不可一世的暴政的眼中钉，并因此遭到处决。这或许是实情，但从历史角度证明它比克罗斯曼和波普尔认为的更难。我们知道，苏格拉底和一个反民主的派系有所牵连，并且他被处决与此事有关。克罗斯曼也承认这一点，但他论证道，苏格拉底是个民主人士，甚至就是一位圣人，然而民主派系处决他却也**在政治是上正当的**。这一手奇异的文字把戏透露出的似乎不只是历史的不确定性。

对于柏拉图的政治声望的问题——有些人明明应该明辨是非，为何还认为他的体系值得崇敬——克罗斯曼也有有趣的说法，分为直接和间接两方面。从直接的角度，他提出，很多人把柏拉图那些更不讨喜的建议说成是一个理想主义者在未考虑人性弱点的情况下提出的方案，以此略过它们；然而，克罗斯曼很好地指出，柏拉图对人性的弱点有着执著的觉知，并且他之所以发明出那个等级森严的结构，正是因为他认为没有其他办法能驯服这些弱点。克罗斯曼并未低估柏拉图的悲观看法的说服力和精巧性。如果他能继续讨论柏拉图的人性理论，并且从他自己的前提出发，谈谈这个理论如何能提供种种复杂的手段，使柏拉图得以将他设计的实际上应被视为一个基于胁迫的制度呈现为一个基于同意的制度，该制度应该也会很有趣。

从间接的角度，克罗斯曼指出了传统上对《理想国》的崇拜的其他根源，他在他的书的非历史的部分中富有想象力地展现了柏拉图在诸如英国民主制度和英国教育等问题上可能会有的观点，并且指出，这些制度受柏拉图式想法启发的程度远甚于表面所见。他要是再附带从柏拉图的角度评估一下英国在殖民地的任务，想来也颇有帮助。在本书的这些部分中，"柏拉图"被请来评断二十世纪的问题，在二十年后的今天，它们仍然保留了大部分的思想火花。其中有些地方论证十分薄弱，并且克罗斯曼惯于犯下一种谬误，或可称为**高卢谬误**（ *the Gallic fallacy* ），亦即，他假定某些政治制度经不起"严格的逻辑"的质询，但其实他仅仅论证了，从一些不充分的前提出发，经过严格的逻辑推导，可以得出这些制度经不起质询的结论。但是这些都在最佳意义上是勾人的——它勾起了思想。[①]

本书以一个后记结尾，克罗斯曼在其中对柏拉图思想中的民主和权威的关系给出了自己的看法。这部分很简短，并且终归有些晦涩；它令人晕头转向地把近乎无政府主义的激进思想和对现实权力如痴如狂的敬畏捏合起来。这里边有着尚未纾解的张力——同一张力肯定也存在于他对苏格拉底之死的曲折揣度中。这令我们疑问，这本并未过时的书是否不仅向我们展示了今日的柏拉图，也展示了今日的克罗斯曼。[2]

5

---

① 此处或系一语双关，"provocative"既可以作"激怒人的"解，也可以作"启人思索的"解。——译者注

注释

[1] *Plato Today*, by R.H.S. Crossman, MP, rev. ed. (Allen and Unwin, 1959).

[2] 本书评最初以 "Disbanding the Republic" 为题发表于 *Spectator*, July 31, 1959。

理查德·克罗斯曼是一位重要的英国工党政治家、作家以及编辑，他在 1968 至 1970 年间供职于哈罗德·威尔逊（Harold Wilson）政府。

（郭予崤　译）

G. L. 瓦诺克《1900 年以来的英国哲学》

　　这本格外质朴的书，只有书名所承诺的比所提供的多。[1] 本书不是对 1900 年以来英国哲学的总述，因其完全略去了道德哲学和政治哲学，而在哲学的其他领域，它则有选择性地论述了相对较少的哲学家的工作。然而，瓦诺克先生清楚地说明了这些局限，他解释说，他的目的是"尽可能讲清楚哲学图景的一般特征"，并且他特意对近期其他著作已经研究过的主题——比如逻辑原子论——只作了简要论述。诸多限制造就了这本闲适、优雅的小书，清晰得让人赞叹，写得非常好。

　　然而，本书的简洁性和清晰性并不只是有限的关注点和论述技巧的产物。它有着道德故事所必备的直白。一上来我们就看到英国观念论（British Idealism）的可怕景象，智性上腐败、欺诈，在宏伟的妄想中跟跄着走到尽头。英国观念论来自异域，其统治从来都只是占领的暴政；而英雄摩尔的崛起将其驱逐出境，这不仅是光明与黑暗的对抗，也是本土与异域的较量。在随后的斗争中，摩尔有其盟友，但他们并不总是可靠；罗素，勇敢但不稳定；实证主义，暗恋着形而上学敌人。作者也讲到了维特根斯坦的史诗，不得不如此严肃地对待这样一个恣肆的人物，难免有些紧张。到赖尔那里，

6

胜利的和平快要实现；故事的最后，常识再次登上王位，牛津的公民们平心静气，但也没闲着，他们通过诚实的劳作赚取着不高的回报。

应该说，瓦诺克先生的论述并没有这么简单，当然，他敏锐地观察到并清楚地阐述出在他眼里这些哲学家之间的主要分歧。不过，正如他提醒我们的那样，他没有藏着掖着他的偏好；正是摩尔——作为常识的捍卫者的摩尔——成为近世哲学最具原创性和最重要的贡献者，正是基于这一判断，才有了本书整个的叙述。这一判断背后的预设也非常清晰地显现出来，也许正是这些预设的性质以及对它们明白无误的展现，赋予了本书毋庸置疑的意趣和某种意义上的吸引力。

本书的基本预设是，形而上学的论题，甚至形而上学的困惑，总是理论家们——无论哲学领域还是科学领域的理论家——直接或间接的产物。在自然状态下，也就是不受理论家干扰的情况下，我们都持有"常识性的世界观"，（如瓦诺克先生所言，摩尔认为它）"不足为奇，使人舒心，千真万确"（第 55 页）。事实上，即使是理论家们的活动，似乎永远只能暂时性地扰乱这种世界观："在我看来，最明显的事实是，在其最简单的基础上，我们日常'看世界的方式'是绝对稳如泰山且不可动摇的……就算是贝克莱，他对他的理论图景能在多大程度上保持一种充分的意识，而不止于偶尔片刻的把握，这也令人起疑；人不可能那么轻易地摆脱对其所属物种来说是自然的东西。"（第 142 页）这么做的一个结果是，那些严肃声称自己饱受形而上学困扰的人很可能要么处于不平衡的状态，要么就是不真诚；那些没这样做的人会松一口气，因为他们知道"以摩尔的方式做哲学，不需要有（我们大多数人无疑没有），也没必要假装有（至少有些人不愿意这样做）大规模的形而上学焦虑"（第 55 页）。这种关于形而上学困扰的源头和性质的观点，与卢梭式的关于自然人被教士和国王的阴谋所腐蚀的观点相似——前者差不多可以说是后者的复发。

现在人们会承认，在对诸如外部世界是否存在等形而上学的怀疑论问题上，摩尔的说法是有道理的，即任何正常人都不会正儿八经去怀疑"常识性"看法的真实性。但即便如此，认为形而上学怀疑的根源在于理论家们的活动，这种说法是最不可信的。比如，瓦诺克先生将形而上学视角下的心灵（与对外部世界的怀疑密切相关）看作是"内部的人"。瓦诺克提到并拒绝了如下观点，即，这种形而上学式看法的根源已经存在于我们关于心灵的日常语言的结构之中，并且他认为，对神经生理学发现的误解，以及将神经系统的工作原理同化为熟悉的电话交换机的工作原理的倾向，都是对问题的现成诊断。这种诊断是荒谬的。因为"内部的人"在笛卡尔那里已经存在了，而且（尽管他并不担心唯我论）在柏拉图那里也是如此——他们两人——笛卡尔也不例外——都没有被神经生理学的思考所驱使，而据我们猜想，他们也没有被电话交换机的思考所驱使。当然，两人都是"理论家"；但对柏拉图来说，这样的画面是自然的，而笛卡尔的沉思初看也令人信服，这可能会表明，"内部的人"是他们作为理论家发现的，而不是他们发明出来的。与此相关的是，相信有某种人类灵魂，它有可能与身体分离，这种看法似乎与人类一样古老，因此，想来它不会比"常识"年轻。然而，瓦诺克先生并不同情如下想法，即自然而然会有一个关于意识的问题，而"内部的人"是与该问题自然而然相关的图景，甚至潜伏在常识之中。

尚不清楚瓦诺克先生在多大程度上将"教士和国王"理论限定在诸如外部世界的存在等问题上。在有些地方，他似乎暗示，任何形式的"大规模的形而上学焦虑"都是没道理的；而在其他地方，他承认，在有些时期，至少某些形式的形而上学焦虑，起码不会显而易见就是不真诚的。不过，当前时代不在其中。在他思考并试着证明当今牛津风格的哲学家缺乏形而上学的困扰的一章节中，他提到了以前形而上学和宗教的关联，并接着说："当很多人既没有宗教信仰也似乎没有受对任何严肃的宗教信仰的需求所迫时，（形而上学）预计会有些衰落……像宗教一样，形而上学的产生不应该听命于任何所谓知识分子的礼节要求，也不应该是为了追求某种一度真实的热忱，在目前的条件下，这些热忱都是造作的或假装的。"（第 145 页）这些都是值得敬重的言论，毕竟如果没什么可担心的，那装出忧心忡忡的样子肯定不是什么光彩的事。然而，他的暗示似乎是，眼下在形而上学方面没什么可担心的；如果他未作这样的暗示，那么许多人不担心的说法就只是无关紧要的，也不会为形而上学的不作为作辩护。这个暗示委实不可思议。事实上，这本书的整个基本论点就不可思议；瓦诺克先生论述该论点的态度更是如此，仿佛他清醒地认识到一些显而易见的真相，但又莫名其妙地忽视另一些真相。

不幸的是，有些读者，尤其是本书主要面向的非专业读者，在对这种态度感到不解时，可能会将其仅仅看成是某种狭隘的学术自满。这种不宽厚的反应未免过于草率：本书写作之敏锐，推理之锐利，其所蕴含的道德寓意，所有这些都需要对其难以置信之处进行更深入的刻画。这样的刻画确实有待于对"常识"概念以及它在某些当代哲学中所扮演的特殊角色做适当的研究。然而，总的来说，可以说瓦诺克先生的书所呈现出的态度最像一部形而上学作品；这种态度与自鸣得意之间的区别，就如同莱布尼茨和潘格罗斯（Pangloss）之间的区别。就像在一些形而上学的著作中一样，杰出的智慧运用于人类经验的事实予以扭曲，以适应一种对人性、科学和哲学的极其简单的观点。不补充如下这点将是不公平的：和那些形而上学作品一样，本书也从此种做法中获得了真正的统一性，甚至获得了某种魅力。[2]

注释

[1] *English Philosophy since 1900*, by G. J. Warnock (Oxford University Press, 1958).

[2] 最初发表于 *Philosophy*, 1959，版权归剑桥大学出版社所属。经许可转载。

（吴芸菲　译）

斯图尔特·汉普希尔《思想与行动》

就关乎人类心灵的英国哲学思想而论，笛卡尔产生了主要而持续的影响。这样讲似乎很矛盾，因为哲学史上最神圣的对照，莫过于笛卡尔的理性主义和英国思想中深刻的经验主义倾向的对照了。一方面是理性主义影响深远的信念：纯粹的理论理性有力量发现实在的终极结构；另一方面，英国的思想再三地返回这样的观点：对感官经验和经验观察进行概括是个耗时费力的过程，不断试探，总是可以修正，可除此而外，我们没办法了解到关乎世界的任何实质性的内容。

这一神圣的对照，不仅限于事关科学本性的抽象哲学意见上。法国思想中一般存在着一种抽象的、理论性的精神，而英国智识活动的脾性却更谨慎一点，更脚踏实地一些，或许也更平淡一点，把两者做个对照也同样是老生常谈了——尽管这个对照要模糊得多。这些对照当然粗略非常；从更一般的形式上讲，对照的双方都就此发表了一通废话。虽然两种思想的对照简直要说烂了，可毕竟还是有点道理在的。那么，笛卡尔怎么可能对英国的心灵哲学产生了这么普遍的影响呢？

情况如此，我想，主要有三种促成的方式。第一，英国哲学家不断地返回笛卡尔的基本信念，即心灵在某种根本的意义上，与身体截然有别；对心灵及其内容和活动的知识，要比对"外部"世界——我们的身体就包含于外部世界中——的知识更直截了当，前者也不是凭借后者才获得的。这条信念以不同的形式，见于英国经验主义的三大支柱——洛克、贝克莱和休谟——那里，后来又再次见于逻辑实证主义，A. J. 艾耶尔的《语言、真理与逻辑》（*Language, Truth, and Logic*）一书对逻辑实证主义的阐释就很出名。直到最近，笛卡尔的信念才从根本上受到了挑战，例子有吉尔伯特·赖尔的《心的概念》（*Concept of Mind*）和维特根斯坦的后期著作。

英国传统和笛卡尔的第二个结合点倒颇为不同。双方共同忽视了——其实是蔑视——作为人类知识形态的**历史**，以及人要理解世界就不可或缺的历史理解。英国传统对自然科学的本性和方法的想法迥异于笛卡尔，却分享了笛卡尔的一条信念，即，自然科学是人类知识的典范（paradigm）。自然科学追求对关乎世界的普遍真理的知识，似乎也能获取这样的知识，这种知识是不随时间和地点而转移的。与自然科学一比，历史研究沉浸于不系统的特殊事物上，可能就显得贫乏多了。

第三个结合点在于双方相当忽视美学。笛卡尔觉得我们的艺术经验几乎成不了知识或理性活动的一种形式，因此他在这方面无话可说。至少在哲学家眼里，英国美学的贫瘠不育也是臭名昭著的。这一点当然与上一点有关，重要的是，两位英国思想家——伯克（Edmund Burke）和柯林武德——是摆脱了对历史的普遍忽视的杰出特例，他俩的特别之处也体现在两人对艺术的本性持严肃的见解。当然，笛卡尔忽视这些东西，与英国传统持续忽视它们相比，还是有重要的分别的：后者需要解释，而前者倒不怎么需要解释。笛卡尔毕竟是个十七世纪的科学家和数学家，有这样的见解几乎在

10

所难免；可这种见解在英国竟如此顽强地持续至今，倒很奇怪。我猜，对此的解释构成了一个相当引人入胜的观念史悖论：恰恰是英国哲学家的经验主义的、谨慎的脾性，让他们与理性主义者笛卡尔结成了这种奇怪的、也许还未获公认的联盟。毕竟，十九世纪的德国响起了深刻的形而上学惊雷，尤其是在黑格尔那里，才把历史理解和审美经验抬升至人类意识图景的核心位置。黑格尔的影响彻底改变了其他的欧洲思想，持续在其中发挥作用，但英国哲学的怀疑论般的谨慎却以卓绝的方式，杜绝了黑格尔的影响——绝妙，却是毋庸置疑的损失。

　　我想，要完全领会斯图尔特·汉普希尔的著作的独创性，有必要把英国心灵哲学的这些持之以久的笛卡尔式特性铭记在心。[1] 这不仅仅是因为他采取了一种反笛卡尔的身心观：这样的观点最近已经出现在维特根斯坦的著作和别处了（不过，汉普希尔本人观点的走向，与大多数既有的反笛卡尔观点有重要的不同）。汉普希尔的著作何以与另两个传统相悖，起码更引人注目。汉普希尔在书中表明，他认为除去人类心灵的绝对基本的特征，历史的理解对于领会一切的东西都是必不可少的。人类思想有一些基础且本质的特征，这些特征源于人在本性上是固体对象世界中的物理造物，人可以在这世上活动，可以行事，可以和同处社会的他人沟通交流。然而，在这个最低限度以外（汉普希尔的主要关切之一，便是确定这个最低限度是什么），人类思想采取的形式、语言的结构、道德的内容，以及艺术的风格，都得从历史的角度加以理解。我们思考世界的一切方式，都受制于包含惯例、礼仪和利益在内的特定历史情境，因此也无可避免地发生改变。于是，事涉人类的思想和成就，很少有什么终极真理（如果真的有的话）。的确，汉普希尔准备迈出在哲学家中不多见的一步，把以下结论应用到他自己的理论上去：一切"对心智能力的确定"，任何关乎人类能力和特征的本性及相互依赖的理论图景，必定是暂时的，他自己的理论也不例外。

汉普希尔对历史维度的关切贯穿全书，虽然并不总是显而易见。他对美学的关切同样深刻，却只在书末有所呈现，在那里他明确展露了自己的看法：除非一个关乎心灵的哲学理论以某种方式说明了人类制作并欣赏艺术品的普遍欲望，否则它不可能是完备的。

《思想与行动》涵盖了广泛的主题，从语言和语言指称的本性开始，途经意图和有所意图的行动的本性，最后以意志自由和道德告终。本书在这个方面也和当代英国的许多著作有异。汉普希尔在"导论"中写道：

> 这个时代的纪律，已然是分别回答可分离的问题，把复杂的困难剖析成基本的困难。这条纪律已经带来了丰厚的报酬：准确性、明晰性、有时甚至有判定性。不过，可能有某些目的和利益，要求准确的、步步为营的分析不该总是比更一般的调查以及更具试探性的意见更可取，甚至在哲学中也是如此。

他尝试开展这样的一般调查，结果便是一本包罗万象的书，尽管其论证的关联常常是概略的、试探性的，但其网罗的思考却饱含多样性和新奇性。

本书因其思想的自由多样，令人振奋，激动人心；不过，本书并不因此就特别容易消化或概括。它编排阐述的方式，也没有在这些方面使它显得更易懂。全书的风格是极度优雅的，但其文学价值与拒不使用更呆板的脚注和参考文献等手段有干系，那些手段就和登山用的金属长钉一样，可能不优雅，但确实助人攀过峭壁。例如，第一章有好几页致力于开展论证，其实是在反驳逻辑实证主义者和类似的思想家关于知觉（perception）的看法，但文中完全没提到这一点。汉普希尔在不同的主题上，要么分享了某些作者的见解，要么显著地受到了那些作者的见解的影响；我想，要是他明确提到那些作者，也会帮上我们的忙，让我们看清他的观点的走向。举个例子，他就行动和自我知识说的一番话，与某些先前在英国影响不大的法国著作有着重要的关系：他的观点与同时代的萨特，尤其是与梅洛-庞蒂关系紧密，还和一个溯及曼恩·德·比朗[①]的更早的传统颇有关联。

12　　汉普希尔在这些事情上厉行节俭，这也延伸到了不用交叉引用和副标题等手段上。全书是画作而非蓝图，是植物而非引擎。其论证生长开来，蜿蜒前行，又半途回转；就像藤蔓一般，倾向于螺旋前进，又折返先前造访过的问题的一面，可现在又向前探了一些。它的方向并不总是容易跟随，但还是有方向的。

　　大致来讲，一般的方向是这样的。汉普希尔从一个问题出发：我们能够谈论世界，这是怎么回事儿？他发现对此必要的是，我们有能力鉴别并指涉环境中持存的对象。我们对环境的诸特点所作的种种区分，以及我们感知到的环境特点间的种种相似性，在很大程度上是社会、惯例和历史所致。但是，我们鉴别并指涉持存对象，也确是我们有语言的必要一环。特别是在所有这些开篇章节，汉普希尔的论证可以看成是围绕"自然的"（natural）和"惯例（习传）的"（conventional）这对古老的区分展开的；语言的可能性在**指物**（pointing）的活动那儿有自然的基础，但只要这个基本的指物功能得以保存，那么一门特殊语言的种种形态就都会是惯例性的。

　　然后，汉普希尔接着以种种方式——这些方式的差异还挺有意思——论证，语言的可能性，连带任何有意识的思想的可能性，都预设了语言使用者应该能够在世上活动和行事。他在此否认了一个重要的笛卡尔式观点，即，我们可以设想一个有意识的存在物，他

----

① 曼恩·德·比朗（Maine de Biran, 1766—1824），法国心灵哲学家，先是感觉论者，而后成为理性主义者，最后转向了一种神秘主义的直觉心理学。——译者注

的经验是纯消极的，他只是经验的受体（recipient）。汉普希尔觉得，这样的存在物没法思考他的经验，也形不成任何有关经验的概念，因为纯经验满足不了指称和鉴别（identification）的条件，而那些条件对有意识的思想是必要的。（汉普希尔在此反驳了逻辑实证主义者，他的一些论证类似于维特根斯坦的后期观点。[2]）我们为了能鉴别、能指涉，一定得把持存的对象感知得不同于自己；感知（perceiving）的概念预设了"有能力从不同视角感知事物"的概念——因为正是如此，才得以把真正的知觉和幻觉区分开来。"从不同视角感知事物"的概念接下来又预设了一个观念：我可以在世上移来移去，可以定下作为物体的自己，相对于其他对象的方位。

"移动自己"的观念接着得到采纳，并与行动和意图的概念联系起来。在汉普希尔看来，行动和意图两个概念再一次彻底地与笛卡尔主义背道而驰，二者关系到我有能力直接知道我正在做什么，或者正试着做什么："有一点对行动这一观念必不可少"，他写道，"那便是一个人知道他的某个行动是他自己的行动，这可不是什么推理而来的结论。"我对于我正在做什么的这种知识，虽然在某些情况下可能确实是最低限度的，但只要我有意识，就总是与我同在。倘若某人有意识，那么"他正在做什么？"这个问题就总是有答案；一个人自己对于他正在做什么——不仅是在某一瞬间做了什么，还是在他参与一个超出当下时刻的计划的情况下做了什么——的知识，是他的自我同一的意识的基础。（就此而言，汉普希尔尤为靠近梅洛-庞蒂等现象学思想家。）

以此而论，汉普希尔考虑了两条思路。第一，行动的观念与思考的观念，或更一般的"拥有有意识的心理经验"的观念，两者的关联得到了探索。后者与行动形成对比，在笛卡尔传统里一直如此，但汉普希尔发觉远不是这样，两者反倒关联密切。例如，情绪（emotion）远非事实上也许导致或因果地引起公开行动的纯被动的经验，相反，依汉普希尔的观点，情绪是一种遭到抑制的行

13

动（inhibited action）；比如说，愤怒的情绪，可以理解为"制止自己发动攻击"这一本身相当复杂的行动或类似行动导致的副产物。同样，信念这一"心理状态"可以理解为一种遭到抑制的断定（assertion）。（这两条有点儿悖谬的陈述可能过度简化了汉普希尔的观点。不过，我怀疑他的观点其实在任何情况下都是相当悖谬的。）

由上述观点发起的第二条思路是探索"实践知识"的概念及其与意图的关联。如果我理解了他的话，那么汉普希尔认为，有两种实践知识。其一是某种"非命题的"知识：要是某人知道他将要做什么，或者更具体一点，知道他将要怎么做某事，却没法用言辞予以描述，那么他就有这样的知识。于是，打个比方，某演员可能知道他打算怎么演戏，也就是说，他可以向你展示怎么演，并且可以识别演没演好，可他却没法**描述**他将要怎么演。另一种知识是命题知识：某人可以告诉你他将要干啥，用一个明确的意图陈述（statement of intention）讲给你听。

意图陈述与关乎某人将要做什么的预测（predictions）形成对照，可以说在某种意义上，二者没法结合在一起：倘若某人出于独立的理由，比方说某些心理学上的考虑，知道了他无论如何都会做某事，那么他就不能**意图**（intend）去做那件事。这一考虑引入了一个关乎自由的学说。大致上讲，我的实际行动与我真正的意图和计划相匹配，在这样的程度上我是自由的。具体来说，神经病患者不自由，因为他有意识地设法实现什么，却接连不断地受挫。他之所以受挫，是因为在一种相当不同的、潜意识的意义上，他正设法干别的事儿。解放之道便在于促成自我意识的增加，这也是精神分析的目标。汉普希尔由此［和斯宾诺莎一样——他早前写过一本有关斯宾诺莎的书[3]］，把自由的概念和自我知识的概念联系起来，还把自由的概念和弗洛伊德的学说联系在一起，设法解释自由且负责的行动，避免**意志**自由这个基本概念的困难晦涩，毕竟它是由康德和基督教传统传承下来的。

　　最后，汉普希尔把自由和责任这些概念简练地用于说明道德，还有道德和艺术的各种关系。汉普希尔认为，道德的核心概念并非诸如义务（obligation）或职责（duty）等概念，而是善人（good man）的概念。他和亚里士多德一道持有这样的观点：说某人是善人，就是说他为人完善、发展充分；这几近是说，他是"人"这个类型的卓越样本。相应地，每个道德系统一定得把"人应该为何"的观念，或是某种有关"人类卓越（human excellence）本质上为何"的学说，纳为其核心概念。要而言之，汉普希尔本人力求从他关乎人性的言论中发展出这样的概念；具体而言，完善的人必定在最充分的程度上是自由的人，他的计划建基于关乎他自己的性向和能力的合理理解；这些性向和能力，就连他本人的一些为他所不容的特点也摧毁不了、挫败不了。

　　仅从这份概要（我略掉了大量的细节）便可看出，本书囊括了大量的观点，它们以带有暗示性的不同方式联系在一起。书里的很多内容肯定会激起质疑和歧见。汉普希尔支持把指物当成语言指称的自然基础，这一点尤其不了然；指物本身很可能在所需的意义上，反倒预设了一个语言情境。再者，谈到不同种类的意图的关系，汉普希尔的论题也很晦涩：就那种关乎我的意图的"非命题"知识来说是如此；而且，"有意图地行事涉及对我正在做什么有某种知识"这一论说，与另一条汉普希尔觉得适用于神经病行为的断言——人可能在不了解自己的真实意图的情况下行事——之间有何关系，一样晦涩难懂。此外，他对道德的说明明显是概略性的、不完备的；"做个善人约略就是善于做人"这个亚里士多德式的概念有一些众所周知的困难，也没有真正得到解答。读者还会对论道德的一章提出更一般的批评：比方说，汉普希尔对好生活的粗描浅绘（就其反浪漫主义的英雄主义腔调来说，显然和斯宾诺莎的腔调相

15

仿），除了适用于一种仅在有利情况下才可获得的相当特殊的生活以外，能否有别的用处；他有没有考虑到这种情况导致了一些有点冷漠无情的后果；还有，汉普希尔是否没在道德本身的概念中，融入一些过度收窄道德这一概念的考量，乃至于某些种类的道德——比方说宗教道德——依其观点，竟成了几乎理解不了的东西了。

凡是对人类的思想和道德感兴趣的读者，要探讨汉普希尔本书的这些难处，都是在执行一项漫长却富有成效的任务。我倒想只提一种更一般的批评，借以结束我的品评。就我的印象来说，汉普希尔的说明还不够注意自然科学在人类行为方面的应用；要是有人顾及自然科学的可能进展，甚至在某些情况下，只看它们的现状，很可能就会质疑汉普希尔的某些区分和结论。汉普希尔当然否认这项指控，他的部分目的，就和斯宾诺莎的目的一样，的确是想对人类的行动和自由，给出一个与心智的科学探究相容的说明。然而，当他的立场所适应的科学进展，到头来成了精神分析——他乐观地称之为"人类行为的新实证科学"——的进展时，他在这一目的上的成就倒显得没那么突出了。要说一种人类自由观与科学进展相容，竟是因为它与精神分析的发展相容，就像是在说，一种材料不易燃，是因为某人用手电筒照它却燃不起来一样。汉普希尔面临的情况更是如此，因为他对精神分析的解释显然是非决定论的（non-deterministic），实际上是把精神分析当成了一种自由论。这种对精神分析的诠释当然是可能的，也很可能是最发人深思的。可是，这种诠释仅在非常可疑的程度上，才与至少是弗洛伊德的很多言论相容；如果这种诠释是可能的，那么精神分析在什么意义上是一种实证科学，也许甚至比从前更不清楚。

自由理论应该做好准备，应对真正有影响的大敌，但大敌可不是精神分析，而是脑神经生理学，可汉普希尔对此什么也没说。他对自由的大量反思很可能也受得了神经生理学的进展，我认为是这样的。不过，真正的大敌总归是要面对的。有可能汉普希尔其实认为，神经生理学不可能进展到能对人类行为发布实质性预测的程度。要是如此，也该提出论证来——毕竟这种论断很有风险。

还有另一支自然科学，汉普希尔本该多多考虑一番的，那便是动物学。关键不在于他应该为科学进展留有余地，而在于考虑动物学的发现，很可能校正他做的一些僵硬的区分。汉普希尔以为，人类行动似乎与其他动物的行为判然有别。这么说在某种意义上没错，起码按照我们对人类行为和其他动物的行为的看法，人类有语言和自我意识（汉普希尔正确地把二者关联在了一起）这一点，构成了两类行为的巨大概念差异。不过，这可推不出，其他动物的行为就真是机械性的（mechanical），而我们的行为就不是；同样也推不出来，对动物行为的目的性解释，就只是在刺激和反应的系统中，读取一种纯然与人类行动中常见的模式相仿的模式而已。

汉普希尔在多大程度上接受这种推论，还不好说，但在我看来，他想这么做。因此，虽然汉普希尔承认动物的行为在某种意义上是目的性的（purposive），但他当然不承认，我们可以把意图归予动物。我猜汉普希尔的意图概念出了错。的确，我们没法合理地把"在未来做某事"的意图归予动物，而那事儿动物还没开始做。这是因为，也许除却最基本的行为情境，拿时间观念来设想动物没有道理。不过，这可推不出来，把"做**正在做的事儿的意图**"这一概念应用于动物，就全无道理了，而汉普希尔的意图概念却让他推出了这一条。就像我们对人类可以做的区分那样，在动物的情况中，我们一样可以在何者为首要的意义上，把动物真正在做的事儿，和仅仅伴随着它正在做的事儿的那些事儿区别开来。因此，狗真正在做的可能是挖骨头，或是挖洞，但在同样首要的意义上却没翻动很多石头，也没发出抓挠的声响，尽管它同时**也**在做这些事儿。当然，对此的证据不同于在某人的类似情况下可获取的证据，毕竟我们可以问那人正在做啥。可是，要说"**在做**这样那样的事儿的意图"的概念竟因此不适用于动物，这个意图概念在我看来也未免太以人类为中心了；就复杂的动物行为而论，我们可以对真正在做的事儿和伴随的事儿做出区分，并且我们也必须做出这样的区分，我觉得这才是意图概念的一个坚实的基础。

这个问题高度复杂，没有简单的观点可取。但我觉得，从态度上讲（也没法说得更强了），如果汉普希尔能更鲜活地想起动物行为惊人的复杂性，还有其他动物和人不仅在反应上，还在有目的活动的模式上明显的连续性，那么他就不会让行动和意图的概念，如此全然地受限于人类的活动了。

17　要记住，笛卡尔认为动物是机器；汉普希尔关于动物行为的看法，或许在这本深刻且独创的反笛卡尔著作里，构成了最后一点笛卡尔式的要素。

注释

[1] *Thought and Action*, by Stuart Hampshire (Chatto & Windus, 1959).

[2] 参见 "Ludwig Wittgenstein," by Eric Heller, *Encounter*, Sept. 1959。

[3] *Spinoza*, by Stuart Hampshire (Penguin, 1951).

（谢沛宏　译）

英国国教的神学面貌：一种教外之见[1]

　　我不适合写有关这一主题的内容的理由有很多；我必须在开篇声明其中的一些。我不是英国国教的信众，因此有人可能会怀疑我对之抱有偏见，或者至少对之缺乏共情。其实我也不属于任何别的教会，这可能会多少减轻前一种怀疑，但是另一方面，可能反而会加重第二种怀疑，因为有人或许会认为，只有基督徒才有可能对基督教神学的问题展现出深刻的理解。某种程度上说，我必须承认上述看法：一种神学不是可以被简单地"弄懂"或者从外部理解的东西。然而，如果教会不仅要在其内部交流，还要与教外人士交流——这肯定是教会希望做的事，那么一个人不信教就不应该成为他被隔绝出讨论的理由。因此我相信一个教外人士提出的一些非争论性的评论不会是毫无道理的。

　　因为我不属于任何一个教会，应该注意到，我不信教不仅是因为我对英国国教的反对意见，而是有更一般的理由。但是我在此的目标不是提出这些一般的诘难。我只想试着讨论在我的理解中今天的英国国教立场的一些特点。在此我再做最后一点介绍性的自辩：我毫不怀疑自己对上述立场的理解非常不完善。也许我说的一些东西仅仅是误解。然而，我确实相信，如果它们是误解，那么它们也不仅仅是我个人的误解，而是对教会感兴趣的教外人士都有的误解。如果是这样——我与别人的讨论表明确实如此——那么也许我有希望认为，即使是我的错误，也会有一定的病理学意义。

我提到了"英国国教的立场"。但是一个立马出现的出了名的棘手难题就是如何界定英国国教的立场。"有多少英国人，就有多少种观点"①可能说得太夸张了，但是那些对探讨这个问题感到绝望的人的确曾经这样想过。英国国教观点的多变性是一个为人熟知但不寻常的难题。有的人不认为这是一个难题，而认为这是一种建议，表明应该容许人在宗教良心问题上具有广泛的自由。然而，对我而言，它无疑是一个难题，甚至是一个无法克服的难题；因为英国国教的确将自己作为一个**教会**呈现给非信徒，而它也是作为一个教会在邀请这些人加入。如果只存在一种信仰联合体，一种标签，任何人，从不承认教宗无误论②的罗马天主教徒到承认主教权威的新教循道宗③信徒都可以毫无良心谴责地佩戴它，那么它就不是一个教会。当然，英国国教不只是这种东西，但是它有时看起来就是如此；而且它这种看上去的样子正是它的多变信条真正成问题的地方。

从这个角度来比较英国国教和罗马教廷，已经是一种老生常谈了。然而，重要的是这种比较的要点是什么。并不是说罗马教廷到处都以相同的面貌出现，它显然并非如此。要点在于，对于罗马教廷而言，最终一定有一个多少具有确定性的方式来发现什么是核心和根本的信条，什么是局部的变易，但对于英国国教而言则不

---

① 原文为：Quot Anglicani, tot sententiae，这是对一个拉丁语习语的化用。原句为：Quot Homines, tot sententiae，意为"有多少人，就有多少种观点"。出自罗马共和国时期的剧作家特伦休斯（Publius Terencius Afer, 195/185 BC–159 BC?）的剧作《佛尔米奥》（Phormio, 161 BC）。——译者注

② Papal Infallibility，天主教的教条之一，在1870年的第一次梵蒂冈大公会议（Concilium Vaticanum Primum）中由教宗庇护九世（Beatus Pius P. IX）颁布。它规定，教宗以其教宗身份对整个大公教会颁布的训令不可能有错误。——译者注

③ Methodist，又称卫斯理宗或卫理公会。新教宗派之一，原为英国国教之一支，后于1738年在英国人约翰·卫斯理（John Wesley）的带领下成为独立宗派。——译者注

是这么回事——或者至少，看起来不像是存在这种方法。有人会反对说，罗马是通过教义通谕（dogmatic pronouncement）和绝罚令（excommunication）这些手段而获得如此优势的，而英国国教的立场不屑于这么做。这或许是对的，但是它没有切中眼下的重点。因为这里所表明的不是英国国教也应该具有类似罗马那样的一组核心信条，或者任何与之同样详尽的东西；而仅仅是，应该**有这么一些**对所有人适用的核心信条。如果现在还能进一步指出，即使是保存英国国教中这种最低限度的统一性都有必要用上像绝罚令一类的手段，那么质疑者就有权认为，英国国教作为一个单一实体的存在根据是很难找到的。

有人会说，这样一种最低限度的信条是存在的。但是这一点并不总是容易相信，因为虽然从所有人那里都可以多少听到同样的**言辞**，但加在这些言辞上的意思必定是各不相同的。我还会回到这个论点。然而，即使存在一个信仰的中心内核，还是必须说清这个中心内核是什么，而个别的差异又是什么。当我说这一点必须说清时，我的主要意思是，一个人应该能通过询问神职人员来了解这些中心内核。在这里，我们触及了英国国教与罗马天主教的另一个著名的差别，亦即，非常一般地说，普通的天主教神父比起普通的新教牧师，似乎在神学上受过更为完备的教育（如果我能够这样表达）。这是一种很多人都知道的看法，它会引起关于神职训练的问题，而那超出了我的知识范围；我只是想提出如下观点，如果它有必要提出的话，那就是，这种差异无疑影响了英国国教在聪明的探究者眼中的地位。

我认为必须说清上述道理，即使仅仅是因为似乎有很多英国国教信徒，包括一些有神职的人，认为强调神学修养并无意义。如果有人就教会的问题质询他们，则他们多半会将话题首先指向教会的社会工作和道德影响。毫无疑问，教会必须展现自己是关心社会的，并且在更广泛的意义上是关心政治的；因为——仅从粗略的策

19

略角度说——它无疑还有一个糟糕的"阶级形象"需要改善。罗马天主教和英国新教中的非国教宗派 ① 在劳动群众中具有如此强大的根基并非偶然。但是显然，这种社会工作如果没有一种基督教的含义，那么就毫无意义，而除非有一种神学，否则不可能具有基督教的含义。只有在社会和道德行动的背后有一种信仰，并且这种信仰在某种程度上可以被解释时，非信徒才没有理由仅仅回应说，自己更喜欢没有华丽宗教外衣包裹的社会工作。

这听上去可能十分老套。而我希望确实如此；我会更容易相信这说法确实老套，如果不是我们经常遇到那种英国国教信徒——如之前所说，不幸的是，有些还担任神职——他们对于他们的信仰和他们的社会或者个人道德之间的关系的看法非常浅陋。其中有些人的宗教其实只不过是他们的道德，他们的宗教观念实际上可以被描述为"沾上点情感的道德"。另一些人比这要好些，但也只是将上帝作为最粗暴的道德审判者请进来。我自己曾听一位皇家空军的随军牧师布道，他告诉在场所有人，人在别人看着的时候就不会偷东西，而上帝特别的地方就在于祂随时都在看着人们……我不清楚，这种奇特的想法的意思是不是说，因为上帝存在，所以人不应该偷盗，还是说，因为人知道自己不应该偷盗，所以人可以领会到上帝存在。在我看来，随军牧师不在乎他的意思是哪一个。

如果一个人拿这些个别的蠢事来反对整个教会，那么肯定过于刻薄了。但是这些事情对教会没有好处，并且需要采取措施来保证在没有更深刻和可靠的道德神学的情况下没有神职人员跑出去代表教会。这只是回到了训练问题。然而，至少还有另外两个问题，在这上面，我觉得整个教会需要深入思考它的道德神学。第一个问题涉及在此世中改善生活条件一类的事情与对永恒救赎的期望之间的关系，后者据说是基督徒的人生目标。二者似乎有可能彼此冲突：

20

---

① nonconformism，即对一类不接受 1662 年通过的英国《教会统一法》（Act of Uniformity）的英国新教宗派的统称。——译者注

对于那些亟需救济的人群，肯定决不能认为物质上的改善显然会让他们更有机会过上那种据说能通往救赎的生活。在西班牙罗马教会这类地方的比较阴险的反改革派对此有着恶名昭彰的认识，他们坚信自己的任务是将灵魂导向救赎，而此世不过是永恒中的一次堕落，因此反对大量的社会改革。很多基督徒很轻易就放过了这种观点——它有一种野蛮的一致性。如果他们要驳斥这个观点，正如英国国教信徒应该会做的那样，他们必须用一些东西来替代它。一个简单的做法是说，基督徒的一个众所周知的责任是帮助那些比自己更不幸的人，而在完成这个责任的同时，一个人也就是在追求自己的救赎。但是如果这样表达，听起来就太自私自利了，仿佛一个人是将别人当成实现自己救赎的工具。如果有人回应说，这是一个肤浅的反对意见，因为这里所谈的责任正应该不是自私自利的，而是爱人如己，那么还是会留下一个难题：这个责任按理来说就是不能将他人仅仅当作可朽的、有物质欲求的人类来爱和帮助，而是将他们视为上帝的孩子，凭着祂的荣耀，命里终得救赎。因此还是存在如下问题，即表达这种性质的爱人之心的正确方式是否总是致力于改善他们的社会条件。即便人们警告怀疑者不要擅自揣测他人的救赎，而是将之留给上帝和他人来决定，也不能解决这个难题；因为他还会怀疑，是否追求这些改善社会的方案对他而言就是关心自己的救赎的正确方式。

这是一个实际行动的问题，对于一个基督徒来说，这也是一个有关时间和永恒的关系的深刻问题。很多英国国教信徒似乎没有对此做足够的思考。

关于道德神学的第二个问题是一个更一般的问题。非信徒总是用挑衅的口气说，基督徒的生活看起来与别人也没有什么不同。这可能仅仅是表达一个比较浅薄的看法，即他们看起来并不比别人高尚多少；对于这点基督徒也有非常类似的话可说。但是说完了这些话之后，一个更深的问题还是存在。因为即使我们承认基督徒关于

21　原罪以及基督徒处世比之别的人更为艰难那一类说辞，我们依然会感到，应该有一种专属于基督徒的考虑道德问题的方式，在找不到更好的说法时，可以称之为基督教的道德思维方式。的确存在这么一个东西；而且还存在不止一种。一方面，存在那种逐渐被称为"不奉国教者的良心"的东西。虽然具有这种良心的人通常是值得敬重的，但现代世界的怀疑者，或许是受到了复杂性的玷污，确信他无法完全令自己信奉这种太简单的方式。另一方面，还存在一种极为复杂的罗马天主教的道德思维方式。这种思维方式的核心是决疑论①——并不是贬义上的那种，而是一种严格意义上的道德论证的方法，追求将所有需要决断的行动和性格放在一些固定的美德或善事、世俗恶行（vice）或宗教罪孽（sin）的范畴下。在这里，怀疑者还是会犹豫：他当然**知道**事情不可能这么一成不变，这些范畴肯定可以被修改、批评和扩展吧？

在这两种方式中间的是英国国教。但是具体在哪里？在我看来，此处英国国教既有所欠缺，也有着机遇。它有所欠缺是因为，实际上，它几乎不具备一个个人形态的道德思想。教导效法基督②的布道词本身是不够的；某种程度上，即使是非信徒也可以承诺如此行事，而在这之上，就恰恰存在对那种本质上从基督教出发的道德思考的需要，而这在英国国教中是欠缺的。然而，它也有一个机会去寻找一种更适宜当代复杂状况的思维方式，这种方式优于它的邻近教派的或简或繁的固化思维。

当然，道德神学也不是圆满自足的。在它后面还必须存在一个基督论③；而这首先引起的是一个历史性的问题。所有人都声称基督教是一个历史性的宗教，其基础不仅在于耶稣基督的生平和被钉

---

① Casuistry，一种道德推理方法，从特定道德案例中抽绎出普遍原则以适用于其他案例。通常具有贬义，指一种削足适履的古板道德学。——译者注
② Immitatio Christi，一种基督徒修持的理念，即通过模仿耶稣基督来接近圣灵。——译者注
③ Christology，关于基督本性的神学理论分支。——译者注

十字架，也在于他的重生。我想，它也在另一种意义上是一个历史性的宗教：如同与它有亲缘关系的犹太教和伊斯兰教，它是一个关心自身历史的宗教，并且尤其关心它自始至终的信仰连贯性。聪明的非信徒与基督徒一样明白这一点，并且也不会欣赏逃避它的后果的尝试。尤其是，他可能会回忆起圣保罗所言，"若基督没有复活，我们所信的便是枉然"①，并且会很坚定地倾向于认为，只要基督徒开始对基督复活的历史宣称感到游移不定，那么他们还不如关张歇业。

如果不是因为我曾听一个著名的英国国教神学家被人就他在基督复活问题上的信念严格质问了大约二十分钟，最后还是没有弄清他是否认为基督从坟墓中复活是一件历史事实，我也不会认为有必要说出上述非常明显的情况。有很多关于"隐喻含义""灵的永存"的说法；神学家可能会在这里发现一种将复活节和圣灵降临节的仪典胡乱混杂的可悲做法②，但是更直率地说，这就是一些肆无忌惮的妄言。

这再次提出了之前提到的问题，即信仰的统一性的问题。神学家很愿意说基督曾复活——难题出现在他被要求说明这话的意思时。当然，这是一个特别令人惊讶的例子，因为就基督复活而言，对于这些言辞在一种自然的解读下应该是什么意思，并没有什么疑问。但对于很多神学学说而言却不是这样。有两种非常不同的情况，可以让神学断言对探究者造成理解困难：它们可能是**难以置信**的，也可能是**难以理解的**。基督复活的学说，如果说它提出了一个难题，那么仅仅是因为它难以置信：在此人们被要求相信什么是很清楚的，不过要相信它并不容易。对于这种学说，如果它们的确是

22

---

① 《哥林多前书》15：14。和合本原文为："And if Christ be not risen, then is our preaching vain, and your faith also vain." 中文现代标点和合本（CUVMPS）译为"若基督没有复活，我们所传的便是枉然，你们所信的也是枉然"。在这里威廉斯似乎将两句并作一句来写。——译者注

② 复活节是基督教纪念耶稣复活的节日；圣灵降临节或五旬节则是犹太教纪念摩西领受十诫的节日，或者是基督教在复活节后五十天举行的节日。——译者注

信仰的一部分，那么神学家的职责就不是去为那些表达它们的言辞寻找新的意义。如果他这么做的话，他肯定就是在放弃这个宗教。对于像道成肉身（Incarnation）和三位一体（Trinity）这样的学说，情况则有所不同，因为这些学说面临的难题是它们难以理解：比起相信它们，就连先迈出第一步试图弄明白相信什么才算相信它们都很困难。任何一种基督信仰肯定根本上都必须包含这些学说，并且必须以一种超越的形式包含它们，也就是说，它们的形式必须使得它们所表述的不是与基督的可朽生命和人格有关的东西，不论这些东西有多么地"属灵"。我有一次曾看到一位英国国教牧师紧张地滑向一个与之非常疑似的方向，虽然认为在整个英国国教思想当中都存在这种稀释信仰的倾向可能是不公平的。

最后我们来到关于上帝存在的问题，以及能对此提出的论证。对我而言，存在这样的论证是非常必要的，而英国国教在传统上的确也会给出一些论证。存在这种论证是必要的，不是为了说服非信徒——没多少人因为纯粹神学的考量就足以被说服——而是为了给一种若没有这些论证就是全然主观的情感提供支持，并且也赋予这种信仰本身以内容：论证本身的本性为上帝的本性提供了线索，它们本就意在证明后者的存在。因此从第一原因出发的论证证明了上帝作为造物主的本性，从道德经验出发的论证证明了祂的善，以及祂对人类的关爱，等等。

就这种论证而言，英国国教处在一种非常困难的历史境遇中。它的传统身份，以及它最具有英国特点的特性，一直都是依靠那些经验内容最丰富的论证来证明上帝存在，这些论证最大程度上地援引这个世界那些已经被观察到的本性。这些论证中首要的是所谓的设计论证，这个论证从自然事物明显的有目的性和适应性来推导造物巨匠的存在。这种论证（正如康德所观察到的）更令人满意，似乎比更抽象的从偶然性、存在的本性等出发的论证在内容上更丰富，后者是罗马教廷典型的经常依赖的论证。它的确有这个优点，但是也相应地存在一个缺点。经验内容就像收入：它越多越好，但是也就引来更多的税收，对于论证而言，税收就是被从经验上反驳的可能性。

收税人以自然选择演化论的形式出现；而正是因为英国国教如此依赖设计论证，它对达尔文主义感到一种震惊，而罗马教廷（其自身的危机来自早前的伽利略）则很大程度上能避免这种震惊。佩利的表 ① 一直是教会的计时工具，但是它突然就停了。

看到问题的本质非常重要。并非达尔文主义证伪了上帝的存在。达尔文主义的真与上帝存在并不矛盾，虽然这会使得上帝选择的创世手段显得比以往更为神秘。对于教会而言的难题不在于达尔文证伪了他们的结论，而在于他移除了他们对这个结论所拥有的看似最有力的论证。那个论证根本上依赖于指出世界上的某些事情，这些事情据说除了用神学原理之外没有其他办法解释；达尔文确实用非神学的方式解释了这些事情（或者更公平地说，他的后学不断深入地这么做）；而这肯定移除了设计论证的效力。

"科学是否与宗教不矛盾？"这个问题现在普遍被视为太模糊，以至于无法给出任何答案。一个事实是，确实存在一些为宗教辩护的论证，它们根本上依赖于引述科学无法解释之事，而它们在科学解释的进步面前都坍塌了；而英国国教似乎显示出一种古怪的拥抱这类论证的冲动。这种冲动现在还在继续。有些英国国教信徒援引生命从非生命当中涌现的学说，因此听任生物化学摆布。另一些人援引宇宙起源，因此听任宇宙学摆布，而宇宙学可能会证明，没有必要假定宇宙有任何开端。还有些人——这本质上也是相同的论

---

① Paley's Watch，十八世纪的英国神学家威廉·佩利（William Paley）在其著作《自然神学，或有关神之存在与属性的证据》（*Natural Theology or Evidences of the Existence and Attributes of the Deity*）中论证道，如果一个人在荒野中发现一块表，那么，不同于发现一块石头，他必定会认为一个制表匠造出了这块表。他以此类比生物的复杂性状和适应性，认为这也只能来自一位造物主。这个论证是后世宇宙论神学中的设计论证（the designer argument）的先驱。——译者注

证——援引宗教体验的存在，因此将自己交到了心理学发展的手中；因为在这里也是一样，虽然如果我们通过其他证据知道上帝存在，那么心理学对这类体验的解释很可能可以与上帝的存在协调一致，但是如果对上帝的信念主要是基于这种体验在心理学上不可解释，那么其前景就非常惨淡了。

即便我们承认上述的一切，当然总还会剩下一个问题，我们**先天地**知道这个问题不能被任何科学进步所回答：在一种足够宽泛的意义上，这个问题就是宇宙为何存在。因为所有的科学解释根本上都依赖于参照宇宙的一部分来解释另一部分，它在原则上无法解释宇宙作为一个整体的存在。困难在于，如果将这个问题做这种宽泛的理解，它的意义和说服力可能会令人沮丧地消失。从佩利大主教的表那从任何角度看都引人注目的运行方式开始，我们当然已经走得更远了。

在这里，非信徒显然没什么好说的。因为他不认为有什么论证可以证明上述结论，即使他敢于指出应该在哪儿寻找这些论证，他也没有能力指出这一点。但是也许他可以建议英国国教更激烈地努力和它继承自传统的 ① 对科学上可以被证伪的东西的执迷相决裂。并且寻找另一些更牢靠和持久的东西，而这些东西还要符合它的传统，避免更抽象和高深的论证形式而偏爱更熟悉和有说服力的形式。如果它能做到的话。

注释

[1] The Theological Appearance of the Church of England: An External View, *Prism.*

（郭予峤 译）

① 原文为 danosa hereditas。这是罗马法中的一个概念，可译为"继承债"。——译者注

C. S. 刘易斯《四种爱》

　　四种爱指的是慈爱、友爱、情爱和仁爱。在这本简短的书中，刘易斯教授讨论了上述的每一种爱；包括它们面临的困难、危险以及回报。[1]他的论述从一个介绍性的章节开始，在那里，他主要区分了他所谓的赠予之爱和需求之爱——这个区分对他后文中的思考比较重要，虽然他正确地承认了其局限性，因为有些人的需求就是将爱赠予他人。他还写了一章来阐述他所谓的"我们对次于人类之物的喜爱和爱恋"，在那里他谈到了诸如爱国主义和对动物的爱等。在书的标题页上题有但恩的诗句："情感不杀死我们，也不死亡"；他意在向我们展现充满爱却又不被爱摧毁的生命，在他看来，唯有对上帝之爱统领其余诸爱时，这才成为可能。

　　或许我们不应说本书的作者是刘易斯**教授**。这部作品属于那位写了《魔鬼家书》(*The Screwtape Letters*)的刘易斯，并且比较得当的做法（尽管只是出版商的惯例）是不要在扉页的作者作品一览中列入他的十六世纪英国文学史，也不提及《爱的寓言》(*The Allegory of Love*)一书。这不仅是因为刘易斯在写《四种爱》这类书时缺少专业的严肃性——其实他的文学批评也是如此。这更是因为他在处理他的题目时把研读有关爱的文学时该有的心态抛诸脑后，有那种心态的人会搁置自身主张，准备好面对尽可能复杂的问题。他从头开始，带着良好的判断力和真心的自谦，组织起关于他自己的体验和人类的普遍体验的一些思考。这给他的作品带来一种不容轻视的个人特点：它没有人云亦云，也没有那种糟糕的所谓"文学性"。

但这样做的代价也很大。他从自己的思想中驱逐了关于爱的文学所传达的较为特殊的经验，也不接受它对问题复杂性的警示，由此他就犯了只有他会犯的毛病———一种聚会老手的鄙俗，在书页间不时可听到它奏出的错误音调。有时他表达自己的方式令人无法相信他乐于从事高雅的写作："如果我们手头没有这个主题的材料，我们可以像打开水龙头一样翻开斯多亚派的著作，其内容足以放满一浴缸。"有时候，尤其是面对宗教问题，他会使用一些刺耳的谐谑比喻。有时他会忽然抛下对一个严肃问题的讨论，几乎像是故意流露出浅薄。在他问出男性友谊和他所谓的"不正常情爱"之间有何关系（倘若真有关系）的问题后，又以一段短小而挑衅的讨论收场："……以及当塔西佗（笔下的）军队遭到遣散，那些满嘴胡须的老军官们相互拥在一起，祈求最后一吻……所有这些都是同性恋吗？如果你相信这个，你就什么都可以相信了。"

这些不时蹦出的随军牧师式的言辞让阅读成了苦差事。然而，本书奇怪的地方在于，它明显不是一位随军牧师所说的话。时不时地，也有更深远的见地和更自由的感受力得以浮现出来。有一两个令人难忘的意象："恋人通常是面对面，沉浸在彼此的柔情蜜意之中；而朋友往往是肩并肩地，沉浸在共同的兴趣之中。"在这本书中，刘易斯更像是一只海豚；我们看到它在海面上愉快地嬉戏，而当它游得更深时，就消失在视野中，但是我们知道它的确有着海面下的生活。

令人费解的是，为什么刘易斯表现得像只海豚。这可能部分由于他害怕自己陷入他所认为的那种精神或情感的浮夸；而我认为也

26

部分是为了便于普及本书。他希望能将自己接近上帝的道路展现给广大受众，因此紧扣着质朴的俗务，因为那是最多人共有的事情。因为他对质朴的俗务并无轻慢，这种写法也就绝不虚伪，也非迁就；但是因为他本有能力看得更深，也就使得行文时有不畅之处。进一步说，这种不畅往往会阻碍他的初衷，因为爱在所有主题中都很独特，一个人只有在笔下倾吐他对此所能说的一切，方能掷地有声。[2]

注释

[1] *The Four Loves*, by C. S. Lewis (Bles, 1960).

[2] 本书评最初以 "That Our Affections Kill Us Not" 为题发表于 *Spectator*, April 1, 1960。

（郭予峤　译）

勒内·笛卡尔《谈谈方法》

    笛卡尔的名声起码有三个独立而扎实的基础。在哲学方面，正是他把"我可以确定什么"的问题，确立为哲学家探究的出发点，因此把西方哲学引上了一条此后大体上一直在走的道路。笛卡尔由于问出这个问题，还把著名的"我思故我在"（拉丁文：cogito ergo sum）当作该问题的首要而基本的答案，干出了一件几乎前无古人的大事：他把个体意识的直接材料树立为哲学的第一确定性，又把哲学的主要问题确立为一个怀疑论的困难，即，除了这些直接材料的存在，我怎么知道得了任何东西呢？从前的哲学家把上帝、世界或某个在个体之外的其他存在域（realm of being）当成第一确定性，还问该个体怎的与那些东西有所牵连；笛卡尔却首先考虑个体的经验，再问该个体怎么能超出经验，获得对任何"外在"事物的知识。

    这场革命的后果包含的黑暗或许和光明均等，许多人如今渐渐怀疑，笛卡尔究竟有没有问出正确的问题来。但是，思想必须得迈出这一步；我们看看思想走向何方，就已赢得了深刻的洞见。笛卡尔革命似乎在本质上是个人成就，乃是这场革命的一个无与伦比的特点。尽管笛卡尔思想有很多要素，当然没他设想的那样独到，但核心观念好像专属他一人。很多人自以为不假援手，就改变了哲学的面貌，但笛卡尔真的做到了这一点。

第二，在数学方面，笛卡尔身为解析几何的创始人而声誉卓著。他在这个领域倒没取得那么惊人的个人化的成就。他的上一辈就在从事奠基性的工作了，而解析几何照现在的形式，据说更多地归功于同时代的伟人费马（Pierre de Fermat）（多年未曾发表）的研究。尽管如此，也正是笛卡尔首次明确地把代数和几何结合在了一起，二者结合的形式产生了最有意义也最有力的成果。

笛卡尔赖以成名的第三大因素倒没那么根本，但还是有重大的历史意义。1637 年，笛卡尔年届 41 岁，创作了他的第一部发表作品《谈谈方法》。他用法语写就本书，好掠过那些期待用拉丁文读哲学的经院读者的头顶，惠及更多有良知（good sense）的普罗大众；他希望有良知的普罗大众，比起那些古板的经院学究，更欢迎纯粹理性的声音。他用法语写就本书，为抽象的思想赋予了简洁优雅的特性，也是一项美妙的文学成就。如此一来，他把自己铸造成了一个经久不衰的传统的楷模，和传统一道维护严格却不迂腐的清晰性的价值。这个传统往往沦为谬见，那些常誉为"笛卡尔思想"的范例的理性主义的白痴言行，连笛卡尔见了无疑也会脸色煞白；不过，这个传统还是取得了重大的成就，法国亦非孤例。

于是，笛卡尔身为文学、哲学和数学的革新者，完全有权屹立于任何经典之林，赢得一个引以为荣的位置。这部选集不仅收录了《谈谈方法》，还向我们提供了 1641 年发表的《第一哲学沉思集》（Meditations）和另一篇文章。[1] 本选集的篇幅不大，可能让人遗憾；比方说，要是从他的心理学著述中摘录一些内容，本可能让读者更广泛地了解笛卡尔的体系。不过，笛卡尔的风格在该版本中的遭遇更让人扼腕叹息。笛卡尔理应引人入胜，可人们读了这一版，仿佛跌跌撞撞地走在崎岖不平的地上，让晦涩和缺漏，偶尔还让彻头彻尾的错译给绊了一跤。本书要引荐笛卡尔的思想，马马虎虎，倒也够了；但是，本书至少也足以让笛卡尔赖以成名的第三大因素，即他的天才的哲学风格家的身份，显得让人相当摸不着头脑。[2]

28 **注释**

[1] *Discourse on Method*, by René Descartes, translated by Arthur Wollaston (Penguin Classics, 1960).

[2] 本书评最初以"Certainties"为题发表于 *Spectator*, August 26, 1960。

（谢沛宏　译）

个体理性：世俗精神[1]

在科学思想发展史上，没有一个时代比十七世纪更广受赞颂，那个世纪包含了开普勒、伽利略和笛卡尔的工作，并通过牛顿《原理》在 1687 年的出版而臻至顶峰。从多个角度看，对那个伟大的世纪所做的赞颂都是合情合理的。单看智识上的成就，不论是个人的还是集体的，都堪称宏大。不止如此，那个世纪还见证了人类一般观念的决定性转变，并且，不论人们的用意和旨趣为何，它也见证了对物理宇宙的现代态度被牢固地建立起来。除此之外，仍需指出，这些发展过程的历史，尤其是那个世纪的前半叶，就其戏剧性和个人特点而言都兴味盎然，因此不出意料，这一历史要素的显赫范例，即伽利略的生平事迹，已然成为戏剧和文学中反复出现的主题，同时也进入了思想史。

为了思想自由而起的冲突？

如果我们询问，这些事件有何特殊，使它们富有戏剧性，那么我们自然要说，是一次冲突——新科学与传统权威之间的一次冲突。这次冲突常常将自身表现为直接因为思想自由而起的冲突——

一次发生在那些宣称自己有权发现和发表新的真理的人，和那些宣称自己有权压制前者并令其噤声的人之间的斗争。这种对于那时局势的简单易辨的描绘，大部分可以归因于启蒙运动的造势者们；这些人在一个世纪之后为了追求明确的政治和意识形态目标，把那些年间的历史说成是他们心目中真理对决蒙昧、自由反抗权威的过程。

29

这种描绘中有一定的真相。但是，它总的来说是过分简化了，而它的过分简化往往会折损而非增益十七世纪的观念之争所具有的戏剧性的和历史的兴味。一个人只有更贴近地审视那种被拒斥的权威，以及十七世纪思想家们力图用以取代这权威的那种真理，或者说求真之道，才能看到那个世纪对于观念史真正的重要性。那些名垂青史的斗争不仅是为思想自由而兴起的战役；它们也关涉科学探索的本性。特别地，它们提出了两个关键问题。第一，科学探索与传统权威的关系是什么？对于这个问题，十七世纪给出了毫不含糊的答案。第二，科学探索与日常理解，与普通非专业人士的思考方法的关系是什么？对于这个问题，十七世纪给出了许多不同的答案，大部分都模棱两可，没有一个完全令人满意。这后一个难题如今依然从根本上与我们相关。正是这两个问题——并且它们并非彼此无关——我愿从十七世纪的图卷中选出来细讲。当我讲述时，我将主要集中在两位思想家身上，二人的气性极为不同，但都来自十七世纪上半叶：那就是伽利略和笛卡尔。

对权威观念的新态度

首先，关于权威我们要谈什么？这里我们自然会立马想到教会的权威，一方面，在教会权力这个意义上，它拥有宗教裁判所和出版物审查制度，同时在神学权威的意义上——教会或它的某些尊长们宣称自己有权依据神学理由来裁断自然科学当中什么可信，什么不可信。伽利略的事例使得新观念和这类权威之间的冲突牢牢占据了历史场景的中心。但是我们不能被这个案例误导，认为与新观念一同诞生的对权威的拒斥仅仅针对教廷权威——这不过是另一件更普遍的，就观念本身而言更重要的事情的特例：那就是在科学问题上对整个权威观念的新态度。我们也不能假定，教会的权威普遍地受到质疑：与科学思想相关，受到最多诘难的，就是利用神学权威来减缓某些宇宙学和力学理论所受的冲击。诚然，科学家一般都统一口径，认为任何新的科学思想与教会的教义之间严格说来都没有冲突；实际发生的事情是，某些教会官员出于恶意或误解，将教会卷入了它在神学上本来不必发表意见的问题。

30

　　提出这个说法，在某种意义上是出于谨慎的考虑；但有趣的是，伽利略虽然在很多方面非常激进，甚至堪称挑衅，但他却严格遵循这个说法。他的态度很好地反映在他写的一条注释上，该注释见于他手头的著作《关于两大世界体系的对话》(*Dialogues Concerning the Two Chief World System*) 的印本中，正是这本杰作令他遭逢大难，注释写道："注意了，神学家们，当你们意图从有关太阳和地球静止与否的命题中得出关乎信仰的结论，你们就冒着风险，最终必须将宣称地球静止而太阳运动的人们贬斥为异端——因为在这个时代，已经有可能从物理学上和逻辑上证明地球运动而太阳静止。"在这样的段落中，伽利略的想法似乎是，如果你能认识到宗教的权威纯然无关于对科学观点的证明，那么你就能如实地评判宗教与科学。

巨大而纷乱的茧壳

　　对于笛卡尔，情况则更为复杂。他比伽利略谨慎得多——"我的禀性"，他曾说道，"并不适合迎风扬帆"——他将自己对教会的真实想法包裹在一个由妥协、恭顺和神学论证编织的巨大而纷乱的茧壳中，但是可以肯定，他对天主教的信仰本身是真实的，并且进一步说，他并不像伽利略那样，认为神学与科学无关。相反，在他的《哲学原理》（*Principles of Philosophy*）中，他亲手尝试从上帝的属性中推导出运动的基本定律。这个推导过程极为薄弱，而推出的定律大部分是错误的；不过他竟然完成了这个任务，并且认为此举有价值。然而，在这个与伽利略的自然主义论证风格相去甚远的特殊形而上学计划背后，存在着二者之间的一种深层的相似性。因为笛卡尔所谓的推导是一种由第一原理开始的推导，它开始于上帝的那些属性，据说它们对有反思能力的心灵一目了然：这个推导不是建立在经典文本、公认权威或者经年积累的解读之上的。这就是二者最大的相似点，也是与权威的冲突中一条指引性的线索：不论是对上述二人，还是对十七世纪新科学的其他缔造者而言，在进行科学论证时仰仗经文的权威或者过去那些杰出而受人敬重的思想家都是没有意义的：你必须靠自己去观察、去思考。至于那些运用公认文本和诉诸权威的人大多是出于宗教的意旨，这很大程度上无关紧要；要点在于，是探究的方法本身出错了，不论探究的意旨为何。

31

这个道理在不同的语境中一再被指出：这道理就是，过去所说的话只有在经受住现在的严格考察后才与科学探究有关。因此笛卡尔在他最早的哲学著作《探求真理的指导原则》（*Rules for the Direction of Understanding*）中宣扬了一种发现真理的方法，并且顺带说了一番标志性的话："纵使我们已经掌握了柏拉图和亚里士多德的所有论证，但只要我们没有能力对这些问题形成可靠的判断，就不能成为哲学家；那样一来，我们获得的知识与科学无关，而仅仅与历史有关。"而在伽利略的《对话》（*Dialogues*）中，当经院派的反对伽利略的对话者（他非常典型地将此人命名为"辛普里丘"①）援引亚里士多德作为权威，来说明某些被认为是科学定律或

---

① 有些人怀疑，Simplicio 这个名字脱胎于意大利语的 simplice，意为傻瓜；但是也有人认为，辛普里丘一名是在影射亚里士多德的注释者、六世纪的新柏拉图主义者西利西亚的辛普利休斯（Simplicius of Cilicia）。可参见 Arthur Koestler, *The Sleepwalkers: A History of Man's Changing Vision of the Universe* (1959), Penguin Books, 1986。——译者注

实验结果的东西时，他总是会面对同一个反对意见：亚里士多德的权威不过是任何一个人或者观察敏锐的人都具有的，真正的问题在于，"这个定律是否实际上是真的？""这个实验能否被重复？"

如果是这样，那么科学探究就不像历史探究那样，需要依赖于文本的权威；而如果心灵用于科学探究的能力并不就是它用于诠释文本或衡量权威等的能力，那么真正参与探究的是心灵的什么能力？谁又具有这些能力？十七世纪科学家对科学家本人的描绘是怎样的？

对于这些问题，不存在简单的答案。但是一个反复出现的线索是，当这些思想家遭受来自学院中既得利益者的歧视和不解时，他们就会转向受过教育且有良知的普通人，寻求倾听或者追随。在这个意义上，伽利略和笛卡尔是类似的。他们都用自己的母语写了重要的著作，而没有选择在当时依然是博学之士交流的载体的拉丁文；他们都力图以此越过修士和教授们，接触到学术之外的尘世行当中具有良知的人。他们都蔑视学院的森严等级，并且总的来说更喜欢与做实事的干练之人为伍，这些人对自己的专业领域了如指掌。笛卡尔在《谈谈方法》(*Discourse on Method*)中如此解释他年轻时选择旅行并辗转于各个宫廷和军队间的经历："因为在我看来，普通人的推理所包含的真理要比读书人的推理所包含的多得多：普通人是对切身的事情进行推理，如果判断错了，它的结果马上就会来惩罚他；读书人是关在书房里对思辨的道理进行推理，思辨是不产生任何实效的。"[1] 应该注意到，有多少笛卡尔的朋友是外交官或者实干家；正是这些人在他与荷兰大学中的学究们陷入冗长而不快的争执时出手相助。

32

诉诸良知

确实，笛卡尔和伽利略似乎认为，他们可以用科学推理来触动

---

[1] 译文参考笛卡尔：《谈谈方法》，王太庆译，商务印书馆 2000 年版，第 9 页。——译者注

聪明的实干家们所具有的良知，以期从他们那里获得理解。然而，这种能力是否就能产生科学推理；科学家是否就是将自身日常的良知运用到科学上的普通人？有时，至少笛卡尔所写的内容看起来仿佛如此；实际上，他甚至走得更远。《谈谈方法》有一个著名的开头：

> 良知，是人间分配得最均匀的东西。因为人人都认为自己具有非常充分的良知，就连那些在其他一切方面全都极难满足的人，也从来不会觉得自己的良知不够，想再多得一点。这一方面，大概不是人人都弄错了，倒正好证明，那种正确判断、辨别真假的能力，也就是我们称为良知或理性的那种东西，本来就是人人均等的。①

他接着说道，正因如此，有些人比别人理解得更深入、学得更多，就在于后者没有正确使用自己的自然禀赋，但是如果给他们使用这些禀赋的正确方法，他们在判别真伪上也就能和前者做得一样好了。这样的方法，自然就是他要讲授的。如上所述，至少便是笛卡尔自己宣称的观点：科学的标志在于其方法，任何人都能学会和使用这个方法，因为所有人都禀有自然理性。

然而，我们不清楚笛卡尔自己有多相信这种说法。那个关于所有人对自己的良知都很自负的无聊笑话（实际上碰巧是一种广为人知的说法，在蒙田那里就能找到）带有直接的讽刺意味；并且在笛卡尔对待其他研究者的态度中，确实很难找到证据证明他认为这些人的能力能与他比肩，只需熟稔方法，就能踏上正途。即便他的确如此认为，他也没有真的花心思去帮助这些人走上正途；因此他故意用一种晦涩的风格写他的《几何学》（Geometry），因为他担心如果自己写得太容易，他的原创性就得不到承认，并且当他想到这本

---

① 译文参考笛卡尔：《谈谈方法》，王太庆译，商务印书馆 2000 年版，第 3 页。——译者注

书会让法国的优秀几何学家们何其头痛时，就感到一种特别的愉悦。可以不过分地说，笛卡尔对待科学的一般态度就是认为它是天才的专务，并且除他之外，至少是没有几个人有此天赋。

毫无科学共同体之谊

33

在笛卡尔这里非常明显的自矜自满和对别人在科学上的功劳的漠视，绝不是他个人的问题；相反，缺乏科学共同体意识是十七世纪早期的一个普遍特征。这部分地是因为缺乏交流；为了增进交流而创设的机构，例如英国皇家学会，是 1660 年之后的产物。但是这不是唯一的原因；就算有交流的渠道，研究者们通常也会忽略别人的信息。因此伽利略在收到开普勒寄来的书后，将其搁置未读——这不说非常惊人（考虑到伽利略的为人），但也颇为可叹。同样地，笛卡尔也收到了梅森院长 ① 所寄的伽利略著作，此人不知疲倦地与科学家通信，几乎是一手承担了皇家学会的职能；"我没时间读伽利略"，笛卡尔傲慢地回复道。这里还有一个比缺乏交流更深的原因。那就是，在十七世纪的上半叶，这些处于科学发展前沿的人不可思议地低估了摆在他们面前的科学任务的体量，所以他们就能相信，科学解释的所有形式（至少是其轮廓）只要凭一个或者几个天才一辈子的工作就能发现。既然如此，他们不太相信科学真的只是以正确的方法使用内在于日常理解的良知，这也不出意料。一群或者一个天才就已足矣。

尽管如此，我先前已提到这些人对彼时学术界专家的拒斥，而从这种拒斥中确实诞生了如下想法：正是某种非专业的良知或者自然理性之光，只要遵照正确的方法，就能发现真理。在与伽利略同

---

① 马林·梅森（Marin Mersenne, 1588—1648），耶稣会士，著名数学家，梅森素数的发现者。他与笛卡尔、费马等十七世纪著名数学家有非常频繁的交流，并且时常负责在科学家之间传递各人的研究成果，促进了法国科学的发展。——译者注

时代的英国人弗朗西斯·培根的著作中，我们可以找到对这个原则的最强有力的表述。他在科学和哲学能力上远逊于伽利略和其他思想领袖——"他写起哲学来就像位大法官"，威廉·哈维对他有此犀利评论 ①；但是他积极投身于科学传播和应用事业，而可能正是因为他缺乏科学天赋，他也由此拉近了科学与政治事务、专职机构和经济组织之间的关系。培根确实相信，存在一种科学方法，每个有普通良知的人都能应用它；并且，虽然他也总是像别人一样幻想主要的科学发现可以很快就做出，但他对科学进程也抱有另一种观点，可以允许受过恰当训练的明白人经年累月、齐心协力完成研究。相应地，他的观点在不同时期都广泛影响了那些极度重视此类品性的社会；正如美国学者 C. C. 吉利斯皮在他的新书《客观性的边缘》（*The Edge of Objectivity*）中所说：

> 培根主义在这些社会中一向作为科学之道而受到特别的重视，它们发展事业以增进人类财富，不崇信世袭的或天赋上的贵族，而是信任从群众的追求中引出的智慧——它们包括十七世纪的英格兰、十八世纪的法国、十九世纪的美国，以及世界各国的马克思主义者们。

对科学家的两种态度

因此，在现代科学方法于十七世纪早期肇兴并取代人们在真与假的问题上对权威的信奉这一过程中，我们可以发现，潜藏着两种对科学家本身的态度。一方面，人们自然地突出天才的作用，因为他发明了科学方法，或者至少发挥卓越的才智来应用这种方法，并取得不凡的成绩，而且他有望应用这种方法解决他生活中的所有重

---

① 威廉·哈维（William Harvey, 1578—1657），英国生理学家和医生，血液循环规律的发现者，著有《心血运动论》（*the Motion of the Heart and Blood*）。——译者注

要问题。另一方面，也有一种想法认为，有良知的人拥有未被传统学问所腐化的普遍的理解力，而天才可以启发他们来接受自己的发现，同时，只要找到了正确的方法，这些人就能通过合适的职业分工来将科学探索的工作进行下去。这两种观点都不包含关于科学的真相：在这里，重点并不是审视科学天才与大量非天才科学家之间的关系；可以说，与培根主义和以天才为中心的观点都不同的是，上述两种人都是需要的。

然而，对于这种状况，还存在一个特点需要最后一谈。在过去三个世纪中，科学进程中可以被称之为内行的要素和天才的要素都经历了调整，使得一类人往往被排除出去，那就是那些既非天才、也非内行科学家的人：伽利略和笛卡尔所设想的有良知的非科学家们，似乎要么成了科学家，使得他们的良知接受了合适的训练，要么就继续做非科学家，并且发现他们的良知不足以理解科学的进展。外行人似乎在一个典型的历史循环中再次和权威对立了起来，只不过这一次权威是来自科学家：不管他是被当作思维过程远超常人范围的天才，还是一个内行人，即使他的才能比外行人也高不了多少，但是他受过思维和探究的技巧方面的正规训练，而这些技巧即便再怎么合乎理性，对于未经训练的头脑而言都是难以理解的。

对于一个外行人，如果他有了自己被排除出自然科学的世界这种为人熟知的感受，并为之苦恼，那么看一看科学思想的历史就很有帮助。一个原因是，这样一来就可以消解这种感受的某些根由：当我们看到天才们殚精竭虑塑造着如今看来已经极为平常的观念，来解决那些因为他们的努力而在如今看来十分简单的问题，实际上就能理解科学思想的进程中的不少东西。但是即便这样做还不能治好他被排除在外的痛感，重访那段岁月也能（某种程度上通过回溯的方式）增强他作为外行人的自尊。因为，在十七世纪的某些节点上，如果他有幸在正确的时间身处正确的地方，那么他就能在一段短暂的时间中通过自己的双眼清楚地见证科学发现的世界，那时他

35

身处明净的天空下，传统权威的乌云已经被驱散，而专家权威的乌云还没有汇聚起来。

注释

[1] The Individual Reason: L'esprit laïc, BBC Radio 3 talk, *Listener*.

（郭予嵚　译）

什么是存在主义？[1]

要解释存在主义不容易，这有两个原因。第一，无论怎么看，这种哲学都很深奥难懂，它的倡导者通常以极为晦涩的风格表达自己的观点。第二，各种各样的思想家都可以在最广的意义上被称为"存在主义者"，但是他们的观点却彼此大相径庭——有些是马克思主义者，有些是自由主义者；有些是无神论者，另一些则是基督徒。不是所有被称为"存在主义者"的人都愿意接受这个头衔。

尽管如此，还是有一些线索贯穿了这类思想。为了拾起这条线索，大概最好是去看那些使存在主义得以产生的历史影响。在这些影响中，最重要的也许来自十九世纪的丹麦思想家，索伦·克尔凯郭尔。克尔凯郭尔是一个深信宗教的人，他执着于一个观念——一个极端的新教观念——即人在上帝面前是不完满的。尤其是，他以巨大的激情和惊人的力度驳斥当时在欧洲占统治地位的哲学，也就是黑格尔的哲学。黑格尔的体系被他视为抽象的、唯智的、无人性的，并且提供了虚假的安慰；它试图将人和他的个体经验吸收进一个概括的世界图景，而这样一来就掩蔽了克尔凯郭尔心目中人与世界、人与上帝之间的鸿沟，要弥合这鸿沟，只能通过一种信仰的行动、黑暗中的一跃，并且只能在"恐惧与战栗"中完成。如果迷失在黑格尔那样的学院体系的概括性观念中，就是在逃避现实和责任。

我们可以在所有存在主义者身上找到来自克尔凯郭尔的影响，即便对那些不像他一样信仰上帝的人也是如此。在这些存在主义者中，最著名的是当代法国哲学家、剧作家和小说家让-保罗·萨特；他的观点很大程度上与他的朋友、女作家西蒙·德·波伏瓦相同。萨特的核心观点是，"人没有本质"——也就是说，不存在什么东西是他必须成为的，没有固定的样板被预先定好，让他遵循。关于人的基本事实是，他存在：因此就有了"存在主义者"这个名称。进一步说，人的存在，是作为一个自觉的存在者，一个能觉察到自身所为的主体——更进一步说，他觉察到一个事实，那就是没人为他定下样板，也不存在从外部被赋予他的价值。这种觉察给予了人选择的自由：并且他必须选择，必须忠于某种价值以及某种生活方式。然而，这种选择是任意的：没什么东西能指导一个人他应该如何选择，但是他却必须做选择。因此像萨特这样的作家就在事物的根源处发现了绝望和不安——它来自人必须做选择这个事实，并且他的选择最终必将是任意的。人必须创造属于他自己的价值——从一片空无中创造。萨特认为，确实存在一些人试图对他们自己隐瞒这种境况，为此他们说服自己，某些生活方式或价值体系是绝对的，由世界本身所决定：但这只是一种幻觉，而这些人只不过是在否认他们的自由。用萨特的话说，他们是在"自欺"。

存在主义从根本上说是关乎选择和个人承诺；并且它的一个信念正是，只有通过直接的个人生存，这个真实选择的中介，我们才能真正理解任何事物。因此，不出意料地，像萨特这样的作家在戏剧和小说中表达自己的见解，与在正式的哲学著作中一样多，尽管萨特和其他人也写这类著作。

存在主义是一个大部分集中于法国和德国的运动，但在英国只有很小的影响。这一部分是因为存在主义更有哲学性或者更理论的

部分属于一个深奥的形而上学写作传统，它起源于德国，而更追求
实效和实事求是的英国思想家从未受其影响。存在主义思想家中最
深奥的人是德国人马丁·海德格尔，大部分英国批评者会认为他总
在写作一些毫无意义的东西。另一方面，存在主义中更具戏剧性的
部分，也就是它强调道德选择的可怖和绝对的生活原则的缺乏，这
尽管适用于各种场合，但在那些不久以前刚刚遭受政治结构的解体
或甚至颠覆的国家，是最为切中要害的。法国人对存在主义的兴趣
首先产生于法国被占领地区对德军的抵抗活动所遭遇的道德难题。

38

存在主义的这些更为个人化和戏剧化的方面或许比它的形而上
学理论更为重要。即便萨特和其他人创造了一些重要的理论观念，
但存在主义理论的主体对于未来的人或许会更像一种极端版本的德
国浪漫主义形而上学，而非对哲学史的重要贡献。然而，"存在主
义式的生活"这个概念，以及它对于个人担当的强调，肯定对很多
人关于价值以及他们自身的行动的思考产生了相当的影响，并且还
会继续如此。

注释

[1] What Is Existentialism? BBC World Service talk broadcast in Vietnamese.

（郭予峤　译）

让-保罗·萨特《情绪理论纲要》

此书是对一部出版于1939年的简短著作的翻译，并且它的出现是一件大好事。[1]它本身就颇为有趣，并且也可以作为对萨特在《存在与虚无》(*Being and Nothingness*)中所探索的一些主题的富有启发的导论。不是所有读者都会赞同简介中所说的此书"是一部没有一处费解或难读的作品"，但是它确实有一种特别的爽利和轻快的笔触。

萨特开篇时批判了三种现存的情绪理论——所谓"情绪理论"是一种关于情绪本质上是什么的理论，它有关于那些将它们与别的心理事件区别开的东西。他所批判的理论包括威廉·詹姆斯的理论，该理论认为情绪是对内部生理扰动的意识；还有皮埃尔·雅内(Pierre Janet)的理论，该理论认为情绪是"挫败的行为"；以及一些格式塔心理学家的理论，认为情绪（尤其受到考虑的例子是愤怒）是一种对试图"结构化"一个难以控制的环境时所经历的紧张感的逃避。对于这些理论，萨特认为第三个好于第二个，而第二个好于第一个；我们正在接近，但还未到达真相。

他接着转而批判精神分析理论，攻击的重点在于无意识的概念；这是一个他在后面的写作中继续跟进的主题。从这里出发，他

39

进展到他自己的理论，这占据了本书的最后大约四十页。这个理论的核心观点是，情绪是一种更原始的意识状态或者看世界的方式，其本质在于它包含了一种对魔法的信念。例如，一种恐惧感的对象可以被视为恐怖的，而不管主体相信的任何它能造成伤害的能力；一张恐怖的脸在窗子**另一边**的事实在一种惊恐状态中将会烟消云散。

更基本的地方在于，魔法的要素出现在处于情绪中的人的反应中；在恐惧中我们可能会昏厥，而这是一种试图消灭恐惧对象的魔法般的方法——就像一个面对难题径直蒙头大睡的人。这个论述不仅应该适用于消极情绪；凭着高超的巧思，萨特将同样的想法应用在例如欢乐这种情绪上，他将之视为一种试图将瞬间的完全满足变为持续的和不完全的魔法般的方法。

正如我面对萨特时常有的反应那样，我发现自己最后充满惊叹但又怀疑满腹。他的才华和想象力极为宏富，而有时他也令人信服。但是即便是一个人被他说服的时候，也会怀疑他到底被说服了些什么。这种怀疑可以追溯到萨特的方法，所谓的"现象学的"方法，他从胡塞尔那里习得此法。这种方法的哲学非常复杂，并且不容易讲清楚。玛丽·沃尔诺克夫人[①]在本书简短但有用的前言中花了一些功夫阐明它，虽然我疑惑她是否——尽管她已经做了免责声明——高估了笛卡尔对萨特的真正影响。对于笛卡尔而言，心智或者意识不一定需要是反思性的，我们可以在体验，但却不想到我们在体验，我们通过对世界向意识所显现的样子做描述而发现意识的活动：心智的活动，就其本性而言是从世界"反向解读"而得到的，仿佛它处在各种心理状态中。

这种方法存在两个大的难题。一个是，它设想的心智的"活动"似乎经常是一种虚构；在萨特的论述中，我们总是在做事——

40

[①] 玛丽·沃尔诺克（Mary Warnock, 1924—2019），英国哲学家，在存在主义研究上用力颇多。——译者注

并且在某种意义上，有意识地做事——但是我们却不能领会到所做之事。另一个难题在于评价对于世界看上去的样子的各种描述。例如，一个惊恐的人的世界可以用很多方式描述；有没有任何方法能判断那种描述对于这种哲学的目标而言是最好的，是最接近恐惧的本质的？除了发现某些描述"说得通"而别的不行之外，我们可能无法更进一步。不过至少，萨特的某些描述是很说得通的。[2]

注释

［1］*Sketch for a Theory of the Emotions*, by Jean-Paul Sartre, translated by Philip Mairet (Methuen, 1962).

［2］本书评最初以"The World as It Seems"为题发表于 *Spectator*, August 3, 1962。

（郭予峤　译）

J. L. 奥斯汀《感觉与可感物》和《哲学论文集》

　　《感觉与可感物》囊括了奥斯汀几年来开授的一门讲座课程，大体是由瓦诺克（G. J. Warnock）先生的笔记巧妙地拼接成书。[1]这是本杰作：独到而明晰、力透纸背又妙趣横生，实乃开卷有益。奥斯汀的个人影响已经对哲学讨论产生了可观的效应，此书注定也一样会影响深远。此书出来以后，从前探讨知觉哲学的那些常见套路再也行不通了。

　　不过，哲学有这么个特质：一部哲学著作的影响力和真正意义，可以显著地独立于它在完成既定目标——仅就更窄的论题和论证的方面而言——上的实际成败。拿《感觉与可感物》来说，只确定它的既定目标，这倒不大容易；各种不同的目标都可以合理地归予它，但只有一个真正落实了。这个目标作为线索贯穿全书：证明艾耶尔在《经验知识的基础》（*The Foundations of Empirical Knowledge*）里用到的某些论证行不通。奥斯汀对那些论证的较为重要的批判相当有效；尤其是他简洁明了地指出了艾耶尔的进路有一个重要的循环（第60页）。

　　当然，奥斯汀的用意不只是批判艾耶尔：他在年复一年的讲座中，想的可不仅仅是对一本出版二十年之久的书的某些段落，满腹敌意地评头论足一番。他似乎有个更宽广的目的，这便是要摧毁艾耶尔的著作所表达的一个论题，即，存在某些被称为"感觉质料"（sense-data）的对象，我们感知起感觉质料来，要比感知桌椅等更为直接（direct or immediate）。如果奥斯汀真有这么个更一般的驳论目标，那么我们没法说他达成了该目标。一方面，他明显没有考虑一类支持感觉质料的重要论证，即"知觉的因果条件论证"（参见第 46 页的注释 2），这类论证艾耶尔用过，普莱斯（H. H. Price）也用过［其著作《知觉》（Perception）奥斯汀时有提及］。另一方面，有些哲学家（尤其是摩尔）在论证感觉质料时，着重强调了某些困难，可奥斯汀却淡然地忽略掉了。我们既说看到了一颗星星，也说看到了一个银色斑点；这个银色的斑点便是一种人们想称作"感觉质料"的东西。可是，奥斯汀问："难道我们不打算说，那个银色斑点**就是**一颗星星，还说得相当正确吗？"（第 92 页）这不就像踢了块涂了漆的木头，又踢了琼斯家的大门一样（第 98 页）；或是像看见了希特勒，又看见了穿黑裤子的男人一样（第 99 页）？答案是否；奥斯汀本人在讨论另一个案例（第 98 页，注释）时，泰然自若地给了我们一个理由：虽然我可以说："地平线上的那个白点是我的宅子"，但这不允许得出结论说，我住在一个白点里。可要是我住在琼斯家的大门后边，我也就住在那块木头后边了，而要是我和希特勒住在一起（着实让人惊恐），我也就和那个穿黑裤子的男人住在一起了。也就是说，理应显示**简单同一性**的类比在此没起作用；恰恰是这一事实激起了一种有关感觉质料的重要言说。感觉质料如今其实是只死气沉沉的鸭子；可倘若这只鸭子还有点儿生命力，那么奥斯汀的那些论证还不足以杀死它。

然而，这可能没那么要紧。毕竟，他关心感觉质料理论家，兴许是偶意为之。他还有个更宽广的目标，便是要阐明哲学家怎么老是抹灭重要的区分，怎么老是忽略事实的多样性，怎么老是没留意我们语言的实际运作方式。就此目标而言，**有些**感觉质料论证的例子是这么回事儿没错。奥斯汀反复申明，那些论证就是由于忽视了相关情形的丰富多样，又忽视了施用于那些情形的许多不同语言表达式的差别，以及同一表达式的不同用法的差异，所以才失败了。现在奥斯汀的论题好像是说，第一重忽视在某种程度上是由第二重忽视所致：粗鲁地把有要紧差别的情形搞得**整齐划一**（Gleichschaltung），就是哲学家忽视语言的日常运用的微妙差别所致。我们可以认为，本书的一般目标少不了要显明这一关联。

42

若是如此，奥斯汀成没成功，就再次变得十分可疑了。他自己的做法并没能证实以上的关联。比如奥斯汀指出，艾耶尔和其他人往往把"物质对象"仅用作"感觉质料"的陪衬，还暗示说，任何（大致）可公共感知的东西都是物质对象。这一点他批评得很对，可他在批评时，没有谈论"物质"或"感知"等词的用法，只是提醒我们有多少种东西是我们看得见、听得着的，等等。反过来，奥斯汀干了些微妙的活儿，区分了"看上去"（looks）"好像"（seems）和"显得"（appears）等词在不同结构中的用法，在此展现了出色的语感乃是其杰出天赋之一。可是，这组区分完全没有与其论证紧密联系起来；特别是他一点儿也没说明，忽视了这组区分，怎么就误导了感觉质料理论家了。乍一看，要是他针对其中一些用法做得出这般说明，反倒奇怪，因为那些用法与知觉一丁点儿特别的关系也没有。

总的来说，奥斯汀是何等地少用他的语言密切观察法，为他提出的某些专属哲学的要点——比如他声称，没有不可更改的陈述，两条陈述并没有"一条陈述是另一条陈述的证据"这种内在关系——提供支持，真是不可思议。如此一来，那些语言观察似乎常常就是为了观察而观察。《哲学论文集》一书收罗的不同篇章也支持了这种印象，该书是厄姆森（J. O. Urmson）和瓦诺克两位先生编的，汇集了奥斯汀已发表的所有论文，还有未发表的论文三篇。[2]该书还有一些迹象显示，这种哲学和语言研究的分离为何应该出现：从大量的线索可见，奥斯汀干起他的语言研究时，积极地想**摆脱**哲学的问题。于是，感觉质料理论家为何得到了那般不完整的审视，原因由此可见；奥斯汀的目标与其是要消除对那些理论家的回答的信任，毋宁是要消除对他们提的问题的兴趣。

不过，还有一条回归哲学的路。语言研究终究会回到哲学理论家迅猛抨击的那些主题上；用一个著名的短语来说，语言研究是"一切的开始"（begin-all）。怎么实行这"一切的开始"呢？奥斯汀似乎就此给了一个培根式的答案：耐心收罗日常用法的种种区分，然后从中引出一个模式或理论——兴许在这一阶段，也唯有在这一阶段，才引入自己的一些专业术语。这个方法的麻烦在于：照直去做，是做不成的。没有目的——在理论方面，没有理论或问题——就没有分类。要是不先对那些区分的目的有概念，区分的数目就完全不确定了：我们可以想做多少区分，就做出多少区分了。的确，奥斯汀有时似乎就是在做一些合他意的区分而已。不过，他常常甫一开始，就对自己想要那些区分达成的目的有坚定的信念，并据此组合那些区分；由于他是个有伟大哲学洞识的人，所以他的组合往往发人深省。没有这种洞识，同样的活动就变得枯燥乏味、了无生趣。培根没发现什么可以托付技工来炮制成果的方法，奥斯汀同样也没发现。

怎么干这项差事且不谈，差事本身又有何意义呢？为何要对日常用法做这番严密的审查呢？我们在此碰上了奥斯汀的一个奇特观点，或可称为他的"时代智慧"（Wisdom of the Ages）论题：我们的日常言说囊括了一连串人们千百年来发现行之有效的区分，这些区分经受住了时间的考验，很可能比理论家——起码仓促间——想得出的任何区分都要牢靠。我们日常运作的区分总归是相当棒的，乍一想来理由很是充分；而如果我们要改进这些区分——在某些情况下或可办到——那么我们首先起码得发现它们是啥（参见：《感觉与可感物》，第63页；《哲学论文集》，第133页；等等）。

当然，这种观点已然预设了某些事关哲学本性的实质论点，大意是某种思辨哲学，那种力证人们就世界的某些基本特点**错得离谱**的哲学，乃是不可能的。倘若对这一切区分的阐述，都笼罩在巨大的误解之下，那么钻研它们简直就没多大意义了。因此，奥斯汀的观点从一开始就把一大堆论证都视作理所当然。可既然他的观点同当下的大多数观点，也同其他时候的很多观点一道分享这个预设，既然（说得温和一点）该预设还有一点道理可言，那么关于奥斯汀的观点，最有意思的点便不在这儿。有个问题更有意思，事关其观点的保守态度；即便在不算极度思辨的哲学的范围内，其观点也堪称保守。现已有人指控奥斯汀是个语言保守分子，不过，这项指控已遭回绝，我们想起了他对既有用法的研究实在是"一切的开始"——调查过后，还是有可能发起改革的。可这其实仍是保守主义。要是加上关乎那些调查方法的培根式论题，由于依照那个论题，调查真是没完没了，所以他的观点就格外保守了。即便不算那个论题，也还是保守得很，相当于这样一条建议：要是不对**旧制度**① 做一番彻底的社会学调查，就不可能掀起什么革命甚或改革。在别的语境下，把这条建议视同为"不搞改革"的建议，倒很正确。

44

倘若奥斯汀的建议风靡于过去，也就鲜有什么哲学了。或许，他本不会为此痛惜。可还有另一个问题：倘若我们听从这些伯克②式的忠告，如今还会有我们有的那些**日常语言**的大量区分和用法吗？又是**谁**铺设了这张错综复杂的语言制度网呢？奥斯汀含糊地写到了"[在]生活实事中……为许多代人传承下来的经验智慧"

---

① "旧制度"（Ancien Régime）原指法国从中世纪后期（约十六世纪）到 1789 年大革命前的贵族封建制和君主世袭制等社会政治制度。威廉斯此处喻指日常语言中含有的"时代智慧"。——译者注
② 此处指保守主义哲学家埃德蒙·伯克（Edmund Burke, 1729—1797）。伯克对法国大革命予以批判，反对政府按照抽象的哲学观念实施统治。威廉斯以伯克的政治保守主义来形容奥斯汀的语言保守主义。——译者注

（《哲学论文集》，第 133 页）。可我们难道不需要有关语言变迁的真实历史材料吗？尤其是有关遭到鄙视的草率理论家对语言，特别是在奥斯汀最关心的那些领域里的反复影响，难道就不需要真实的历史材料了吗？保守派面临一个事实：旧事物不过是曾经的新事物，语言和政治都一样。

从历史的角度看，奥斯汀对语言的态度还在其他方面不切实际。他尊重旧事物，可有时似乎掩盖了他自然生发的对词典编纂学的现状和模糊性的欣赏。正如他写到"我们大量的，而且大多是**相对古老的**日常语词"时（《感觉与可感物》，第 63 页，强调是我加的），他的腔调几近让人想起了另一位伯克，就是编纂《贵族名谱》的那位伯克 ①。一个语词历史悠久是什么回事儿？打个比方，"观念"（idea）一词有多古老呢？

我猜，时代智慧论其实是一则**神话**，是为当下的某些活动辩护而作的有关过去的幻想画。奥斯汀着迷于探测日常言说的细微差别，在这方面天赋异禀。他还有伟大的哲学想象力，聪慧过人。他敦促把对日常用法的研究充作哲学的唯一方法，或至少充作一种为哲学做准备的必要方法，企图如此把二者结合在一起。在理论层面，我想他成功了。可在他的实践中，值得注意的是，他几乎很少这么干。他试过也成功过，主要是在**说服**的层面：他极其巧妙地把精细的语言区分用作武器，鼓励——更有特色的是劝阻——某些哲学信念的持有。

在使用哲学劝阻上，奥斯汀明显与后期维特根斯坦有相似之处。两人都不信任更古老的关乎哲学证明的雄心壮志；两人都主张耐心，主张承认凌乱的复杂性；两人都把老派的风格改成了一种说服的方法，那种方法在他们手里，比起（至少形式上）在别人手里，要来得有效。可两人在哲学的心理谱系上，却位于完全对立的

---

① 《伯克贵族名谱》（*Burke's Peerage*），最初由爱尔兰家谱专家约翰·伯克（John Burke, 1786—1848）编纂，1826 年首版，记载了英国世袭贵族和准男爵的姓名。——译者注

两端。维特根斯坦的方法旨在启迪，最高的褒义词为"深刻"，过错倒在于隐喻的晦涩难明。奥斯汀——把英国人对自命不凡的厌恶发挥得淋漓尽致——追求朴实的真理，力求准确，却有迂腐之嫌。至于两条途径何者更令人神往，一定是个性情的问题。不过，一定要说（波普尔也正确地认定了这一点）：人类思想的任何分支，要是只把"尽可能多多累积准确表达的真理"当成口号，是得不到发展的。倘若奥斯汀按照他所坚持的对待其他哲学家的方式，照直对待自己，那么他的两本杰作也就不会这么有趣、这么可贵了。

45

注释

[1] *Sense and Sensibilia*, by J. L. Austin, reconstructed by G. J. Warnock (Clarendon Press, 1962).

[2] *Philosophical Papers*, by J. L. Austin, edited by J. O. Urmson and G. J. Warnock (Clarendon Press, 1961).

（谢沛宏 译）

科学的两副面孔[1]

　　什么是科学的两副面孔？从某方面说，这无非是我们把科学看作技术力量，它的本性就是善恶兼备，并且就像牧师们和其他人每天都在提醒我们的那样，它既可以用来行善，也可以用来作恶——细菌学的研究可以挽救生命，也可以支持细菌战，核能可以用来建设发电站，也可以制造炸弹。这是科学的两个方面的冲突最为人熟知的形式——技术的善好和邪恶用途之间的对比。但是尽管这是最熟悉的形式，我仍确信它并不是唯一的形式，并且我十分肯定，它也不是最根本的形式。因为首先，如果只是指出技术发现可以被用于作恶，那么远远没有说尽很多人对技术进步的恐惧。从某方面说，更令他们深为胆寒的事情不在于技术被用于邪途，而在于当它被用来行善时也会产生恶的结果；因为我们都知道我们应当避免邪恶的用途，并且当然很乐于追求善好的用途，而这些好用途暗藏着令人忧心的后果：在大众的想象中，这个后果可以从离我们比较近的自动化导致的失业问题开始，一直推到一幅未来社会的景象，我们在其中可以永生不死，提前为我们的孩子们编辑基因程序，然后通过直接对他们的大脑进行因果操纵来教育他们：这些都导向我们想都不敢想的结局。

但是即便把这些要素都加入进来，我认为还是不能完全表达我
们对科学的潜在想法中光明面与黑暗面的冲突。因为这些都还只是
与科学作为手段的一面有关；它仅仅考虑作为技术的科学。但是我
认为，对于积极和消极的双方而言，这种冲突都不能表达为上述想
法所导出的简单形式。因为，一方面，确实有一种声望、激动人心
的事物以及文化和智识上的价值，人们认为（并且是正确地认为）
它直接与科学本身相关，而不依赖于科学的技术产出。而在消极的
一边，则有这么一个要点，即科学发展过程中蕴含的激动人心的事
物以及人类的自满，将会破坏手段与目的之间的简单关系；它将会
导致我们再也没有条件自由选择是否以及如何使用某些科学手段。
至少，我们需要担心，在科学进步的动力背后，有一种发现一切可
能的科学手段和应用所有被发现的手段的必要性。

但是让我们回到积极的一面。在现今的社会上，对于科学这个
理念本身存在一种独特的文化激情，尤其是对于纯粹科学。何以如
此，是一个复杂的问题，它涉及很多事情，包括现代社会的经济基
础，以及它对人们态度的影响。但是另一方面，为什么事情必须如
此，在我看来却是一个很容易回答的问题，至少如果你像我一样，
已经准备好毫不汗颜地给出一个期许颇高的回答：这正是因为自然
科学的成就在我们的时代代表了人类在想象力和智识上的最高成
就，也就是说，代表了我们最高的文化成就。

我一旦像这样使用"文化"一词，有些人，例如赫尔曼·戈
林，就要去拔他们的枪①；并且我们立马就会发现自己身处所谓
'两种文化'②造就的智识荒野中。我不会试图担起那令人沮丧的任

49

① Hermann Wilhelm Goering，纳粹德国的政军领袖，希特勒的左右手。据说他早年在寄宿制学校的不愉快经历令他痛恨学校教育，因此他曾说道："一听到文化这个字，我就会去拔我的勃朗宁手枪。"——译者注
② 此处指的是英国学者 C. P. 斯诺（C. P. Snow）提出的概念。他在名著《两种文化》(The Two Cultures)中旁征博引，讨论英国人文学者和自然科学学者之间存在的智识和文化断裂，对这一现象反映的英国社会整体精神的分裂提出警示，并建议改革教育，培养同时具有科学素养和人文精神的人。——译者注

务，去拼合那片荒野中四处散落的废墟。但是既然我意在提供我个人的视角，容我还是固执地提出一种见解。在我看来，查尔斯·斯诺勋爵就我们智识生活中的一种反常情况引起公众的注意，这非常正确，正如在他之前，罗素勋爵和别的人也曾这样做过。一个人一般不会被知识分子圈子视为有文化、有教养的人，除非他对于比如中世纪或文艺复兴的意义或者但丁、提香、歌德和贝多芬等人对当代艺术的启示之类的事情有所了解。但是如果一个人表现出甚至说出他对伽利略、牛顿或孟德尔的成就抑或相对论和分子生物学的无知，则并不会如前一种情况那样令有识之士感到尴尬。这种状况实在是非常古怪的：而且古怪的原因不止一个。

狭隘心态之敌

在我看来，任何一种文化和教育的主要目标都是成为狭隘的心态的敌人：掌握了对于一般事实的知识，了解了别的时代和别的地方的人类成就，一个人就能对自己所在的地方和自己的社会在事物的整体秩序中的位置形成一种更正确的评估。这些对任何一种文化的一般性的考量显然也适用于科学，无论是从科学史的角度来看，还是当代各门科学结论、理论以及方法的角度来看都是如此。历史是重要的，因为它是人类过去成就的一部分；当下状况也是重要的，因为即便一个人对于他的社会如何从其他社会形态演进而来有了一般的了解（正如作为人文学科的历史学所教授的那样），但如果他还是对诸如人类自身如何演化或者人类的星球在宇宙中的位置这样的问题毫无了解，或者至少是没有适时且有效的了解，那么他便还是没能抵御狭隘的心态。

但是这不是唯一的要点：因为还存在另一种意义上的"文化"，在那种意义上，谈论共同的文化就是谈论那样一些人，他们支持和分享一些共同的目标，并且在一个他们所有人都理解的环境中生活。并且，不论在现代社会中上述观念遭遇了怎样的困难，可以肯定，人类如果对提供了他们时代的核心成就的活动的方法和结果丧失了理解，甚至等而下之，如果他们甚至连他们周围的机器设备的原理和工作方式（至少是其大略）都不懂，那么他们绝对无法活得更好。他们将会生活在一个完全陌生的世界中。

对于上述这种论证——它们已经为人所熟知——常常有人回应道，恰恰存在着理解这一切的障碍；那些没有受过各门自然科学的正规教育的人说到底至多能对它们形成一些肤浅的误解，并且从智识角度说，这并不值得赞誉，只是徒增其害。在我看来，这个回应的价值取决于提出它的人的身份。如果某个科学分支的专家将一个非专家对该分支的认识斥为肤浅，那么我可以理解他；因为我们都知道，任何领域的任何专家总归会如此看待非专家的理解，并且，从他的参照系出发，这样看也没错。但是这一点当然也适用于不同的科学家之间的关系，正如它适用于科学家和其他人的关系一样。我们已经形成习惯，讲到"科学"就仿佛将它当作一个巨大的整体，你要么在其中，要么在其外，但是这是一个错误：存在着各种各样的科学学科，同一门科学又存在不同的分支，并且一个分支的科学家可能顶多对别的分支的工作稍有了解。但是对于不同学科的科学家们，除非他们本就是狭隘之人，否则他们的确会认为了解一点别的科学家的工作是值得的。所以为什么非科学家就要例外呢？当非科学家提出这种反对意见时——眼下人们经常以"肤浅地对待科学就是侮辱科学"这种貌似有理的形式提出它——它就具有心理防御机制的所有特征。因为人们在这种情况下提出了他们在别的情况下不会提出的要求：要么就具有专业知识，要么就什么知识也别具有。但是在其他任何文化领域中都不曾出现过如此荒谬的要求。我们大部分人对中世纪的知识会被一个专研这个时期的本科生视为浅薄和不完善的；艺术史家对我们的艺术史知识、音乐学家对我们的音乐知识也会这样看；但是这些零碎的知识让我们对上述领域中的事情有一些大致的认识，所以是值得拥有的。

51 　　但是我不认同"两种文化"这种说法，并且我尤其不认为问题仅仅在于受过某种科学训练的人和没受过这种训练的人的对立。因为，在我所在意的那种意义上，对于科学成就的文化意义，受过科学训练的人可能和没受过科学训练的人一样，实际上缺乏感触。我曾亲自与来自各科学学科的一些学生交谈，他们有学习技术专业的，也有学习纯科学的，而我对于他们中的一些人完全没有上述意识而感到震惊。他们虽然在技术上很熟稔，但却对于他们所做之事的历史、社会角色以及基本的本性毫无领会；科学是人类的一大活动和成就——它正是这样的事物——但这对他们而言却几乎没有意义。

　　这种现象也不局限于学生当中；实际上更加危险的是，这种理解的缺乏也不仅仅体现为对科学和技术进程没有看法。有那么一些人——不过为了把话说清，我必须强调，我指的仅仅是我所遇见的科学和技术人士中的一小部分——的确对这些问题有一套相当热切的看法；然而这些看法完全没受到任何关于历史和社会的一般知识的启发，并且这些人错误地认为科学本身就足以支持它们。大致说来，这些观点认为技术进步就是一切；一种强硬的功效主义是唯一可以接受的社会哲学；不可能存在什么自由意志，因此，就应该认为，眼下对于社会正义等的设想都已经过时了，应该用社会管控的技术来取而代之。并且偶尔，在这些人比较冲动的时候，他们还会补充说，既然只有技术专家理解这些事情，而且不受过时的幻觉之害，那么他们就必须对社会上发生的事有更大的发言权。这一组观点如果只是像上面这样粗略地表述，那么只是夸大其词；但是至少在很少部分的情况下，这种夸张与真相的距离近得令人不安。并且可以肯定的是，在我先前所述的我们关于科学的潜在观念的消极一面中，这种夸大占有一席之地；当我们思考技术进步自身具有的那种创造毫无人性的世界的动力时，它就显得十分骇人。

虽然以下要说的是个熟悉的道理，但是再怎么重复也不为过：我方才以夸张的方式表述的观点，且不论它们有或者没有任何好处，在任何意义上都不是任何自然科学或者其技术应用的一部分或者结果，并且如果假定它们是这种东西，就不仅犯了一个哲学上的错误，而且也是彻底非科学的。科学家的教育者的一个任务在于令他们明白，科学凭借自身无法告诉我们关于社会的未来的线索；正如其他人的教育者的一个任务在于令他们明白，如果没有对诸门科学的知识和同理心，则没人能够理解社会的未来，也没人能理解社会的过去和现在。我不认为这些教育任务会如同很多人一直声称的那样艰难。当我们更仔细地审视科学的双重面相时，就不难看到它何以在最崇高的意义上是一种属于人的活动。

52

注释

[1] Two Faces of Science, BBC Radio 3 talk in the series *Personal View, Listener.*

（郭予崎　译）

巴兹尔·威利《英国道德家》

此书成型于作者开授的一门讲座课程,他在"前言"里告诉我们,这门课在剑桥大学开了三十年不止,相当让人望而却步。[1]如威利提到的,这门讲座课及其服务的学位考试论文脱胎于纯粹唯美主义余韵犹存的时代,当时把文学与道德关联起来的尝试不太时兴。虽然他没有提到,但那股余风一直延续到后面一个时期,那时他的剑桥同事 F. R. 利维斯 ① 真的在勾连文学与道德,但其做法还是没给道德观念的反思史留下多少余地:利维斯勾连到文学的道德是**一种**道德,那种特殊的观念被当作创意文学感受力自身的本质,成为了一种尤其不受时间所限的批评的基础。

于是,威利身处不止一种观念氛围里,一直维系着英国文学研究和观念史的联系。他的努力已经造就了一系列扎实而不乏价值的著作,如《十七世纪背景》《十八世纪背景》和《十九世纪研究》。这几部书的部分材料也得自这门绵延日久的讲座课;一定要说一句:它们对记录在案的作家所做的有益总结,常常带着讲堂般

---

① F. R. 利维斯(F. R. Leavis, 1895—1978),英国文学批评家,认为文学评论应关注作者的道德立场,著有《伟大的传统》等书。——译者注

的口吻。如今时值威利从爱德华七世英国文学教授席位（The King Edward VII Professorship of English Literature）退休之年，他整理了积累下来的其余笔记，编成《英国道德家》一书出版，既充作对这些年来授课活动的纪念，也（带着典型的剑桥式内敛）希望本书可以帮上他的继任者的忙，"哪怕只是作为历史图集或不舒服的警示"来指导未来的同类讲座课。

无论威利的继任者是何人，要是他们太过武断，拿上述首选解释的至少第二种去掂量威利，就不大得体了。然而，他们要是这么干了，兴许还更好。显而易见的是，观念史上没什么有价值的写作秘诀，也没什么实质性的准则，可以确保写下的文字有益或发人深思。不过，我们起码可以找着几条粗略的必要条件，比如（合理程度上的）准确性，以及摒弃（一种不合理的）偏见等。威利也只是断断续续地满足了这些条件，因为有两个实质的话题，即哲学和基督教，他还以大不相同的方式未得其要领。

从一开始，他就略带夸张地贬低了哲学：

> 过去有人批评"英国道德家"的学位考试论文只是"业余的道德科学"，可我觉得这条批评很难严肃以待。"观念史"并非受文学训练者理解不了的内容，这一点已经反复再三地得到了证明。受文学训练者不需要当专业哲学家，才能获取这些知识；也不需要获取足够多的这些知识，才能充实并阐明他们的文学研究。

（我或许该解释一下，"道德科学"是剑桥大学对哲学的称谓。）

威利的这番话并非一点真相也没有；可它在多大程度上为真，相当依赖于正在考察的是哪种观念史，是哪种观念，又是哪种历史。在研究观念时，要是观念的主要且最具影响的表达不见诸哲学：进步的观念，或者作为至高道德理想的"对自己诚实"的当代观念（还未有人书写其历史），可能便是如此；那么，那种源于哲学的进路兴许并不受青睐。而且，拿观念史来说，甚至别以太哲学的方式接近哲学家，可能都有点儿道理。要是太专注哲学家实际的意思是啥，倒有可能掩盖了他们遭受误解而造成的影响；对于某些哲学家而言，卢梭便是一例，此乃重中之重。不过即便如此，要是太过忽视哲学，也会有个悖论：倘若对哲学家的真正意思没什么哲学的理解，又怎么标出那些误解呢？有鉴于此，威利的进路及其对"文学训练"和"专业哲学家"的学术区分，就足见肤浅了。真相虽然简单，也比教学大纲说的复杂：哲学的见识与对哲学写作的**文学**理解分不开，因为哲学的见识与理解哲学的写作完全没法分离。不鉴别观念，就不可能有观念史；而要鉴别文本，尤其是哲学家写的文本体现了**什么**观念，便是哲学理解的事儿了，这不亚于对任何其他东西的哲学理解（但也不意味着受"文学训练"者就够不着这番理解了）。

54

  威利其实选了一门在所有可能的课中最不适合他的课，他自称缺乏哲学知识，还显然缺乏哲学意识：他腾出了全书的很大一部分，仅仅是设法尽可能简要地陈说不同哲学家的看法。这样做充其量没成效；而就目前的组织来看，结果便是持续地错失了重点。洛克和休谟便是两位更重要的受害人。洛克对第一和第二性质、实体、启示和意志的看法，以不同的方式遭到了错述、误解或过度简化；不过，他的伦理学中有一些对"道德相对性"的隐约提示，却没有受累于任何关乎"洛克其实渴望把伦理学变成一门**先天**科学"这一事实的陈述。洛克是一位含混的思想家，这千真万确，却不惹人厌烦，因为他的混淆乃是一个高度聪明且诚实的人，因设法在脚下不断晃动的智识地面上站稳，所犯下的混淆；而威利把洛克搞得沉闷乏味，乃是伤害了他。

  休谟倒是唤起了一种相对更生动的对待，但也没有更准确：威利如此陈说（关乎责任感和奇迹）的重要论证，恰恰忽略了其基本

思想；而且，他好像对重要的休谟解释工作，特别是康蒲·斯密 [①]
对《自然宗教对话录》（*Dialogues on Natural Religion*）的解读一无
所知。不管怎样，休谟都不大可能遭到区别对待，不仅因为他的哲
学精妙，还因为他是个反讽家；而一般来说，反讽似乎滞塞了威
利的体系，就连《格列佛游记》（*Gulliver's Travels*）和《憨第德》
（*Candide*）都处理得非常粗糙。

威利与亚里士多德打交道时，也同样表现出了对反讽的不敏
感。他把亚里士多德所谓"大度的人"（Magnanimous Man）当成了
亚里士多德体系的理想。有人已经认可了这个解释，但它肯定是错
的，也几乎没有从威利——他打算说，《伦理学》[②] 是"世上最无聊的
经典"之一——那儿获得多少权威。

其实，相较于错误的解释，亚里士多德着了某种更有意思的东
西的道儿：他是威利的意识形态的主要受害人。威利信奉严格的基
督教新教，他阐述新教，倚仗新教，却鲜有分析新教（这倒与新教
精神相符）。新教给整个历史进程定下了基调，我们的文明的基本
传统见于柏拉图-奥古斯丁二元论，这是相当贬斥肉身的：人是复
合物，在向往崇高事物和肉欲之间左右为难。亚里士多德不怎么有
摩尼教的倾向，难怪遭了这样的冷落。在观念史上，把这两个传统
中的任何一个当成西方思想的主线，都糟糕透顶。即便在中世纪， 55
这一学说也陷入了困境；威利还平白加重了这重困境，说"纵观整
个中世纪，[亚里士多德]不仅是权威，还是**唯一的**权威"。后边有
一页对这个谬论略作修正；但亚里士多德仍身陷其中。威利究竟是
认可中世纪是基督教的中世纪，所以才是亚里士多德式的呢；还是
说，他因自己是新教徒的缘故，才准备**承认**中世纪是亚里士多德式

---

① 康蒲·斯密（Kemp Smith, 1872—1958），苏格兰哲学家，康德《纯粹理性批判》的著名
英译者，著有《康德〈纯粹理性批判〉解义》《大卫·休谟的哲学：对其源起及核心学说
的批判研究》等书。——译者注
② 指《尼各马可伦理学》。——译者注

的，这一点晦暗难明。

思想家可以书写历史，甚至是他反对的事物的历史。比方说，哪怕有人如威利一般，认为原罪说确凿地证明了"一切启蒙理想皆无望"，他也可以富有成效地研究启蒙运动。但这样的研究要求否定自我的复杂壮举，要求有意地悬置信念，还要求不传道的决心。威利在这方面彻彻底底地失败了，结果是他的书有部分内容，读来仿佛学校牧师所作的怪诞布道，正规训高年级的男生抵制纯世俗著作的精神缺陷。

具有反讽意味的是，威利还有一位剑桥的同事叫赫伯特·巴特菲尔德①，他持有威利的宗教观，却把一种全然相反、的确是极度相反的历史态度奠立于其上：由于人的罪过无处不在，（也由于别的因素，）历史学家一定别搞什么道德评说。巴特菲尔德一言，想必会让任何接替威利开那门讲座名课的狂热分子受益。

注释

[1] *The English Moralists*, by Basil Willey (Norton, 1964).

（谢沛宏　译）

---

① 赫伯特·巴特菲尔德（Herbert Butterfield, 1900—1979），英国历史学家、基督教思想家，二十世纪"剑桥学派"的代表人物，著有《历史的辉格解释》《现代科学的起源》等。——译者注

大学：抗议、改革与革命[1]

为庆祝伯贝克学院成立而作的讲演

不满和学生抗议已经困扰了很多大学，英国和别处都一样，试着聊聊这些事儿好像没错；当然，对大学的本性、目的、职责或别的什么讨论一番，却不正视当前的进展挑起的基本问题，那会是愚蠢的逃避。不过，我发觉就这些话题发表讲演，会冒着沉闷乏味的特殊风险：一方面，因为事件进展神速，在某时显得绝对核心的问题也许甚至过不了多久，就显得没那么紧迫、没那么重要了；另一方面，由于很多显然居于核心地位的问题，已经在公开场合得到了如此广泛的讨论，而我们多数人私底下也津津乐道，于是人们很可能会好奇，还有什么好聊的；要是真有的话，总不会自己太昏头昏脑了，竟然没认出来吧。

我面对这个困难，起码会做一番筛选，撇开很多相关的内容，尤其是忍住诱惑，不做**先天的**（a priori）社会学解释（诸位听到这儿可以松口气了），比如为什么迄今学生抗议在某些机构而非另一些机构尤甚，在现下更甚于早些时候；还有在何种程度上，学生抗议本身所应对的由头也因果地促其产生。关于这最后一点，我只

56

会假定，学生抗议本身所应对的种种由头，起码有很多是值得严肃对待的；就算抗议的某些动力发端于更深或更一般的来源，在我看来也一样如此。事关横幅为何拉起，不管持有哪种——历史的、社会学的、甚或动物学的——理论，都不免诚实地思考横幅上写了什么。

显而易见的是，最近的学生抗议针对两种不同的议题，有的关注大学本身应该如何经营，还有的关心国际国内的政治话题，并对大学所在的社会展开批判。当然，由最后这句话本身可见，两种议题并非截然有别，这也是激进的抗议所认定的一点。一来，针对政治议题的抗议经常引发校内纪律问题和学生自由问题；二来，针对大学体系的抗议，也常常算作针对社会自身特点所做的抗议。稍后，我会就这些更激进的尝试多聊一些。不过，眼下我想考察一两个和大学自身的结构和运作关联最直接的问题。

国家学生联盟（National Union of Students, NUS）及校长联合声明在不同的方面显示出了妥协的重手按下的拇指印，这倒不足为奇，但在我看来，还是提供了很多明智的建议的；我首先假设，**至少那些建议**理应为大学教师和行政人员所接纳。要是有人从根源上反对学生参加大学组织，只对学生社团、也许再加上联合餐饮委员会网开一面，我不企图改变他们的主张。我以为问题在于方法和限制、理应遵循的原则，以及学生参与、学生自由和学生控制之间的界线。有一条这样的界线看上去挺迷人，人们也常有提及，那便是学生生活的学业方面和社会方面的界线。常有人说，说得也很有道理：大学当局管起学生的私生活来，别像过去的很多大学那样瞎掺和；有些地方还有一整套关于学生动向、入校、就寝和人际关系的管理规定，这些东西该到头了。况且，就算要管，也该把很多管理全盘委托给学生，交付学生手上，别搞什么上意下达那一套。看来我们有很多人，肯定不是全部，不管对课程、考试和教学大纲等是怎么想的，都可以就这个一般方向达成一致。

我当然觉得这个一般方向很可靠；一旦《莱蒂报告》(*Latey Report*)关于成年年龄的建议入了法，把学生当成年人对待的法律障碍将一扫而空。① 不过，大家在采取这种立场时，要注意到将会遇上的后果及限制，起码只要整个体系在更远的方面不变，就会如此。要是不注意这些限制，就会招来纯自由主义的痴心妄想，以为改变可以相当不痛不痒，去除了老派的制约，诸事各就其位，一如往常，只是腾挪的空间大了一点而已。这种痴心妄想也招来了报应：人们身处其中，发现改变毕竟蕴含了一些痛苦，而且总比预期的更进一步，朝不同方向发展；人们开始惊慌失措，开起了自由化进程的倒车，这就是革命的经典公式。我倒不是替保守主义伸张——不过是反对多愁善感而已。重大的改变有意外的后果，保守主义确实有这么一条为真的前提；不过，保守主义却无效地由此推出了自身的妄想：你可以寻求不变，以免意外发生。而我只是在说，要是引入重大的改变，最好预料到有什么意外；想一想应该在哪些方向探寻意外的到来，还是颇有助益的。

事涉学生自由和社会事务的自决，我只会提两个方向，我认为我们当予以关注；当然，此外也有别的方向。首先，我觉得我们得想想一个问题：很多人还有一个愿望，希望师生一起多多参与进来，师生关系别像某些大学那么疏远，别那么纯粹职能化；那么，前述的界限如何与这个愿望相协调呢？毕竟，事实上这两方面看来没有相辅相成，反倒水火不容。就事物的本性而言，对学生的私人活动掺和得最少、管控得最少的大学，都是大型的非寄宿制的城市机构，学生挤进出租房、单元房、单间公寓和阁楼，没什么人管，这就带来了——要是那些学生走运，而不只是注定孤独的话——某

58

---

① 1965年，英国法官约翰·莱蒂(John Latey, 1914—1999)当选为成年年龄委员会主席，为适应社会的变迁，积极推动把成年年龄从21岁降低至18岁的法律改革。1967年，他主持的委员会发布《莱蒂报告》，提出了44条民法修正建议。1969年，英国法律把成年年龄改成了18岁。威廉斯的这次讲演发生在1968年，即成年年龄法律改革的前一年。——译者注

种自治的学生生活。同样，那些学生和教师一起参与课堂，但（除却特殊情况，）不会和教师分享多少自己的私生活；教师也在城郊住宅区或别的什么地方，同样过着某种自治的教师生活。与此相反，寄宿制的、有机组织的大学是另一幅画面：有校内生活，学生和教师有自由的、不限时间的交流；在那些地方，有门禁规则，有单一性别的学院，高级导师藏在垃圾箱后边，逮住翻墙的学生。

当然，以上两幅画面都带点夸张——第二幅尤甚。不过，二者代表了真正的目标冲突，或许并非化解不了，但确实得化解。最近，《泰晤士报》报道了我校一位非常资深的老师，他为某个聪明人待的协会发表了演说，批评年轻一代的大学教师过于关心自己的学术生涯，却对学生关心得不够；那些教师年纪轻轻就结了婚，生了小孩，专注研究和发表，却把本科生尽可能撇开不管。我相信，他拿那种情形，比照的是旧式的牛津剑桥作风；根据这个比照，他的话自然很有道理。不过，那种旧式的作风，现在的学生谁还想要？就目前受捧的这类学生自由，或是为实现这类自由所需的制度来讲，那位敬业非常的老先生说的话，还有几分道理在呢？旧式学校把不管学生当成教导上的失职，可现在的学生难道不是在许多方面，就**乐意**学校不管他们吗？

最后一个问题的答案，恐怕**是否**皆有，这便是为何这里存在着目标冲突。从更自由化、更自治的学生生活的角度看，年纪大的单身教师，确实被年轻的单身——起码尚未成家的——教师取而代之了，后者在年纪上比学生略大一点，发自内心地拥护学生喜欢的社会或政治作风。不过，从事物的本质上讲，单凭年龄的因素，年轻教师就构不成一般的解决方案。由近来的经验便知，这种情况自身也有难处，有时牵涉到——这个有争议的问题，拿社会科学的冷淡语言来说，便是——某种职责上的混淆。

我无意暗示，在这些方面有什么大规模的或无法可解的难处。然而，我确实觉得，与少管学生生活的愿望贴合得相当自然的大学

形象，和一个出于别的因素受到青睐的形象是有冲突的。倘若意识 59
不到形象上的这般冲突，并尽力予以化解，只能让人茫然无措，乱
作一团。

　　我想，在迈向学生对社会安排的掌控时，我们应该谨记的另
一个问题，尤其涉及纪律。学生参与纪律委员会，以及诸如此类
的条款，博得了很多人的赞同。有人进一步建议——肯定有人这
么建议过了——把纪律的管控整个交到学生手中，在某些领域是
完全在理的。这类安排也许就某些目的来说，会证明是完全可行
的；我自己当然无意提前就此打退堂鼓。不过，我觉得我的一位同
事说得在理，他说这类提议主要有一点让他心忧：恐怕学生团体可
能显得过于严苛了；那些团体出于某种雅各宾派的独断（Jacobin
dogmatism），也许会给那些生活方式或兴趣与主流背道而驰的学生
添堵。要是真有这样的迹象，保留资深学校成员介入纪律决策程序
的做法，很可能是合理的。

　　不管怎样，实施惩罚（除非非常简单的那种）可能得移交大
学当局来办，还是有行政上的道理的。但是，还有个更一般的缘
由：这个领域可能与资深学校成员和年轻学校成员的差异直接相
关，资深成员在任时间更长，而年轻成员来去匆匆。这项差异在
某些不是明显相关的方面，常常有人提到，于是它沦为了有点靠
不住的观察结果，提到它的言论也几乎等同于保守分子的条件反
射。可是，这项差异还是有真正相关的方面，而纪律管控似乎便是
其一。要是有学生自觉身处某种意见氛围中，这便是大学所展现的
氛围：身处大学的感觉如何，他的这一经验必然是由大学的氛围所
塑造的。氛围的变迁塑造了资深成员的经验，尽管愤世嫉俗和保守
主义等中年畸态毋庸置疑地得以助长，但他们的经验也催生出了对
种种制度和实践的相当鲜活的感觉：意识形态的风气烈度有别，风
向各异，条件不断变化，但制度和实践还是可以公平地持续运行
下去。

现在，我来谈谈一两个关乎学生在更偏学术的事务，尤其是教学大纲事务上的参与问题。这方面也有一些改革的方向，我本人，我想在座的诸位，都会觉得它们高度合理。于是，学生对教学内容的意见和怀疑，理应得到一些严肃的注意，这是完全合乎情理的；要是学生感觉，单独、非正式地表达这些意见和怀疑得不到注意，那么就只好，哪怕是不情愿地，发明某种正式得多的传达机制了。

60

这里有两个达标条件：第一，学生必须意识到（我交谈过的几乎所有学生其实都意识到了），他们自己一定得确保沟通的渠道别承载过多的重复材料。学者得准备经受无聊透底的煎熬，但实在没必要这样去测试其善意；要是事态至此，任何好学者都会离开，当然会离会；而在真正漫长而糟糕的过程中，他们还会离职。

第二个达标条件是，倘若学生有权向学校职员建言，说他们在这些或那些方面不喜欢那些课程，想改变课程的安排，那么职员要是正好觉得学生说了浅薄的废话，也有权如此回应学生。这一点几乎没必要说，但人们有时会碰上一种相当古怪的观点，那是家长制下的某种余辉，它说的是：学生获允怎么乐意就怎么说，但是——因为毕竟只是学生——我们应该别对他们的说法加以严厉的批评。这似乎完全是个傻观点。如果学者准备严肃地考量学生的意见——他们应该这样——那么，他们乐意怎么对待同事，就该同样那么对待学生，如果某事很蠢，就直言它很蠢。

下面这一条，我倒没有算作学术领域的改革计划的**达标条件**，即：学生应该讨论，而不要发号施令，这一点与学生的**权力**无涉。在我看来，这不是改革的达标条件，而是改革自身的一项绝对必要的限制条件；学者理应认为这一点绝对没商量，就像他们理应认为大学教师的任命问题绝对没商量一样。理由有两点，出名得过了分，没什么好惊讶的。一为"引导"问题。年轻的和资深的学校成员在职能上有一个相关差异，简单来说，就是资深成员对某某懂得更多，并把它教给年轻成员；无论年轻的成员在道德的激情和心灵的纯洁上，比起资深成员有无优势，双方的这一差异抵不掉也消不了。

第二点通常是依托学术自由来表达的：学者应该自由地教授他们觉得合适的科目，免遭来自政府、宗教、大企业、民粹运动——又或学生集体会议——施加的压力，尤其是意识形态上的压力。这么说确实很公道了。不过，这一点与其表达为事关自由，倒也不妨表达为事关正直（integrity）。有种非常激进的主张有时似乎在暗示，倘若有学生要求教师教某些特定类别的材料，但教师却有求不应，那么教师在道德上有过错。诚然，用非常老派的学术话语来说，要是他心胸狭隘，固执己见，无视重要且严肃的学术进展，那么他有错。但是，除此以外，假如他严肃地认为学生要求的材料没那么重要呢？或许他在教的内容更为重要？或者情况只是这样的：虽然学生要求的材料可能值得注意，但他不能妥善处理；又或者，如果要妥善处理材料，他就过度背离了自认为可以作出贡献的事情？简而言之，要是他不信那材料，自认为不可信，要怎么办呢？弃自己相信的东西于不顾，刻意追求自己不信的东西，赶时髦、求好评，这难道体现了什么德性吗？我应该想到这一点的：视正直为首要德性、视虚伪做作（phoniness）为首要恶品（vice）的人，将会辨识出这番作为归属于哪一类。

就算我们暂时离开终极原理的高地，再度思索一番合意的可能改革的领域，我想这最后一点也很重要。它对特定院系的教学大纲改革进行了非常重要的限制，这不仅是院系的员工能胜任什么的问题，还是他们能**真诚地**干什么的问题。稍微谈谈我自己教的学科好了，它明显引发了这些问题，虽然问题并非独属于它：哲学系要是有能力，就某些在本国未获广泛钻研的哲学家比方说尼采，开上几门课，会是很棒的主意。可要是照目前的状况，系里没人真正在乎尼采，哪怕尼采对他们意义非凡，那么企图逼他们开课也是徒劳：尼采课值得开，却不可"强加于人"。尼采多少是个特例，但同样的道理应用得更广泛，尤其适用于当前很有需求的学科门类。

当然，这意味着要是有额外的教师任命，我们就有某种理由，去招揽能真诚严肃地满足这些更广泛需求的人才；不过，我们必须（足够明显地）注意到，我们并非偏爱时髦更胜于创造，也不像比方说有的美国大学那样，屈从于制造观点选集的危险，却没有让一组人聚在一起，好干点实事。"人不是万能的"（Non omnia possumus omnes），这条格言既用于人，也用于院系。

教学大纲当前列出了一项项要求，从最宽泛的意义上讲，何为意识形态的要求，或许哲学教授很可能特别予以注意。但重要的是，尤其是学生也有需求：课程应当在一种格外不同的意义上"相关"，即，课程与大学毕业后的去向应该关联更密些——就极限程度来讲，课程应该更偏向职业一点。近来学生提的某些需求造成了这样的印象——"相关性"的这两方面学生通通赞成，甚至到了矛盾的程度：一方面，学生反对大学涉嫌响应机械化社会的需求，在流水线上批量炮制训练有素的技工；另一方面，他们又要求大学课程比目前更进一步，好让学生适应社会上的空缺职位。

确实，有种革命观声称要克服这一矛盾，企图彻底改变社会，好让恰恰是那些在彻底变革过的大学待过，有过一段关心政治、不屈从技术和组织结构的经历的人，得以填补社会上的空缺（要是还有空缺的话）。其实我觉得，这个愿望不仅显然不切实际，就创造性思想的未来呈现了荒谬的图景，而且还在其最关心的一点，即避免机械化上，含有矛盾。说得过分简短一点，矛盾如下。英国的很多社会主义思想一向以对农业的迷思为特色，除非上述的理论也归属于那漫长悠久的农业迷思——马克思主义者常说，那是乌托邦式的反动迷思，否则，它所冀望的就是这样的时代：技术非但没有遭到遗弃，反而无往不胜，精密机械的运作成体系地替代了人的劳动。但是，这些机械要么由人来看管并编写程序，要么就自己看顾自己。倘若有一小撮人管理这些机械，他们不仅会受到技术上的教育，而且还会成为终极的精英，主宰整个世界——这自然就事与愿违了。可倘若这些机器进行自我管理，那么它们便在数不尽的重要方面决定了人类的生存空间，其实也就主宰了整个世界——也还是事与愿违。哪怕是这些更遥远的愿景，有一件事我们也搞得相当清楚了：假如精密的机械将要替代大量的劳动，那么我们就需要很多人做机械的主人，还要更多的人手至少能与机械匹敌；要达成这一点，就得有人能从技术的角度思考机械，还能训练有素地思考社会。要是在教育事业中，大范围地舍弃更训练有素、更严格的智识活动，代之以更富感情、不依从组织结构的活动，那么，非但没有培养出那个未来社会里获得解放的受益者，反倒埋下了某些人受害的隐患。

如果说这一切是向假想中的未来投去暗淡的一瞥，那么它也并非与当下的不满毫无干系。降低教育的职业功能化，和提升教育的职业功能化，两方的需求**在眼下**起了冲突，任何愿望，哪怕是比前面那个更好的愿望，反正也绕不开这个冲突。当然，指出这个冲突，指明学生的需求中蕴含的一些矛盾，比起充分回应藏在需求底下的真正的沮丧，还是要容易得多。事关大学课程与学生的毕业去向的关系，无论我们最后可以作何设想（例如，关乎研究生课程的作用，就有很多的话得说），肯定得当即做出正确的诊断，搞懂是谁（要是有的话）正把什么模式强加于谁。认清一点很重要：有鉴于本国现状，政府或工业界很需要受过技术培训的人手，可大学端的没把这些需求强加给学生。恰恰相反，最直接影响大学的政府机构就数科学部（Department of Science, DES）和大学教育资助委员会（University Grants Committee, UGC）了，而这两个机构忙于一项悠久的自由活动，即给人们提供支持，好实现他们的个人选择。很多委员会，有的还是知名学者牵头的，已经表明：国家对技术专家和科学家的需要未获满足，国家过去想方设法，要说服大学反映这一需要；50年代末，大学教育资助委员会还有意把大学里约三分之二的新位置，挪给科学技术学科呢。大家也都知晓，要学那些科目的潜在学生的比例先是停止上升，而后下滑；"社会"——也就是说，在这种情况下，主要指大学教育资助委员会——也没有费尽心机向大学或学生施压，逼人朝所需的方向发展；反而大力修改配额，努力给人文学科和社会科学腾出更多的位置。科学部和地方当局对继续教育学院的政策也大体相同。几周前，我造访过一所非常知名、正在不断扩张的技术学院，我（略带惊讶地）发现，那里从事科学技术的学生尚不满一半。有人抒发了一通关乎"大学是技术社会的工具"的革命言辞，还有些学者发表了一番任性而闭塞的牢骚话，说前述的政府机构侵犯学术自由（剑桥大学的校长去年在本系列的一次讲演中，也有力地指出了这一点）；在我看来，要诚实地评估这些言论，注意到前面提到的教育发展是很重要的。

起码在最激进的地区，出现了一种强势的倾向，认为这一秩序的相关事实无关紧要，顶多表达了某种自由主义，而那种自由主义甘于忍受，其实（按最激进的观点来看）还积极助长了政治抗议所针对的那些恶行。这类批判大量借鉴了最近的美国经验，而激进的美国学生，刚好是国内某些大学推行这种路线最突出的那一批，这倒不叫人见怪了。倘若我就此开始讨论自由主义的失败，如果美国社会的自由主义现状如此的话；或者，我开始谈美国社会的基本问题与本国的相似与否，那倒有点荒唐了。我也不会尝试对美国的学务问题，比如哥伦比亚大学的复杂事件①，作什么严肃的评估；就算我能胜任，那本身也很费工夫。不过我想，值得指出本国大体上的大学状况，与美国某些地方沦为批评抗议焦点的大学状况有何不同；不管人们怎么看美国那里发生的某些行动，假定有种叫"晚期资本主义大学"的东西，而它在两国与社会及学生的关系一模一样，这无疑是错误的。

----

① 1968 年，也就是威廉斯发表这次讲演的同年，哥伦比亚大学的学生怀疑学校与为越南战争服务的美国政府机构合作，加之对学校的种族隔离政策感到不满，于是从 4 月 23 日起，举行抗议和示威活动，还占领了汉密尔顿大楼和劳纪念图书馆。30 日凌晨，纽约市当局镇压了这次抗议活动。同年 5 月，该校又发生了第二轮示威活动。——译者注

重要的差异点有若干。第一，拿美国有名的大学问题中心——加州大学伯克利分校和哥伦比亚大学——来说，涉事人等有四组，分别是理事（或董事）、行政部门、教师和学生；这四方人马的种种关系引发了困难——（伯克利分校的）董事甚至出于政治利益反对行政部门，行政部门未征得教师的同意就做决定，而教师据说也过分疏远学生。一般来讲，本国没有相仿的体制，尽管有那么一两所机构，兴许比起别的机构更接近那种体制。相应地，要是把师生放一起看，就没有多少理由觉得师生的共同学务利益是从外部运作起来的了；倘若打量一番师生关系，那么教师忽视学生，或者只是应付一下学生的说法，也就难以滋生了。如果有人还记得，除了资金、秘书协助和研究仪器以外，什么是笼络潜在的外流人才的两大法宝的话，这两点便是人才无需教学，也无需介入行政。当然，美国的学者本身担负了大量的教学工作——大体上讲，教学量要大于受到笼络的、受人敬仰的英国引进学者；不过，美国的学者比起我们，肯定上交了更多的行政权，（有些人似乎突然意识到）有了行政权，才好掌控自己所在的机构内发生的一切。

另一个相当重要的差异领域，在于与资金——私人资金和国防资金——的关系。大学的私人资金和产业资金并不邪恶，只要支配这类资金的协议对其施以管控，我们便有相当的理由对其表示感谢。但是，在我的印象中，有的美国大学的理事和行政人员深深卷进了各种商业金融关系中，连自由都损失殆尽了。要是研究一下这样一些情况，兴许便会发觉：在安排公共资金上，只要这些安排起码是按颇受讥讽的自由主义精神来管理的，那么便可带来更大程度的真独立性；而那些别的安排，虽然有时据认为赋予了更多的自由，反倒还没这么独立呢。然而，公共资金的大部分一定得是社会专用于教育目的的资金，绝不能是用于国防的资金。大家清楚，致力于军事目的、与军事目的相关，以及与军事目的毫无瓜葛这三类研究，很难划出界线来；不过，底线原则是，大学不该进行机密

65

研究，这一条虽然粗糙，我以为却绝对是重中之重。有人也许从这条原则里嗅出了点本丢·彼拉多^①的态度，因为（可以说）机密研究换别处接着搞了，人们不过是有所顾忌，免得陷入在院所内做那般研究的尴尬而已。但是，不管怎样，"机密研究不该在大学内进行"的原则，与人们反不反对机密研究无关。哪怕是赞成机密研究的人，也会明了：在大学里做机密研究，因此在学术团体内造成了扭曲，是很危险的；而且，人们仅凭自己的工作地点，就该明示自己和机密研究的关系，这样的做法也是可取的。而要是有人反对机密研究，或是反对部分机密研究，那么期望机密研究如果真要做也要在别处做，这样的期望并不虚伪。我们没法从社会上消除自己反对的一切，但可以竭尽所能，确保自己隶属的、为其作风负有部分直接责任的机构别干那些事儿。我觉得，某些美国大学参与国防合约，就构成了一个合法的抗议根据。

我倒不想说美国大学方方面面都坏得很，而我们却棒极了。我的观点也可以这么来表达：就算两国有同等的抗议基础，但两国的抗议基础绝不可能**一模一样**，因为在美国的抗议中惹人注目的因素，到了本国明显就不一样了。假如抗议的基础就和好莱坞电影一样，装在罐子里，漂过了大西洋，尔后也在本国生效，那么在这种程度上，看起来又是文化帝国主义之一例罢了。

至此，我主要聊了抗议可能与大学相关的那些**根据**，聊了那些根据可能是怎样的；在某些领域，我还遴选出了其中的一些，用改革来予以满足。现在，我想更专注于大学内的抗议**活动**，以及抗议活动与革命诸观念的牵连——这些牵连远比浮出水面的部分复杂得多，也有趣得紧。我想，大家对"学生抗议"的意思多少有些了解：抗议的范围从比给院长递请愿书略强一点、略不规矩些的行动

---

① 本丢·彼拉多（Pontius Pilate），罗马帝国第五任罗马长官，优柔寡断，据说受到当地的犹太人挑唆，对耶稣处以十字架之刑，临刑时特地洗手，表示自己与此事无关。威廉斯所谓的"本丢·彼拉多的态度"，就是指这种鸵鸟姿态。——译者注

开始，逐层加码，直到静坐、罢课（顺带提一嘴，对学生来说这是相当无效的武器）、占领教学楼，极限则是暴力和毁坏。我从一开始便说过，这些活动可以关系到两类不同的事情：一是大学自身的问题，二是更宽泛的政治问题。

现在不管大家对抗议一般怎么看，有件事我想是了然的：大家必须从大学的视角，为**持续的**抗议赋予特别的意义；两种类型的抗议皆是如此。事关我们可称为"学务抗议"的活动，要是不承认那些活动有时取得了成效，产生了旧式沟通渠道都达不到或没那么快达到的一些成果，那是不诚实的。速度的道理对学生来说当然格外重要，他们不会在大学里待那么久，很可能还没等不紧不慢的学务审议过程把问题处理完，就已经毕业离校了；甚至教师也接受得了速度这个道理，特别是遇到那种高层人物，面对某种改革的可能，总是说"改革会来的"，仿佛这样讲就让人人如释重负，用不着促成改革的到来一样。学生由于就学习生涯短的事实，对于抗议有时能促成的快速度是有利害关系的；鉴于同一个事实，他们也对抗议的不持续有利害关系。从定义上讲，抗议在某种程度上就是破坏性的；同理，学生在大学生涯持续地搞破坏，一定付出了与之相称的高昂代价。假如某抗议活动改变了一个滞塞的体系，特别是促进了一些改革，而那些改革本身却可能让抗议对后续的改革变得没那么必要，那么，旨在推动改革的持续抗议活动，一定是逐渐自拆台脚的。于是，既然反正已经取得了一些成果，持续的抗议要是真有什么理由，那么很可能得有这么个理由，主要不是为了促成改革，而是为了某个别的方面。

政治抗议也可以有类似的道理，但表述略有不同。有人也许会说，事关政治，持续的抗议获得了好很多的辩护，因为首先，政治抗议没那么可能达成什么成果；其次，政治抗议的主题比起大学的事务安排，对国家或世界更为重要，也的确在道德上更为重要。这两点是真的，但算不上辩护。越南战争、世界范围的饥饿，还有核武器，这些问题远比我或是任何学生的作为都重要得多；但这不表示，就这些问题举行抗议，就比我或任何学生办得到的其他诸事更重要了。倘若某人心里溢满了一种糟糕的感觉，以为这些问题让自己花工夫摆弄的事彻底相形见绌，那么他也许会和有些人一样，考虑用更妥当的法子予以个人的反应，比如从事饥荒救助工作，或是在越南凭某种身份开展服务。然而很少人做出这样的反应，有人会认为只有极少数人要承担这样的积极**要求**。对于我们大多数人来说，提出抗议可能不得不是某种象征性的替代行为；"别抗议——要么彻底奉献，要么闭嘴"，我觉得这种说法相当轻浮粗浅。不过，假定某人坚持象征性的抗议，要是认为他抗议得越多，就越接近那种未获实现的奉献，这也同样是轻浮粗浅的念头。诸位要么觉得，哪怕世上有苦难，还是有些价值和目标可以体面地追求一番，要么不这么觉得。诸位要是不这么觉得，就唯有奉献一条途径了。而要是这么觉得，那么就得意识到，自己在干的就是这回事儿，别把坚持象征性的抗议和投身现实混为一谈，把自己和别人的那些目标和价值搞得一团糟。

要是我到目前为止说的对，那么就推不出这个道理来：如果抗议有时是好事儿，更多的抗议便一定是更好的事儿；就学务的和政治的抗议来说，持续抗议就事态的本性而言，可不仅仅是在同样的事情上加码，而是相对不同的另一码事。因此，持续的抗议要一个理由，对偶尔为之的抗议所作的辩护还不够。这个理由可以是什么呢？在学务方面，有个理由是看事情是否糟得离谱，谁也不愿动；在政治方面，另一个理由是看有没有真正的机会，就抗议针对的事项，发起重要的改变。我会撇下这两点，因为我想，当前凡是与我们息息相关的情形，几乎都不是这两种情况。还有另一种情况：在学务方面，力图发起激进的改变，激进到任何量级的纯改革都满足不了，而且现任当局也不可能予以批准。我说这会是持续抗议的一个可能理由，但我的意思可不是我赞成这一点：我的意思只是，这是个让持续抗议兴许讲得通的目标，毕竟如果没有特别的目标，持续抗议是讲不通的。从报道来看，似乎有些学生团体便对伦敦政治经济学院有这样的目标。

我本人认为，革命社会主义学生联合会（Revolutionary Socialist Students' Federation, RSSF）①的有些成员似乎想要的那种制度，如果可以设想，就是一场噩梦，会取缔大学必须维持的价值（如求索真理），也会取缔那种可以支撑真正的社会行动纲领的、对社会的批判性理解。尽管这些观点所涉的原则无疑是首要的，但是我不会继续谈论它们；我只想说：不管怎样，企图凭持续的抗议，把伦敦经济学院等机构转变为 RSSF 成员想要的那种地方，这是个荒谬又具破坏力的目标。

该目标很荒谬，因为想不出有什么机制，可以让这等团体以此承继伦敦经济学院等机构。我们不大看得出：比如大学教育资助委员会得意地支持着伦敦经济学院，而要是那末日降临，伦敦经济学院就会见弃于它的行政部门、大多数教师及大批学生。不管怎样，这显然成立；而且依照那些极端分子对我们社会的看法，这起码也很明显是成立的。倘若他们的目标是建立某种学校——让我们只为了贴标签的缘故，不论其他，称其为"革命学校"好了——那么，力求把伦敦经济学院这样包容些建筑、图书馆、资源、政府支持及教师团队的地方，改造成革命学校，是实现这一目标的相当不切实际的做法。然而，我其实有所怀疑，他们的目标是不是只要建立革命学校。这纯粹出于猜测，但我以为这个猜测有理有据。假设有人走上前来，主动提出要为革命学校提供场地和资源（不久前就有一份周报严肃地提过这个建议）：那么，伦敦经济学院或别校有多少赞成革命学校的学生，会动身去那里呢？我猜很多人不会去。要

68

---

① RSSF 是 1968 年在英国成立的一个激进学生团体，反对资本主义和帝国主义。在教育方面，该团体反对一切形式的教育不平等，主张学校的权力归学生和教职工所有，废除考试和评分制度等。——译者注

是这个猜测是对的，似乎可以推出：他们的目标其实并非只是要获得一所革命学校。在现有的机构做工作不算是实现革命学校的唯一可行的办法；在现有的机构做工作，很可能对他们的计划不可或缺——这样干大概要么象征着一个更广泛的革命计划，要么预示着那样的计划。

"象征"或"预示"在此有个重要的区别，这个区别对潜在的革命者和别人都一样重要。严肃的革命者知道，革命实际上可不可能发生，以及如果发生谁可能赢，这些对于革命而言判若云泥。我以为，革命不会在本国发生，比这事儿还要确定的只有一件，即，假如本国真有革命，那么右派会赢。的确，本国有些受到压抑的政治情感，在我们的政治中没能获得充分的表达；但是，那些情感在相当大的程度上，支持着更多而非更少的威权举措、大国沙文主义举措以及排外举措。左派革命幻想家也没法执行那些古老的策略，即首先对准右派的权力，最后让受压迫的群众参与政治，借此实现他们想要的革命，这没有分毫合理性可言：事态不会如此发展。

扰乱大学，为真正的革命**预做准备**，这个计划显然是疯狂的。该活动也必须看作象征性的；不过，要怎么办呢，有什么效果吗？我想，"怎么办"的问题必须留给支持这番见解的人士回答；至于这个符号应该有何象征、其价值为何等问题，在我看来，那些立即受其影响的人，要向拥护这些做法的人追问这些问题。不过，对于"有什么效果"的问题，我们肯定给得出一些答案：为数众多的学生都注意到了这么个效果，就是这种行动激起了全国上下普遍对学生利益的较不自由的态度。

总之，选中大学作为象征的或真实的革命的对象，基本上疯狂得很，一些发言人已经向哥伦比亚大学的学生指出了这一点；大学代表的很多东西比别的机构更接近革命者自身的理念。要说大学是自己待的地儿，比起那些别的机构，打起交道来显然更容易，实在是孩子气的回答；这近似于坦白说：自己找父亲麻烦的理由是，虽

然父亲其实比自己真正讨厌的那些人好上一点，但他毕竟待在家　69
里，会为此心烦意乱。

真实的革命还没开始，象征性的革命却没什么明显的意义，倒
是有很多适得其反的效果；不过，有些人显然把真实和象征混为一
谈，这从哪个角度来看都是灾难性的。这个混淆尤其滋生了一种特
别的道德混淆。在真实的革命形势下，某些制约会破除，这是老生
常谈了：恫吓不积极分子、驱散反派集会，诸如此类的举措刚开始
不仅看来是允许的，还是必要的。可不管如果真有革命的情况下，
人们可以干啥，但为了幻想就走到这一步，便全然是毁坏性的，是
自毁的了。我相信，极少有人已经走到了这一步，可那个幻想情形
的亲和力却使之成为可能。我说过，到了这个程度就毁了自己，这
样讲有两个意思。其一，由于营造了一种志同道合才算数、异议不
可闻的氛围，个人丧失了自我批评的感受，听不到自己的言说，也
把握不住现实。其二，他毁了自己的事业以及诸如此类的东西，因
为（我已经说过，）在类似于我们这样的情况下，最终是另一方喊
得更响，踢得更起劲。总之，让人发言是个好政策，这个政策对少
数群体格外好。

最后提一点。卢梭说过，他以为最好的国家，便是公民尽可能
多花工夫想公事、少想私事的国家。诸位是自发地赞同卢梭的言
论，或是和我一样，觉得它可憎，我一直觉得这很好地试出了某些
基本的政治态度。这两种反应，尤其第二种，事实上需要加以限
定；有个（既非唯一，亦非最重要的）限定条件是：要是某人的
合法私人活动，还有他人的同类活动，看起来会受到威胁，那么他
可能就不得不暂时搁置那些活动了。不过，其实我认为，大学里最
激进的那批人的活动，并不像他们说的那样，发挥了什么重要的影
响，让人们更关心起战争与和平、饥饿和压迫等真正的公共议题来
了；他们的所作所为，倒是让周遭的人极度关注**大学**，这是另一码
事。虽然比起别的那些问题，对大学的关注是相当私人的，但与自

己的工作和教学一比，也还是个公共的关注了。面对真正的激进行为，不予置信的人必须在公共领域积极行动一段时间。只想为所欲为的人，为了确保这一点，则势必得做很多自己不想做的事。

注释

[1] Universities: Protest, Reform and Revolution, Lecture in celebration of the foundation of Birkbeck College.

（谢沛宏　译）

"上帝"一词有意义吗？[1]

人们常常不禁思考意义的问题，仿佛这些问题都位于同一层面，事关特定语词的用法的最不足道的分歧。那种分歧可恰当地说"仅仅是口头上的"：例如，美国人用"suspenders"一词指涉我们所说的"吊裤带"（braces）。显然，聪明人谁也不会浪费时间，争论哪个词用得对，或"suspenders"一词**真正的**意思是什么。可是，大多数有关意义的问题几乎不会这般肤浅；事涉形而上学或宗教的议题，我们也没法用上述方式予以应对。

哲学家已经非常强烈地意识到，有可能以一种引人注目、看似深刻的方式使用语言，却不像有人说的那样有半点儿意义，或者起码——这是重点——没有说话者希望有的那种意义。

有的说话者可能认为，他正在就宇宙、历史或某某事项的本性发出宏论，可一经逼问，结果可能就表明：他的说法未获任何足够确定的意义，好让他发出什么清晰可辨的断言。如果此人的断言所涉的事项，和否认其断言这事儿所涉的事项之间没什么明确的分别，那么他的说法就格外没有意义了。其说法为真是什么情况，与其说法不为真又是什么情况，二者一定得有分别。如果某断言为真的情况和该断言不为真的情况其实没差别，那么我们就可以说，该断言一点儿内容也没有。

举个来自宗教信仰领域的相当简单的例子吧。我应当立马声明：我不觉得批判那种我将要提到的看法，本身就是在批判任何严肃形式的宗教信仰，因为少有严肃的宗教信徒会相信如此简单的看法。不过，过去确实有人认为，上帝的意图透过火山爆发和地震等自然灾害，明确地显露了出来，比方说，意在惩罚这些灾难所吞没的恶人。有人说，同样的灾难往往不分青红皂白地牵连了无辜的人，比如小孩，也牵连了可能的有德之人，比如修会的成员等。于是，头脑简单的信徒答复说，既然无辜之人和有德之人理应上天堂，这是好事一桩，那么上帝的意图由此也就以另一种方式显现了出来。

然后，可能有人问这信徒，为什么别的无辜之人和有德之人享受不到迅速上天堂这个好处，却得留在地上，捱过精神矍铄的晚年方休；还有，为什么许多恶人没有受死，似乎反倒过着好日子呢？于是，信徒说出这样的话来，大意是有德之人应当在地上过活，对恶人的惩罚会推迟一段时间，这也是好事，不一而足。我们经历了这番答复，才晓得有德之人、恶人和介于两方之间的人遭遇的任何事情，在绝对的意义上都同样作数；上帝指使的自然灾难最终与不受任何人指使的自然灾难，在原则上完全没有分别；至于"这些事故的发生揭示了某某种类的神意"这样的断言，其内容也消散得无影无踪了。

我前面说过，我不觉得有什么严肃的宗教信徒，会持有我刚提到的那种非常幼稚的看法；事实上，我倒相信他们会斥之为迷信。这种迷信的看法到头来空洞无物，而很多怀疑派哲学家认为，这个事实会以更复杂的方式，适用于基督教等宗教的核心教义。这种更一般的哲学批判，有一种形式是由"逻辑实证主义者"提出的。

逻辑实证主义草创于二十世纪初期，主要在二十年代从维也纳得到发展。A. J. 艾耶尔教授写过一本引人注目的书，叫《语言、真理与逻辑》，出版于1936年，逻辑实证主义正是乘着此书的由头才在本世纪扬名。实证主义者认为，真正有意义的陈述只有两种。一种是仅因用词的定义而为真的陈述，一个乏味的例句是"所有单身汉都是未婚的。"我们无须理会这些陈述。另一种有意义的陈述，包括那些可由某些可能的感官经验——比如，某个可能的科学实验或观察——表明为真或表明为假的陈述。实证主义者认为，一切不属于这两类的其他话语皆无意义。这个学说显然很难对付宗教陈述，宗教陈述看起来当然不是科学通常证实得了的陈述。

　　许多哲学家如今都赞成，逻辑实证主义受到的主要批评在于，该理论对"某某有意义"的看法相当偏狭。把一切通不过实证主义测试的语句统称为"无意义的"，这显然是错误的；诗篇、命令、愿望表达，以及有意义的日常语言包含的大量其他片段，都通不过测试，却仍有意义。这个实证主义的难题已经促使哲学家更充分地意识到了不同种类的意义。尽管如此，我不认为在一个必不可少的方面，就可以把实证主义的立场抛诸脑后了。即便实证主义的立场忽视了很多种类的意义，可在我看来，它起码大致搞对了一种核心意义，即那种属于可断言真假的陈述的意义。我们也可以透过"信念"来表达这个要点：相信就是相信**某某**，如果有什么是某人相信的，那么他应该可以用某种方式——即便不是非常狭隘的感官经验的方式——说出他的信念为真和他的信念不为真之间有何差异。拿宗教陈述，尤其是有关上帝的陈述来讲，我以为这些陈述有没有意义不是重要的问题；重要的问题倒是，它们有何种意义。

　　我们想不想继续做出此类陈述，也受此问题影响。

　　毫无疑问，有人在有的时候，为"上帝存在"的陈述，或是别的有关上帝的陈述，赋予了意义，那种意义几乎把此类陈述变成了科学的某种补充；换言之，科学前脚刚走，上帝后脚就来。这便是伍尔维奇主教 ① 在著作《对上帝诚实》(*Honest to God*) 中，呼为

72

---

① "伍尔维奇主教"(Bishop of Woolwich) 是英国国教坎特伯雷教省萨瑟克教区的主教牧职，此处指 1959 到 1969 年间担任该牧职的神学家约翰·罗宾逊 (John Robinson, 1919—1983)。——译者注

"空隙之神"（the God of the gaps）——此乃科学里的空隙——的上帝。从这个角度来看，有关上帝的陈述，自然不像我前述的那般空虚无物，反倒提出了相当确定的主张：某些现象，例如动物适应环境，再如生物存在，容不下科学的解释。"某些种类的科学解释不可能"的否定性主张无疑不是空洞的；可麻烦在于，它们已经显示为假，因为那些科学解释即将出现，还有各种迹象表明未来会继续出现。所以，如果宗教陈述意味的就是这种东西，如果宗教陈述有的就是这种意义，那么，宗教陈述将不再有希望做空科学，科学赢得了胜利。

有鉴于此，有的现代神学家可能会露面说出这样的话："让上帝填补科学漏洞的尝试没戏，这我赞成，'上帝存在'不是补充科学的假说，也决不该遭受这样的对待。"我还认为，这位神学家可以公道地再说一句：以上种种论证把上帝弄成了抽象的或科学的对象，上帝不再真切地关心世人了，这有损于宗教。"基督教爱人，本质上涉及对世界、对人际关系、对社会严肃以待。当有人说他是基督徒，说他信上帝时，他声明的正是这种态度。他对他的宗教所作的陈述不是无意义的，倒是有如此这般的意义，即，说话者声明了自己对生活的这种态度。"

我杜撰的这位现代神学家充其量是个复合的形象，很有可能只是我在添油加醋。可他的腔调我们很熟悉。我对他如此作答。"如果基督教的话语就是这么个意思，只是这么个意思，那么人们应该别再说了。基督教语汇就不必要了。倘若你想说'我在乎人际关系'，那么我们有个相当好的英文句子，可以作此言说，却不提到上帝——该句便是'我在乎人际关系'（I care about personal relationships）。更糟的是，基督教语汇就你为其赋予的目的而言，还主动把人诱入了歧途。从历史上看，相当明显的是，有关基督教的断言不仅仅用于表达某些对世界和对他人的态度；这些断言要是为真，还被认为是相当重要的真理，给如此对待人际关系等**提供了**

理由。要是把有关基督教的言词表现得只传达了这些本质上世俗的态度，其实就是保留了语汇，却把基督教给丢了。"

神学家可以反驳我，说我耍了老派怀疑论者的花招，认定基督教是以最保守、最站不住脚的形式表现出来的，所以我才继续不信基督教。我希望自己没在干这样的事儿。相反，我正试着坚持说，倘若基督教成其为基督教，一定得信点什么、不信点什么，一定得有点什么东西，在关乎世俗秩序的单纯信念之上。

基督教是一个历史脉络非常清晰的宗教；我们对基督教发展的不同阶段的信仰知之甚详。基督教也是一个与某些文本紧密相连的宗教，当然，它与《圣经》的关联尤为密切，还与基督这个具体人物有所牵连，那些基督教文本就讲了他的事儿。既然如此，我以为有可能鉴别出某些信基督教非信不可的信念。只举一例好了：上帝超越了人类的事务和态度。这一例实在中规中矩，有人还指望这是老生常谈。在某种意义上，该信念有如下的后承（尽管还应有更多的意思）：不管人类及其态度存在与否，上帝皆存——哪怕没有人类，没有人类的愿望，仍会有一个神。

信这个理儿当然还不足以叫人当上基督徒，我是这么理解的。比方说，基督徒还得继续就基督说点儿非常特别的话（只说"基督是比苏格拉底更棒的道德导师"还不行）。不过，剩下的姑且不谈，我倒专注于这一点：要拥有基督教信念，相信我方才粗略带过的话起码是**必要的**。我觉着一碰上某种对基督教教义的新解，就值得扪心自问一下：它把上帝表现成即便人类或其他有意识的有限存在物不存在，也还是存在的事物了吗？这项测试它有没有通过呢？倘若通不过，那么我想，你就不再有任何形式的基督教了，你有的大概是某种形式的宗教人本主义吧。

这一切关乎的仍是意义。我说过，问题关系到基督教的陈述和其他的宗教陈述据说意味着**什么**。这些陈述可以用来意味什么，对此有某种限制：一旦这些陈述的意义变化过大，尤其还与一种**仅**

74

指涉人类生活的意义太过趋同，那么，继续按宗教的形式提出这些陈述，就没啥道理可言了。当然，要发现这种情况发生与否，有时——或许有人一定会说，经常——一点儿也不容易：歧义织就的云朵遮挡了前行的路。有鉴于此，我想我们应该极其仔细地查看《对上帝诚实》征引的一段名文，出自保罗·蒂利希（Paul Tillich）的《根基的动摇》（*The Shaking of the Foundations*，第 63 页 f）；这段文字似乎表明，否认上帝存在就是否认生命有深度。蒂利希写道："一切存在的这无限的、无穷无尽的深处和根基，其名为'**上帝**'。'**上帝**'一词的意义便是这个深处。倘若该词对你无甚意义，转译它吧，谈谈你生命的深处，谈谈你的存在的根源，谈谈你的终极关怀，谈谈你毫无保留严肃以待的一切。为了干成这事儿，你兴许一定得忘却你就上帝所知的一切传统言说，兴许就连'上帝'一词本身也要忘却。如果你知道上帝意味着深处，你就知之甚详了。如此一来，你也就没法自称为无神论者或无信仰者了，因为你想也想不到，说也说不出'生命没深度'了。'生命肤浅，存在本身不过浮于表面。'要是你完全严肃地说得出这话儿，你便是无神论者；如若不然，你便不是。知道了深度，也就知道了上帝。"诸多问题由此而起。"生命有深度"这一陈述，在只有肤浅的人才反对的意义上，真代表得了"上帝存在"理应有的意思吗？人们说上帝存在，真就只是说生命有深度吗？

蒂利希真的在讲，信仰上帝与别太肤浅毫无二致吗？如若不然，信仰上帝还多了些什么？他贯彻始终的"我们存在的根基"一语有何种意思呢？"我们存在的根基"是某种即便我们不在也会存在的东西吗？还是说，"我们存在的根基"是某种更像是我们最深刻的抱负一样的东西，要是我们不在，它大概也就不存在了？

我不觉得"上帝"一词或囊括该词的陈述没意义。我认为它们可以有各种各样的意义。按照某些意义，它们的确很难得到诠释。按照另一些意义，它们在我眼里好似提出了一些断言，人们觉得是

有实质内容的，这起码可以足够清晰地识别出来。可我必须得说，75
我私以为那些照如此多样的意义所得的断言为假。然而，这起码就
有一些东西是假的，有一些东西是信不得的。可依照别的赋予有关
上帝的陈述的意义，那些陈述要么言之无物，要么言之甚少，要么
言之有错——比方说，仅仅表现了人类的某种抱负。那样一来，没
什么东西是假的，也没什么东西是信不得的。可若是如此，倒也没
什么东西是真的，没什么东西是信得过的了。

注释

[1] Has "God" a Meaning? *Question*.

（谢沛宏　译）

A. J. 艾耶尔《罗素与摩尔：分析传统》

在二十世纪的哲学编年史上，罗素和 G. E. 摩尔的早期结盟赫赫有名，首要的贡献是削弱了观念论对英国思想的暂时且不寻常的影响。摩尔那时影响了罗素。摩尔总是倾向于从其他哲学家的说法入手，而罗素在不同时期的工作给了他施加批判的素材。两人分别对分析哲学影响重大，但他们是相当不同的哲学家，脾性和成就的类型都判然有别。艾耶尔确实在此书（脱胎于他在哈佛大学的威廉·詹姆斯系列讲座）里把二人分而论之，先应付罗素，再来应付摩尔。[1]

布鲁姆斯伯里文化圈（Bloomsbury Group）喜爱摩尔，很是出名，（似乎）主要是因为摩尔的个性强烈而纯粹，还有他的《伦理学原理》(*Principia Ethica*) 特别从审美经验和个人关系中发掘内在善，强劲有力。可这个圈子似乎对罗素抱有与对凯恩斯（John Maynard Keynes）一样的怀疑——罗素给人忙碌、世故、还可能促进某种实证科学的印象。不过，艾耶尔的书没有处理这些内容，而是严格地固守哲学家对逻辑问题和知识论主题的论证，把思想文化史坚决地撇在一旁。

然而，此书确实涉及了最近喜爱摩尔的专业理由，这些理由已然获得了英国哲学家的一定认可。喜爱摩尔的态度认定，相较于摩尔，罗素由于他在逻辑和数学基础方面取得的一切伟大成就，故而是一位更传统也更轻率的哲学家：更传统，是因为罗素认为哲学的事业就是干脆利落地推进理论，这有时叫人吃惊，而摩尔却窥见了，哲学家否认常识的力量，就其本性和程度而言都有问题；更轻率，则是因为摩尔在设法**准确地**说出他的意思时，具有一种强烈的朴实的严肃性，而罗素倒没有。有人说，罗素回顾了休谟，摩尔却前瞻或瞥到了维特根斯坦和 J. L. 奥斯汀。

艾耶尔同情他的两位研究对象，但更同情罗素（这相当明显）；他批判起如今这种常见的看法，阐发了一些妙论。他尤其说明了摩尔著名的"捍卫常识"所捍卫的东西是多么少——比起后来"日常语言"的一些拥趸常常赋予"捍卫常识"的内容还少上许多。摩尔认为，虽然有各式各样的常识信念肯定是真的，却遭到了哲学家的否决，但分析那些信念——分析它们真正涉及了什么，意味了什么——倒是个几乎完全开放的问题；艾耶尔提醒我们，摩尔打算就这些分析可能涉及的内容，采取一些奇特且确实负载着理论（theory-laden）的假设。

我以为，还可以提一些问题，谈谈摩尔出了名的细心和精确；他以磨人的风格，为这两个优点树起了一座丑陋的纪念碑，读来常常像是某种法律文书。这种风格有时促进了精确性的表象而非实在，可以传递出一种显著的模糊性，说来古怪，竟与其律师般的谨慎印迹并存。艾耶尔引用了摩尔对于"**如此使用的 x**（x in this usage）是一个不完全符号（incomplete symbol）"[①] 的定义，为此提供了一个内容丰富的例子：

---

① "不完全符号"是摩尔从罗素那儿借来的一个概念。罗素认为，表示类（classes）和摹状词的符号都是不完全符号，它们不是命题的成分，也不是独立的语义项，不指示或表征真正的对象，只是为语言表达的方便计，才引入语言系统的。——译者注

> 对于 x 在其中**凭这个意思**出现的**每一个**句子 p，都可以形成另一个句子 q，p 是 q 的缩写，以至于 x 本身或 x 缩写的任何表达式都不在 q 中出现；并且，p 总是**看起来像是**（looks as if）它的其余部分表达了一个命题函项，因此 p 所表达的那个命题便是该函项的一个值，但事实上那个命题从来就不这样。

这样的句子其实就没什么可以单独弥补其缺点的优点。

艾耶尔阐述并批判了两位哲学家的具体论证和立场，但除此以外，涉猎并不相当广泛。本书有些地方往往显得两头空，有点儿让人泄气：其中的处理分析化过了头，就提供不了多少历史的洞见了；但哲学方面的回报也少得过分，就连对罗素或摩尔主题的讨论本身的价值都显不出来。不过，也只是某些地方如此；艾耶尔组织并规划了大批的材料，异常清晰、运用自如，叫我们掌控得了两位哲学家的论证。就算不是所有的论证都同样迷人，这也不是艾耶尔的错；他提醒我们，在他俩的时代，两人都在一些特别贫瘠不育的领域里埋头苦干。

注释

[1] *Russell and Moore: The Analytical Heritage*, by A. J. Ayer (Macmillan, 1971).

（谢沛宏　译）

卢西安·戈德曼《伊曼努尔·康德》

卢西安·戈德曼在英国的名声主要来自他对帕斯卡和拉辛的研究（*Le Dieu Chaché,* 1955；英译本为 *The Hidden God*, 1964）。他去世于 1970 年；剑桥大学去年举办了他的纪念会，由雷蒙德·威廉斯（Raymond Henry Williams）致纪念辞。本书[1]是戈德曼首部著作的译本，是他在苏黎世的博士论文，出版时的标题是《伊曼努尔·康德哲学中的人类、共同体与世界》(*Mensch, Gemeinschaft und Welt in der Philosophie Immanuel Kants*)。1948 年出版了该书的一个法语译本，1967 年随之出版了第二个法语译本，标题不太贴切，是《康德哲学导论》(*Introduction à la philosophie de Kant*)。

在戈德曼写作此书时，他很受卢卡奇的影响，这种影响之后确实也在持续，不过他逐渐以更长远的眼光来看待它；因此即使在 1948 年法语译本的导言中，他也已经修正了第一版在 20 世纪哲学家里唯独让卢卡奇一人与黑格尔和马克思并列的浮夸做法。本书提出了一种对康德的"人文主义"-马克思主义解读，而在两方面上，本书都不同寻常。作为英语读者能读到的康德解读，它不寻常在其马克思主义立场，而作为马克思主义的解读，它不寻常在它真的是专注于康德的。这既意味着它确实（尽管有些怪异）是关于康德

78　　的，也意味着它对康德的人格和思想致敬，将它们视为对人文主义价值观最深刻的认可，而这（在戈德曼看来）在康德之后由马克思给出了更丰满和完善的表达。戈德曼不认为其目标在于写一部研究康德的著作，相反，他试图撰写一部哲学著作，不过实际上书里有大量对康德文本的引用和阐释，并且甚至此书的整体结构也是一种阐释性的纲要，它开始于一个（某种程度上）论述历史背景的章节，然后从康德的知识论和伦理学开始，逐步讲到他的政治和宗教学说。

　　对于戈德曼而言，康德思想中的核心概念是**总体性**，这个概念与共同体的概念有着紧密的联系。戈德曼论述道，康德的知识论和伦理学都表明，他已然意识到了"资产阶级"和个人主义观念的局限性以及它们终极的空虚性，并且力图构想一个真正建立在理性之上的人类共同体，这个共同体同时又超越了上述原子化观念的局限性。然而，由于康德受限于其时代和身份——在戈德曼的论述中，18世纪晚期普鲁士智识生活的局限性起到了关键作用，这作用既是消极的又是积极的——他无法设想如上所述的共同体存在于**未来**，正如马克思和黑格尔（当然是极为不完善地）设想的那样；相反，他设想这一共同体存在于**理想**的领域，并且，本该由历史哲学承担的角色在康德的思想中依旧由宗教哲学承担。正如戈德曼所说："在批判哲学中，人的局限性和他的命运中的问题占据主导地位，历史哲学最终只能被分派次等的重要性；在那里只存在一个**当下**，即**责任**，以及一个**永恒**，即**宗教**，但是没有**未来**，没有**历史**；这是对于康德费尽心力也无法跨越的最终界限的最清晰的表述。"

　　某种程度上，戈德曼联系着人文主义价值观来展开他的论述，而这些价值观在马克思主义之外也能被看到，这一点不仅让他在任何意义上都比许多马克思主义作家更为宽容，而且也使得他保留了对马克思主义中看似悖谬的成分的某种意识。因此有一个常见的主题，某些美国观念史家尤其喜欢谈论，即很多激进的或者革命性的哲学与昔日的千禧年主义和宗教形象有如此多的相似之处：这个观察通常是本着一种还原论的精神而做出，而且常常有其道理。但是如果有人想用它来反对戈德曼，那么就必须对它有更牢靠的把握，因为戈德曼明确地承认，把康德的宗教和道德志趣视为对马克思主义的革命愿景的预示，就等于认为这些革命愿景表达了很多与宗教志趣相同的东西：戈德曼接受了批评者的观察，但他通常会认为批评者不过是又问了一遍我们该从哪条路绕过这个难题。

在本书中，戈德曼在讲述他的宏大历史愿景时显得过于大胆。他引用了海涅的"我们已经要在大地上建立起天上的王国"并且补充道，海涅"以此方式表达了现代人文主义的根本内容"这一说法可谓相当惊人。即便我们承认如下两点，它也依然是令人惊讶的：首先，这个说法某种程度上就是戈德曼所谓的"人文主义"的一种定义，其次，它的所谓"根本内容"关系到一个愿景，而非一个预测。所以人文主义包含着一种悲剧的视角，正如戈德曼声称康德的人文主义带有这种视角，而他在晚些时候也在帕斯卡和拉辛（Jean-Baptiste Racine）身上发现了它，这种视角结合了对人类的奋斗之意义的信念——因此（戈德曼声称）至少也就不是对之必将成功的确认——以及对于这努力是否将会甚至有可能会成功的深深的不确定。戈德曼对于康德哲学中的悲剧要素的阐释激动人心又富有洞见，我在后文中还会再谈这一点。

然而，他自己对此的解释却是与他的马克思主义体系密不可分的；因为他必须解释为什么在康德那里，这种对人类共同体的抱负会以悲剧形式呈现，而他发现这与那一时期的德国资产阶级的社会状况有关。他还必须走得更远，因为即便这种解释方式对于道德哲学的问题真的起了点作用，它显然不足以完全解释康德的知识论。戈德曼确实走得更远；并且虽然人们会觉得他用独属于马克思主义的范畴来解读《纯粹理性批判》显得有些不连贯，但是这种解读却也不算缺乏真诚，并且虽然戈德曼的哲学思路（至少在我看来）足够灵活，可以容纳很大一部分对哲学作品的内在主义的或者非意识

79

形态的解读，但是他在这里却从未系统地利用这种灵活性。结果就是，本书成了一种恼人的混合物，一方面是在一般论点上的极度含混，另一方面是对很多特殊议题的历史真相的粗鲁的漠视。这些都令人遗憾，因为读者在接触到某些优秀的洞见之前可能就会因为上述问题愤而弃书。

书中某些对哲学史的比较哗众取宠的处理方式与任何特定的马克思主义路径都没有多少关联，相反，这是某种欧洲哲学风格的一般特点，让-弗朗索瓦·勒维尔（Jean-Francois Revel）在《为何是哲学家？》（*Pour-quoi des Philosophes?*）和其他作品中对此作了幽默（尽管或许有点蛮横）的申斥。如同十八世纪的巴黎交响乐，二十世纪的巴黎哲学家必须以击弓奏法作为开场，在第一章以极强的音强骤然抛出一连串惊人的断言，使读者心惊目眩。"所有伟大的德国哲学体系都开始于道德的问题，开始于'实践'的领域，此问题在柏格森之前并不为法国哲学家所知"（第41页）。那法国的卢梭或德国的莱布尼茨又怎么算呢？卢梭在本书中根本未被提及，这对一部探讨道德问题的著作而言极不寻常；至于莱布尼茨，书中声称"道德问题在他那里已占据优先地位"（第42页），这稍弱于前一页所下的断言，但也是极为不真实的。更惊人的是对于德国为何不像法国那样拥有如此多的幽默和讽刺作家的解释："……人只能嘲笑那些事实上已被克服和颠覆的事物；当未来已然敞开，当一个人站在所有人前面时，他方能大笑。这就是为什么笑已经成为法国的民族美德。"（第45页）

我想，人们也可以好心地认为这种风格的作品里出现的这一类说法并不真的想要揭示真理，并且如果认为它有这种目的，就犯了文学评判上的错误。在法国咖啡馆里说的话，就其严肃性而言，与在伦敦的酒吧里说的话没多大区别——只不过在巴黎人们更倾向于出版这些话。但是这个解读原则不可能推广得太远，并且很快就会出现一种情形，使人不得不质疑书中那些独特的马克思主义论点。

　　总体而言，戈德曼对康德的知识论给出的马克思主义处理依赖于一种隐喻式的思维，其依据过于玄奥，并且其内容通常也是如此。他声称，康德在分析人类知识的局限性时"为一种对资产阶级个人主义社会的最敏锐的批判奠定了基础"并且"这个对个体人的思维和行动的批判可以在《纯粹理性批判》的先验感性论和《纯粹理性批判》以及《实践理性批判》各自的分析论中找到"（第110页）。

　　这些断言似乎只是依据于，并且也只能提供，一种据说存在于普鲁士社会和康德哲学的某些特点之间的松散的结构性的或者符号性的隐喻，例如康德哲学总是抱持一种看法，即将"总体的综合""设定为一个任务"。康德自己以完全不同的视角看待他的事业，并且精确而肯定地宣称他所获得的成果适用于人类本身，而本书当然也承认这些，但是本书却将其草草划定为众所周知的那种局限性。即便再辅以几个关于知识社会学的评述，也无助于改善这一论证过程的随意性。

　　这当然也是老生常谈了。但是在阅读戈德曼时，我非常震惊于一种也能在现象学家的书页上找到的东西，或者也可以在列维-施特劳斯那里发现：这一切在很大程度上其实是一种**魔法**思维，也就是那种原始的想法，认为事物间的相似性必然指向它们的因果力量，而思维中的隐喻象征着某种因果关系。因为它是魔法性的，它也就在一个更深的层次上有慰藉作用：并且比起戈德曼非常诚恳和明确地要求哲学为未来提出希望，它给予慰藉的方式还要更多样。（这种慰藉的成分使得这类哲学思想并不能被那些激烈批评分析哲学的人当作很好的替代方案，因为在**那样一种**对比中，分析哲学的负面成分肯定会显得像是对它更为诚实也更为成熟的一种见证：不过在另外一些语境下，对于分析哲学的缺点就不止能说这些。）

　　戈德曼实际上在一个更具体的层面上遇到了一些困难，使得他难以阻止他的所谓马克思主义解释坍缩为某种毫无特点的东西，以至于对他而言完全无用。因此他对卢卡奇的物化概念（异化概念的一个近亲）的一个应用就是用它描述那些在先天判断和经验所予之间做出截然划分的思想；并且这种物化与"现代资产阶级个人主义秩序"有紧密的联系（127 页），戈德曼通过提及股票市场、商品价格等来充实这种联系的内容。这似乎面临一个困难，即在哲学史上，这类思想最著名的例子或许是柏拉图，而他既不现代，也不是资产阶级，更不面对股票市场。在后文中（第 150—151 页）物化的可能性似乎确实被纳入了古希腊的理论哲学的发端——这个发端通过一种熟悉的马克思主义策略，被与伊奥尼亚的贸易模式联系了起来。所以在这里"现代"和"资产阶级"似乎可以容许一种更宽泛的范畴，包括了所有进行贸易的人；并且仅仅从马克思主义自身出发，也会引出一个问题，亦即，将这些思维模式与资产阶级发展阶段相联系是否正确，并且是否真正与思维模式相联系的应该是那些基础得多的劳动分工。但是如果是这样，那么本书大部分的独特论断就消失殆尽了。进一步说，既然这些联系总归是在最抽象的意义上做出的，我们可以问，与这些思维模式相联系的"生产条件"是否原来可以是任何一种生产的条件，如此一来我们很快就会回到康德最初的声言，即他的理论对于人类本身是有效的。原则上，沿着这个路径可以提出很多不同的观点：戈德曼实际上并没有给我们提供材料来从上述任何一种观点中得出什么确切的东西。

本书的大部分理论材料都顶多算是空洞的。但是在这些理论材料中肯定有鲜活和有趣的东西。特别是对于有关康德的一个问题，可以从戈德曼所说的话中得到启示，即便他没有直接回答这个问题：为什么康德一方面不断强调他的知识论只适用于像人类一样通过感官知觉来认识世界的生物，另一方面却又给出了一种声称对一切理性生物适用的道德哲学？为什么不对理论和实践施加同样的限定？这个问题的答案指向了康德关于自由和作为目的的理性存在者的观点的核心；戈德曼在这个地方给出了有趣的想法。并且，他以

一种特别动人心魄的方式突出了康德思想和功效主义思想之间的不 82
同，以及康德主义的启蒙与十八世纪对于进步的一般观点之间的差
异。尤其是，正如我先前提到的，他令人信服地指出了康德思想中
的悲剧一面，特别是体现在对于一个理性的伦理世界的期望之上。
康德说：你当如此行动，仿佛你的行为将会通过你的意志成为一条
普遍的自然定律。戈德曼写道："'仿佛通过你的意志'——这八个
字以最清晰和精确的方式表达了人类生存的伟大和悲壮。'通过你
的意志'表达了人的伟大……'仿佛'——这便是有限性的悲剧，
因为在外在世界中没有什么根本性的东西真的取决于这个个人的行
动。它无法改变世界，更不可能改变他人……"

在戈德曼从康德的观念论中找到的东西和他借以诠释这种东西
的马克思主义进步运动之间最糟糕的不协调之处在于，其实历史上
很少有别的运动比马克思主义运动更倾向于展现一种"徒劳的"或
者"乌托邦式"的康德主义姿态。

注释

[1] *Immanuel Kant*, by Lucien Goldmann (New Left Books, 1971).

（郭予崎　译）

约翰·罗尔斯《正义论》

罗尔斯在这部杰作的开头写道:"正义是社会制度的首要德性,正像真理是思想体系的首要德性一样。"[1]这句话涵盖了这本书接下来要讲的很多内容。一套社会制度可能具有很多其他属性,我们把这些属性认作是这套制度的优势,比如,很多人觉得它挺好,或者他们从中得到了自己想要的,或者一批优秀的艺术家得到了资助,但若没有正义这个属性,那它就是不可接受的。存在很多社会价值,可以给它们排序:正义是首要的。而且,正义本身是多样的:这既是在说可以有很多种正义观——罗尔斯很细致地探究了其中的几种①,也可以说罗尔斯所赞同的那种正义观——也就是他所说的"公平的正义"——本身包含不止一个原则,这些原则按照等级或优先性合理确定它们之间的排序。

我先来谈社会原则的排序问题,因为它既是罗尔斯所创造的体系的一个突出特征,也使这本篇幅浩大、论证细密的书是智性和道德思考的伟大成就——毫无疑问它是,且特别鼓舞人心。说这本书鼓舞人心,是因为关于这些原则,它不仅承诺了而且具体提出了一

① 罗尔斯主要探究了功效主义和直觉主义这两种。下文说到"对社会目的的主流反思有两种倾向",也是指的这两种。——译者注

套系统的思想，这些原则应该统领社会，它们既完整又悲天悯人，足以满足道德要求；它们严格统一，足以满足人——这些人想要的不只是不连贯的见解——的理性要求。迄今为止，除马克思主义外，对社会目的的主流反思有两种倾向。有时候，这些反思是**多元主义**的（罗尔斯对传统道德哲学中的一个术语作了一种别具一格但很有意义的使用，他把这种观点称为"直觉主义"）：它们认为，有多种社会价值，没有普遍且系统的方法对其优先次序进行排序——每种情况或情况类型必须从其自身出发，在比如（分配）公平和（经济）增长或者自由与效率之间达成某种妥协。对此，更理性、更有序的选择似乎只有功效主义了，它承诺将所有社会价值简化成一种："最大多数人的最大幸福"的某种变体。功效主义的目标相当模糊，这既有经验层面的原因，也因为它的核心概念很可疑，功效主义式的计算被多元主义、常识和敷衍塞责所掩盖，这无疑是种仁慈，因其不受限制的后果——尤其对正义产生的后果——让人忧心忡忡。然而，功效主义的思维模式有很高的理性威望，这不仅有社会或经济上的原因，也因为它似乎常常**体现了**理性和系统的社会思想，而非对偏见或习惯的不连贯反应。

　　罗尔斯所创造的是一套关于社会原则和社会正义要求的复杂思想体系，在提供合理的优先次序方面，这套体系可以跟功效主义相媲美。然而，基于正义而非功利的核心作用，这套体系保留了多元主义者所强调的价值，后者反感功效主义愿意为了效率牺牲权利的做法。显然，任何这样的（理论）筹划都必须在一种高度概括的层面展开基本操作；否则就会误解这一（理论）筹划的本质，当然，在这个问题上，功效主义不可能批评罗尔斯。不过罗尔斯没有停留在这个层面，《正义论》的第二部分对诸如公民不服从和良心拒绝的权利等主题作了敏锐、细致的思考。事实上——罗尔斯自己也指出了这一点，比起功效主义，他的（契约论）方法可以通过哲学或理论手段得出更具体的结论。对于功效主义者来说，几乎所

84

有的事情都依赖于经验事实，因为他只有一个原则，其他一切都取决于满足在经验层面上如何实现；而对于罗尔斯来说，更具体的考量被纳入基本原则，因此，在原则层面上的思考可以涵盖更多的理由。

罗尔斯（的正义观）有两个基本正义原则。第一个原则——它可以优先应用——是"每个人对与其他人所拥有的最广泛的平等基本自由体系相容的类似自由体系都有一种平等的权利"。第二个原则的最终形式是，社会和经济的不平等应该这样安排，使它们被合理地期望于每一个人的利益，并且依系于地位和职务向所有人开放；补偿是由所谓的"正义储存原则"或面向未来的责任作出的（这里，和其他地方一样，罗尔斯相当犀利和敏锐地处理了经济理论所关心的问题，他回到密尔和西季威克的伟大传统，将这些问题和道德哲学中的问题结合起来）。将正义二原则合在一起的一般观念是："所有社会价值——自由和机会，收入和财富、自尊的社会基础——都要平等地分配，除非对其中一种价值或所有价值的一种不平等分配合乎每一个人的利益。"

罗尔斯提供了一套详尽的论证来解释和辩护正义的基本原则。他的论证旨在展开下述内容，而这些内容并非像人们最初预期的那么明显；将这些原则与正义的其他表现形式作比较；将对这些原则的不同解释作比较；至少在如下意义上证成这些原则，表明它们满足了某些基本的道德观或道德直觉，而这些观念和直觉是他的读者可能和他共有的。我并不清楚这些论证是否在比下述更强的意义上证明了这些原则，比如，通过表明它们应该或理应被所有理性行动者认可，在这里，"理性"还没被看作已经引入了适当的道德观念。罗尔斯用"原初状态"这个模型来支撑和解释他的体系，如果我首先看看这个非常惹眼的模式所起的作用，也许我能更好地解释为什么我会对此点不甚明了。

罗尔斯属于社会契约论传统，他尤其将自己联系于后期更明确道德化版本的契约模式，这个模式首先出现在卢梭那儿，康德那儿也有，作为一个道德主义者，他对这本书的影响是最明显的。

当然，罗尔斯既没有诉诸于任何历史的或实际的契约来为社会奠基，也没有（如果我读懂了他的话）诉诸于契约理念来**证成**对国家的忠诚；因为在卢梭那里，不是对要求效忠的假然契约的默认证成了效忠，而是社会的道德属性证成了效忠，在契约模式或类似于契约的模式中，这些属性可以得到最好的揭示。罗尔斯的（契约）模式是，一群人共同确立一套他们及其后代会全身心投入其中的社会原则和制度。这群人被刻画成在特定条件下作出这一选择：除了他们最初状况的突出特点外，比如他们的权力是有限的且大体上平等，匮乏是一个真实的但并非压倒性的因素，等等。这群人应为被理解为根据某些原则作出了选择：他们的选择是普世的（也就是说，选择是适用于每个人的），也没提及任何特定的人，比如结果的受益人；达成一致的规则和制度是公开的，各方参与者都知晓（除此之外，它还避免了功效主义者的无情收购，功效主义者经常声称，任何最终对每个人都有益的制度必须完全是功效主义式的，哪怕它的内容不是）；选择一经作出，所有人必须遵行且无法更改。最重要的是，这个想象出来的选择被刻画成是在罗尔斯所说的"无知之幕"背后作出的：（这种设置在罗尔斯那里表现为）原初状态中的各方被刻画成不知道自己的身份、历史、性格，甚至实际上都不知道他们自己的品位和偏好；虽然他们可以知道**一般的**经验原则（一种对罗尔斯极力证明的完全康德式的纯粹性的背离）。最重要的是——这是无知之幕理念的核心要点，他们不知道自己将在集体决定的社会结构中处于什么位置。罗尔斯主张，在想象出来的环境中，理性人可以决定基于他所构想的正义二原则安排一套（社会）制度。

从这点来看，我们就特别理解这些原则所强调的观点，即不平等只在有利于处于最不利地位的人时它才是合理的：所谓的**最大最**

小（*maximin* principle）原则，即从最坏的角度考虑每一种可能的设置，然后选择最坏结果优于其他最坏结果的那个设置。这番强调在罗尔斯的体系中极为重要，这也是他的观点和功效主义观点明显不同的地方之一（这点在罗尔斯的论述中得到了绝对精确的阐述）。如果在无知之幕背后，你冒着最终结果可能是最不利的风险，你甚至都不知道风险有多大，那么在你优先考虑的事情中，确保最差的结果尽可能好似乎的确是理性的。

罗尔斯也这么认为。但他的处理提出了一个首要的——甚至是最基本的——问题，这是否必然是理性的；或者更确切地说，假定原初状态中的人如此无知，无论我们还是他们是否仍有足够的能力来决定什么是理性的。一个人选择了一种制度，在其中，人可能面临沦为奴隶的风险，同时也有获得巨大权力和威望的机会，他并不明显比那些选择像艾德礼所在社会的人更**不理性**——他只是性情不同。为了试图阻止这类反对意见，罗尔斯切断了（原初状态中的）理性人与许多基本信息的联系，这些基本信息关乎在一种情形而非另一种情形中结束的可能性，也关乎（如我所言）理性人自己的禀赋和性情。但随之而来的问题是，切断他们与一切事物的联系是否能给这种赌徒进路赋予理性上的优势？不过罗尔斯没切断太多信息，否则这个模型就没法让人理解。罗尔斯要解决如下这个问题，试图给他假定的各方提供充足的信息，以使各方作出的决定可理解，但又没有提供过多的信息：他的做法是否成功，仍有很大疑问。

有一系列理论家，罗尔斯可能对他们无话可说。罗尔斯的原初状态模型是一座引人注目的丰碑，契约论理论家以及（在这一方面）功效主义者共同拥簇其下，他们都认为，特定的历史处境以及涉及相关当事人的需求和利益的特定经验信息，在政治和社会考量过程中都是次要的。因此，罗尔斯（所设想的原初状态中）的各方是在完全抽象的历史中被描绘出来的，就像洛克和卢梭这些前人

（所设想的）那样，这些人只是披着理性和（也许是）道德的外衣而已。这就给罗尔斯的体系带来了某些内部困难：我认为他致力于在程序阶段谈论社会阶级，在此阶段，他还没有给出任何条件来选出一个**阶级**而非社会中的任意一组人：在罗尔斯所要求的抽象历史层面，无法回答是什么构成了阶级和阶级利益。然而，我们当中那些不抱希望地认为只有无序的多元主义才能接近社会价值的复杂性的人，一定会被引导着去思考，他们眼里的那种深刻的悲观主义是否在某种程度上只是懒惰。功效主义者将不得不再次向深谙经济和系统思想的人致敬，他们确实另有一套观点。我们中另有一些人可能仍然会觉得，罗尔斯所采取的康德式原则具有某种令人生畏的、不切实际的纯粹性，不过他们必须认识到罗尔斯的工作在多大程度上提高了我们对任何替代图景的期望。像所有重要的哲学成就那样，在未来很长一段时间内，《正义论》都将大范围地改变讨论的基础。[2]

87

注释

[1] *A Theory of Justice*, by John Rawls (Clarendon Press, 1972).

[2] 本书评最初以 "Bernard Williams on Rawls's Principles and the Demands of Justice" 为题发表于 *Spectator*, June 24, 1972。

（吴芸菲　译）

B. F. 斯金纳《超越自由与尊严》

　　B. F. 斯金纳是一位在诸多方面都有名气的美国心理学家。他开创了一种特殊的行为主义理论，其基础是通过奖励有选择性地强化某些自发产生的行为模式：因此，学习的模式从根本上说是演化的自然选择。他用鸽子做了一系列的实验。除其他发明外，他还发明了一个名为斯金纳箱的实验装置，为研究动物行为提供了完全人造的环境。他写了本乌托邦式的小说。他受到乔姆斯基的广泛攻击，最初是在关于语言习得的问题上受攻击，乔姆斯基极其令人信服地认为，斯金纳的理论完全无法解释语言的学习；无疑，在乔姆斯基本人的政治关切的推波助澜之下，这场争论扩展到了对以斯金纳为突出代表的那种行为主义的理论、方法、观点和伦理的更大范围内的不满。

　　封面上对此书的描述是"总结了他一生在行为的科学分析方面的工作"。[1]这几乎是不可能的，因为此书根本没有总结任何实际的科学成果，但它大概是对斯金纳眼中的他一生的工作成果为人类提供了什么的总结。本书拉拉杂杂，重复之处多多，对实情预计过高，写得相当好，但愚蠢得令人生畏。

　　本书是由三流哲学、不清不楚的价值观和子虚乌有的科学以同等比例混合而成的混合体。需要强调的是，说科学在这里子虚乌有，不仅仅是指它在这里没有出现在书页上；并不是说斯金纳在其他地方证明了他在这里反复预设的东西，即存在着一套科学工作，使我们能够根据他的行为主义强化理论来解释和控制复杂的人类文化行为。不存在这样的工作，也没什么理由认为它可能存在。因为这里给出的说明都依赖于行为主义银行开出的期票，而我们有理由认为这家银行已经破产，所以斯金纳天真地用来描述人类事务的所谓技术术语，正是他——以一种相当受伤的语气——所否认的行话。与戴蒙德·莫里斯 ① 试图直接借鉴其他灵长类动物的活动来描述人类活动一样，斯金纳的做法在科学上毫无价值，而且也不那么有意思。

斯金纳的主要想法是，将我们的注意力从试图通过直接作用于个人来解释和控制个人行为，转移到关心环境上来。一个他认为是巨大障碍的神话就是他所说的"自主的人"（autonomous man）——"内在的人，侏儒，附身的恶魔，关于自由和尊严的文学作品所捍卫的人"。从这些短语里我们会有种印象：不太容易发现斯金纳所谈的"自主的人"究竟意指什么。使这一点变得更困难的是，他在书的开篇用了一套也许是荒谬得毫无必要的表述。

据他说，希腊人有将物理物事"拟人化"的物理学，而这种物理学是不奏效的；当物理学不再将物事当成人来看待时，它才开始发展。在心理学和行为科学方面，我们还没有迈出相同的一步：我们仍然用"前科学"和"拟人化"的方式来谈论人类行为。也就是说，斯金纳的观点似乎是，既然把物当人看是错的，那么把人当人看一定也是错的，我们越早停手越好。（过去人们常说）希腊人试图用目的来解释物事的行为，因为他们把自己的目的投射到了世界上。现在看来，他们犯了一个更基本的错误，即他们竟认为自己有

---

① 戴蒙德·莫里斯（Desmond Morris），英国著名动物学家和人类行为学家，其行为学专著有《人类行为观察》《裸猿》等。——译者注

目的。

也许斯金纳不必说这么蠢的话；但这一点我们没法分辨，因为
他总是把我们是否要谈论个人意图和目的的问题，与社会安排是否
最好以个人意图和目的来设计的问题混为一谈。

至少斯金纳对后者给出了否定的回答："自由和尊严的文学"
在坚持个人责任等观念方面造成了巨大的伤害，尤其是在强调惩
罚方面，因为惩罚首先是很低效的——如果采用其他控制行为的方
法，"会节省大量的时间和精力"。确实有许多反对惩罚的说法，以
及与之相伴的神话；但是，斯金纳说这番话毫无意义，因为他甚
至没有考虑到与此相关的大多数问题：比如，拥有社会控制的方
法——受其支配的人能够尽可能理性地理解——是否有任何价值。

什么样的价值将取代古老的、前科学的关于自由和尊严的神
话？节省下来的"时间和精力"会用来做什么？我们被告知，"用
来做更多的强化活动"：应该说，"强化"是斯金纳语，意思是"愉
快"或只是"好"。至于这些活动是什么，我们不得而知：这也许
取决于我们，尽管在斯金纳看来，这似乎带有太多自主人的意味。

除了最模糊的那种合作性导向的演化伦理，有关价值和文化的
核心章节没有提供任何关于核心问题的内容。事实上，关于斯金纳
真正想要的是什么，更多的见解出现在一本比本书更具启发性的书
中，即他的乌托邦小说《瓦尔登湖第二》（*Walden Two*），在这本小
说中，科学行为控制形成的社区得到了体现。总的基调是一个格外
温和、文雅的成人教育中心，在这里表演艺术和周日绘画是最重
要的。在这本书中，有那么一刻，斯金纳瞥到了这样一种可能性，
即，在遭受的危险和"向善的斗争"被消除后，他的社会技术可能
会对艺术产生影响。对此，他并不忧虑："新文化的艺术和文学将
是关于其他物事的艺术和文学。"

这不是一本真正意义上的邪书，尽管它是本极度愚钝的书。它
那洋洋得意的行话如此可悲地远离任何社会现实，以至于它在实践

中几乎不会产生——至少不会直接产生——多少罪恶，尽管这种无所不知的化约（reductive）语气可能会鼓励与自由和尊严为敌的一些人。从理论上讲，遗憾的是，它只会鼓励这样一种观点，即人的价值和对人类的科学理解，必然是相互对立的。如果斯金纳的强化理论真的是这里所谓的科学，那确实如此；但事实上，本书没有多少科学理解，一如它没有多少其他类型的理解。

注释

[1] *Beyond Freedom and Dignity*, by B. F. Skinner (Cape, 1972).

（吴芸菲　译）

休伯特·L. 德雷福斯《计算机不能干什么：人工理性批判》

通称为"计算机"的电子机器，现在干起很多事来，起码和人类干得一样好，在某些情况下甚至干得更好。这些任务有很多是单调乏味的，比如寻觅地址，又如数数。计算机干起某些任务来，有一点胜过人类，就是不会无聊。另一点在于运算速度：唯有计算机干得了舱体登陆月球所必要的计算，因为只有计算机能在比舱体登月更短的时间内算出数据。

在某些情况下，计算机的程序确保能给手头的问题一个答案。是否如此，依赖几件事：首先，得看那个问题能不能指定一个确定的程序（又称"算法"）作答。算法是一集指令，指令执行起来，最终一定会产生所需的结果。很多任务都有算法，例如列表查询和加法运算这两项任务就有，而计算机的大部分时间就用在这样的事情上。

不过，即便任务可以在算法里指定，还有一些至关紧要的问题：机器能否在可接受的时间内，或在其处理得了的信息量的限度内，完成任务。这些限制如此要紧，就连给定的任务有无算法的问题都可能没啥实际意义了。于是，原则上可以有下国际跳棋的程序，涉及算出未来一切可能的步骤和应对步骤的组合（尽管这样干，也还是给不出选择最佳步骤的法子）。但是，假设在任何特定的时候，平均可能有五步，那么再下二十步后，可能性的数目就超过了一年的微秒数——这种下棋的路子也就给封死了。

至于最有意思的任务，要么没算法，要么算法不切实际。所以，给机器编程，一定不要让其对任务死磨硬泡，而是要让其"助探式地"（heuristically）运作——进行智能搜索（我们会这么说），洞悉什么相关、什么有戏，了解什么有用、什么没用。当然，这样的程序本身和别的程序一样确定，机器的状态还是取决于程序及其先前的状态，不同之处在于，这样的程序不含经由穷举必定导出解答的指令，而是被设计成可以提出对求解应该行之有效的例行步骤和策略。

聊起"计算机"，我的想法和德雷福斯全书的想法不约而同，都是指**数字**机器，说的是那种各要素皆可处于两种状态之一（比如要么"开"要么"关"）、凭借那些要素的组合来表征所处理的一切信息的机器，因此，这种机器是用一系列离散的步骤来执行其进程的。[1]我们说数字机器按离散的步骤运行，是在说它表征信息的方式。我们可不是说，数字机器凭瞬间的魔力，不经中间状态就从一个物理状态到下一个物理状态了；不过是说，中间状态在表征信息方面没啥意义而已。拿加法机这样的数字设备和滑尺这样的**模拟**设备（analogue device）一比，重点不在于前者点击、后者滑动，而在于后者滑过的任何一些点，不管靠得有多近，都表征了某某信息。①

———————

① 滑尺（slide rule），又称"对数计算尺"，是模拟计算机的一种，发明于十七世纪，由刻度条和游标组成。所谓"模拟计算机"，便是借物理变化来模拟所要解决的问题，日晷、指南车和浑天仪等都是模拟计算机的例子。——译者注

91

有人希望，更多的人却害怕，上面的技术预见得到的发展，将会创造出这样的数字机器，它们在了不起的且不断成长的人类能力范围内，会等同或超过人类的能力。德雷福斯在此书中旨在驳斥这般期待，缓和这番恐惧：他基于一般的哲学论据，说明这样的目标是达不到的；企图发展机器智能，使其解决得了有趣且真正复杂的问题，这样的研究注定要失败，可要是用来解决某些非常局限的问题，或可另当别论。德雷福斯从研究记录着手，声称过去十五年来，有个模式屡次重现：最初小有所成；然后慨然许诺，作出恢弘的预测；之后心灰意冷，收效递减；最后研究停滞不前、承诺难以兑现，便哑口无言。

类似的模式可见于计算机研究的各个领域。德雷福斯循着明斯基——一位他予以广泛批评的领军人物——的路子，区分了两个主要的研究分支，二者一度显得非常有戏。一为认知模拟（Cognitive Simulation, CS），借鉴了人类实际解决问题的方式及采取的捷径，企图提供面向机器的方法，比如在解数学题和语言翻译等方面，显著地复制与人类智能行为有关的某些心理特征。二为人工智能（Artificial Intelligence, AI），用明斯基的话讲，就是

92
······试图不抱有让系统变得简单、生物化或人类化的偏见，来构建智能机器······倘若我们最终有能力设计更经济的模式，那么首先可能需要对生效的智能系统有经验（如有必要，基于**特设的**（ad hoc）机制也行）。［转引自德雷福斯，第43页］

就这两条路径而论，最初的小有所成带来了过分的自信：德雷福斯重温了这方面大量的例子。不过，有个真正的问题是：这样的老调重弹如今还有多大意义？即便早年预测起计算机下国际象棋的能力来，乐观得过了头，但再讲一遍1960年10岁的孩童击败了某国际

象棋程序的事儿，其实真没什么意思；甚至还不及近来名叫"麦克骇克"（MacHack）的程序击败了德雷福斯这事儿——德雷福斯没风度地承认了——有意思呢。

人工智能逐渐清醒地意识到，人类比它设想的还聪明。于是，人工智能转而采取了一条更谨慎、更多样化的策略，即积累"能力知识"（know-how），而不策划正面进攻。这些发展——我们从德雷福斯那儿知之不详——更适合智能这种现象，而德雷福斯不厌其烦地重温那些夸夸其谈和失望，就眼下对前景的评估而言，越来越没多大干系了。

在德雷福斯的论述中，更要紧的部分不在于提到了过去的历史和缓慢的进步，而在于一些一般性的考量：德雷福斯声称，由此可以见得：失败是免不了的；可以预见，只要尝试更复杂的东西，相对不足道的初步成就便会折损殆尽。鉴于小有所成，便预测大有斩获，这样干不只印证了技术专家的欣喜若狂，或是集资者的大肆宣传，还仰赖于一条基本原理，其本身就根植于认知模拟和人工智能所贯彻的那种分析里，说的是：从简单到复杂就是从少到多——可以预期**更多相同**的发展，以这样那样的方式解决问题。德雷福斯是反对这条原理的。

德雷福斯援引了在问题解决（problem solving）方面，人类经验的大量特征，声称这些特征对问题解决必不可少，但计算机何以复制或模仿它们却是不可思议的。这些特征可以很宽泛地称为**"格式塔"**类型的特征，其中囊括了如"边缘意识"现象（fringe consciousness，即人们模糊地觉察到某个不明确的因素是相关的），"校准"（zeroing in，即问题情境围绕一条有前景的进路"组织起来"），以及歧义容忍（比方说，一个词的一个可能意义在另一个语境下呈现了出来，但心智却可以在这个语境下成功地将其忽视）。一般来讲，人的心智可以抓住在特定情形中必不可少的东西，并依

93

照这种理解，从思维上组织起整个问题。①

　　我在短短的时间内便整理了问题解决相关的这集要求，但德雷福斯却没有；不过必须承认，德雷福斯本人也在自己的论述中，把这些要求快速连续地回顾了一遍。然而，一旦把这些要求汇集在一起，我们便首次瞧见了德雷福斯全书逐渐发展出来的一个问题，就是他为这些现象赋予的确切地位是什么。德雷福斯倾向于把这些现象呈现为似乎是人类着手解决问题的特殊方式，计算机用它们不着，但若要解决问题，却非用不可。可是，这些要求究竟是问题解决所需的一切，或者只是有某种关联，尚不清楚。如此一来，区分主次的能力并未提供什么人有机器却无的、解决问题的**特殊方式**：解决一个复杂的问题，本身就是在区分主次；说机器办不到，并未揭示机器为何解决不了这种问题的深层原因，不过是说机器办不到罢了。对付歧义看来也是相似的；要是我们假定，那样做的一个目标一定是制造可以处理自然语言的机器，那么，说机器应付不了歧义，无非就是说机器办不到而已。

　　另一方面，"校准"的地位看来却很不一样，尽管也许相当模棱两可。"校准"可以仅仅指人类有能力安排问题相关的数据，好促成问题的解决，并辨识出数据使用的相关方式，等等；如此一来，这种能力似乎在逻辑上就更难与解决问题的能力，或者至少是经济地解决问题（所需）的能力区分开来了。不过，"校准"也可以如德雷福斯所述，是指某种具有格式塔特征的**经验**，数据在这种经验里以相关的方式"周转起来"，"组织自身"并"呈现自身"。或许，正是这种经验有助于人类解决问题。至于任何机器能不能有

① "边缘意识"的例子有，我们在街上辨认朋友，这时我们的意识会从焦点目标发散出去，对周遭行人也有模糊的、次要的觉知。"校准"是指，比方说，我们在下象棋时，常常不会通盘计算所有可能的走法，而是先进行"校准"，挑出一个看来有戏的方向，例如对手的"车"不设防，然后再计算相关的可能走法。至于"歧义容忍"，是指我们身处某情境之中，无需明明白白的考虑，即可快速排除掉一个词的很多可能的意思。关于这些阐述，参见 H. L. Dreyfus, *What Computers Can't Do: A Critique of Artificial Reason*, Harper & Row, 1972, pp.14-23。——译者注

这种经验，有很多理由予以怀疑；但是，也没有多少理由认为，机器为了解决问题就一定得有这种经验。

我想，这里的混淆是由德雷福斯本人的哲学助长起来的：他的哲学竭力抹杀问题情境本身与问题情境在问题解决者看来如何的区别——可没有这个区别，整个议题和德雷福斯本人的某些断言就不知所云了。他把某些能力表现成对问题的解决不可或缺，但对机器来说却不可思议。可是，一经检查，这些能力往往就融入某些东西里头了，那些东西对于问题的解决必不可少（其实是在不同程度上重述了问题解决是什么），却不见得对于机器来说就不可思议；另一方面，属于格式塔经验类型的东西对机器来说倒很可能不可思议，但本身却不见得对问题解决必不可少——至少对机器而言如是。

要是不悄悄援引格式塔经验，那么德雷福斯的大多数论证看起来都很单薄。他可能说中了一点：很多任务人类干起来很简单，但就机器模拟而言，却需要一些在实践中想也想不到的系统。但是，他声称自己已经**证明**了计算机的局限，却是夸大之词。要是我们把德雷福斯提出的思考综合起来，我想，可以提炼出三种支持其结论的论证；可在我眼中，即便有这些论证，问题仍然悬而未决。

首先，有个一般的"反柏拉图主义的"论证。与其说这是一个论证，倒不如说是一类考虑，其一般要旨是：对人类技能的机器模拟（比如认知模拟），还有借其他手段对人类技能的机器复制（比如人工智能），都仰赖于一条假定，该假定在西方现代思想，至少是西方现代的技术思想中无处不在，即理性在于把经验还原为离散的原子要素，并用确定的程序规则加以处理，而这些规则可以清晰地、说理式地予以阐明。

德雷福斯屡次把这条假定称为"柏拉图主义的"假定，由此提出了一条历史方面的论断，追究下去倒没意思；不过，该论断的某些应用反正让人称奇得很。比如，它显然表明了（第 123—124 页）

94

柏拉图有准技术方面的雄心，想把经验世界还原为受规则支配的确定秩序——可历史上的柏拉图多次说过这是行不通的。（虽然德雷福斯频繁征引海德格尔，但他可没在这一历史脉络中这么做；不过，这番对西方思想史的描摹当然来自海德格尔，海德格尔认为苏格拉底和柏拉图用他们铿锵有力的非人本质，吓退了苏格拉底以前的哲学家，后者尽是些存在的看护者（shepherds of Being）。）

德雷福斯在若干方面质疑了他所说的"柏拉图主义的"假定。在心理层面，他似乎认为，人类其实不是仅凭"柏拉图主义的"步步为营的论理思维来思考事物的，更不能借此解决问题。这看似没错，但有多大关联倒是可疑；这一条可能不利于一些据说受现实心理数据引导的机器人，但除此以外，它似乎又回到对格式塔经验的考量上了。就算机器智能研究者企图构建一个"如我们一般"解决问题的程序，但也不可能要求该程序有同种样式的经验，就和我们解决问题的经验一模一样——确实，这样的要求是什么意思，一点儿也不清楚。诚然，——德雷福斯在这方面颇有斩获——机器"如我们一般"解决问题，这样的想法本身就相当不清晰；不过，我们会见识到，德雷福斯忽略了一个为这个想法赋予内容的明显方向。

无论如何，人工智能研究者的目标不是让机器"如我们一般"解决问题，只是要机器解决问题而已。德雷福斯针对这些研究者，也用上了他的"反柏拉图主义的"论证，因为研究者关于用数字机器对智能活动建模的可能性，做了种种假定，其中就牵涉到了那条"柏拉图主义的"假定，后者这次倒与人类思想的过程无涉，而是关乎世界的模样，以及对世界和智能行为的解释或理论必须是什么样的。就算智能活动本身不是"柏拉图主义的"，可关乎该活动的理论也可能是"柏拉图主义的"，这个中道理就和行星本身不解微分方程，但行星运动可以用微分方程来描述一样；不过，德雷福斯主张，没道理相信可能有这样的理论，可以让人们得以用数字机器对智能活动建模；只不过是那条"柏拉图主义的"假定，让人们误以为这是可能的。

要评价德雷福斯的论证，这里有个麻烦：理论怎么能算是"柏拉图主义的"，这对理论的制约有多强，他都没说清楚。他的论证至少要求，任何用数字机器建模得了的理论都是"柏拉图主义的"；不过，他自己倒提到了一个重要的结果：任何模拟理论（analogue theory）如果足够精确，也可以用数字机器建模。德雷福斯提出了一个论证，显然旨在绕过这个事实，但我理解不了。他想绕多远也不甚了然。

德雷福斯对"柏拉图主义的"假定的驳斥，似乎可归结为一条寻常的反机械论、反物理主义、或反决定论的论断：智能行为没法用科学手段来理解；毫不见怪，人工智能研究者不赞成这一条。我不觉得德雷福斯想让他的反驳归结于此，但我在他对"柏拉图主义的"假定的描述中——一旦撇开格式塔经验的要素——找不到足够多的证据，让他的反驳不如此归结。

德雷福斯的第二个一般论证，可称为"全有全无"（all or nothing）或"生活形式"的论证。该论证再明显不过的应用，在于理解自然语言的核心要务，以及说话者处理高度的歧义性、抓住相关意义的能力，等等。构建程序，把一门自然语言翻译成另一门自然语言，这个计划一度得到了大肆吹嘘，却遭遇了悲惨的失败。这起码说明了机器得具备多少有关世界的信息，才搞得清楚哪怕是非常简单的人类交流；也说明了计算机程序即便看起来进展相当顺利，可若要不沦为惊人的愚蠢，得多么灵活开放地调度这些信息才行。

德雷福斯正确强调了这类思量的重要性，但他对这一点的处理有些夸张了。就事实而论，他没有承认当前对自然语言程序的研究，在多大程度上展现出了与日俱增的语境敏感性；就原则问题而论，他的处理方式，常常扰乱了人们对某些问得出的最有意思的问题的关注。他声称，对解释的永恒需求，以及人必须调用的不定范围的知识和理解，都意味着我们不得不把人类的"世界"当成一个整体；维特根斯坦关于语言是"生活形式"的名言，在此用于表明：如果机器真要智能地应付环境，并恰当理解说给它听的话，就必须在多大程度上赋予它整体的存在方式才行。

这难道不会太过分了吗？一来——提一个德雷福斯几乎没涉足的问题——即便人类的理知世界有这般广博且不可分割的复杂性好了，可某个较简单的生物体的智能活动，兴许还是充分模拟得了的吧？德雷福斯另有一些论证，无疑旨在把这一点也拒之门外；不过，就这个论证而言，也得记住：如果机器智能在任何实质性的规模上，模拟得了那些文化不如人类精致的生物的智能活动，那么就已经取得巨大的胜利了。

二来，更为重要的是：德雷福斯执意认为，人类的能力只要齐备且生效，就如何紧密相连，而不同类型的信息又以何等多样而灵活的方式影响了解释性问题；可是，这种想法干扰了人们对如下问题的关注：这些能力在多大程度上可彼此分离，又有哪些种类的简化可以产生可辨识的人类智能行为的**片段**。德雷福斯好像认为，关于这种片段的想法毫无意义；可要叫我们信服这一点，仅从现象学上描述功能正常的人具有的经验（或"世界"），那还不够。我们得对较简单的动物和局部的能力，进行翔实的理论和实验研究；而德雷福斯的论证全是关于整体的人为世界的，既没有证明这种研究不可能，也没有预见其结果。

97 　德雷福斯似乎提出了要求：机器要有智能，理应一直像人类有时候有智能那般有智能。这个要求很荒谬；况且也没啥理由认为，机器呈现智能的成败得失，就得和人类或其他动物一模一样。我们不该期待机器永不犯错，也不该期待机器犯的错与其成功的关联必须得按熟悉的人类方式来。

第三个或第三类一般论证是"无穷后退"（infinite regress）论

证，其想法在于：人类使用的理解规则或理解原则需要解释，而这些规则或原则的运用与语境关联的方式各异。我们可以用高阶的规则或原则，决定低阶的规则或原则怎么用，并把语境分成不同的种类；可如此一来，高阶的规则本身也需要解释。如果每条规则都需要另一条规则，就会导致恶性的后退；后退必须得止住。德雷福斯主张，诉诸那些内在独立于施用语境的规则，或是自我解释的规则，可止不住这个后退，因为根本没有这样的规则；以为有如此规则的想法，都是"柏拉图主义的"思想家的虚构。恰恰相反，维特根斯坦（再次）声称，后退在某些有关人类生活和实践的具体事实上终止了：我们只是以某些方式"继续进行"，"把握"一些而非另一些东西；可种种辩护在共享的生活形式那儿便到了头。

我发觉该论证很难理解，因为我不清楚那些具体事实究竟是啥，尤其不清楚它们适用于整个物种，还是在不同的社会有文化差异，这还只提到了最粗略的选项——维特根斯坦对它们的说明也让我费解。这些论证常常给人留下这番印象：那些事实——无疑是存在的——在某种基本的层面，是**解释不了的**；事关我们应该在（文化的、心理学的、还是动物学的）哪个层次寻觅那些事实，从而探寻其解释，我们得不到充分的指导：这一事实大大助长了这番印象。不过，尽管这类事实毋庸置疑地存在，但指望它们解释不了却毫无道理可言。除非弄懂了这类事实为啥必定解释不了，否则，为什么用机器建模不了有关这类事实的知识，或是它们的某个薄弱却充分的版本，很可能也不了然。

我已经提到了德雷福斯本人的哲学；他的哲学为他的一些批评奠定了基础，他甚至声称自己的哲学比起任何"柏拉图主义的"理论，都能更为妥当地**解释**智能目的性行为。这种哲学是一种现象学，很大程度上受到了海德格尔和梅洛-庞蒂的影响。至少就其形式而言，可不太容易认真对待，哪怕是耐心对待它。它有个特点

98

是，依赖听来很有解释力的术语，但这些术语其实模棱两可，掩盖了很多需要提出的真正问题：

> 可要是中枢神经系统的运作依赖运动系统，会是什么样呢？或者从现象学的角度来讲，要是"更高级的"、确定的、逻辑的和独立的智能形式，必然肇始于全局的、牵连性的"更低级"形式，并受其引导，又会是什么样呢？（第148—149页）

什么什么样？这段话的"肇始于"和"受引导"纯粹是虚张声势，除非多干点"柏拉图主义的"工作，否则没什么两样。

还有一个——几乎界定了这种现象学方法——的特点是，它对感知到的情形提供了形象的、常常明显是不准确的描述，却声称揭示了那个情形的本性：

> 因此，在日常情形中，我们说我们感知到了整个对象，甚至包括其隐藏的方面，因为受遮掩的方面直接影响了我们的知觉。（第153页）

这段话至少有两处直接且无益的谬误：要说关乎事物在某些条件下，为什么看来很牢固、又何以看来很牢固的科学研究，竟可以用上面的描述予以代替，还很有益，这实在是荒唐。

这番不实之词内嵌有防卫机制：它们不真实得如此明显，任何人若要抗议它们在字面上的错谬，都会受到指控，说是错失了它们的言外之意。不过，这个机制还不足以让这番不实之词在满是困难问题的世界上存活；顺带一提，也不足以辩护德雷福斯对它们的运用：他在本书前面的地方，就做了很多学究式的吹毛求疵之举，驳斥反方人士提出的松散却常常可以理解透彻的观点表达。

深刻影响德雷福斯论证的现象学，还有一个鲜明的特点：尽管现象学的领军人物付出了英雄般的努力，但就其传统的趋势来说，还是免不了滑向观念论的方向；观念论以为，世界只能融贯地当成"我们看来所似的世界"（the-world-as-it-seems-to-us），或者更糟一点，当成"我看来所似的世界"（the-world-as-it-seems-to-me）。德雷福斯经常用一些公式，把人们所感知并在其中行事的世界，表征成已然由人的经验和知觉所构成：于是，在第136页，他似乎承认，"只有凭借由情形决定的相关性，才有事实存在"；到了第184页，他写道："我们安居于世界中，在其中找得到我们的通途，因为这是**我们的**世界，我们把它造（produce）出来，作为我们的务实活动的情境……［我们的］活动已然造出了这个世界。"就连我的个人记忆，都"铭刻在我周遭的事物中"（第178页）。

99

当然，这些说法有不同的解读方式。然而，德雷福斯似乎想这么来解读，即：科学理论脱离人的利益来看待人为世界的对象——比如树，这整个想法通通是荒谬的。我想，他由此推出了他最一般的"反柏拉图主义的"观点：既然没法脱离人的知觉、活动和利益来看待人为世界的对象，就不可能有考察这些对象和人类、探究双方互动方式的科学说明了。

可要是该论证行得通，那么该论证必定发端的观念论前提，看起来一定得按异常强烈、其实是无比疯狂的方式加以领会。事实上，我们必须如此这般地理解该前提，于是它暗示：既然树是出于人类的利益"造"出来的，那么无人的世界便是无树的世界——诚然，那根本就不是什么世界了。倘若有人天真地反对这条暗示，说一定可能有无人的世界，因为**曾经**就有过无人（却有树）的世界，那么答复便会是：他误会了。

然而，德雷福斯出于自己的目的，用起这些观念论公式来，在我眼中的确需要上面这番粗糙的、其实可笑的解释，虽然他立马便会矢口否认。因为要是我们可以设想有树无人，那么我们为什么就不可以用科学的手段，研究树与人的互动呢？倘若"世界是人'造'的"这话儿的意思没那么紧巴巴，其实是说世界必须得从人类的视角加以描述，那么，为什么就不能从这一视角，描述人感知树所涉及的因果关系呢？

不过，德雷福斯可没有把一切都归结为人类经验所制造的领域；除了我们的经验，在某种意义上真"有"能量的流动、原子微粒，以及物理学描述的那些东西。诚然，他承认人是物理系统，就同别的物理系统一样与所处的物理环境互动，并且"各种频率的能量输入与同样的知觉经验相关联"（第 95 页）。而且，按德雷福斯的观点，就算数字模拟不可能，也不该排除人工生物体的可能性，如果这些生物体是按照模拟系统来构想的，无疑是以生物材料为载体的，那么便有可能。不过，德雷福斯仅略做让步，乐于承认物理学的或神经生理学的解释层级，却明确认为这些层级与用数字手段模拟智能活动的可能性完全无关，他排除了这种可能。

100　　然而，德雷福斯没有发觉，他满不在乎地向科学做了些让步，却可能给他带来多大的代价。因为，要是我们可以获得足够的物理知识来构造人工生物体，并且要是我们干的是**构造**的活儿，而不是用现成的生物材料进行**体外**培育，那么我们就理解了人工生物体。而要是我们理解了人工生物体，因此把它构造出来，让它按特定方式行为，那么我们便理解了它的物理结构与它的行为可能性的关系，也就是说，起码理解了何种物理差异引起了何种行为差异。

此外，产生某行为的可能性，为什么就该受限于某种特定材料的种种结构，对此没什么先天的缘由；或许这倒证明了，恰是一个系统的**整体结构**提供了所需的潜能。而要是我们到了这个阶段，那么，就算我们揭示的是个模拟系统（analogue system），为什么该系统原则上就不可能用数字机器建模，就不清楚了。德雷福斯常常指责那些把物理层次和心理层次混为一谈的人，自以为切断了**这条**

通往那些观点的路径，可我不觉得他的指责中有什么因素阻止了这条路。"与我们有很大物理差异的机器也可以'如我们一般'解决问题或干别的事儿"，这个概念正好在这个方向找到它的内容。至于"人或别的动物**怎么**就造出某种特定行为了？"的问题，也在这个方向获得了意义——还是这些科学研究唯一有趣的意义。

关于"人怎么就造出智能行为了？"的问题，德雷福斯在某处（第144页）说过：

> ……"'造出'行为"这个概念……已经受到了［柏拉图主义］传统的影响。因为造物一定是以某种方式造出来的；而要是它不以某种确定的方式造出来，那么仅剩的选项似乎是，它是魔术般地造出来的。

行吧，虽然很是无聊，但必须澄清一处歧义：当然，某种特定的行为不必在一切场合都以同样的确定方式造出来，机器也不必总以同样的方式造出那种行为。可要是认为，某个特定的行为可以出现在某个特定的场合，而在那个场合却不以某种确定的方式造出来——那么，没错，该行为确实会是魔术般地造出来的。那便是德雷福斯从他的反柏拉图主义的洞穴召唤我们去的魔术。然而，不管我们面对机器人带来的威胁和承诺，有时会有多沮丧，我们还没到被迫前往那里的地步。

注释

［1］*What Computers Can't Do: A Critique of Artificial Reason*, by Hubert L. Dreyfus (Harper & Row, 1972).

（谢沛宏　译）

雷福特·班波洛夫编《威兹德姆纪念文集》

约翰·威兹德姆①在剑桥大学任教过多年，今年以哲学教授的身份从俄勒冈大学退休。关于他的哲学生涯，最重要的事实是他深受后期维特根斯坦的影响，他从 1937 年起的发表物有力地见证了这一点；虽然在那年以前，他就发表了大量的文章，还有一本名为《心物问题》(*Problems of Mind and Matter*) 的书，但大概最一般而论，人们当他是维特根斯坦式观念的拥趸，而他最具影响的一些作品，也给人留下了他如此看待自己的印象。

此书收录了多位作者的论文，雷福特·班波洛夫在"前言"里认定，对威兹德姆的以上评价不充分，还可以补充说，若是那样，他的著作如今就不可能颇受瞩目了。[1] 威兹德姆就维特根斯坦式的主题写下他最有名的篇章之时，维特根斯坦的后期著作基本上鲜为人知，仅限于他的门徒圈子里，借热心的传言和秘密的笔记辗转相传。可自从维特根斯坦 1951 年辞世以后，他的大量遗作出版了；就算维特根斯坦本人的见解没有得以完全表达（毕竟其中的多数内容，维特根斯坦好像都不想让人听到），但起码我们人人得以更直

① 约翰·威兹德姆（John Wisdom, 1904—1993），英国日常语言哲学家、心灵哲学家、形而上学家。——译者注

接地应对"维特根斯坦要说些什么"这个问题了。

把威兹德姆的著作只当成资料来源也好,当成维特根斯坦式观念的展示也罢,他的著作在风格上无论如何总是过于乖僻的;维特根斯坦著作的出版也无济于事,因为倘若我们不得不拿这两种在风格上都既无阐述、也无证明机制的哲学写作方式比上一比,那么,正如英国的物事和维也纳的物事在其他方面(如音乐)一比就显得不够突出一般,威兹德姆的幽默也有不够突出的风险。且不谈维特根斯坦式的对比,威兹德姆的风格也相当危险;在最极端的情况下,在那一系列杰出的文章《他心》(*Other Minds*,重印在一本同名的书里)里,虽然常常可以又风趣又启迪心智,但还是面临着含糊其辞、乱开玩笑、或晦暗难明的风险——他的基本哲学事业是把彼此的想象力、常识和源自强实证主义知识论的产物加以调和,但蕴含了种种困难,我怀疑,以上风险便是这些困难所造成的紧张的迹象。

威兹德姆在实证主义和逻辑经验主义的影响尤为鲜活的氛围里,发展出了他的哲学;虽然我们可以认为,他的工作是在反驳或摆脱实证主义,包括实证主义的作为观察概括的科学观、言辞真理和事实真理的二分,以及意义证实观,但实证主义显然塑造了他的工作旨趣。实证主义把形而上学的论说斥为无意义,而威兹德姆则说明了形而上学论说的种种意义,要么在于它们悖谬似地发人深思;要么在于说出字面上荒谬的话语,借以提醒我们遭到忽视的真相;要么在于如此这般地运用语词,叫我们见识到某种理论的迷思所掩盖的东西。这样的进路保留了想象力的一席之地,也保留了哲学的作用:哲学至少总会发现,某种平衡需要纠正,某种夸大需要反省。他还强调了最不受实证主义科学观待见的那些人类理性的形式,比如在法律论证里,在事例对比中有所运用的那些形式。

尽管如此,他的哲学似乎与实证主义共享这样的看法:不管哲学有何价值,都肯定相当特殊,与科学截然不同。觉得哲学可以**接**

续其他活动，觉得就哲学命题的意义而言，**根本**不可能有什么特别的问题，这个念头沿着同一方向，同样地远离了上述的两种见解。他发现哲学论说的作用尤其有规训的特质，也强化了这一印象：哲学论说有能力教我们从不同的角度看事情，一定得从这一点去解释哲学论说的意义；就此而论，哲学论说与某类事实命题形成了重要的、解释上的对照，后者的意义更直接地在于它们与世界的关系如何。

还有怀疑论的问题。实证主义和一切形式的经验主义一样，聚焦于知识论，与怀疑论有一系列的交汇；实证主义的使命，便是从感官知觉那里，找到各类所谓的知识的确保（warrant），要是确保似乎有所缺陷，就找不能抬升至结论的证据；那里有怀疑的真空。威兹德姆本人不断地重返怀疑论的问题，特别是他心的怀疑论，即"我们并不真的知道别人有经验"这种令人心忧的疑惑。他围着这个问题耐心地兜兜转转，对此提供了独到而难忘的帮助。他抵制实证主义的理论，恰如他抵制一切别的理论一般。

可是，该问题还是以一种相当实证主义的方式为他而设。对于"我们怎么知道他人有经验"的问题，可以给出一个适度初始的（primitive）答案："他人有经验"是一条经验假说，很好地解释了他人的行为表现。我们一倾向于如此作答，威兹德姆就劝阻我们，说我们的信念不可能是归纳类比论证，不可能是从观察事例得出的推断，因为要是那样，我们的信念（若要充分）就不能只基于一个事例，而且结论还必须有独立的证实，可是在这里原则上是不可能的。不过，"经验假说必须基于这样的论证、满足这些条件"的假定，乃是"经验解释依赖于归纳概括"的直截了当的实证主义假定，而科学哲学的工作没有给我们接受该假定的理由。值得注意的是，此书第一章是加斯金（Gasking）对威兹德姆哲学的阐释（这是唯一一篇此前发表过的文章，现已过去二十年了），该文把归纳主义和证实论的假定看得如此理所当然，于是在正式阐述起威兹德姆的论证时，那些假定甚至没有作为独立的前提出现，反倒预设在结论里了。

威兹德姆哲学的腔调与实证主义哲学家的腔调一点儿也不像。他的哲学从后来的维特根斯坦那儿学来了复杂的影射，还有对明确学说的回绝；又受教于另一个剑桥源头 G. E. 摩尔，从而相信了某些平实事实（plain facts）的平实性，而哲学家竟声称要质疑那些事实，着实古怪——一般来讲，也相信哲学怀疑论怪诞不经。威兹德姆不但反对哲学怀疑论，还试图诠释它、解释它、看出它的启示来。不过，虽然我们应该同情怀疑论的反常，甚至心存感激，但它们还是反常，这一点他不会让我们忘记，至少不会忘得太久。

这种进路很好地提醒了我们，形而上学的论说不仅仅是有关世界的模样的额外论说，可以像我们知识的其他推定的补充一般淡然待之；也提醒了我们，形而上学的论说如何不仅仅如此。然而，该进路尤其有个缺点，就是让一切形式的哲学怀疑论看起来基本相同，暗示某些形式（如物质世界的怀疑论、过去的怀疑论、或他人疼痛的怀疑论）可以期待的明显最好的态度，即那种耐心的、同情的、诊断式的、可能还带有感激的态度，同样适用于别的形式（如自由意志的怀疑论，或道德怀疑论），而这些形式不但对我们的注意力有相当不同的要求，实际上还可能是对的。班波洛夫先生在书里写道，"哲学是显然之物与显然之物的冲突"；然而，世界可能在某些非常重要的方面与它显得的模样迥然不同，这么想既靠谱，还是严肃哲学的一个重要动机。

威兹德姆的全部哲学据说都在讲哲学是什么。虽然他最好的单篇著作（《形而上学与证实》["Metaphysics and Verificetion"]，1938）关涉哲学，但这个论断总的来说不是真的：以有关他心的系列文章为证，尽管其中多有涉及哲学的断言，但当然还是在谈他心的知识。然而，尽管如此，这个假论断其来有自。威兹德姆的基本观点没有直接地处理一种哲学观，或是仅与之争辩。对一种哲

104

学观做诊断，认为它有益、启人心智、或误入歧途，这些都是高阶的态度；而论及观点的真假，除非是形式上的，否则就不是高阶的。说一个观点为真，就是说**事物**如此如此；说一个观点启人心智或有益，就不是说这回事儿，更接近于评说那些听闻观点的人如何如何。

威兹德姆式的方法倾向于把讨论导回哲学的本性，这在本书的几篇论文里有所展露。本书其实是一本纪念文集，有几篇论文谈威兹德姆，其他篇目则是谈符合或接近他的兴趣的主题。该书带有这种体裁的毛病：内容大量重合，有些核心主题付之阙如（叫人吃惊的是，威兹德姆对精神分析的关注一点儿也没谈），完全没有对威兹德姆的批评，而且各篇论文的水准良莠不齐。以佳作而论，艾尔斯（M. R. Ayers）引入了更广阔的理论视角，把某些威兹德姆式的考虑与乔姆斯基的观点勾连起来，让人耳目一新；基思·甘德森（Keith Gunderson）就物理主义发出了一些妙论，甚至因为文笔出色，还为他讲的笑话赢得了一席之地。朱迪丝·贾维斯·汤姆森[1]不但奉献了一篇论文，还奉献了卷首插图；她的论文是好文，她给威兹德姆拍的美好的照片也是杰作。

注释

[1] *Wisdom: Twelve Essays*, edited by Renford Bambrough (Blackwell, 1974).

（谢沛宏　译）

---

① 朱迪丝·贾维斯·汤姆森（Judith Jarvis Thomson, 1929—2020），美国哲学家，她的《为堕胎申辩》（"A Defense of Abortion"，1971）一文是应用伦理学的经典，还在形而上学领域多有建树。——译者注

斯图尔特·汉普希尔和 L. 科拉科夫斯基编《社会主义的理念》

何为社会主义思想？它是在经工业化和资本主义改造的世界这一语境下，系统地探索 1789 年三大革命价值 [1] 之后果的尝试。其实，这也是我们唯一有的系统政治思想。大多数别的思想其实都以这样那样的方式在说，事关政治价值的落实，压根儿就没什么系统的思想。过去有过理论严密的保守思想，可如今已所剩不多了；而民族主义，一旦要表达它对社会的进一步展望，就没多少自己的术语可用，多半也是仰仗它所谓的"社会主义"观念。

社会主义思想品类多样，张力明显。这倒不足为奇：它的问题与其说是因社会主义的特殊弱点而起，不如说是任何旨在兼具雄心、融贯性和现实性的政治思想都有的难处所致。

那些张力当然令人望而却步。资源配置要求平等、正义和合理性，工业力量用于为人格的自由发展提供物质上的活动空间，这些都指向了权力集中的方向；而对所处的环境需要控制感，工作要自由，异化要减少，社群意识要更强，却指向了权力分散、工业民

---

① 指 1789 年法国大革命倡导的"自由、平等、博爱"三价值。——译者注

主，以及可能的工团主义 ① 的解决方案。（托尼·本恩 ② 提醒我们这些不同的目标，乃是好事；可他认为，要是照看得足够热心，便可消弭目标之间的明显冲突，这就没那么好了。）

同样没理由认为，在更宽广的政治民主的各项制度之外，工业民主还可以增加任何人的自由；也没有任何东西就保障最基本的自由而言，会见得比议会民主还好。然而，谁要否认议会民主的标榜和现实之间没有隔阂，就是蠢事一桩。议会民主声称不仅要管理社会，还要体现自由、提供自由，可很多人发现，正是在自由价值的领域，议会民主的响应很是单薄，遑论平等的领域呢。

本书是一部论文集，探索这些和其他诸如此类的张力，以及社会主义思想的前景，虽然内容分布不均，却还是取得了一些真正的成果。[1] 全书脱胎于 1973 年在雷丁大学（University of Reading）举办的一场会议，题为"社会主义理念有何弊端?"；后来，一个费边主义 ③ 的起草委员会作了相称的修订，把标题改成了"社会主义理念有弊端吗?"最初的灰心丧气的迹象，倒也没有从书里完全消失；事实上，本集子还相当有力地迈向了这个方向，因为莱泽克·科拉科夫斯基（Leszek Kolakowski）④ 的论文，既是首篇，也是最铿锵有力的一篇，就提出了一些在深层次上灰心丧气的反思。他主张，（人道）马克思主义形式的社会主义的意义和力量在于"恢复、或许是首创人的自我同一"这一理念，人的自我同一是人类人格的完整，在现存的社会经济形态下可实现不了；目前，他倾向于把这一理念视作神话，太过简单、卢梭化，而且还危险。

---

① 工团主义（syndicalism），又称"辛迪加主义"（"辛迪加"是"工会"的意思），一种社会主义经济体系，主张工人组织工会，控制生产资料乃至整个经济。——译者注
② 托尼·本恩（Tony Benn, 1925—2014），英国工党的左翼政治家。——译者注
③ 费边主义（Fabianism），指英国社会主义团体费边社（成立于 1884 年）奉行的思想，主张藉渐进改革、而非阶级革命的方式，实现社会主义。——译者注
④ 莱泽克·科拉科夫斯基（1927—2009），波兰哲学家，上世纪五六十年代坚持马克思主义的科学性，反对把马克思主义理解为意识形态；七十年代捍卫人道马克思主义；八十年代后转而否定马克思主义。代表作为《马克思主义的主要流派》（3 卷本）。——译者注

科拉科夫斯基（身为批判马克思主义的代表人物，1968 年遭波 106
兰驱逐出境）的背景，不见得让非马克思主义者发出什么欢欣鼓舞
之辞；当然，也容不得我们中的那些致力于社会民主改良的人颐指气
使，他们只是把"界定了那番改良的社会可以符合什么人类生活图
景"这一问题给压后了，或是有什么想当然的意见而已。[①] 不过，科
拉科夫斯基在其"导论"里允许自己留下的些许鼓励，或许从一个原
本更具怀疑色彩的传统中获得了某种助力："并非一切人类价值都可
兼容并包"，这一常理几乎给他当成了反社会主义的招供；可是，这
条常理虽然真得毋庸置疑，却只意味着那种种最乐观的社会主义的**失
败**——至于其他种类的社会主义，这还有助于界定它们的使命呢。

社会主义在东欧发展的阴影笼罩了本书相当多的内容。确实谁
也没有为它说话，几位东欧作者还发表了让人印象深刻的反对意
见。马里奥·努蒂（Mario Nuti）认为，东欧社会起码沿着通往真
社会主义和自由的道路，走得比混合型西方社会更远；他觉得就这
种立场而言，自己多少有些形单影只，却从中窥见了一个观念：用
马克思主义的术语来讲，党的管理层并不是一个阶级，对工人的剥
削"……不会是**阶级**剥削，工人的状况可以借'文化'革命予以纠
正"；这个观念不可思议地让人感到快慰。这个命题，我本来还想
听他和科拉科夫斯基一起聊聊呢。

不过，本书虽然也批判了东欧的政党官僚体制，却摆脱了"社
会主义的马克思主义流派和非马克思主义流派判然有别"这一老派
的、典型的英国观念，让人耳目一新。只有少量的马克思经文释
义；同时，即便是那些对严格的马克思主义学说用得最少的作者，
也展示了自己敏感于马克思主义理念在当前形势下的影响。理查
德·罗文塔尔（Richard Lowenthal）就是如此，他在一篇论文里讨

---

① 1956 年，波兰发生"波兹南事件"，大批工人发动罢工，抗议政府实施的僵化苏联模式。
1966 年，科拉科夫斯基在"波兹南事件"十周年之际，公开批评波兰政府限制言论自由，
被开除出党。1968 年，他被驱逐出境。——译者注

论了社会主义在发达民主国家的未来，阐述漂亮，条理清晰。

马克思主义传统和非马克思主义传统分离的旧观念已然采取了一种形态，还是以英国为典型：这是一种相当一般的形态，说的是非马克思主义的社会主义可以是形而上纯粹的，摆脱了宽泛的世界观，而马克思主义却不可以。这种看法包含的虚假肯定比真理来得多。至于确定真假比例这一重要而艰巨的活儿，本书也出了几分力，尽管也只是断断续续地出力。查尔斯·泰勒（Charles Taylor）尤为出色地论证说，面对晚近资本主义，要弄懂任何形式的社会主义，就需要一种"表达的"（expressive）而非"工具主义的"意识形态。

另一方面，斯图尔特·汉普希尔却倾向于认为，社会主义对人的一般形象多有依赖，乃是弱点；令人气馁的是，他论证了用翔实的社会科学知识来管理政治规划是必要的，但这样的知识却不存在。不过——除了"能否有这样的纯粹知识"的问题外——还有一个至关重要的问题：是谁凭什么权威，又如何用这样的知识来规划谁？幸运的是，社会主义传统也觉察到了这个问题。

注释

[1] *The Socialist Idea*, edited by Stuart Hampshire and L. Kolakowski (Weidenfeld and Nicolson, 1974).

（谢沛宏　译）

罗伯特·诺齐克《无政府、国家和乌托邦》

　　为什么会有国家？或者说，为什么**应该**有国家？对国家的辩护是什么？这些问题之为真实问题的感觉曾在各个时期来了又去，去了又来；当这种感觉出现时，这些问题就作为政治哲学的基本问题或首要问题出现。这些问题是不是真实的问题，以及对辩护的要求是否妥当，都不是**显而易见的**。首先，只有当我们对国家的某种替代方案有所设想时，我们才愿意花时间讨论辩护，而我们有理由认为，至少现在还没有真正的替代方案。

　　从另一种思路，我们可能会想到，唯当有一些足够独立于（一般而言的）国家的原则或价值，使我们在这个问题上有某种杠杆时，关于辩护的思考才会有所把握。如果用以撬动国家进入或退出可接受性的竞争舞台的想法本身就以国家为前提，我们将什么也做不成。但是有些人——在他们身后的某个地方站着黑格尔——会觉得在这一点上有一些应有的怀疑。在他们看来，据认为提供杠杆的道德观念不仅是国家的历史产物（这一点当然不错，但可能没有破坏性），而且从某种破坏性的意义上说，这些观念的生命本身是从国家的背景下获得的。这最后一组怀疑者也有他们的马克思主义亲戚，后者可以朦胧地想见一个没有国家的更好的世界，毕竟这是革命进程应该最终导向的结果，但他们认为，目前关于国家之存在的道德说教无足轻重，而且在意识形态上受到污染。

罗伯特·诺齐克这部原创、杰出、有着出众智慧的著作并不会让最后这几种怀疑者感到安心。[1] 诺齐克先生没有直接谈到他们的担忧，但他们仍应该从他的各种论证中学习到一些东西，而且他们至少应该被这种充满活力和创造性的事业所驱使，用表述更为清晰、论证更为完善的形式提出他们的主张。任何想对国家的存在和国家中发生的事情进行有效思考的人也应该如此：因为诺齐克先生不仅复活了为国家辩护的工作，而且对国家的职责——或者至少**在理想情况下**的职责——提出了一些惊人地不时髦的结论。我将在最后提出，这个限定条件极其重要："在理想情况下"是一个线索，可以显示出诺齐克先生的书为什么不是它看起来的那样，也（更）不是一些不三不四的人在作者的一些鼓励下无疑会把它当作的那样。

诺齐克先生回到了一项传统事业——从根基处为国家辩护，而提供这个根基的是一套想象的状况，其中不存在国家；诺齐克先生称之为自然状态，这也是传统的叫法。在他的陈述里，自然状态帮助我们理解国家是与什么相**对立**而得到辩护的：他援引无政府传统中的某些特别美国式的元素，花费了比其他人多得多的时间和心思去详细说明，在一个部分道德化的自然状态下事情会怎样发展：这个状态下有种种"保护性社团"，它们做一项收费的工作，那就是保护人们的生命权、财产权等，使之免遭暴力和欺诈。说这个状态是部分道德化的，其意思是，其中的人们在很多时候遵守道德考虑，但也并非一贯遵守，而那些道德考虑被诺齐克先生等同于一套硬核的权利概念，它们较为松散地与把人当作目的而非纯粹当作手段的康德式观念相连。（功效主义者当然不会接受这个道德起点：我认为诺齐克先生做了一个合乎情理的假定，即值得用该书的思路与之争论的人不会［真的］是功效主义者，他在书里也提出了一些精彩议论，促使人们意识到自己不是。）

在采取部分道德化的观点这一点上，诺齐克先生与洛克是一致的（他对这位作者的回头引用很细密，且频繁得惊人）。当然，他比洛克更明确地摆脱了自然状态模型的历史学蕴意，排除了任何的契约观念，因而在更深层面上不同于洛克：他这种自然状态理论是不带社会契约的。取而代之的是他的如下旨趣：从模型的起点，经由一连串不包含有意干预的事件，最终推导出国家。他将这一串事件称为**看不见的手**的机制，并在相关论述中采用了古典经济学的语言——古典经济学是这部著作唯一用到的社会科学，其方法为该书的思想结构提供了一些重要的部分。在一些论述颇为稠密的思辨之后，国家最终诞生，无需任何人有意为之，这一机制体现了决策论领域中谢林的一个重要思想（并且与大卫·刘易斯［David Lewis］最近就惯例所做的工作有些相似）。这种机制可谓是能够不开会就达成惯例（arrive at a convention without［so to speak］holding one），其在自然状态模型上的应用是个巧妙的想法。

109

这一机制所诞生的国家，是古典自由主义理论的最低限度的"守夜人"国家，除了使公民免遭暴力、欺诈之外什么也不做，任由公民自由地追逐各自的目标，这又一次与洛克一致。诺齐克先生像洛克一样讨厌税收，书中有一段铁石心肠的经济学论证，把税收描绘为一种强迫劳动（不过我得提醒 CBI［Confederation of British Industry，英国工商业联合会］，不要过早地为这个解放性的思想界事件欢呼，因为我们将会看到，这一切会推出何种**针对当下现实的结论**，远不那么清楚）。传统的自然状态理论家在为国家辩护时，不可避免地会辩护某一种而非另一种国家，它有着某一套而非另一套权力和限制：这项工作的主旨之一就在于此。诺齐克先生也不例外，全书第一部分反对无政府主义者而为最低限度的国家辩护，接下来的第二部分（论证同样富于巧思，不过笔调较为放松）则反对社会主义者、民族主义者乃至大多数人，声称能得到辩护的国家**至多是最低限度的国家**，而对国家职责的道德上更加进取的主张，尤其是主张通过再分配措施来产生正义，则是错误的。据诺齐克先生说，这些所有现代国家都以不同程度主张的权力是没有道德依据的，而且侵犯了人们的个体权利。

该书第二部分的主要工作是与那些导出再分配结论的正义观（特别是但不只是约翰·罗尔斯的正义观）争论，并提出另一种不如此的正义观：我们后面再谈它。该书结尾勾勒了一种吸引人的多元的、自由至上主义的乌托邦，它很不寻常，甚至没有规定人们应该以自由至上主义的方式生活，却以此真正贯彻了自由至上主义的理想。自由至上主义的安排存在于高阶的层次，即容许一大批各式各样的社群存在，人们可以在其间迁移——这些社群都被安排在单纯洛克式的框架内，但在社群内部可以如你所愿（或不如说如他们所愿）地实施约束和禁限。对于这些安排，我们可能马上会想到一些困难，不过这些困难都得到相当令人宽心的预见。

还应提到华彩般简短的一章，其中论证了现代国家终究**有可能**得到辩护（这一点，从诺齐克先生的角度说，就是它可以不侵犯任何人权利而产生）。然而这里应该提醒审慎的读者，不要用这个论证去反对诺齐克先生的总体论旨。因为这一论证的前提是每个人都把自己贩卖为奴；虽然诺齐克先生本人在这里比洛克更为放任，认为每个人都有权利自贩为奴，因而其结果不会因此成了不可允许的，但就达到现代国家的这种方式而言，读者会发现自己与诺齐克先生处于一种反讽的僵持——这是这部结构精致而自觉的著作给人的典型感受。

这部著作的两部分，即最低限度的积极部分和力求进取的消极部分，有不止一方面的相互联系。第二部分的目的是表明更大的国家无法得到辩护，方法是去除诺齐克先生认为支持这样一个国家的主要道德论证，即从分配正义出发的论证（只有更大的国家有条件为了错误的理论所认为的正义进行再分配）。也有其他论证，甚至是其他的道德论证，可以认为支持这种国家。但诺齐克先生感兴趣的只有范围很小的一批道德考虑，大致是涉及权利、正义以及一个人之跨越另一个人"道德边界"的考虑。正是这一点，决定了他认为对更为进取的国家必须说的话的狭窄范围；这一点同样控制了最低限度国家的建构。

有一个论证支持在该书第一部分对最低限度国家的辩护中使用绝对最低限度的硬核道德概念。因为这里是在与类似自由至上主义的无政府主义者的人争论，后者持有的就是这些道德概念，而争论的形式是："你看，即使仅凭这样（少的）一些道德观念，我们也能抵达国家"（尽管我们其他人，我们这些既非自由至上主义的无政府主义者也不太对其感兴趣的人，也许从一开始就会说，无政府主义者的道德观念包裹终究太小，看不出把国家这样一件道德上详密之物塞进去的尝试有什么意思）。但即使我们愿意凭借这块道德压缩饼干来捍卫国家，我们也不一定要说这就是能够用于国家的**全部**论证——这甚至不是具有道德性质的全部论证；相应地，我们同样不一定认为，捍卫更为详密的国家的唯一途径要在这些概念以及与之密切相关的概念当中去找。我们有可能认为，在正义之外还有其他价值，也只有更为详密的国家才能推行这些价值：在该书第一部分采用的直觉当中，没有什么能够排除在评价国家时权衡这些价值。诺齐克先生要捍卫他的消极主张，即更为详密的国家得不到辩护，而由于他限制了支持这样一个国家的论证的范围，他的捍卫就不可避免会被这种限制所削弱。

如果能够表明，即使那些硬核价值，那一整套关于权利的最低限度的道德概念，也从自然状态的有限库存之外的源泉获得一些必不可少的支持（这个观点的一种形式当然是我开头提到的那些理论家会持有的，他们以某种方式认为，最低限度的道德概念本身就从国家——甚至是详密的国家——获得其生命），那么该书被削弱的就不只有第一部分，还有第二部分。洛克的处理常被人从这方面批评；诺齐克先生向洛克的精致回退会收获这类批评的精致版本，奇怪的是他没有多做点什么来拦截这些批评。

特别来说，他明显运用了很多巧思，试图在到达目的地的过程中，避免讨论一个对他的观点具有核心意义的概念——**财产**。洛克要求自然状态中的人在占有事物时，要把"足够多且同样好"的东西留给其他人，诺齐克先生对此的确有话要说。但除这一点以外（这给他的资格理论提出了一些特别的难题），他完全没有真正探讨何为原初正义的持有，以及财产之为一个（如他要求的）纯粹**道德**概念的问题。所以，虽然在对自然状态的讨论中，诺齐克先生大谈人们的"边界"及其如何被逾越，但他并未谈及这些边界是什么以及如何划定。因此就会有个疑问挥之不去：如果不把自然状态本身所不提供的一类惯例和制度视为理所当然，自然状态还真的能够顺利启动吗？仅仅使用我们**目前现有的**对非法律的、非形式的财产观念的直觉，当然是没有希望澄清这一点的，因为这些观念也很容易被视为更加制度化的概念的延伸。

自然状态论证的另一个困难在于它的规则是什么。诺齐克先生认为，假定个体是（部分）道德化的，那么如果一种看不见的手的机制可以在不侵犯任何人权利的条件下产生国家，他与自由至上主义的无政府主义者的论辩就成功了。但是为什么这个思想实验是这样运作的（换句话说，为什么采用**这个**思想实验），存在费解之处。诺齐克先生向我们讲述的这批人，其行为类似经济人，但大体上处在最低限度道德的侧面约束之内：只说"大体上"，是因为整个机制的很大一部分的目的在于对付那些侵犯他人边界的人，而这些侵犯并不都是无意的。现在看来，这个思想实验的发展虽然步骤繁多，但从社会或心理可信度的立场上去评判，又格外地不现实。从很多例子里举一个来说，那些处于经济竞争关系中的保护性机构表现出值得称赞的热情，想要确定其客户所提主张的是非曲直；但只要对人性稍微少些乐观，就能想到，实际上，这些机构对待其客户是偏袒的，对待潜在客户是虚伪的，对待已确认的非客户则是糟

112

糕的。

　　说起来，诺齐克先生不是个不相信这些的傻瓜；他想说的是，这些考虑**不重要**。但为什么不重要？我们**是可以**联系到某些极其理想化的心理学假定，不侵犯任何人的权利就到达国家，但这个事实有多重的分量？这种想法的动机似乎是，如果（最低限度的）国家能够在一些步骤内生成，每一步都满足道德要求，这样一个国家就得到了辩护；这一点被理解为意味着，无需任何人做任何错事，我们就可以到达那里。但这又怎么理解？这个条件不可能是：我们应该能够在**完全**没有人做一点错事的情况下到达那里——因为有些人有些时候做错事这一点对于我们到达那里有必不可少的贡献，它为看不见的手的机制提供了一些动力。同样的道理，这个条件也不可能是：不存在这样一些错事，其发生对于我们到达那里必不可少。所以这个条件究竟是什么？有多少错事进入模型之中，在哪里进入？一个怀疑者，为什么不能根据所描绘的这个看不见的手的运转当中错事太少，少到难以置信，而拒绝其推导？从目前状况看，尽管我没法肯定，但诺齐克先生似乎满足于这样的模型设定：个体有时会做错事，但社团不会；果真如此的话，这个模型看起来就是武断的。无论如何，像目前这样非霍布斯式的推导是没有显而易见的根据的。

　　当然，这种推导更不辩护任何现存的国家：因为没有国家是这样产生的，而诺齐克先生的一个思想却是，一种事态**实际上**如何产生对它的可接受性至关重要——据我所理解，他的正义理论无疑这样认为。这是其正义之为资格的理论的主旨，也是他对罗尔斯（以及其他很多观念）的批评的主旨。据这种观点，如果一份持有是从另一份本身正义的持有经由一个正义的过程获取的，这份持有就是正义的：最开头是一个正义获取的概念（如我所说，诺齐克先生对它的论述明显不足）。而附加于正义获取和正义转让过程的是矫正过程，针对以上某一方面（持有、转让或先前的矫正）不正义的情形。这就是基本的正义理论的全部。

诺齐克先生简明地说清了关于正义持有的**历史型**理论与**最终状态型**理论的差别，后者本质上关心人们的持有所最终具有的分布形态，并按照某种可欲的范式调整这个分布形态：功效主义、平等主义和罗尔斯的观点都属于最终状态型观点。（书中非常精彩地证明，罗尔斯使用的自然状态模型，即原初位置模型，其设计就使得它只能得出一种最终状态型正义观。）那么，至少在政治的一种理想层面上，诺齐克先生的观念如何与最终状态型观点相反，支持一种有强烈保守主义色彩的总体见地，就很清楚了。

这些观念在直觉上的优点是什么？如何就这些问题展开论证，这一点从一开始就有疑问。诺齐克先生贯穿始终的方法，是拿出某个我们很可能有一致意见的日常的、非政治的情形，然后把我们对它的判断应用在更大的社会原则问题上——可以说，这种方法已经向支持他的方向预设了结论，因为它预设了他的一个观点，即没有新的道德原则随着（应该随着？）国家产生。但即使遵照他的规则展开论证，他的正义观也至多像是对我们道德观念的某个方面的高度夸大。事情在多大程度上是这样，其实是难以知道的，这仍然是因为我们缺少原初资格理论。但假设当五月花号抵达时，某个眼光毒辣的老兄蹲在跳板上，在他那些更乐于合作、更虔敬、更懒散或者更体弱的伙伴动身前就跳下船，抢占了一大片现今属于麻塞诸塞州的土地；看起来，如果我们假定这片土地之前没人持有，诺齐克先生就会授予他正义的持有资格。我们会赞同吗？进行偏向于其他那些人（甚至包括懒人）的再分配会是**不正义**的吗？这个人利用其他人没把那些关键时刻用来思考财产权利这一点，岂不是**不公平**吗？一个涉及最终结果的特定事实，即好人（大多）最后才来，会完全不影响我们如何估量这个人的持有的正义性吗？

这些是对诺齐克先生的**正义**理论（及其在此事例上的应用）提出的问题；但我们可以更广地注意到，即使我们最终赞同这位执意好胜的开拓者在正义方面无可挑剔，那也只能凸显出这样一点，即我们可以希望那些清教徒——还有我们自己——在到达时所携带的德性不只有正义。这又一次使我们想到诺齐克先生的论述系统性地略去的道德资源，这些道德资源的内容更为丰富（例如我们希望这个社会上存在哪些种类的品格）。

还有其他一些与正义有关的观念和情感，同样是他的论述所避谈的。何种优势及其回报是再分配的候选项，这是一个真实的问题，平等主义者应该比他们目前多数时候的样子更为诚实地面对这个问题；可我们（大多数人）虽然认同诺齐克先生的一个观点，即强制性的整形手术不是对美貌上的不平等的正义回应，但这未必会那么快地使我们承诺于认同他在金钱和权力这些明显有别的事情上的观点。再者说——这一点临近诺齐克先生观点的核心——**距离**（时间上、转让次数上以及其他方面的距离）这件事本身**事实**上影响了很多人对不义的感受：有些人觉得，有才华之人的运气比单纯有位有才华的父亲的运气更值得尊敬。这些观念也是"我们的"观念，它们至少像诺齐克先生所诉诸的观念一样合格，而他那种单纯充当任意距离上权利的合法传递管道的正义观没有用足够多观念加以衡量，以至于不能真正服人。

114

这部著作具有高度的理论性；实际上，它的理论本身有一种追求形式上的优雅多于具体的现实主义的倾向，从它充满经济理论而几乎没有心理学、社会学就能看出来。这一点使得其结论高悬在空中，特别是悬在当前的政治现实之上。这些观点在很高程度上没有决定在当前的政治实践中应该做什么——其程度高于大多数政治理论，包括洛克的理论；这些观点在深层意义上是乌托邦的，题名中第三个元素恰当地与另两个元素并置。这未必是缺点；但应该用大字写上该书**不**提供什么。对于当代资本主义，其理论尤其不提供任何特别的慰藉，除非是说一种非常一般性和联想性的慰藉。一则，当代资本主义是一项国家主义事业。二则，诺齐克先生对正义理论的推导并不意味着当代的财产持有是正义的：相反（尽管事实无法复原），有百分之九十九的可能是这些持有几乎全都不正义。（诺齐克先生很可能认为美国大部分土地的合法所有者是印第安人。）而在一个至关重要又不显山露水的段落里（第231页），他明言，目前状况下，国家进行的再分配很可能是矫正过去的不正义所必需的。这些书页里没有什么能抚慰当代的工商界朋友；但诺齐克先生完全没有尽可能说清这一点。

在这个抽象、复杂、精妙而总是趣味盎然的结构里，我们猜想，可以找到一种个体主义见地，它强劲而又有异想天开的创造性，虽无疑是坚冷的，但却又远不能与工商界朋友的那些更讨人厌的朋友相比。但若他们和他们的敌人不这么想，有一部分过错在诺齐克先生。

注释

[1] *Anarchy, State, and Utopia*, by Robert Nozick (Blackwell, 1974).

（吴芸菲　译）

保罗·拉姆齐《胎儿研究伦理学》

  美国生活和英国生活有个对照不仅限于政治领域：比起英国，美国的做法往往更强横、更严厉、更不拘小节，所以它引发的抗议和分析也是一样。有些前沿思想起了作用，即在施加强力的前（后），我们唯有论辩一途，可不能只指望现存事物的正当性。实践伦理的问题迫在眉睫，人们感觉有的事情可能实际上取决于论辩的结果，而我们那种完全饱和的文化却欠缺那些结果，唯有自得和不满糅合在一处，令人沮丧。美国哲学如今之所以比英国哲学更振奋人心、更富创意、水平更高，原因之一便在于此。

  这个对照在医学伦理学的领域也有所体现。医学伦理学不意味着寄账单和别与患者上床等职业规范问题，而是堕胎、安乐死、拿患者做实验、信任与欺骗，尤其是医疗制度道德与医生的牟利权等问题。在其中的某些领域（并非全部），比起英国，美国的做法更少受惯例束缚（不过事关金钱交易，美国医学界却臭名远扬，表现出了一定程度的赤裸裸的贪婪，而在英国，起码直到最近，那种做法都被认为是有失风度的）。

  上述问题引起的分析思考同样在美国已经取得了充满活力的进展。当然，这也可以给学术轻工业带来可观的投入，例如研讨会、研究所和项目等。其中某些做法自吹自擂，非常可疑，特别是有的做法，（如某些人那样）追求让哲学家扮演伦理顾问，担当临终病房的智识牧师。即便有某种融贯的理智基础，支持为可接受的和不可接受的实验，以及可容许的（permissible）和不可容许的死亡划界（至于有没有这样的基础，倒是个真正的问题），但答案肯定没法借哲学顾问的形式带入医院。倘若哲学反思要在这些事务上支援实践，那么途径不会这么直接；可即便如此，兴许哲学反思无需过长，也无需过艰，因为就这些问题来说，有件事很清楚，就是人们需要某个融贯的道理，好对它们抱有信念，因此，要是有一套反思能赋予它们某种意义，就可能获得垂青。

116

　　保罗·拉姆齐是美国神学家，在这些话题上著述颇丰，立场也算相当保守，却达不到独断论的极端。《胎儿研究伦理学》囊括了一点儿反思，一点儿历史，还有一些澄清的尝试；结论倒没有非常强势，但并非遥不可闻。此书的主题是对人类胎儿进行可容许的研究有何限制，不管人胎是**在子宫内**也好，还是由于例如堕胎的决定（但不一定如此），与母亲分离也罢。[1]正是合法堕胎数目增加，才把这些问题推向台前。堕胎除了别的可能性以外，还可能导致胎儿依然活着，可以暂时活一段时间，但没法宫外存活，即不能独立生存。对这些胎儿做实验，正如对尚在子宫内的、有意堕掉的胎儿做实验一样，可以获得某些有价值的医学成果，其中就有与胎儿的存活有关的成果。（至于这些成果可以在何种程度上借其他手段获得，又有何难处，照例不易确定。）于是，我们对这类研究应施加什么限制的问题就出现了；事关堕胎导致的死胎可以有啥恰当的医学用途，也确实有一些问题，比方说，母亲的同意在此情况下有没有什么地位，不一而足。

　　这些事务目前在英国，还遵循着1972年5月发布的《皮尔委员会报告》所制定的规则。该报告界定了一类宫外存活前的（pre-viable）胎儿；任何因胎龄或体型过大而划不进该类的胎儿，如果还活着，就算是可在宫外存活了，研究者只能以符合"促其生存"的目的的方式加以处置。即便是在宫外存活前的情况下可以采取什么举措，也遭到了进一步的限制。于是，该报告判定，任何施用于孕妇、旨在查明胎儿因此遭受什么伤害的手术都是有违伦理的，即便孕妇有堕胎的意向，并且已经同意做手术。如拉姆齐教授所言，这份相当保守的文件似乎已在英国终结了这场辩论；然而，美国的讨论仍在增长，还拟订了一系列的指令和法规草案，容许的程度各有不同。

　　拉姆齐教授在本书触及了一些值得注意的问题，事关如此这般的规则应当如何制定。我国是让一位不事研究的名医领导一个可敬的委员会，对既有专业实践做了一些延伸拓展。美国的辩论更多，有关组织的公开干预也更多，同样也很典型。不过，所有这类事务有个系统性的难题，尚未获得充分的探讨，即公众一方的适当利益是什么，尤其是适当的道德关切又是什么。如果公众舆论对事态的进展感到不快，那么有权获人倾听吗？我们可以说，如果公众舆论是知情的，就有权获人倾听（可要是不知情，发言权当然还有，但获人倾听的权利就没了）。可什么才算知情呢？当然，如果人们看了电视上的一些胎儿实验，他们会相当不快——可要是他们收看了堕胎的过程，无疑也一样会很不快。我们在此遭遇了公布堕胎的某些方面所制造的紧张现场：公布这些事情的反堕胎分子遭到控诉，说他们耸人听闻，可他们的答复是，他们正在向人们展示堕胎是怎么回事儿。

　　反堕胎分子这番话倒无半分虚假。问题在于，任何有关何为堕胎的全面见识，欠缺背景或没做准备的观众都得不到。可话又说回来了，你除了说唯有胎儿研究者及其医界同事对何为胎儿研究有全面见识，又从何处维系有关胎儿研究的知情意见呢？有鉴于此，公众舆论又一次销声匿迹了。

　　拉姆齐教授反复重回堕胎论证和胎儿研究问题二者的关系上，

117

而本书的核心主题便是这两个问题不一样。他在此没有讨论堕胎本身，倒希望挡得住那些向公众发声的人："既然你们已经就堕胎达成共识，认为那是对胎儿的恶劣的毁灭性攻击，那么，连温和许多的、况且还有实验收益的胎儿手术也反对，就不理性了。"至于胎儿研究的更激进的形式，他没打算提什么明确的反对意见，只想说这个问题与堕胎是两码事。

拉姆齐教授已经提出了一个重要而复杂的问题，并揭示了其中相当多的复杂之处。遗憾的是，他在这本常常显得是仓促写就的书里，没有在解惑方面取得更大的成就。他面对的论证棘手而又相当合理，我猜，用上那种论证的人不会因本书就把论证抛诸脑后，尽管他们应该有所触动，重新审视那种论证。拉姆齐教授的论述，深受他自己造就的两个不同混淆的困扰。这里最要紧的问题是："如果你相信堕胎（基于社会原因或意愿）是可容许的，你因此就认同，对胎儿（至少是自愿堕掉的胎儿）进行不受限制的研究就可容许了吗？"拉姆齐教授没有充分关注这个问题，因为他放任自己流连另一个问题去了：堕胎获得了**普遍认可**，单凭这个事实，是否就可让我们以为，胎儿研究是可容许的？该问题的答案是"否"。拉姆齐教授花时间去申斥那些觉得错错得正的对手（他声称他们是那么觉得的），却没有直截了当地讨论"假如另一个不错，这个可不可能错"的问题。

118

其次，他在某种程度上确实考察了那个问题，却倾向于只考虑其中的一小部分，主张即便在自愿堕胎的范围外，比方说在流产的胎儿身上，也有事关胎儿研究的道德问题。这当然是事实，却还是没有回答主要问题。

尽管拉姆齐教授说有两个问题，可从他探讨胎儿研究的方式其实足以见得，他认为对胎儿研究的可取限制，恰当地蕴涵了对堕胎的限制。他喜欢把受到研究的胎儿类比为濒死之人，又把那些尚未堕掉、但将要堕掉的胎儿类比为死刑犯。这些类比逼向了一个问题：有什么权利杀害这些人，或是判他们死罪呢？倘若对这些类比和堕胎问题的关系的探讨，还比不上拉姆齐教授的讨论，那么，直截了当地接纳这些类比肯定是行不通的。

虽然拉姆齐教授并未真把这两个问题成功分离，但两个问题可以在某种程度上分离，也应该在某种程度分离，他这样想很可能是对的。思考这些事情的既定套路，没有哪个轻而易举地分离了二者：功效主义的套路只计较人类获得的好处，分离二者可不易；分类学的套路只计较胎儿是哪种东西，分离二者也不易。但我们根本没理由相信，我们思考这些事情的既定套路对它们来说完全够用；我们不得不发明一些应付这些事情的办法，尽可能诚实地匹配我们对人性的知识，对人性的希望，还有对人性所在意的内容。尽管拉姆齐教授看待这些问题的方式并非全然如此，尽管他好像没有如己所愿，把事情安排得井井有条，可他的著作展现了某种尖锐的人本主义，以及对空话的反感，这有助于提醒我们：我们发明的一切，不仅得给我们正确思考这些事项支招，还得教我们融贯地感受这些事项。

注释

[1] *The Ethics of Fetal Research*, by Paul Ramsey (Yale University Press, 1975).

（谢沛宏　译）

道德的政治观[1]

二十年前，英语哲学界的普遍看法是，政治哲学再也不会兴旺。相比之下，如今政治哲学非常活跃，预计的葬礼似乎被无限期地推迟了，而这条新生命的源头主要是在美利坚合众国发现的。

彼时政治哲学死气沉沉的状况是由多方面的原因造成的。有些原因来自哲学自身的内部状况；尤其是，有种流行的理论认为，价值陈述与事实或理论陈述是截然分开的，此外，哲学自守纯良地拒绝出具价值陈述。此外，有生气的政治哲学需要大环境带有政治紧迫性，在此意义上，政治哲学在 50 年代和 60 年代初期的衰落是一种政治停滞期的现象，它过早地向意识形态的终结致敬。

现在，所有这些方面的情况都发生了变化。事实与价值在理论上的严重脱节已经得到了修正；哲学家们不愿意发表规范性陈述的情况少了很多；政治环境本身也已发生了变化。

政治哲学有了真正的复兴，这在美国尤为明显，美国 60 年代后期严重政治冲突的再起，以一种传统的方式助力于政治哲学思想的复苏。有三类议题尤为促成了这一点。越南战争引发了关于战争的对错问题；不仅是正义或不正义的战争的概念，这些（走出了天主教传统的）短语本身也在争议中发挥了重要作用。由于很多学生面临或担心他们将面临征兵，战争以非常紧迫的形式提出了有关国家要求服役的权利、服从的义务、个人出于良心拒服兵役的权利的问题；以及同样通过公民不服从进行抗议的权利的问题。所有这些构成了所谓权利和效忠的领域。第二，存在一个社会正义的领域：将反思性的哲学理论应用于由西方社会的不公正所引发的道德和社会议题。保守派曾相信这些不公正已经消失，自由派曾相信这些不公正会逐渐消失，而在 1960 年代末，对这些问题的断言动摇了这两种信念。该领域产生出了战后政治哲学的杰作，即罗尔斯的《正义论》——在新近的政治发展之前，罗尔斯已经在这部作品上投入了很长时间的工作，但那些政治事态在这部作品上并非毫无痕迹。第三，在其他几种积极的社会影响中，我们应该特别提到资源保护的焦虑，还有女性运动，它引发了一场特别活跃的关于堕胎的哲学辩论。这两方面的势头都影响到了人口政策，而这又与社会正义问题有关；自然资源保护影响到子孙后代，同时也产生了如何看待代际间的正义的问题：特别是在人口控制政策下，后代将成为什么样的问题在某种程度上本身就是个社会决策问题。

120

在谈到这些事件对哲学的影响时，我想到的是——从广义上讲——可以被称之为分析哲学的东西——这种哲学虽然不忠奉 1950 年代流行的限制性观念，但却与它们一样相信分析方法并具有明述性论证（discursively argumentative）的基调。罗尔斯的书就是这种风格，另一本惹眼的书也是这种风格，我之后还会讲到这本书，即罗伯特·诺齐克的《无政府、国家和乌托邦》。这也是一本多年来成功地高水准讨论这些问题的杂志——该杂志名为《哲学与公共事务》(Philosophy and Public Affairs)——的主流风格。

这种广义上的分析性哲学著作在智识上是重要的，在与哲学发展的关系上是有意趣的，而且通过出版物和教师个人的工作，它们肯定对公众和学生的意见产生了影响。但必须指出的是，在二十世纪 60 年代后期，社会哲学中另一种风格的思想表现出更富戏剧性的影响——特别是在 1930 年代移植到美国的法兰克福学派成员所追求的那种后马克思主义批判；马尔库塞的著作，尤其是《单向度的人》（*One-Dimensional Man*），引起了公众更广泛、更激动人心的关注。这类作品以及它所参与其中的事件的一些影响，当然还在；但是，随着它所激发的激进运动的消退，人们对这种哲学写作风格的兴趣也一同有所消退。

罗尔斯和诺齐克的工作与这种工作在很多方面有所不同，其中一个方面是，这些工作秉持的价值观极具个人特质和道德特质（an individual and moral character）；与社会相适的态度被视为个人道德信念的延伸。此外，这种方法采取了相当惊人地纯粹的、非历史的、非社会学的观点来看待道德信念的本质以及道德信念在决定社会中发生的事情的作用。在这方面，罗尔斯和诺齐克的作品有着惊人的相似之处，尽管他们在结论上有根本性的分歧。

罗尔斯的《正义论》一书是一部体大思精的作品，它非常清楚地显示了多年讨论和修订的成效。它提供了一种基于公平的道德观念的社会正义理论；在这本书的大部分内容中，其论证都是通过推究某个思想实验的结果来展开的。我们要想象一组人，对于他们来说，实际的世界、他们在其中的历史和社会地位以及他们自己的个人特性，都被罗尔斯所说的"无知之幕"所遮蔽。该事态被称为原初状态；在原初状态中，这些人不知道个殊事实，但他们知道经济学和社会科学的一般规律。（对于罗尔斯的基本上属于启蒙运动式的观点，一个有趣的反思是，他假定存在这样的规律，这些规律原则上可以独立于个殊的历史事实来理解。）在原初状态中，人们要为自己和家人选择一种社会系统，争论的焦点在于他们在这么做的时候会理性地（rationally）采用什么原则。罗尔斯认为，他们会拒绝功效主义原则——比如，最高平均福利原则：因为，毕竟，当无知之幕被揭开时，他们可能会被证明是系统中最不利的人，而该系统中较高的平均福利仍可能使他们非常穷困。罗尔斯认为，最终他

121

们会理性地选择他所说的"差别原则"（Difference Principle），该原则（非常粗略地说）的意思是，如果要偏离平等的福利，那么这些偏离必须对最贫困群体有利。

关于罗尔斯如何进行他的思想实验，一直存在且将继续存在很多争论：无知到这种程度，是否能够做出任何选择？不过最基本的问题涉及思想实验本身的效力。即使可以就原初状态中的理性选择得出一个确定的结论，这又意味着什么呢？好吧，对此的回答是，它引入了一个道德结论——这些抽象行动者的自利偏好（只要他们仍然有自我）是实际行动者的道德的、不偏不倚的偏好的模型，也就是说，模拟了如果实际行动者无私地选择，那他们会选择什么。基本的想法很简单，即公平分配蛋糕是指，如果你很自私，但你不知道自己会分到哪块蛋糕，你会做出的分配。因此，它是一种诉诸我们的道德情感，并必须与之核验的实现社会正义的方法。罗尔斯常规地称之为道德"直觉"的这些情感，据认为是从我们身上引出来的，就像我们的语言知识一样：正如语言理论家依靠母语者的直觉来判断在他的语言中什么样的句子是可接受的一样，我们也用我们的道德直觉来检验道德和社会理论的结果，并寻求实现罗尔斯所说的直觉和理论之间的"反思平衡"（reflective equilibrium）。

但这个类比以及它据认为支持的方法有个弱点。不是说罗尔斯完全抵制任何形式的相对主义，但值得注意的是，他的作品完全没有受到相对主义焦虑——它们困扰着所有从社会学和社会人类学中生长出来的社会哲学——的影响，这种焦虑——无论多么让人困惑——肯定表达出了一些正当的反思性怀疑，即我们当前的道德优先事项是否可以普遍适用。更基本的问题是，我们道德情感中的冲突和不和谐的情况在语言学上没有合适的类比，而在道德情感方面，如何从实践上解决冲突对我们来说又必然很重要。这些冲突与罗尔斯意义上的道德理论的关系并不清楚，罗尔斯所使用的语言学类比并不能真正帮助我们理解这种关系。道德理论包含了融贯的、最普遍的道德原

122

则，通过符合我们对大量不存在冲突的情况的直觉，它们理应获得解决**存在**冲突的情况的权威。但他们是如何获得这种权威的呢？

在这里，罗尔斯的思想缺乏经验维度的问题又一次表现出来。事实上，在历史和社会方面，我们对我们的道德情感的起源和我们的冲突的起源所知甚多，乃至于我们无法接受一个纯粹康德式的思想，即诸原则的抽象结构通过它的和谐和一般性，以及它适合我们许多情感的能力，要求我们在涉及我们不太确定的情感和我们实际经历的道德思想中的冲突时，仍然效忠于这一抽象结构。

现在，罗尔斯的正义理论是将正义视为结果或分配的一种属性——你观察整个分配模式，以此看出每个人的持有物是不是一份正义的持有物。在这方面，罗尔斯自己的观点类似于许多其他观点——比如功效主义，其原则在原初状态中是遭拒斥的；它们的共同之处在于，它们都把正义视为结果的一种属性。罗伯特·诺齐克在他的书中，将所有这些理论与他所谓的资格正义理论（an entitlement theory of justice）区分开来，在该理论中，考虑某人是否正义地持有某物的核心问题不是其他人持有什么，而是此人是如何得到他所持有的东西的；如果他是正义地从一个正义持有它的人那里获得它，那么他持有它就是正义的。应该关注的不是结果的模式，而是每笔交易本身的合法性。当然，从这种正义观中可以得出极端保守的结论，即反对所有再分配机制的结论；诺齐克也得出了这样的结论，他非常聪明，也相当热衷于惹恼那些正统的自由主义者。

诺齐克的正义理论只是这本书的第二部分，这本书先用完全抽象的术语讨论了国家是否正当的问题——其中大量提到了洛克——并得出结论说，国家是正当的，但前提是它采取最低限度的守夜人形式。比如，征税被视为强迫劳动。他的理论中出现的是一个植根于美国自由至上主义无政府主义传统的乌托邦。事实上，如果这些观念在二十世纪后期变得流行起来，会出现什么当然是另一回事，而诺齐克与当代资本主义右翼卫士的关系确实是暧昧的。他势必要

123

反对他们，这既是因为现代资本主义本质上是国家主义的，也是因为按照诺齐克自己的标准，当代美国的人们的持有物肯定是相当不正义的（很多持有物最初是从印第安人那里偷来的）；但他对通过征税进行再分配的谴责听起来比任何此类考虑都要来得响亮。他冒着和许多戈德华特派（Goldwaterites）[①]一样的危险，怀着对老西部自然状态的憧憬，但却开着一辆凯迪拉克。

不过，原则上，他和罗尔斯的观点都很极端：罗尔斯的观点极端是因为差别原则是彻底的再分配，而诺齐克的观点极端是因为它会是一个让我们摆脱再分配的根本性变化。罗尔斯和诺齐克对正义的看法、对国家的理解以及他们所推崇的美德都很不一样。但他们有很多共同点。他们都是从道德感知来研究政治哲学的，而这些感知都在直觉中觅得（诺齐克对直觉的使用与罗尔斯相同，但他把不同的、更窄范围的直觉纳入理论）。他们都把对社会的哲学思考这项事业从历史或具体的社会条件中抽象出来；与此相关的是，他们所用的社会科学——诺齐克甚至比罗尔斯用得更多——是经济学和决策理论，这两者都可以在高度抽象的层面上进行研究。

诉诸你所拥有的这些道德观念，并从那里开始；假设社会原则可以独立于确定的历史起点而得到阐述：这些都是制宪元勋们的观念，也是边疆形势的观念，把这种从零历史开始的意愿看成是美国人的秉性并非异想天开，这在诺齐克身上很明显，但实质上在这两位作者身上都有，该意愿形塑着他们的作品，而且事实上，这正是一系列作者愿意解决我前面提到的社会原则问题的活力所在。在所有这些作者中，都有一种从个人道德出发的方法，以及一种将其锻造为理论并接受新的结果的意愿。毫无疑问，对一般理论的尊重也极大地影响了这种做法，这种尊重现在是美国哲学的一个非常普遍且振奋人心的特点，与之相对的是零敲碎打的方法，该方法是 50

124

[①] 戈德华特曾经促成了保守主义在美国南方平民阶层的兴起，后来在共和党得势、里根上台后，又反对种种问题上的宗教化潮流。——译者注

年代英国哲学的理想，当时在美国也确实很有影响力。

虽然在政治哲学领域这样的工作往往是有价值的，也很鼓舞人心，但它与人们表现出的不满情绪的关联也确实很奇怪。从纯粹的道德观念如此直接地进入政治，似乎已经太晚了——尽管可以在美国近期的历史中找到这种道德重申的活力的原因。同样，我们很难接受这样的一种政治哲学，它不是更为确定地从我们实际已有的高度复杂、相当稠密的社会、政治场景出发。以前的边境现在是克利夫兰（Cleveland）或圣路易斯（St Louis），而我们能够真正重新开始的局面，将是几乎没有留下什么东西的局面。处于这种情形之中的人可能不会觉得，自己恰好具有这些哲学家以其不同方式明显依赖的那些道德反应。

我专注于美国的发展情况，尤其聚焦于罗尔斯和诺齐克的工作，这是因为眼下它们似乎是该领域中——有迹象表明该领域将继续广泛发展——最具原创性和影响力的发展。我认为，有两种超出其工作范围的发展是值得期待的。一种发展是，应该有更密切地基于当前历史形势的工作，相应地，应该有更密切地基于与社会科学的关系的工作。另一种可能的发展，也是可欲的发展，就是分析哲学的方法和标准应该更加接近那些激发了新马克思主义和新黑格尔主义对我们社会的批评的关切，这些关切迄今为止都是以更古老的哲学形式表达出来的。这两种可能的发展都有一个共同的要求：历史理解应该出现在政治哲学之中，在某种意义上，它显然从来没在我讨论的工作中出现。

注释

[1] The Moral View of Politics, BBC Radio 3 talk in the series *Current Trends in Philosophy, Listener.*

（吴芸菲　译）

罗纳德·W. 克拉克《罗素的一生》，朵拉·罗素《柽柳树：我对自由和爱的追寻》，凯瑟琳·泰特《我的父亲罗素》，A. J. 艾耶尔《伯特兰·罗素》

伯特兰·罗素的《罗素自传》(*Autobiography*)(在 60 年代分三卷出版)是一部让人在多个方面喘不过气来的作品。该作不完全是一本书，它相当随意地收罗了一批信件，概略地讲述了作者的生活，虽然有时坦率得惊人，却遗漏了很多细节，读者被催急了，只好走马观花，从一个描述粗略的事件跳到下一个。让人喘不过气来的，倒不只是行程之快，还有罗素对一些经历的概览。对于罗素一生中发生的、自称让他洗心革面的核心事件，他只给了摘要，或是轻描淡写地敷衍过去，读者好几次面临的就是这样的状况；这当然描绘不了当时亲历过的点点滴滴，尽管如此，倒也不只是疏离的、拐弯抹角的回忆风格给人造成了误会。

《罗素自传》造成的这种阅读效果，也不是什么"叙事精炼显而易见"就能搪塞过去的。在划火柴和吸上那无处不在的烟斗之间，精神的转变一闪而过，似乎也没那么空虚不实，当情感的材料日渐稀薄时，结构的轮廓还挂在天边。可恰恰相反，他的语言充斥着对个人或对人类苦难的强烈而压倒一切的感受，正是这种语言点亮了那些关于罗素过往的宝丽来（Polaroid）快照，也给读者留下了一个问题：罗素写下这些篇章时，或是他书写的事件发生时，他怎么可能理解得了自己呢？最有名、如今却恶名最显的一例是，他讲述自己有一次骑自行车外出，途中拿定主意，不再爱他的第一任妻子艾丽丝（Alys）了，然后蹬车回家，带着这个发现又过了多年的日子。不过，还有许多别的段落也牵扯到极端或严厉的决定，读者困惑不解，对罗素的自我理解形不成丝毫概念。

126

克拉克先生的长篇传记在事实问题上让我们受益匪浅，填补了故事的空缺，还纠正了罗素自己的讲述留下的一些印象。[1]一来，他和康妮·马勒森（"科莉特"）的恋情持续了更长时间，在罗素的后期生活中也激起了更多的回响，你从《罗素自传》里可判断不来。罗素的遗孀准许克拉克查阅全部的文件，他对大量的材料苦心钻研了一番，做出了多项新发现，提出了多项新猜想，尤其是非常有力地说明了罗素早年生活中的一段爱情，虽然对象让他匿了名，但其实正是怀特海（Alfred North Whitehead）的夫人。克拉克也善于梳理更晚近的事件，他就罗素参与反核武器百人委员会，还有他最后和拉尔夫·舒曼①的争执，都给出了相当合情合理的说明。

撰写这部证据翔实、脉络清晰的罗素生平介绍，作者下的苦功不可小觑。可我们也不能昧着良心，说本书发人深思，甚至读来深感愉悦。本书有机场售卖的那些大部头的特性：作者觉得，要是他让读者睡不着，也工作不了，就能占据读者很长一段时间了；于是，文风时而平铺直叙，时而亲狎刺耳。"伯蒂（Bertie）②……因此没机会接受公立学校的锤炼，而是接受了保姆和家庭教师的混合培养"，克拉克在书的开篇部分快活地说，这种语气并非例外。好几

---

① 拉尔夫·舒曼（Ralph Schoenman, 1935—　），美国左翼活动家，曾任罗素的私人秘书。1970 年罗素去世前夕，罗素与舒曼公开决裂。——译者注
② "伯蒂"是罗素的小名。——译者注

位评论家点评道，随着本书内容的深入，其风格似乎没那么让人尴尬了。这是事实，但究竟是克拉克更熟稔了主题，或是我们更习惯了克拉克，还是克拉克发觉罗素后期生活里的事件更容易处理了，原因就很难知晓了。

无论就哲学而言，还是就罗素的自我评价而言，他后期对哲学的贡献没那么根本了，这或许是个原因。克拉克偶尔与罗素的哲学打交道，却不甚成功；确实也不容易猜出他自觉在干些什么。他对罗素的哲学工作做了很多简短的说明，对这些说明的解读可以有不止一种，其中倒有一种解读通常不会全错；可要是认为那种解读读者刚好想得到，能从中获益，似乎有点轻率，例如克拉克告诉读者：莱布尼茨是"伏尔泰（Voltaire）笔下的潘格罗斯博士[①]，这位德国通才在十七世纪的后半叶，兼有哲学家、科学家、数学家和外交官等多重身份，游刃有余"。这样的说明有个基本的弱点，就是不依托有关其他哲学的知识。罗素最有名的逻辑文章是《论指示》（On Denoting），要解释该文说了什么，固然是个艰巨的任务，但克拉克之所以把任务干得一团糟，原因之一是他不熟悉弗雷格对那些问题的处理，而这恰是罗素的出发点。克拉克不得已，只好把该文的要旨视同为它讲的最知名的笑话。[②]

127

很遗憾，克拉克没有深入了解罗素的主要工作；这起码意味着

---

① 潘格罗斯博士（DR. Pangloss）是伏尔泰在小说《憨第德》里杜撰的一个哲学家角色，以此讽刺莱布尼茨式的乐观主义。——译者注

② 《论指示》一文提出了著名的摹状词理论。罗素试图用这一理论处理"非存在对象之谜"：既然（比方说）法国当今没有国王，那么有关"当今的法国国王"（the present King of France，这是个限定摹状词）的所有语句，例如"当今的法国国王是秃头"，岂非全无意义？然而，根据摹状词理论，"当今的法国国王是秃头"是有意义的（其逻辑分析为：有个人 x 是当今的法国国王，x 是秃头，并且如果还有东西是当今的法国国王，那东西也是x；易见该句为假），不然该句及其否定"当今的法国国王不是秃头"就不满足排中律了（根据排中律，这两句必有一真）。罗素就此调侃了黑格尔主义者，说黑格尔式的辩证法可能不认同排中律："当今的法国国王是秃头"和"当今的法国国王不是秃头"并非必有一真，因为按照辩证综合，法国国王也许戴了假发。这便是作者威廉斯所谓的"最知名的笑话"。——译者注

一件事，即罗素与其他对其主要工作有影响的哲学家——尤其是维特根斯坦——的关系，就刻画得非常模糊：这些钻研艰深繁难的课题的天才，给描绘成了出类拔萃、知识渊博的形象，就像电视纪录片里的物理学大师一般。不过，罗素对哲学的主要贡献涉及哲学和逻辑的一些非常技术化、非常抽象的分支，期待为他立传的作者也是这些课题的专家，倒不合情理了。

A. J. 艾耶尔的书解说起罗素的一些核心哲学观念来，明白晓畅，自然也专业无比；可即便是这本书，也就承认了罗素对逻辑哲学做出了巨大贡献，却没敢肩负重任，也就是说，没有就罗素的工作对数理基础的现代工作进展究竟有多大影响，作出一番评价。至于罗素更通俗的伦理社会主题方面的著作，克拉克最是在行——在这个领域，艾耶尔本人多半只是简要地说明罗素在道德哲学上的一些不那么引人注目的理论意见，再附上几句冷淡的指导性评论完事。[2]

比起克拉克与罗素的核心哲学工作的往来，他评价起罗素的修辞，品味变化莫测，这倒更叫人不安。他说《自由人的崇拜》（*A Free Man's Worship*）"为反抗人类的困境，以浪漫的幻灭为形式，发出了简短却又感人至深的呐喊"；可该文实则是一篇空洞过时的演说词，克拉克的赞赏流于表面，足见其缺乏好奇心。后来，罗素在其更富伏尔泰精神的阶段，自己就质疑起该文的风格来；可该文为反抗浩如宇宙的无动于衷，所展现的没成本的英雄姿态，其弱点比他意识到的更深、也更远。罗素为宇宙未能如人所愿而愤愤不平，实有荒谬之处，这种愤懑似乎由他对人类未能如他所愿的恼怒生发而来。他在 1916 年写道："我耻于做这个物种的一员。"

《罗素自传》的第二卷有一页引人入胜，就谈到了那个阶段：那一页写的是在一次齐伯林飞艇空袭期间，他和康妮·马勒森做爱；他述说了当时他对战争的强烈感触，那番感触表现得既没完全脱离简单易行的英雄姿态，也没完全摆脱对愚蠢暴徒的不屑一顾。罗素一贯就对人性抱有这种关爱，其中却也夹杂了对许多最深层的人性特点的鄙夷的恨；这种爱晦暗难明，足以遮掩他对特定个人的爱，可他却坚持要把个人之爱与那些一般的感情结合在一起。他说，他和康妮·马勒森的关系"决不等闲，决非不配与事关战争的强烈公众情感并列"。可这份关系究竟摆在了什么位置呢？

128

罗素经常写到一些感情，仿佛它们压倒一切，深不可测，可下一分钟，又仿佛相当直接地测出了它们的分量。这个现象在《罗素自传》里是那样地困惑难解，在克拉克征引的几段古怪的文字中也有出现。罗素在一封写给奥托琳·莫雷尔 ① 的信中，提到了他所说的"初次洗心革面"，当时有个女人在场，克拉克让我们有理由相信，她便是怀特海夫人：

> 我突然明白了（我本不该知道的东西），我钟爱的一个女人过着极度孤独的日子，充满了强烈的悲痛苦楚，却诉说不得。我没法表达我的怜悯，它是何等强烈，竟改变了我的人生。我不知不觉地探求着一切兴许缓解得了她的痛苦的法子。于是，我继续思索一般的孤独，思索如何只用爱就弥合鸿沟，思索蛮力何以为恶。冲突是万恶之源，温柔是唯一的慰藉。我刹那间变得无限温柔起来。我反对南部非洲战争（S. Africanwar）②，反对帝国主义（那时候以前，我还是个帝国主义者），我发现我爱孩子，孩子也爱我。我决心把某种良善和希望注入她的生活。这一切的思量就发生在约摸五分钟内。

---

① 奥托琳·莫雷尔（Ottoline Morrell, 1873—1938），英国艺术名流，罗素的情人之一。——译者注
② 南部非洲战争（1899—1902），又称"第二次布尔战争"，英国在战争中消灭了南非的两个布尔人政权，若干年后把南非的几块殖民地统合成了南非联邦（即今南非共和国的前身）。——译者注

与以上诸事的每一件有关的思想，自然能在五分钟内强烈地掠过心头。甚至在五分钟后，或许还能流连在这些心态上呢（虽然事关孩子的发现好像有点儿宏大）。可是，成年人回首往事，无疑谁也不该把五分钟的感慨万千，写得像是弄完了一切改造人生的变化一样，正如谁也不期待罗素道貌岸然地就另一个时刻写道：

> 那是我唯一一次彻底失去自信的时候，觉得自己不过是世上的累赘。我下定决心，只要履行完某些确定的义务，就去自杀，可义务犹在，也就暂且把自杀给搁下了。

让罗素兴奋的不仅是他的感情，还有他有感情这一事实，这无疑造就了他的两性生活如今广为人知的那些曲折。两性关系不同，对罗素的意义也就不一样。克拉克就此发表了一点看法，不过，他谈到其中的某些意义，往往带着相当轻松且心照不宣的腔调，没有为我们细细剖析罗素和奥托琳·莫雷尔的那些关系的复杂离奇之处。罗素的有些反应，尤其是自我辩白时的反应，肯定叫人讶异——有时甚至很难捋清他认为自己在说啥。他在美国的时候，就和不幸的海伦·达德利（Helen Dudley）有过一段风流韵事（海伦后来应他的建议，追随他去了英国，但事实无趣地证明了一点，她还达不到罗素对战争的那些感受），那时他写信给奥托琳，两人当时还有密切的瓜葛：

> 我不想让你觉得，这会让我对你的感情有**一丝一毫**的改变，只是消解了我不安分的本能造成的刺激而已。我想，这一定给你带来了一些痛苦，但要是我能叫你相信，这无伤大雅，她不是那种常见的美国人，那么我希望你别太痛苦。她一家人都好极了……

可必须得承认，罗素有能耐让异性忠于自己，久得惊人：艾丽丝在克拉克笔下是个可怜人，一直深爱着他，显然至死方休；科莉特（其人看来很了不起）在罗素九十七岁寿辰时，还给他送来了红玫瑰。罗素的第二任妻子朵拉 ① 也著有一部自传，其书虽然态度坚决，试图兑现副标题的自力更生的承诺，但其实还是在称颂罗素形塑其人生的力量。[3] 罗素在他尚有兴趣的时候，显然可以传递一种生命的感受，朵拉的书不仅暗示，也明白承认了这种感受。后来他和朵拉离婚，离开了那所他俩一起创办的学校，之后就只剩无休止的争吵和诉讼了。朵拉·罗素在讲述这个故事的时候，不带任何指责、自我辩白或别的什么力量——她似乎已然兴致缺缺。书里生动得跃然纸上的篇章，讲的是他俩婚前待在中国的日子，那时罗素可开心坏了。

　　罗素一直获称"怀疑论者"，也确实有艾伦·伍德作的罗素传记一部（Simon & Schuste, 1958），副标题就叫"热烈的怀疑者"（The Passionate Sceptic）。怀疑论讲究不予认同，维持理智悬置的状态；除了偶有审慎的口吻，还有对厚道合理性之德性的倡导以外，很难从罗素身上窥见什么真正的怀疑论倾向。他的主张往往独断、朴素，表达坚决，却证据乏力。这些主张无非因其反宗教且小众的色彩，就给说成怀疑主义的了。他看起来是个怀疑论者，兴许也是由于有些他否定过的东西，他似乎倒还想相信，这就使不否认世界本来面目的行为似乎成了这般英雄之举。

130

　　罗素在其技术化的哲学方面，不是怀疑论者，倒是在最初几年过后，就成了经验主义者，其思想发展的主要脉络便是对经验主义原则和思维习惯的执著。罗素的语言哲学处于经验主义的传统

① 朵拉·罗素（Dora Russell, 1894—1986），英国女权活动家，积极投身各种女权运动与和平运动，1927年和哲学家罗素创办了"灯塔山学校"（Beacon Hill School），开展自由主义的进步科学教育。1921年朵拉和罗素结婚，1936年两人婚姻破灭。——译者注

下，于是总与知识论紧密结合在一起。不牵涉罗素的"亲知知识"（knowledge by acquaintance）的概念，不牵涉他的"可以确切把握之物"的概念，就不可能说明他对特殊词项（particular terms）和限定摹状词（definite descriptions）的逻辑语言分析。艾耶尔非常清楚地说明了罗素的分析机制，但（毫无疑问，因为他本人比较支持罗素的分析，所以）他倒没有像大卫·F. 皮尔斯（Pears）在其著作《罗素与英国哲学传统》（*Bertrand Russell and the British Tradition in Philosophy*, Random House, 1967）里做的那样，把它强烈地彰显出来，或是拿来与当代的替代方案做个比较。罗素尝试让他的哲学与他认为的自然科学的一般发现相融贯，这与他的经验主义倾向有关，可有时却也与经验主义更激进的要求相悖。如此一来，罗素便从他在《心的分析》（*The Analysis of Mind*）中采取的更休谟式的知觉理论，回到一种关乎知觉的因果理论来了。

罗素的工作中蕴含的"尊重科学"这一要素，如今或许比过去的二十五年更能赢得哲学家的好感。那个时候，维特根斯坦式的态度把任何用自然科学塑造哲学的倾向——尤其是哲学从方法上效仿自然科学的任何尝试——都视作极其不恰当的。要重估罗素的知识理论及相关的形而上学，就得少点疑神疑鬼的脾气，还得放松一点儿，别太执著于字面准确性的相关德性；罗素总是个干净利落而又玩世不恭的作家，对那种尤其继承自 G. E.摩尔的固执有点不屑一顾。

重估的时机已到，至于会发生什么情况，还有怀疑的余地：比方说，（除了其声誉有所保障的逻辑哲学以外）罗素在知识论和形而上学方面有没有受到严重的低估？许多哲学家都说，罗素哲学中这较大的一部分都毫无收效、陈旧不堪，这到底是不是真的？罗素大体上并不真的担忧哲学是什么，或可以是什么，这是二十世纪思想的典型特征，却与摩尔，尤其与维特根斯坦背道而驰。我估计罗素觉得，摆脱这些反思性的担忧，恰是活力的标志，但这也可能是一种固执己见，再加上其天资使然，导致他创设出那种不再有新意的哲学理论。另一方面，倘若罗素的认识论工作确实真的有点意思，那么在某种意义上，这就是他的纯真战胜了同代人的自我意识。

131

罗素在实践生活、政治和社会舆论方面，比起他的形式哲学，离怀疑论还要更远。节制断言理应是怀疑论者的特征，可罗素却更多地用作修辞的手段，而不是拿来磨炼自我批评；义愤填膺的强调是诱惑，常常勾引着他。他为了养活自己和家人，一直承接繁重的新闻工作，这让他无暇雕琢修饰，有时候拖累了他发表的意见。罗素给斯坦利·昂温（Stanley Unwin）写了一封信，克拉克从中摘引了一段很好的文字：

> 我已经注意到，我在《婚姻与道德》（*Marriage and Morals*）第 209 页讲："黑人平均而言比白人低下，这样看乎总体上不乏公正。"要是未来还有再版，我希望把"……这样看总体上不乏公正"的措辞，替换成"没有可靠的理由见得……"这样的措辞。

鉴于其人常常认定实践应该由思想来引导，而思想应该由证据来控制，罗素基于某些不大牢靠的好点子，就对行动和倡导行动唤起了热情，这很是值得留意。这也是他在二十世纪 40 年代末，提倡对苏联发起预防性战争的一个缘由，克拉克格外仔细地研究了这回事儿。

罗素和朵拉在灯塔山开展过进步学校的实验，而他那种惊人的自信似乎就相伴相随，还以更痛苦的方式影响了他人。他俩的女儿凯瑟琳（Katharine）是那里的一个学童，她写了一本朴实动人的书，即便自称看法主观，却也就罗素的自信发表了非常真实的看法。[4] 这位明智的哲学家虽然也可以很好玩，但卢梭、巴甫洛夫（Ivan Pavlov）和清教徒的良心可怕地糅合成了理论，似乎给他填充了惊人的信念，无论是事关学校的一般行为（学校没完全让他心烦，倒是叫人吃惊），还是与自己孩子的交往，皆是如此。泰特夫人 ① 讲述了一个小插曲，却让我寒心。那时，她的兄长约翰还是个小男孩，却不得不蹒跚学步，带着一块石头，从海滩上爬了很远一段路。约翰想留下那块石头，可石头对他来说未免太沉了。罗素出于清晰合理的原则依据，告诉约翰：他能留下那块石头当且仅当他自己把石头带回家。

罗素给人的印象是，不管是对自由却纪律严明的新世界满怀热情，还是在政治上义愤填膺，不管是出于性激情，还是泛神论思绪的涌动，他为自己有强烈的感情而深感宽慰，于是欣然接受了那些感情的表面价值。而且，他的理论哲学也没为这些感情提供多少超出表面的价值。罗素把理性和感情严格分割开来，对理性的看法纯然是一种演绎观或工具观。鉴于这样的观点，他没有多少余地可以批判性地理解感情、深化感情、充实感情。大卫·皮尔斯给克拉克的书写了一篇绝妙的书评，他说："罗素特别容易接受休谟的情绪超脱论，因为他本人就印证了那个理论。"（*The New Review*, London, December 1975）如果感情在涌上心头的活跃时刻，都不意味着它们似乎有所意味的东西，那么它们或许就什么也不意味；可如果它们什么也不意味，那么就没什么意味着什么了。罗素没能把感情的意义从其直接的方面剥离出来，这里边蕴含了某种青春期的青涩。D. H. 劳伦斯（Lawrence）说过罗素的很多傻事，从罗素著名的回忆录来看，他和罗素不可避免的争吵在某些方面给他造成了最糟的结果。不过，劳伦斯在写给奥托琳·莫雷尔的信里，就时年

① 即罗素的女儿凯瑟琳（1923—2021），其全名为"凯瑟琳·泰特"。接下来提到的"约翰"，是罗素和朵拉的长子约翰·康拉德·罗素（1921—1987）。——译者注

43 岁的罗素发表了鞭辟入里的看法：

> 对于他这样年纪和才干的人来说，他应对起人际交往和冲突来，在活力和情感两方面青涩得过分。人生对他而言不是太多，而是太少。跟他讲，别给我写什么幻想破灭、失望和年纪的感伤信件了，那听来像是 19 岁的人干的事儿。

罗素与自己的感情缺乏真实的联系，流连于感情的表面意义，这两点动摇了我们对罗素的信心。我们没法当他是万物的检验标准；他本人偶尔认为自己是理性、人性或人类尊严的**渠道**，别人这么想更是平常，但我们有理由表示怀疑。别拿理性原则的无私化身看他，他也不是什么揣度、传达并塑造那些为他人所共享、却难以捉摸的情感的伟人。甚至在他公开反对核武器的时候，即便他傲然挺立，展现出理性的象征，与技术官员和政治家提出的合理性相抗衡，虽然这很重要，让人印象深刻、也深感钦佩，但他可不是因为对事情的见解比技术官员和政治家更深刻，也不是因为对理性的认知更透彻，才就此赢得了尊严的。他只不过是出于当时的感受，就站在了他的位置上，固执，却也可贵。

纵然在这样的情况下，当然在他人生的其他方面更为明显，罗素的人生之所以非同凡响，既不在于道德的穿透力，也不在于对自己或他人的理解，而是由于他的意志，在最纯粹意义上的率性而为。他从人类卓越的概念里，觉察到了一些贵族特性——"无所畏惧、判断独立、特立独行、文化从容"，而他悉数予以体现；在广大的范围内，独断专行，为所欲为——比起支持他向来宣扬的社会理想的诸多理由，比起打动他的强大的宇宙激情和个人激情，这些特质，结合其哲学成就，其实为他带来了更大的威望。

133

注释

[1] *The Life of Bertrand Russell*, by Ronald W. Clark (Knopf, 1975).

[2] *Bertrand Russell*, by A. J. Ayer (Viking, 1972).

[3] *The Tamarisk Tree: My Quest for Liberty and Love*, by Dora Russell (Putnam's, 1975).

[4] *My Father Bertrand Russell*, by Katharine Tait (Harcourt Brace Jovanovich, 1975).

（谢沛宏　译）

诺姆·乔姆斯基《反思语言》，吉尔伯特·哈曼编《论诺姆·乔姆斯基：批评文集》

自从《句法结构》(*Syntactic Structures*)在十九年前出版后，诺姆·乔姆斯基语言学理论立场的一般样貌就广为人知了。这个学科在他看来是认知心理学的一个分支；它的基本问题由人类掌握一门自然语言的能力所提出，乔姆斯基坚称，我们应该将之视为一件非凡之事，对于一个孩童所经历的过程以及他所习得能力都是如此。孩童所习得的是一种可以无限扩展的创造性能力，足以产生和理解一个由他从未听过的句子构成的、不断扩大的句子集合。长辈教给他的东西（或者不如说他从他们那里学来的，因为乔姆斯基认为直接的语言教导没有多大作用）就是证据，因为正如乔姆斯基所说："这些东西不仅涉及的范围很小，而且质量也很低劣。"孩童所接触到的实际的语言表现，相对于他对自己语言中可以接受的句子的识别（这在他所获得的语言能力中有显著体现）而言，是零碎和变形的。

为了解释习得的东西（体现为语言能力）和经验的东西（体现为言语）之间整体性的不对等，我们必须假定存在一种受到严格限制的、内在的和先天的机制，当其被言语经验触发时，就会在由高度特化的图式所设下的界限内建构起一个结构，一种该语言的语法。进一步说，任何一个人类孩童可以自然地学习任意一门人类语言，所以这些图式一定是普遍适用的，而当乔姆斯基谈到这一先天机制的性质时，他经常会表示，我们每个人都具有或者说知道普遍语法的原则。他的模型虽然是认知的，但也是生物学的，并且在此书①（由三篇在 1975 年所做的讲演和一篇起初投稿于一本纪念文集，后又经历修改的文章组成）中，他特别喜欢用一个胚胎学的隐喻，将语言的发展比作由基因控制的动物发育。[1]

正如乔姆斯基不知疲倦地向他的批评者所指出的那样，如果单看语言学习中的先天要素这个想法，那它是毋庸置疑的，同时也没什么有趣之处：即使是最平平无奇的行为主义理论也要求存在一种先天机制，不论它如何精简。重要的问题在于，这种机制究竟应该多复杂，又在多大程度上是面向语言学习而特化的。尤其是，乔姆斯基与经验主义传统不同，他认为这种机制不仅仅适用于一种学习语言的一般策略。然而，过去几年来的讨论揭示出，对乔姆斯基和经验主义者的不同可以做多种理解，而在本书中可以找到对这种不同的一些确认。

一种"一般的学习能力"或许可以通过一些非常简单的学习理论来定义，例如传统的经验主义"联想"论或者"归纳"概括理论。在这个意义上，乔姆斯基令人信服地坚称，没有人曾经通过这种经验主义理论对语言学习给出一个可信的乃至自洽的表征方法。但是或许也可以说，人所习得的东西很少能用这些简单的经验主义术语来表征：或许大部分的学习都需要更复杂的先天机制，或者更清晰的界限，超过了经验主义在传统上所容许的程度。如果确实如此，那么对于语言而言，重要的问题在于语言习得的能力的特化程度有多高，而不是这种能力（就其自身而言）多大程度上是先天的。

---

① 指《反思语言》。——译者注

某种程度上，但也仅仅是某种程度上，一般的问题无关于一门人类语言的语法原则究竟是什么。当然，乔姆斯基保留了他起初的图景，将语法规则视为"生成性"的。它们包括了转换规则，可以将抽象的"深层结构"转变为"表层结构"。这些表层结构具有特定的语音学形态，并且呈现为人们实际上听到的语句。

135

　　但是，经过了这些年，这个理论的很多别的特定方面都发生了变化。尤其是对于句法（一个句子怎样以及为什么是合式的，或者在大多数日常意义上"符合语法"）和语义（一个句子的意义是什么，它指涉什么，必须存在什么条件它才会为真）的关系这个问题，乔姆斯基抛弃了他在《句法理论面面观》（*Aspects of the Theory of Syntax*, 1965）中的"标准"理论，依据这个理论，语义解释应该应用在深层结构上。他现在将语义解释应用在表层结构上，这是对他的早期观点的一个显著的修正。对于一个措辞的问题，乔姆斯基在此书中建议放弃用广为人知的短语"深层结构"来指称可以对之应用转换操作的那些原初的抽象基本语句。他这样做的理由揭示了他最关心的东西。他论述道，不仅是这些基本语句，而且也包括应用在表层结构上的过程，都只有在一种有趣的意义上是"深层的"——也就是说，它们表达了重要而隐匿的人类潜能。

　　对于句法和语义的关系的问题，还有很多其他可能的立场，而且它们都被热切地讨论过。关于语义在转换语法中的位置的那些分歧的某些表达可以在吉尔伯特·哈曼（Gilbert Harman）所编的文集 ① 的一些文章中找到[2]；另一些文章则将讨论推进得更远，涉及该如何理解和研究一般意义上的语义学——例如，像唐纳德·戴维森（Donald Davidson）建议的那样，通过应用一个真理论，或者像大卫·刘易斯所宣传的那样，通过一些称作"可能世界"的抽象结构。对于一个像我这样，并不专门研究这些题目下的技术性文献

---

① 指《论诺姆·乔姆斯基：批评文集》。——译者注

的人，一件极为困难的事（我怀疑，即使对从事这种研究的人也是
困难的）就是全然知晓这些各种各样的进路之间的关系以及它们与
生成语法的关系，或者理解这些以及别的语义理论多大程度上是互
斥的，抑或其实在处理一些互补的问题。

　　哈曼的文集虽然包含了不少优秀的材料，但是却没法帮助任何
人克服上述难题。他的导言对于其所涵盖的部分是有帮助的，但是
它涵盖的部分根本不够；并且虽然这本书的书名是《论诺姆·乔姆
斯基》（*On Noam Chomsky*），但其中有一两篇文章，只有对于这个
主题有精深理解的人才能明白为什么里面讨论的问题其实跟乔姆斯
基提出的事情有关。

　　即便是关于语义的提议跟乔姆斯基有明确的联系时，分歧的
规模、重要性和确切位置可能依然是不清楚的。哈曼对约翰·塞
136　尔（John Searl）值得称道的名篇《乔姆斯基在语言学中的革命》
（"Chomsky's Revolution in Linguistics"）做了有价值的重印，该文
于 1972 年首见于本刊。在其中，塞尔批评乔姆斯基没有将语义研
究和交流意图这一概念相联系；他强烈建议用他自己的以及格莱斯
的言语行为理论（他们将句子的意义与说话者的意图联系在一起）
来填补他认为存在于乔姆斯基体系中的空洞——语言的目的。乔姆
斯基在本书中回应了塞尔，但是主要是再次否认了交流意图的必要
性，并且坚称，即便说话者没有意图去影响任何一个听话者，语言
使用也可以完全地和严肃地表达说话者的本意。

　　　　当我读研究生时，我花了两年的时间来写一个冗长的手
　　稿，在整个过程中我都假定它永远不会出版，也不会有任何人
　　阅读。我写的所有话的出自我的本意，但是我没有意图让任何
　　人相信我所相信的东西，实际上我默认这手稿不会有读者。

　　但是这种事例的存在怎么能是问题的重点呢？我们想知道，如

果塞尔对于意义和意图的联系所说的话是成立的，那么是否乔姆斯基的某些甚至大部分观点会受到挑战。虽然存在反例，但是语言可能首先并且主要与说话者影响听话者态度的意图有关；但是乔姆斯基对于人产生和理解这些话语的能力的某些论述也可能是成立的。

在这整个领域中，正如在其他那些进行着激动人心的工作的地方，那些很可能彼此相容的观点还是要彼此竞争。这是因为它们要争夺注意力；这些研究纲领可能在内容上是相容的，但是伴随它们中的任何一个而来的想法，"这才是正确的方向"，都排斥了其他纲领。这个想法对于实际做研究的人也许是关键的——那些强调统一的调解者呼吁不同观点相互协调，但他们乘着观测气球浮在半空，而不真正从事一线的科学工作。然而，就乔姆斯基这个个例而言，还存在另一个维度的问题，并且这更为重要。他将自己的进路与对人类思维的深刻性和个体价值的维护联系在一起，并且他对于很多类型的竞争理论的怀疑不止是出于理论的理由。

乔姆斯基与他的论敌的论战有着细致的说理，其口吻也是学术化的（虽然他不合时宜地忍不住使用了喜欢争辩的人常用的贬词，"很不幸地"，例如，"很不幸地，X 在做引用时非常粗心大意"，第218 页）。他只是在完成了技术性的论辩之后——但是因为我们接下来会讲到的一些难题，他还是太急了——才落回意识形态解释中，将经验主义者对他的反对与社会反应相联系。但是通过他煞费苦心并且有时显得多余的自我辩护，可以看到他对某些别的语言学以及其他人文科学的路径有着深深的猜疑和反对，并且他的语言学理论，就其核心观点而言，具有一种意识形态涵义，将它们以不明确但很牢固的方式与他对政治和社会的看法联系在一起。这一点在当下所谈的这本乔姆斯基著作的某几页中浮现了出来，并且在哈曼的文集的最后一篇文章中也被略微提到了，那篇文章是戴尔·海姆斯（Dell Hymes）对"当代大师"系列（Viking, 1970）中约翰·莱昂斯（John Lyons）关于乔姆斯基的书的颇有教益的评论。这值得进

137

一步探讨。

先天成分中究竟包含什么，语言习得的机制配备了哪些原则，这固然是技术性的问题。但是不论它们最终究竟是什么样，总会出现一个如何描述它们的存在的问题。乔姆斯基喜欢用无意识的、先天的"知识"这个术语，而这有助于将他的理论和十七世纪及之后的唯理论者相联系，他总是比较谨慎地声称这些人是他的学术先辈。但是"知识"这个概念用得对不对，是个很难回答的问题。当然，很多对乔姆斯基提出的反对，比如宣称依据他的原则，一块下落的石头也必须知道如何下落，是完全跑题的，并且也忽视了乔姆斯基的图式所管辖的状态具有认知的特征，托马斯·内格尔在哈曼的文集中对此做了很好的论述。但是，正如内格尔同时指出的，要接受知识这个概念可用来描述图式的存在的说法，还须跨出一大步，并且使用这个概念会遭遇一些理论方面的窘境。

例如，存在这样一个问题（哈曼曾在别处提过），即这种知识在心智中以何种载体来表征，这种载体看起来与另一门已经被掌握的语言极为相似。与之相关的还有另一个问题，即那些超越单纯技能的知识必定意味着主体同时拥有概念，但是我们没有理由在任何层面上把关于普遍语法的知识归给语言学习者。乔姆斯基自己的胚胎学隐喻很难说是坚定不移地指向一个使用知识这个概念的模型。在本书中，他提出，我们是不是将这些语言潜能称为"知识"，只是一个用词的问题，并且他也准备好放弃这个词了；但是当他同意用"识认"（cognize）一词来替代"知识"时，可以看到他做出的让步有多小。

乔姆斯基坚持用认知的术语来描述先天图式的存在，其动力似乎是他的几个最强的信念之一，即语言理论有能力揭示人类心智的深层奥秘。这意味着语言理论会发现人类思维中更低的层次，然而这些层次与更高层次之间是连续的，而从历史角度说，这有助于将他的理论和以往的唯理论的思辨联系起来。不过，这种思辨对心智

持有的看法的自然主义化程度通常低于乔姆斯基——将认知研究视
为人类生物学的一支的想法对于笛卡尔自己的体系而言是无法理解
的。但是他们的观点与他的一样，可以很容易地和一种经验主义思
路对立起来，这种思路对心理领域的看法比较浅薄和机械化。进一
步说，乔姆斯基认为经验主义的思路很容易和否认存在人之本性的
观点相联系，因此也就和那种以操控和威权来对待人类的想法相
联系。

唯理论和经验论进路的对立（虽然海姆斯说乔姆斯基自己的理
论工作超越了这个对立）对于乔姆斯基而言有非常重要的意识形态
意义。他认为，经验主义将人类视为没有先天倾向、可以加以调控
的对象的观点与潜在的技术压迫有关。乔姆斯基承认，作为一个历
史事实，经验主义的观念体系极难依照他所要求的方式归类，这是
因为，不存在固定不变的人性并且人只是社会的产物这种想法往往
（例如，被很多马克思主义者）与"进步的甚至革命的社会思想"
相联系，而与之对立的观点则支持了保守的和消极的思路。

"但是一种更深入的观察"，他继续说道（第 132 页）："就会证
明，可塑的和无结构的、'空心的有机体'概念除了是错误的，还
理所当然地支持那种最反动的社会学说。""理所当然地支持"在这
里完全是意识形态所贴的标签，比"与它是一路"好不到哪儿去。
当乔姆斯基进入历史阐释时，也做了与前面类似的不可靠联系：

> 经验主义赢得优势地位的过程伴随着一个"排他的个人主
> 义"的学说，这在帝国主义时代与早期资本主义密不可分，随之
> 兴起了（也可以说"创生了"）种族主义意识形态。（第 130 页）

如果说这些话除了给出一些用来隔绝批评的遁词之外还有什么
别的意义，那就是它很容易立即招致一种反驳：如果古典经验主义
在任何意义上与早期资本主义、奴隶制等"相联系"，那么与它几

乎同时代的古典唯理论也是如此。这类历史揣测毫无实效，并且乔姆斯基所承认的其他事情显示出，他对这些揣测自感不安，或者至少有很好的理由如此。他在当代的某些特点中尚有可能找到更好的支持。现在，当心理学的技术被政治势力有意地用作武器，而与偶然的偏好相对立的人类需求的概念被各种力量推到了严肃的社会思考的中心，我们就真的有理由说，经验主义的（或者，归根结底是行为主义思路的）精神除了本身有着学理上的缺陷，还必然会将我们引向错误的方向。在这里乔姆斯基的消极观点至少是有真实的力量的。

139　　但是即便如此，更值得怀疑的却是，乔姆斯基自己的先天决定论学说是否能将我们引向正确的方向：它们甚至可能起着反作用。因为在这些学说中，之前提到的语言能力的特化问题具有了一种难以忽视而又出人意料的意识形态重要性。乔姆斯基的论断一向是认为人类的语言学习能力具有特殊性，而他支持这个观点的一部分理由正是，除了总体上有缺陷的个体，人类都具有这种能力，尽管他们在一般智力和学习其他东西（例如物理学）的能力方面有所不同。但是为什么这些先天能力的分布会倾向于促使人们相信自由意志社会主义（libertarian Socialism）是有根据的？乔姆斯基谈到了他对于朝向人类自主和真正的自由迈进的期望；但是他所描述的基本语言能力与进步的概念毫无关系——它本来就是完备的。为进步，尤其是向着人类自主的进步留下空间的，是人类遣词造句的素养和把握概念的能力——而这些恰恰是人们常常存在差异的一个语言维度，并且在这里，学习的结果并非对所有人相同，而先天性的因素也就相对较弱。

　　另外，为什么乔姆斯基的理论有某种驳斥种族主义的能力，而他将经验主义与种族主义的联系作为对前者更为刻毒的指控之一？即便种族主义真的与有关不同理智能力的观点间存在任何说得通的关联，人们具有同等的语言习得能力这个事实又怎么能作为反驳它的依据？没有一个用理论辩护南非种族隔离制度的人会因为别人提醒他注意非洲儿童能够轻松学习科萨语——或者，在那个历史背景下，南非语——而退缩。

另一方面，如果先天决定论的论断可以从语言领域实实在在地扩展到别的学习形式上（例如，就像乔姆斯基在某个地方猜测的那样，扩展到道德能力上），那么它们与种族主义问题无关这一指责就可能被动摇，但是这可能会助长对于它们的"相关性"的一种糟糕的和具有破坏性的信念。当下如果还有人需要被提醒，在"智力"问题上，环境决定论才被当作是自由主义的立场，那就显得非常奇怪了。关于这类研究的意识形态涵义的整个问题现在无论在道德上还是在学术上都是一团乱麻，但是一方面接受它们的意识形态涵义，另一方面又坚持用先天决定论的方式解释问题，大概不是摆脱这种混乱的最有成效的方法。

在这里，一个重要的事实是，在语言习得的领域内，乔姆斯基有很好的理由将由基因决定的性状和物种共有的性状等同起来。这种等价性很可能对所有先天的人类认知能力成立，但是无论遗传的本质还是别的东西都不能先于经验地保证事情定然如此。

乔姆斯基理论的意识形态涵义绝不是直白和清晰的，而乔姆斯基自己则以非常危险的速度和简单的头脑在他的理论预设和他如此明确支持的政治理念之间移动。实际上，乔姆斯基的工作的意识形态后果对我而言似乎并没有支持或表达多少社会主义的社会愿景或者对压迫的反抗，反之，在一个更基础的层面上，它支持我们对心理学的粗疏研究做一种人文主义的重估。他的工作除了在语言学中具有重大和持久的意义，也是一种最有力和令人鼓舞的保证，使我们相信，一种可以说与自然科学连贯一致的心理科学不需要将人类视为非常呆板的机器来研究。

承认人类可以从科学上被理解，同时又不仅仅是机器，这可以与不止一种社会和政治观点共存，而它们并非都是自由主义的。但

140

是上述事实除了自身是一个重要的真相之外，也是任何一种完备的政治和社会观点的必要条件，这也包括任何一种自由主义观点。恰恰是在这里，在对于科学本身的人文主义理解中，而不是在更直接的意识形态阐释中，能找到乔姆斯基极为优秀的工作的最普遍的意义。

注释

[1] *Reflections on Language*, by Noam Chomsky (Pantheon, 1975).

[2] *On Noam Chomsky: Critical Essays*, edited by Gilbert Harman (Doubleday/Anchor, 1974).

（郭予峤　译）

理查德·道金斯《自私的基因》

哲学家 H. W. B. 约瑟夫（H. W. B. Joseph）五十年前曾是牛津大学新学院的一名研究员（与理查德·道金斯现在的身份相同），他曾在给哲学系学生布置的第一篇文章里提了个问题："何物演化?"约瑟夫的问题是一个显然没什么成果的问题，但是，随着最近演化生物学中的思想和信息都取得巨大而令人兴奋的发展，这类一般性问题因其对反思能力和智性想象力予以极大的重视而仍有一席之地。

在介绍社会生物学领域的最新工作时，道金斯极好地传达出这样一种感觉，即该领域中的智识问题既令人激动，又易于非专业人士理解，即使只是不精确的理解。[1]他的讨论非常清晰，论述天赋可见一斑，其主题包括：利他行为的演化，实际上是自私行为的演化；性别分化的自然选择，性别比例的维持，以及更年期的演化；亲属关系的重要性及其与单纯的群体成员关系对于遗传理论的重要区别。他还阐明了诸如欺骗、模仿和互惠利他主义等问题。他广泛而清晰地利用了决策论的思想，特别是梅纳德·史密斯（Maynard Smith）关于演化稳定策略的优雅概念。

让人眼前一亮的是，道金斯没有犯两个相关的错误，这两个错误在这些主题的普及著作中横行无忌：从自然选择下的系统行为可以直接推断出跟人类社会有关的事情；人类生活的任何基本要素都不是由文化决定的。他明确地、反复地否认了这两种错误的说法，而且，在将人类社会习惯和其他物种的基因决定的行为模式作类比时，他非常谨慎。在最后一章，也是公认猜测性的一章，他确实做了一些不同的尝试：他没有把遗传理论本身扩展到文化现象，而是将一种类似于遗传理论的结构应用于文化模式的解释，使用文化原子或"文化基因"（meme）的概念——文化基因会通过教育和社会化从一代传到另一代。"原子-思想"（atom-idea）概念在思想史上的糟糕经历，使人们相信这种类型的分析不会有什么前途。

道金斯的论述最让门外汉感到困惑的部分（我认为，专家对此也有疑问），是他坚持认为——书名体现了这一点——以其"自私"行为提供演化动力的单位是基因。基因选择是演化遗传学解释中的最关键概念。在书里很多地方，作为一种可接受的"近似物"，个人选择是允许的。对群体选择的批评则贯穿全书，群体选择被更基本的解释模式所取代。

道金斯在大量的修辞中强调了这一点，其中有些（比如护封）来自科幻小说。动物和植物是基因为自己建造的"生存机器"；猴子是"树上生活的保存基因的机器"；"它们群集相处，安稳地寄居在庞大的步履蹒跚的机器人体内……它们创造了我们的身体和心灵；保护它们是我们存在的终极理由"。他小心翼翼地说，不应该认真对待关于基因的目的性语言：这些都可以转化成关于生存概率差异的陈述，等等。在这一点上，他没有误导。但还有其他反对意见。其中一条反对意见是，那种《世界大战》①的意象，除了相当无聊之外（其思想本身并不无聊），还可能会给人留下这样的印象：即使基因没有真正的目的，演化（毕竟）还是有目的的，即为基

①《世界大战》（The War of the Worlds）是英国小说家赫伯特·乔治·威尔斯（Herbert George Wells）在 1898 年发表的一部科幻小说。——译者注

因创造一个安全的世界——这是一个也许看起来隐隐具有威胁性的目的。

更为严重的是，这些隐喻并没有帮助道金斯完全讲清楚他对某些基本问题的答案。特别是，我不明白他究竟如何看待他所主张的三个命题之间的关系：

• "为生存而斗争"的基因是染色体物质的片段；

• 一种特定片段并不总是带来相同的特性——它所带来的特性取决于环境；

• 在演化的压力之下，被选择的是特性。

在这本成功而令人振奋的书中，他在这方面没有像对待其他问题那样，给读者一种洞察问题的感觉。

注释

[1] *The Selfish Gene*, by Richard Dawkins (Oxford University Press, 1976).

（吴芸菲　译）

堕胎的逻辑[1]

　　我想讨论一下目前关于合法堕胎的争议中涉及的一些道德和哲学问题。人们对这个问题的困惑，以及不同人之间的深刻分歧，都属于招引哲学思考的那一种，而且近年来无论在英国还是美国，哲学家们其实都在这个问题下写了很多文章。虽然我不打算隐瞒我自己的观点，但我接下来主要尝试做的，是区分并指明这场讨论中的一些主要线索，而不是陈说一套辩词。

　　关于堕胎问题的许多最重要的问题，我将完全不尝试讨论。除了一些重要的实践问题外，还有一些主要的道德问题我也都只好先放在一边。例如，女人在某些地区比其他地区更容易做人流手术，这是否公平？同样，我们如何协调女性依法堕胎的权利和医生不做他在道德上不同意的手术的权利？这些问题我都只好放在一边。我将只考虑堕胎行为本身所引起的一些最一般性的问题。

　　关于这场辩论，需要说明的一点是，它无论何时都不是一场特别关乎宗教的辩论。那些反对故意终止妊娠的人当中，的确有许多是基督徒，特别是罗马天主教徒，但他们对这个问题的看法并不是罗马天主教徒独有的看法。反对谋杀不一定要有宗教信仰，把堕胎归为谋杀也不是天主教徒特有的。由于这些问题与宗教信仰没有本质上的联系，下面我就将不再特别提及宗教。

反对堕胎的最简短的道德论证就是我刚才提到的这个——堕胎无异于谋杀。这种非常传统的论证会说：谋杀是故意杀害一个无辜的人；堕胎正是这样一回事；所以堕胎是错的。我们不妨把这称为"谋杀论证"。这是一个非常简单的论证。对提出这一论证的人来说，这种简单性看起来是个优点——简单性是真理性的标志，而复杂的限定只是意在回避。而在另一些人眼里，它能有这种极端简单性，似乎只是通过在开始考察所有重要问题之前就假定了答案。

想要打破谋杀论证的光滑表面的人，他们采用的思路当然多种多样。我认为一个有用的做法是把这些思路分为两个阵营。第一个阵营与谋杀论证本身共享了一个特定的信念，即认为这里的核心问题是一个**界定**问题（a *definitional* question），也就是说，要点在于把禁止故意杀生的规则界定为适用于哪一类生命，以及界定胎儿是否属于这一类生命。这种途径的方法与谋杀论证一致，都很像是把这当作一个法律问题，问的是某条法律的适用范围，尽管它对应该怎样判决有不同意见。拒斥谋杀论证的第二个阵营则希望完全摆脱这个类型的辩论。

主要的界定问题是，从反对谋杀的道德法则的角度讲，胎儿是不是一个人（human being）。从一个层面说，这个问题的回答看起来是"是"，而且显然是"是"。胎儿毕竟是个活物，而且不属于其他物种。但这样一来我们又面临着一个熟悉的事实，即胎儿在某一刻之前还不是一个成形的人，甚至在那一刻之后，它也不是一个完全成形的人。如果我们从这种考虑往下追索，就会自然而然地得出这样的结论：只有当胎儿可以独立存活（viable）时，它才恰当地或完全地是个人；当然，若在这一点上划界，会得出比谋杀论点最初预期的更为宽松的堕胎政策。

如果谋杀论证要绝对坚持胎儿在有独立存活能力之前的人性——即在与如何对待它有关的意义上的人性——那么这肯定会得

147

出一个十分保守的堕胎政策。如果考虑一个分离的、已经出生的人——例如一个已经长大的人——那么我们一般会同意，我们不能因为他可能会感染某种致残的疾病，或者因为若不杀他则他母亲有死亡或受伤的危险，就把他杀死；由于谋杀论证的重点是坚持所有人的平等人性，那么，即使在非常早期的阶段，即使在显示婴儿畸形或残疾或对母亲有严重伤害的情况下，谋杀论证也不允许终止妊娠。

如此一来，谋杀论证在使用"人"这一概念时，得出的堕胎政策似乎要么非常宽松，要么绝对严禁：若"人"隐含着独立存活的含义则宽松，若不然则禁止。就后一个严禁版本而言，其论证的所有任务都是借助一个毋庸置疑的生物学事实来完成，即胎儿是人类物种的一个发育中的成员，而许多人会觉得问题只是从这个事实开始，无法简单地通过提及这个事实来解决。

如果我们不把禁止谋杀的规定应用于人本身，而是应用于**人格人**（persons），就会出现一个不同的界定问题。即使胎儿是一个人，似乎也很容易否认它是一个人格人——这意味着交流的能力、与他人的关系、相当复杂的意识等。一些哲学家认为，我们应该特别关注的不是单纯从生物学上确定的人本身，而是人格人；而胎儿还不是人格人。

这个思路的麻烦——或者说我觉得麻烦的地方吧，因为持这个思路的哲学家似乎对这些后果并不发愁——在于，如果说胎儿还不是人格人，那么新生儿也不是人格人；同样，如果对人格性的要求足够精深，那么小孩子也不是人格人。更重要的是，照此来看，老年人和其他处于有缺陷状态的成年人也将成为前人格人或次人格人。诚然，这样想的人会针对非人格人主张另外的规则，而且，毫无疑问，他们会主张我们不要给任何有感生灵造成不必要的痛苦。但是，如果像这种论证所认为的那样，在人格性的问题上不合格就足以取消对杀害胎儿的限制，那么这也足以取消对杀害其他非人格人的限制，而采取这种思路的结果实实在在会有很广的波及范围。

在这种思路所用的"人格人"概念的深处有一个弊病。一个特定的生物是否是人格人，这听起来像是一个有则全有无则全无的问题，但事实上，这个说法只意味着，这个生物在某种程度上——似乎是在一个任意确定的程度上——显示了一些心理和社会特征，而这些特征位于一个滑动的标尺上。与胎儿身体发育所呈现的程度问题不同，心理特征的可变尺度所引起的问题遍及各种情形，例如我所提到的老人的情形。

堕胎问题上的"人格人"思路，也许比任何其他思路都更容易产生滑坡的危险，即一个人对堕胎的判定使他无法抵制另一些关于杀戮和死亡的政策，一些他从良心上会感到最为不安的政策。一些强硬的哲学家会说，这只是表明我们不应该对杀婴、压制老年人之类的政策感到良心不安。然而，我觉得很不清楚的是，他们的论证在我们面前拥有的权威凭什么能比我们的人性意识所拥有的权威更大，毕竟我们的人性不是白白叫作人性的。

我已经隐然触及了权利的概念，而"权利"的语言确实在这场辩论中牵涉得很深。当然，这种语言是双方都援引的。比如说，一方面，人们谈论未出生孩子的权利；另一方面，我们有时也听到人们说女人有权利随自己的心意处置自己的身体。这些谈论权利的具体方式很明显预设了我刚才讨论的界定问题的回答，每种谈法都预设它自己的回答。如果你说这只是一个女人随自己心意处置自己身体的权利问题，如此把问题解决掉，那么你暗中说的是，胎儿应被视为女人身体的一部分，而这是以一种方式回答了界定问题。如果你从未出生的孩子的权利的角度来处理这个问题，那么你就是以另一种方式回答了界定问题，即把胎儿看作是一个人，像其他任何人一样，拥有权利。因此，这些引入权利的具体方式与界定问题紧密相连。

然而，另一种论证思路是努力摆脱界定问题，这属于我前面所说的抵制谋杀论证的第二阵营，这些人试图摆脱界定胎儿的问题，无论是把胎儿界定为人还是界定为人格人。他们可能会说："就随你吧，我们不妨同意胎儿是一个人，杀死胎儿就是杀死一个人。问题是，在什么情况下这样做是得到辩护的。"

回答这个问题的一种尝试依然是去援引权利的概念。它问我们，能否设想出与面临堕胎的情况足够相似的场景，以帮助我们判定在这类情况下我们是否有权利杀死一个人。美国哲学家朱迪丝·贾维斯·汤姆森沿着这个思路提出了一个大胆的论证。她提出，如果有一天某人醒来，发现自己被绑在另一个成年人身上，那个人的生命系统依赖于自己的生命系统，以至于摆脱他的唯一方法就是杀死他，那么，某人就有权利杀死他——即使某人对于那个人身处这里负一部分责任。我对这个例子的介绍干巴巴的，少了汤姆森女士那种惊人的、令人不寒而栗的细节阐述，这或许使她的阐述比我的更能让人觉得某人有权利杀死这个梦淫妖。

但是，即使某人被说服认为自己有权利杀死梦淫妖，也很难看出这个结论如何能直接推广到堕胎这一事例上。两种情况的区别之一是，怀孕是正常的，而不是怪异的。另一个区别是，怀孕本身只持续九个月。还有一个区别是，由于怀孕是正常的，而且通常会诞下一个婴儿，所以它所带有的一些情感和反应是"梦淫妖"这一怪异事例不可能有的。在堕胎问题上，这些区别并不都有同样的影响，但在我看来，它们确实打消了这样一种想法，即我们可以通过考虑我们在这种假想的情况下关于权利会说什么，来深入洞察堕胎的权利和过错——这种情况可能与怀孕的情况有一些结构上的相似处，但同时它那份怪异又与怀孕有很大的不同。

150 这就引出了一个一直以来逐渐迫向我们的问题：怀孕，即涉及堕胎的情况，是否足够与任何其他的情况相似，让我们能通过类比得出关于它的回答。界定思路面临的问题是，胎儿既不完全像也不完全不像独立存在的人，而道德类比论证面临的问题是，怀孕既是人们非常熟悉的，又是与任何其他情况非常不同的。

有一个学派，无论如何比我提到的其他学派更有条件承认这一事实。这就是功效主义思路，它完全从后果的角度考虑问题，而后果是用幸福和不幸福来衡量的。这个思路不需要涉及界定问题；它也不认为从权利方面考虑有什么帮助。

我们想到如下这点就可以明显看出功效主义思路不必担心界定问题：如果我们能够充分考虑到社会问题的后果，那么一般来说，我们必须能够考虑到各种政策对单纯是可能的人，即对有可能根本不存在的人，会造成什么后果。例如，在考虑生育控制和人口政策时，我们必须考虑，如果这些政策被采纳则永远不会诞生的人的情况会如何。既然如此，我们更加应该能够考虑如果终止妊娠则将永远不会出生的人的可能福利，而对于这个后果论证来说，胎儿本身如何分类并不重要。

而有些人强烈坚持胎儿是一个实际的、有实际权利的人，他们当然会拒绝功效主义的方法，因为它几乎不把胎儿是不是一个实际的人看得有多重，而且一般来说不是很关心权利。功效主义者倾向于把权利的语言视为一种晦涩难懂、无所助益的讨论方式，不如改从全方位的后果来考虑问题。

如果我们拒绝认为胎儿无条件地是一个人，像其他任何人一样拥有权利——我在前面提出，接受这种观点的后果可能确实非常保守——那么，在这个程度上，我们将同意功效主义者在堕胎问题上的观点（尽管我们很可能不同意他们更一般地不关心权利的观点）。但是，即使是那些到此为止同意功效主义者的人，也很可能对功效主义思路有其他担忧。功效主义对后果的研究足够深入吗？

显然，在堕胎这样的问题上，我们必须关注的不仅仅是每个特定案例的后果，即对特定的母亲和特定的孩子（如果其出生）而言的后果。拥有某些类型的法律和做法的更为一般性的后果也涉及其中。在这里，一个合理的问题是，依据宽泛和自由的原则进行堕胎

151

的做法会适合什么样的社会；什么样的思想面貌会自然而然地与之相伴；你需要教给年轻人以什么样的态度对待出生和杀生才使年轻人得以安处于这样的社会中。此外，在提出这类问题时，我们需要着眼于比功效主义所承认的范围更广的价值——超出幸福的价值，至少也是包含着比功效主义通常承认的更为深刻的幸福观念的价值。

在我看来，我们现在的实际情况是，这批范围广泛的问题最典型地是由反对自由堕胎的人提出的，他们的回答是，如果堕胎得到广泛认可，那么社会就会对人的生命和人的价值漠不关心。另一方的人似乎对以下问题无动于衷：某种做法如何要求有适当的思想面貌和一套价值来配合它，以及就堕胎而言，这种思想面貌可能是什么。他们强调特定案例的特定惨状，这足够有力，但这往往与对个人自由的强调连在一起，而不能应对另一方的焦虑。因此，互相反对的每一方都觉得另一方对最应该关心的事情无动于衷。这导致了这场争论的一个特色：每一方都诚实地认为另一方没有心肝。

显然，更大的问题是必须提出的。一个已经完全习惯了相对自由的堕胎制度的社会，会是什么样的社会？什么样的生活会与之相伴？它是否会威胁到其他价值，例如老年人不被收拾掉的权利？这个问题必须提出来，但我看不出何以这个问题的回答一定会敌视自由的堕胎政策。我在前面指出，怀孕的情况，也就是引起堕胎问题的情况，确实与其他情况明显不同，特别是与涉及生命和死亡的情况明显不同。这不是一个必定招致滑坡的问题——尽管如果错误处理这个问题，确实很容易招致滑坡。一个自由堕胎法律既有效又容易被接受的社会环境，未必非要是一个对人的生命普遍漠不关心的环境。

从长远来看，是否真有可能建立一个把完全接受自由的堕胎机构与对出生、死亡和杀戮等事情的人道态度相结合的社会，部分取决于大多数人是否真的有可能在没有自我欺骗、不受暴虐的情况下，感到杀死一个胎儿与杀死一个独立的人有根本的不同：**感到**如此，而不仅仅是认为如此。这对于大多数人来说是否可能，我并不声称知道。但在这个问题上有一个似乎不常被提及的重要证据：怀孕初期的胎儿的**死亡**和一个独立的人的死亡之间是有差别的。

152

这首先是女性经验上的差别。对大多数女人来说，在自然流产方面存在着真正的心理差别：对大多数女人来说，在两三个月时流产与死产或婴儿在最初几周死亡，完全是不同的经验。我说的是情感或心理上的差别，而不仅仅是明显的生理上的差别，尽管生理层面本身无疑也有影响。如果在自然流产方面存在这种差别，那么在人工流产的问题上，宣扬一些特定的理论或恐惧——由之可以推出这里的差别不应存在，流产和死产应该看起来相同——就没有什么益处。然而，许多关于堕胎的道德理论似乎确实有这种后果。

这是一个关于女性经验的观点。说到底，这个问题只能回到女人的经验上来。这并不是因为她们的经验是唯一重要的东西，而是因为只有她们的经验可以现实地、诚实地指引我们看到堕胎这一独特现象真正是什么——相对于道德家、哲学家和立法者说它是什么而言。因此，也只有她们的经验可以现实地指引我们看到，我们对堕胎的社会态度会产生的最深刻后果是什么。

注释

[1] The Logic of Abortion, BBC Radio 3 talk, *Listener.*

（吴芸菲　译）

吉尔伯特·赖尔《论思考》

　　吉尔伯特·赖尔 1976 年离世，曾任牛津大学哲学教授多年。他这人带有和蔼的军人面貌，脑袋方方、凹凸不平；言谈举止一副军人气概，还用突兀的干咳给自己断句，这是他的一大特点，也引来多人的仿效。他人好得不得了，友善大度、不卑不亢，而且身为声名卓著的专业哲学家，不慕虚荣，让人惊叹。他感染了亲切的市井作风，一定程度上也很真切：要是有人提到音乐，他很乐意说："无耳辨音。"他常常逗人发笑，曾经聊到一位性喜哲学的保守党资深政治家，说那人像一盏灯一样迎海而立，坚定地引诱船只撞上礁石。

　　他提过相当明智的建议，比如跟他的学生讲，如无必要，切勿攻读博士，因为"比起早早地写一本糟糕的大部头，晚点写本精彩的小册子更好一些"。他在哲学方面也提过绝佳的建议，传递了一些良好的哲学习惯。他立的榜样乘着反理论的微风前行，但他也表明哲学是严肃的主题，坚决蔑视"主义"、学派和死板的派系忠诚。他讲过一个故事，说那是真事儿——他为人可真诚着呢——大意是说，战后他有次在德国讲演，有个年轻人上台发言："赖尔博士，我钦佩您的讲演，很想加入您的学派，可很遗憾，我是个康德主义者。"

初次遇见赖尔，我还是个学生，约摸在他1950年出版了主要著作《心的概念》(*The Concept of Mind*) 的时候。该书的影响不容小觑，既开创了一种风格，也创造了一个讨论的焦点。其书自称是本反笛卡尔主义的册子，对准"机器中的幽灵"，反对那些理论把心智生活表征成一个复制或仿效可观察作为的隐秘非物质过程（赖尔往往这么表达）。在反对那些心智模型的过程中，说得温和一点，该书趋向于行为主义，好似在说，根本就没有有意识的内在生活。赖尔无意引起这种印象，还予以否认；可他的一般论证风格和论起心智生活的那种轻松的常识语气，却助长了这种印象。他不仅在哲学上打算尽可能地把隐秘的内在事物还原成显明的外在事物，而且似乎还有一个更一般的计划，就是用更平常的东西代替不那么平常的东西。

赖尔在二十世纪20年代后期就对现象学起了兴趣。海德格尔的《存在与时间》(*Sein und Zeit*) 首次出版的时候，他甚至还写过一篇好评。这些兴趣和《心的概念》的某些特点有历史瓜葛，可在写那本书的时候，他的方法已经转成"语言学"方法，他的风格也转为那类获称"语言学哲学"(linguistic philosophy)① 的哲学风格之一了。他钻研语词的运用，他的论证也严重依赖于对什么有意义、什么没意义的考量。既然他用英语写作，问题就成了英语里什么有意义、什么没意义；不过，虽然他的某些同事对有关用法的细微要点大感兴趣，可他总是从那种兴趣中抽出身来。他声称自用的那种可靠的论证，无论哪一个都够不着特定自然语言的档次，因此翻译得了。《心的概念》的确译成过外语，大概还撑了下来，最近的一

---

① 这里须考虑另一个相关的概念"语言哲学"(philosophy of language)。有的哲学家不对"语言学哲学"与"语言哲学"做区分，但也有哲学家明确区分了二者：例如约翰·塞尔（John Searle）认为，语言学哲学是一种哲学方法，分析语词意义和语词的逻辑关系，从而解决哲学问题；而语言哲学则是哲学的一个分支，研究语言的一般基本特征，如意义、指称、真假和言语行为，等等。——译者注

次——时间非常近——是给译成了法语。

154　　《心的概念》借**"范畴"**（categories）的概念，展露了"成果要超越一切地域语言"的想法；赖尔可以透过这一概念，说某些词项表示性向（dispositions）、过程或事件（occurrences）等。他认为心灵二元论背后的错误，有相当一部分源自他所谓的"范畴谬误"（category mistakes）——特别是源自这样一种倾向，即把某某正确理解成公开的或行为的性向的东西，给解释成了隐秘的或内在的事件。赖尔的很多成果都采取了把概念划归给范畴的形式，当时有个学生用一句箴言——"偷窃店铺不是展现力量的壮举"——戏仿过这种结论的风格，让人难忘。

在后来的岁月里，赖尔渐渐怀疑范畴机制，正如他对任何技术机制常有的感觉一样，他感觉范畴机制本身也出了问题。当他撰写本卷收录的论文时，已经大体放弃了范畴机制。本书囊括了七篇论文和一篇评论，全都关涉"思考"这一主题；还有一篇残稿，谈的是另一位哲学家对维特根斯坦的看法。三篇论文是此前尚未发表过的；赖尔直到辞世都在规划一本谈论思考的书，而本书的全部论文都是他已经干的活儿的一部分。[1]

本书的核心问题是：怎么刻画那种涵盖沉思或反省的思考，也就是赖尔一直说的，罗丹的《思想者》所做的那个活动？这个问题他自觉在《心的概念》里还没解决，在此以不同的方式进行处理，常常还走了迂回曲折的路径。任何觉着"心理活动一贯采取沉思反省形式"的念头，任何觉着"理智行动是受这样一种内部过程监视的行动"的念头，都已遭到了《心的概念》的有效打击。可是，《心的概念》没有说明这个活动本身可能是啥，的确也没给它的存在留下多少余地。赖尔为了探索这个问题，考察了自说自话、自教自学和作为独白的思考等课题。

范畴机制早先为他的语言论证提供了某种根据，尽管既不清晰也不牢靠。倘若有人以为有一个普遍基本的范畴框架，那么借着语言审查，设法把不同的概念与那个框架关联起来，就是一道合理的处理程序了。然而，由于没有范畴机制，所以赖尔的语言论证简直没有和任何东西关联在一起；本书的论文持续不断地犯下过失，就在于没怎么说清楚：为什么特定的语言考量，应该对具体的哲学结论起作用呢？本书的许多论证之所以不奏效，就是因为就心理现象和描述心理现象的语言之间的关系而言，没有任何与此相关的融贯概念作为那些论证的基础。

泽诺·万德勒[①]下结论说，知识不是一种信念，比方说不是什么有根有据的真信念（这一结论与源远流长的哲学传统[②]相悖）。于是，赖尔为了支持万德勒的结论，援引了一个事实：某某能知道"什么（what）……""哪里（where）……""是否（whether）……"，诸如此类，却不能相信"什么……"，诸如此类。可是，该事实压根儿什么也证明不了。且不谈实践知识的重要领域——就连前述的传统也不认为实践知识就是一种信念——针对赖尔提出的要点，可以如此作答：如果某人知道比方说谁偷了珠宝，那么他就针对某个人，知道那人偷了珠宝；也就是说，他**知道**（knows that）某件事，该知识可能确实是一种信念。"知道"和"相信"的语法的确不一样，可要叫人得出万德勒这种关乎知识和信念的结论来，还得有更多的理由才行。

此书的其他论证也过于生硬、过于干脆了。赖尔声称的一条更惊人的结论是，断言某人**用**（think...in...）比如英语、法语，甚至**用**语词来思考，或是否认这一点，皆无意义。这要是真相，也太叫人啧啧称奇了。不过，就我所见，赖尔提出的唯一论证是说，演说家考虑演讲用词，或翻译家考虑译文，皆不"用"那些就其目的正

155

---

① 泽诺·万德勒（Zeno Vendler, 1921—2004），美国语言哲学家，著有《哲学中的语言学》（*Linguistics in Philosophy*, 1967）等书。——译者注
② 柏拉图以降有一个著名的知识论传统，认为"知识是得到辩护的真信念"（Knowledge is justified true belief）。在知识论领域，这一传统知识观自1963年起遭到了哲学家爱德蒙德·盖梯尔（Edmund Gettier, 1927—2021）等人的猛烈抨击。——译者注

在考虑的语词来思考，而是对那些语词进行思考（think about）。由此也推不出什么一般的结论说：他可以用其他语词对那些语词进行思考。赖尔所言也许潜藏着某种真相，但他的考量没有把真相揭示出来。

赖尔在哲学上相信论证。他谈维特根斯坦的短篇残稿有趣且令人信服地指出，维特根斯坦也在哲学上相信论证，尽管也有人说，他在后期的工作中就不信了（维特根斯坦本人似乎有时也这么讲）。赖尔还与维特根斯坦一道分享某些别的信念，而那些信念无疑有一部分就出自维特根斯坦。其中有一条重要的信念是：心灵哲学得超越二元论和行为主义。我们可以认为，赖尔在本书的论文中就明确地试图干这事儿，虽然他在《心的概念》中还没办成。

赖尔分享的另一样东西，不是对论证，而是对哲学理论抱有敌意。这种对理论的不信任，是本世纪 50 年代很多语言学哲学的一贯作风，随之而来的是不承认"哲学可以接续科学的理论旨趣"这一想法。赖尔乐于接纳许多新的哲学观念，可上述的限制性认知，他也一直坚持到了后来。他一发现理论化的倾向，与对笛卡尔式天赋知识（innate knowledge）概念的赏识结合在一起，就变得怒不可遏；而他唯一的过激之处，却在于当下与万德勒相悖，抨击了乔姆斯基广为人知的观点：只假设一种确定的语言习得的天赋机制，便解释得了儿童的语言习得。乔姆斯基以为，把那种机制称为"天赋知识"是恰当的。这个想法很深刻，与之相关的有力而发人深思的论辩业已出现。为什么乔姆斯基认为这个想法有道理，赖尔对此的诊断稀松平常，显然有错，可他却因此粗暴地抛弃了整个论辩，着实让人难过。

156　　赖尔的风格非常独特，以长长一串语词（特别是副词），再接警句般的转折为标志。他似乎未经反省就发展出了这样的风格，却有身为风格家的相当的自觉。最终，他的习性占了上风，时不时让他越过了自我模仿的极限。书里最夸张的一例，大概是第一篇论文，他在其中写了如下这番话：

> 倘若思想者（*Le Penseur*）正设法谱曲，那么他很可能哼唱着音符和音符串，要么声音洪亮，要么小声嘟哝，要么萦绕于脑海——当然，不但只是哼着音符，还是有经验地、半猜半疑地、时而中断地、时而重复地、时而提纲挈领地哼着它们。他谱曲时哼的这些音符和音符串，也可能偶尔用留声机播放过，那时他的心思飘到了别的事情上。又或者，倘若思想者正设法把一首英文诗译成法语，虽然不大可能还哼唱着音符和音符串，却有可能喃喃念叨着它们，当然，还是有经验地、半猜半疑地、时而中断地、时而重复地、时而提纲挈领地念叨着它们……

他勉为其难地为其论证提供的理论支持，似乎叫他的习性给代替了。他用最可敬、最令人印象深刻的法子，教学生从修辞中筛出论证，可他自己的哲学却愈发依赖起一种奇特的修辞。至于他就语言观察和哲学主题之关系给出的唯一说明，把这给放弃了之后，也就剩下常识和风格的素质了。那种风格在某种程度上，藉其有意为之的冷笑话表现了他本人；可由于受其不得不提供的内容的压力，又极度趋向某种难以抑制的咒语，大大有违这个说话简洁、有所克制的人的本性。

我很了解吉尔伯特·赖尔，也很喜欢他。我和别的很多人一样，无论在个人交往，还是在智识活动上，都从他那儿获益匪浅。我担心，不了解他的人虽然会对某种风格感受强烈，却没从这些做作、空虚且牵强的文章里窥见他智识的真材实料。这些文章是晚期的作品，赖尔更好、或许更难磨灭的材料却留在了《心的概念》的书页之间，还有早期的论文里。不过，有一点可能更为普遍，便是要紧的不是成品，而是活动。我想，他不会为此吃了一惊，也不会感到懊恼吧。

注释

［1］ *On Thinking*, by Gilbert Ryle, edited by Konstantin Kolenda (Blackwell, 1979).

（谢沛宏　译）

迈克尔·汤普森《垃圾理论》

　　此书的作者当过建筑工人，尤其为"拆墙者"（knockers through）工作，他是这么称呼那些人的。他们把排屋（terrace houses）里的两间居室并作一间，还做了其他出名的改变，把将要倒塌的贫民窟，转变成永远值得骄傲和快乐之所。[1] 汤普森犀利地描述了这些操作，以及拥有这些士绅住宅[2] 的人和他们的工人阶级邻居的态度对比，后者很少把他们的财产看成什么值得骄傲或快乐的东西，当然也不会永远不这么看。这些描述是全书为数不多读来愉悦的段落，其中包含了该书的一个主要想法。[1]

　　这个想法是说，原先算是暂时物件——即某种持续了有限时间便耗尽的物件——的东西，可以转变为在理论上算是永续之物的耐久物件；这一转变，是经由"垃圾"的范畴（属于该范畴的物件一点儿价值也没有）得以实现的。书里的某些地方说，"垃圾"范畴是隐秘的、看不着的。这么说有时好像意味着：该范畴，至少是它

---

① "拆墙者"代指一部分中产阶级，他们打通了自家房子里的内墙，让室内显得更宽敞。排屋是一排侧墙相接的房屋，这种建筑风格起源于十七世纪的英国。——译者注

② 士绅化（Gentrification），又称"中产阶级化"，指中产阶级人士迁入原先的劳工住宅区，掌握并整修了破败的房屋，还在当地的社会人际网络占据上风，逐渐排挤劳工住户，最后彻底改变了当地的社区面貌。——译者注

在体系中的运作，是瞒着我们的；有时又（其至更离谱地）意味着：该范畴内的物件默默无闻。可贫民窟便是垃圾房屋。另一个用以阐明上述想法的案例是史蒂文斯丝织画（Stevengraphs），这是一种流行于维多利亚时代的编织画，十九世纪以低价出售，然后从市场上销声匿迹，后来经由熟悉的现代化进程才得以"发现"，如今卖出了大价钱，还有人为其书写了历史等。它们正抵近这样的状态：可以彻底脱离交易体系，进入终极的耐久物储藏，也就是博物馆。

从暂时到垃圾再到耐久的转变据说只沿着这个方向发生。比如说，什么东西都不会从耐久变为垃圾，也不会从暂时变为耐久却不途经垃圾阶段。这些结果主要靠定义，免遭反例的质疑。

这样的结构，还有结构内发生的变化，都与各种社会控制体系息息相关。"那些靠近顶端的人有权力让东西耐久化，也有权力让东西暂时化，于是他们可以确保自己的物件总是耐久的，而别人的物件总是暂时的。"正如我们疑惑垃圾是不是看不着，是不是想不到，或者是不是二者皆有一样，我们同样也不清楚汤普森觉得靠近顶端的人决定得了什么：所有权的实际模式决定得了吗？或者确切地说，社会是怎么思考人们刚好拥有的东西的，这决定得了吗？汤普森说过，"贫民窟是社会体系施加的"，然后，他好像在与自己争辩：这是否意味着（或主要意味着）社会体系创造了真正的贫民窟，藉以维系自身？或者说，"贫民窟"是一个类别，只要把此类别施用于什么建筑，满足了有权有势者的利益，那么该体系就容许他们如此施用一番？

汤普森的理论接下来包罗了生产和消费的概念。"消费"得到了令人费解的阐述，自然不同于它的经济学用法。暂时物件一经用完，就被"消费掉"了；垃圾一经处理或加工，恰如在污水处理厂里那般，据说也就被"消费掉"了。"耐久物"却没法被消费掉。"增值税（VAT）是消费税"的假定产生了某种程度的悖论：就"消费"在本书的用法而论，增值税显然不是消费税；他由此反思起了艺术品，反思起了艺术家对其作品受到商品待遇的抗拒，不胜枚举。垃圾理论的结构没给这些观念带来什么增益，实际上反倒让它们更难发挥它们的影响了。暂时和耐久的分别，与有市场价和没市场价的东西的分别关联不密，因此，汤普森的语汇甚至帮不上他的忙，好让他把一个（我认为）他想说的好观点说清楚，那便是：就算艺术家企图藉自毁的或其他暂时的艺术品来逃避商业体系，也还是可能会身陷其中。

　　到了本书的这个阶段，垃圾理论以自身的名义后撤，我们便转向了突变理论的应用。突变理论是勒内·托姆[①]开发的数学分支，描述的是突然且不连续的变化。巴兹尔·伯恩斯坦[②]提出，教育机构的"集合型课程"（collection curriculum）和"综合型课程"（integrated curriculum）之间有个所谓的循环，而突变理论就用到了这个循环上。集合型课程包含了自足且分立的科目，而综合型课程不含这些科目。前者关系到威权制的安排和路易·杜蒙所谓的 **"等级人"**（homo hierarchicus）；后者则关系到民主制的安排和 **"平等人"**（homo aequalis）。[③] 二者也确实在不同的建筑风格中有所表达："集合型课程建筑强调垂直；综合型课程建筑强调水平。"哪怕随和的读者发自内心地赞同这些论断，也可能困扰于下一句话："前者最完备也最完美的例子是牛津大学的拉德克里夫图书馆，这是一座圆形的帕特农神庙，朝四面八方呈现出了完美的立面。"拉德克里夫图书馆的圆圈好似色环一般，人们也许本来期望它好好担当课程综合这一对立事物的象征。我想，汤普森之所以没法反向施

159

[①] 勒内·托姆（René Thom, 1923—2002），法国数学家，1958 年获菲尔兹奖。——译者注

[②] 巴兹尔·伯恩斯坦（Basil Bernstein, 1924—2000），英国社会学家，因教育社会学方面的研究而成名。——译者注

[③] 路易·杜蒙（Louis Dumont, 1911—1998），法国人类学家，著有《等级人》（*Homo Hierarchicus*）和《平等人》（*Homo Æqualis*）等书。《等级人》从"等级"概念入手，剖析了印度的种姓制度；《平等人》则探讨了西方的个人主义社会。——译者注

展他的手段，一定是它的年岁或地点的缘故。

突变理论为学科的"边界维系"的突然垮塌提供了几何模型，于是集合型课程受到压力，便突然变成了综合型课程——看起来满地狼藉，人们不得不再度回到新的集合型课程上去。至于这个课程循环的实际发生，什么证据也没提到，遑论那套为解释这个循环而援引的特殊心理动机的相关与否。我们从汤普森三维图[①]的神奇隧道里走了出来，无非认识到了一点：要是不管出于什么缘故，课程循环发展，而循环又涉及突然的垮塌，那么，突变理论作为关于突然垮塌的理论，便可用来描述这个循环。就在拉德克里夫图书馆里，哪怕是在它外边待上三分钟，都能获得好得多的回报。

垃圾理论和突变理论是本书的两大主角，可二者怎的彼此关联，这个问题却从未获得讨论。本书以如此谦逊的主张作结：这两个理论使我们处理得了持存和变化，还有演化和革命；又用"赫拉克利特式假说"代替了"笛卡尔式假说"[②]；还一并容许"我们接受不那么压抑的风格，把问题让位给能力"。

本书其实有一项实质性的理论工作，有一章解释了什么算真正的社会现象，或可说是内容丰富、引人瞩目。这项解释针对的是猪和猪肉在新几内亚部落间的复杂循环交换。然而，解释大多倚仗一些源出凯恩斯经济学的观念，突变理论仅得到了无足轻重的运用，而垃圾理论与此毫无干系。此书除了这一部分外，几乎就没啥严肃的智识工作了。没有垃圾理论这样的东西，只有一项聪敏的洞察，浮于我们文化的表层，或许成就了一篇戏谑之作吧。不过，此书作为一种现象，倒是夺人眼球：它以一种相当明显而集中的方式，把

---

① 汤普森用一张三维坐标图来描述课程循环，三个坐标分别表示了边界维系的水平、边界支持力、以及边界侵蚀力。参见 M. Thompson, *Rubbish Theory: The Creation and Destruction of Value* (New Edition), Pluto Press, 1979, pp.169–171。——译者注

② 汤普森在《垃圾理论》中区分了两种社会学，一为"笛卡尔社会学"，把范畴和行动截然二分，社会变化的渐进论和突然论不可兼得；二为"赫拉克利特社会学"，主张把范畴和行动结合起来，渐进论和突然论可以兼顾。——译者注

凡是坏社会科学有的最有害的特点，都结合到一块儿了。

首先，方法论的混乱比比皆是：一般陈述可能是，也可能不是重言式；假定的悖论或"矛盾"只是某条不受质疑的愚蠢假定所致；一物归并到另一物模糊不清，却当成了相当抽象严格的理论发现。然而，就连汤普森自己也认定，纯垃圾不该有销路。他的言谈迎合了某种程度的大众口味，可能有别的因素，即无处不显出博学，语带自嘲，同时却又展示了巨大而危险的胆量。伪装正遭祛除，危险的真相正得以披露，而错误引导的阴谋正受了挫折。

160

作者好几处用到一个特别的伎俩，营造了这种冒险披露的效果。提供一种信念社会学，乃是社会科学的一个可能的恰当目标。汤普森从"信念在很重要的程度上是社会决定的"——这一点广获认同，深得探讨，更甚于他似乎认识到的程度——出发，通常只消一句话，便过渡到了"信念是**政治**决定的，为某阶层或类似利益服务"的意见；勤奋的马克思主义者仍在奋力界定和建立的结论，汤普森抬手之间便影射到了。

"信念是社会决定的"这一观念面临的反身性问题众所周知：披露这一决定的理论本身又如何呢？自黑格尔和马克思以降，这个问题就已得到了很多思考，可那样的思考你在本书里却见不着。汤普森的文本倒是以特有的腔调佐证了这个问题：有若干处自嘲般地对处境有所觉察，可到了别处，还是满腔抱负地要超越那个处境；有时带着折返自身的、宽大为怀的相对主义调调，有时又居高临下、挫人心气、尖酸刻薄。当代有许多关于社会的著述都是这种基调。

我起过一个念头："此书是卓越的戏仿，敏锐地讽刺了最堕落的社会理论工作之种种"，还没完全把它抛诸脑后。若是如此，此书虽嫌过长，倒也绝妙。可是，我担心或许不是这么回事儿：要真不是，本书怎的就汇聚成这般面貌，一定有什么别的解释，可能与汤普森身为翻修工人的经历有点瓜葛。他写到这些经历时，明显对他的客户不大自在，还带着居高临下的姿态。于是，他往往退回到舒适区，那样一来，就可以鄙视客户的口味，鄙视他们装错的门和壁炉了。不过，一定有一些人 [1]，他也证明了有那么一些人，把贫民窟整饬成了真正体面的宅子；同时，那些人不受口味差异的影响，与邻居、与他们所处的社会进程的关系大体相同，这让汤普森（无疑也让**他们**中的很多人）不自在。他帮那些人搞装修，还拿了报酬。他反思起这个进程，游移不定，倒很能让人理解。

后来，汤普森讲授社会科学的课程（从本书推断，听众大概是艺术生），有了新客户，他们热衷于拆除日渐衰颓的智识平台上的最后一批区分。[2] 可是，他们也一定从好几个维度，成倍复刻了他的矛盾心理。就此来说，他自己都被要求住在那个平台上，而且还没法分辨承重墙是哪一堵。或许，我们最好把他的书听成废墟下传来的一声呐喊，虽然咄咄逼人，却还是游移不定。

注释

[1] *Rubbish Theory*, by Michael Thompson (Oxford University Press, 1979).

（谢沛宏　译）

---

[1] 指前文提到的中产阶级"拆墙者"。——译者注
[2] 威廉斯在这里做了类比：中产阶级"拆墙者"翻修排屋、拆除内墙，是建筑工汤普森曾经的客户；而学生作为学识上的"拆墙者"，热衷于破除旧观念，则是学者汤普森现在的客户。——译者注

乔恩·埃尔斯特《逻辑与社会》和《尤利西斯与海妖》

有些逻辑或理论行话是忠于意识形态的标志，也是展示风从哪儿朝作者吹的智力风向标。语言学哲学家（linguistic philosophers），至少是老派的语言学哲学家，"分析"某个智识对象，而结构主义者及其近邻却"解构"了它。马克思主义者觉得，一组相互关联的问题通常是"成问题的"；引起成问题的一面、卷入其中并需要得到克服的，用标准的表述来讲，乃是"矛盾"：矛盾并不是在马克思主义者或别人的话语里的什么东西，而是世界的客观状态。

逻辑学家往往讨厌"矛盾"一词的以上用法，他们认定这个词只适用于语词或思想，当然不适用于世界。哪怕这个词用到了行动或社会状态上，用到了至少体现或表达思想的物项上，逻辑学家还是宁愿换个词来说，比方说"冲突"，或者说实践的不可能性。

矛盾非但是思想受到的折磨，还是世上的真东西，不得不用进步来克服，或者在思想或行动中得以克服，这个矛盾观源于黑格尔；逻辑学家因这个事实本身，便不会采取这样的观念了。黑格

166 尔的长篇大论的确有冠以"逻辑学"的标题，但其中少有属于今日逻辑学的内容，后者是亚里士多德、经院哲学、弗雷格、罗素和几百名当前任职于哲学学院、语言学学院、数学学院或经济学院的从业者发展来的。黑格尔领会了很多事情，但那种意义上——就是说，唯一真实的意义上——的逻辑不在其列。他给辩证唯物主义留下了遗产，其中就囊括了他沉甸甸的、蜿蜒曲折的"矛盾"和"否定"概念；至于恩格斯或普列汉诺夫引发的一些相当可怕而令人迷惑的概念腐蚀，如麦子否定种子等，也直接或间接地归因于他。

这一切都可以扔掉，唯有出于宗教仪礼所需，才可能想保留这一切。但与此同时，逻辑学家及其天然的哲学盟友往往也把整个社会、政治和心理的思想维度给扔掉了，而这个维度是黑格尔领会的许多事情之一，也确实是他的发明（只要这样的东西可以适用于任何人）。"矛盾"是思想的属性，那些把矛盾应用于麦田的尝试通通可以忘掉。不过，由此可推不出矛盾只是描述性思想受到的折磨，因为社会的或个人的计划或态度也可以有矛盾。把矛盾拓展成随便任何一种冲突也没多大用。倘若某个政治计划主要关系到必须满足两组本质上相互对立的利益，那么倒还可能真正地涉及矛盾，可尽管如此，农民和工人的利益冲突本身并不构成矛盾。

政策、社会情境或心理框架要是必定牵涉一些必然不可调和的客观思想或其他种类的思想，倒可以照上述方式涉及矛盾。因此，拿黑格尔最出名也最有影响的例子来说，主人想从奴隶那里获取自己必定没法有的东西：如埃尔斯特在《逻辑与社会》所言，那便是"单方承认"，是当奴才的某某**自由地**给予他的承认，而他却不能自由地承认任何人。这个意识状态对主人是本质性的，隐含在他的准则所采取的历史形态里。

这里没什么与真逻辑不一致的东西。可是，与真逻辑相处最密切的哲学家其实不怎么关心这些想法，他们同样也不关心萨特的存在主义、某些形式的现象学，当然还有马克思主义。原因有很多：最表面的原因我已经提过了，就是那些与滥用"矛盾"一词有关的可疑联系；较为严肃一些的原因是，有些真正的困难确实需要调查，关系到一个特殊的思想形态（如黑格尔所言，即一个"意识"），又或一个自拆台脚的计划，怎样能够必然卷入一种社会关系或其他拜历史所赐的发展中去，又或是被那种关系或发展所预设。黑格尔对这个问题的回答庞大而神秘；马克思主义者有好多主动的回答，可他们一受到干扰，往往就四下逃窜了。鉴于这个事实，当然，还有整个事业都与马克思主义有千丝万缕的联系的事实，往往叫逻辑学家避而远之。研究理性行为的经济理论家或社会科学理论家，也展现出了类似的置若罔闻。他们关注策略思维会遇到的某些种类的逻辑困难，但他们的形式理论往往与一些素朴的功效主义合理性的概念关联过密，而他们在心理和社会方面的参照范围又过窄，所以他们没法与这类问题牵扯太多，毕竟这类问题通常基于复杂的历史和心理材料。

167

乔恩·埃尔斯特出了两本才华横溢、别出心裁、巧捷万端的文集（虽然两本皆是如此，但唯有第二本做了此番宣称），鼓励不同的这几方过来看看对方，还制造了片刻不停的刺激，好叫他们中的一些人肯定想这么办。[1] 他多才多艺，适合这般局势的种种需要。他是个挪威人，从职务背景来看，还是位历史学教授。他写英语和法语，或许还有别的语种，都地道得不得了。他显然对数理逻辑、经济学、政治学和形式决策论了如指掌。他信手拈来，得体地引用了（试举数例）但恩、司汤达、艾米莉·狄金森和格劳乔·马克思等人的材料。格劳乔·马克思有句名言："任何一个会把我吸纳为会员的俱乐部，我都不想加入。"埃尔斯特评论说，这句话颠倒了主奴悖论，正是格劳乔把黑格尔给头脚倒立了。[1]

埃尔斯特可能做过头了，《尤利西斯与海妖》有一节讨论爱的悖论，用约翰·芬德利[2]教授的经典表述来讲，流露出了"机器发出的噪音"。他也以系统的方式惹人生气，因为他的两本书采用了提出问题，却不回答问题的方法；抛出一两个好点子，却不发展成论题，也不长久地坚持论证。他着迷于讨论用语，以及沿不同方向使用概念的方式，却对解决任何特定的问题都不感兴趣。结果相当有损神经：用可能适合他自己的悖论风格的术语来讲，这就像一场活泼的沉思。不过，其结果相当别具匠心、独出心裁，而且清楚非常，还用强大的现代逻辑工具，处理了一系列丰富的社会和心理问题。

他的两本书都聊到了关乎社会矛盾和自拆台脚的计划的问题。《逻辑与社会》从更一般的角度，考量了逻辑概念之于社会描述的应用：例如，可能性的逻辑用于政治，又如"反事实历史"的逻辑用于掂量诸如"美国要是没有铁路本可能如何发展"或"南方要是没有奴隶制本可能如何发展"（二者都是罗伯特·福格尔[3]的实际研究项目）的活动，这种思想风格看起来模糊不清，令人费解，同

---

[1] 埃尔斯特借用黑格尔精神现象学的术语，对格劳乔的名言进行了一番分析："愿意承认我的人显然一定不值得承认，而他对我的承认同样没有价值。（在主奴悖论中，起点是承认者即奴隶的无价值，而结论是承认行为没价值，因此被承认者也没价值。所以，真的可以说，格劳乔·马克思把黑格尔给头脚倒立了。）谁要是观察小孩子玩耍，也会见证这个悖论：一个小孩拒不接受一个他索求过的物件，是因为他觉得，既然另一个小孩愿意交出那个物件，它一定很没价值。"[参见：J. Elster, J, *Ulysses and the Sirens: Studies in Rationality and Irrationality*. Cambridge: Cambridge University Press, 1979: 153.]根据这种分析，格劳乔的话之所以颠倒了主奴辩证法，是因为被承认者（"我"）的没价值成了起点，而承认者（没眼力见儿的俱乐部）由于承认了没价值的东西（"我"），所以才连同承认行为一起变得没价值。——译者注

[2] 约翰·芬德利（John Findlay, 1903—1987），南非哲学家，提倡现象学、黑格尔主义和理性神秘主义，还把胡塞尔的《哲学研究》译成了英文。

[3] 罗伯特·福格尔（1926—2013），美国经济学家，1993年诺贝尔经济学奖得主。他认为美国十九世纪的经济发展，并不是非得依赖当时的铁路大发展不可；就算不大搞铁路，替代运输手段（如水运或公路）的发展也可能造就当时的经济繁荣。他还认为，美国要是没有南北内战，南方的奴隶制本不会消失，因为奴隶制种植园对奴隶主而言意味着高生产力（甚至高于当时北方的种植园）。——译者注

时却又与大多数人想在历史方面提得出的因果论断关联紧密。上面两个主题得到的处理，相较于"反终极目的性"（counter-finality）[1]的核心主题来说相当简短，后者是关于某些计划注定自拆台脚的现象；马克思就相信，资本主义发展的过程一定自拆台脚。埃尔斯特对这类过程的逻辑结构，还有它们与历史发展相关联的各种方式，都深有研究。

《尤利西斯与海妖》主要关注"处理局部非理性的理性策略"这一内涵丰富的主题。书名揭示的范例是**约束自己**（binding oneself），于是，预见到自己会出于不良理由而干的事情，就没法干得了了。尽管埃尔斯特一如既往地飞速前进，但他讨论起这一主题和相关的主题，还是展现了非凡的洞见和才华。他对"时间偏好"现象的研究尤为深刻，此现象说的是"愈早而非愈晚，往往愈得我们重视"这一事实，许多哲学家、决策理论家，还有资本主义积累的传道者（与前面的不是同一批人）都紧张地对此予以否定。

埃尔斯特不仅有形式化技巧和广泛的阅读量，还能为这些主题带来独特的历史政治方面的灵光一闪。《逻辑与社会》对政治可能性做了一番相当形式化的探讨，中间却穿插了一些涉及列宁、罗莎·卢森堡[2]和"必要失败"论（意指对事业的成功不可或缺的失败）的评论，引人遐思。

这两本书有三四处暗示了一个极端重要的理念：无论在政治还是个人生活中，有指向的、理性的实践思考——可能性推演、概率计算、替代方案设计——出于理论和实践的原因，一定有个限度。不仅是因为时间或信息用完了，还是因为理性必有摇摆不定，只能

---

[1] 说得具体一些，"反终极目的性"是指，个人按照某条有关他与别人的关系的合理假定行事，而那条假定一旦推广到他所在的整个群体，为所有的群体成员采纳，便会产生事与愿违的后果。参见 J. Elster, *Logic and Society: Contradictions and Possible Worlds*, John Wiley & Sons, 1978, pp.106–122。——译者注

[2] 罗莎·卢森堡（1871—1919），德国马克思主义理论家，德国共产党创始人之一，在德国"十一月革命"期间遇害。——译者注

藉行动而非进一步的思考来化解。就此确为一种理论必然性的程度
而言，逻辑结构和社会实在彼此在这一点上碰触得有些深。埃尔斯
特快速远航，他的线砣已经碰到了好几个位置，这便是其一。让我
们期望他将来会放慢船只的速度，更详细地调查这些水下的社会思
想和行动的结构吧。

注释

[1] *Logic and Society*, by Jon Elster (Wiley, 1978), and *Ulysses and the Sirens*,
by Jon Elster (Cambridge University Press, 1979).

（谢沛宏　译）

克里斯托弗·拉希《自恋文化》，约翰·豪兹布鲁姆《虚无主义与文化》

在他周围的美国社会中，拉希在到处都看到智识和道德的贫弱、文化的衰退、绝望以及内心的狂怒。[1] 人与人之间不存在友爱，只有对满足欲望之物的争夺，或者在所有人对所有人的战争中的一场场内斗。政治不存在，只存在操纵；激进的抗议不存在，只存在上街做戏；教育不存在，只存在有组织的文盲。早前教育职能中的"精英主义"被抹消了——因为教育过程的内容已经被剥夺。体育运动堕落为大众娱乐。精神治疗取代了真诚的道德反省，而迷信又取代了真正的精神治疗。

这番对世道人心的悲叹由很多拉希厌恶之事的例子所佐证，这些例子都经过精心挑选，有时很不可思议。他对某些话题的处理富有洞见，还带着一种颇为有力的激烈义愤；他尤其善于评论体育运动，可能是因为这对于能言善辩的文化批评家而言是个不太熟悉的主题。但是本书是一篇执拗而又重复的高谈阔论，几乎没有任何能有效解释事情的论断，而且它在美国获得如此可观的成功肯定一部分是因为它与传统的威吓式布道颇为类似，在这种布道中，传道者的话语衬托出加尔文宗那种仿佛探入一个人的社会和道德境况的颤栗。然而，就本书而言，那些话语却不如何深入。在试图瞬间点出美国社会最深的痼疾时，此书——在一个拉希似乎惊人地缺乏意识的层面上——是它的主题的一个例证。同时，它也是对一个非常古老的主题的重演。

自从美国成为一个现代国家以来，它的堕落就令卫道士们激愤不已。这种崇古之心绝不只是以十八世纪美国的状况作为其标的，不过，就像美国文化中的很多其他东西一样，它几乎总是十八世纪观念的一种表达。当人们开始利用原始主义 ① 的理论资源时就尤其如此了，此时他们就会表达这样的观念：在某种不那么世故或不那么复杂的境况下，事情本来——或者也许它们可以再度变得——不像它们现在这样可怕。在这类观点中，思想史家们区分了十八世纪的"硬的"和"软的"原始主义，二者是对"高贵的野蛮人"的两种赞颂。第一种也是更为人熟知的观点，代表着粗粝的自力更生、简单的品味、忠诚品性、家庭美德以及身体的强韧和气性的坚毅。软的原始主义是一种对社会更有威胁力的意识形态，它由早期关于塔希提岛的报道所促成，描绘了一种未受腐化的情形，有着轻松的氛围、温和的丰饶，以及充满了爱意的滥交。

这两种形象在过去十五年间在美国相互对峙：它们很大程度上没有改变，不过硬的形象被改变得更接近本土，接近美国人所设想的本国历史，而软的形象则出现在花的孩子 ② 和各种享乐教徒的幻想中，某种程度上脱离了对于南太平洋的误解，而被投射到一种触手可及的异类文化上：在这种文化中，正如拉希在他对于这类信仰的讨论所指出的，宗教发现和宗教解放被视为一种技术。

---

① 这种乌托邦思想假定有一种未受文明污染的人类"原初状态"或"本真状态"，理想的社会应该回到或者模仿这种状态。在它的影响下诞生的"高贵的野蛮人"的意向成了许多文学艺术作品的创作动机。——译者注

② Flower children，对美国 70 年代嬉皮士运动参与者的代称，其广泛传播是因为 1967 年"爱之夏"（Summer of Love）的参与者偏爱各种鲜花装饰，以及由艾伦·金斯堡（Allen Ginsberg）提出的反战运动"权力归花"（Flower Power）中的反越战游行者以鲜花作为其标志物。——译者注

拉希肯定不是软的原始主义者——而且严格来说，他也不是一个硬的原始主义者，因为他认为在当代美国失落的是一种成熟的城市型文化，而不是在围成一圈的牛车①当中展现的文化。然而我怀疑他说的东西中有不少也触及了那些苦苦思念着刚毅的往昔的人所表达的失落感。坚韧、强悍、对低级的口腹之欲的抵抗，这些形象充斥着他的整本书；实际上，这些很大程度上统一了该书的主题。本该用来统一主题的是拉希对自恋这个概念的应用。书里有一部分篇幅在进行精神分析式的讨论，用理论话语描述了一种特殊的人格：缺乏安全感、依赖他人来建立自尊、受到宏大的自我形象的支配，同时充满怒气。拉希进一步探讨这种人格，得出了一些结论：例如，他指出这样一个事实，即这种人格毫无根据的自我标榜与对自我的恰当培养相去甚远，并且他巧妙地引出这种人格的"第二重特征"："虚伪的自我洞察、精于算计的诱惑力、神经质的自嘲式幽默"。自恋的现代美国的完美化身，拉希暗示道，是伍迪·艾伦。

上述对一种人格的论述，通过它精神分析式的表达，给了我们不少提示。但是这实则并不怎么支持拉希的文化批判。为了让这种批判站得住脚，在精神分析式的描述和当代美国社会的某些重要特征之间必须建立起一种联系；并且既然一个基本的对比是事情过去的样子和它如今的样子之间的对比，我们就需要对美国社会的一些相关的变化有一种历史性的理解。在我能发现的范围内，只有第176页上有这样一种解释的尝试："与病态自恋有关的精神分析模式，其较为普通的形态出现在如此之多的美国文化模式中……这起源于美式家庭的特殊结构，而这种结构又起源于不断变化的生产方式。"（具有极端的——或一般的——历史主义倾向的读者至此会心一笑。）"工业生产将父亲抽离家庭，使得他在孩子生活中的地位遭到贬抑。"言尽于此。这一论述过程接下来就开始解释为什么母亲

171

----

① 指西进运动时期的拓荒者扎营的一种方式。——译者注

无法代偿父亲的缺位，这是因为母亲有种种缺陷，但这些缺陷本身就应该被解释。

除了不断改变的生产方式这一颇有前景的提法，本书中还有各种各样别的信号，表明拉希不仅仅是——他大部分时候像是——一个牢骚满腹但是还有点聪明的保守派。他对工作伦理之衰落的哀叹同时也包含着对工作伦理的讥讽，他对普通中产阶级美德的赞誉倾向于撇清它们与实际中产阶级的关系。在本书的最后一节中，拉希承认"保守主义者对官僚作风的批判在表面上与本研究中描绘的激进批判相似"。他说这种相似性只是表面上的，其理由（这理由本身显然是正确的）在于，保守派对于资本主义经济中的个人主义的作用有一种神话般的看法。然而他自己的激进思想的内容则在一两句几乎是本恩派 ① 式的关于公民应该创造他们自己的"有竞争力的社群"的空洞发言中熄火了。

拉希的批评没有提出新的解释；更一般地说，他所有关于保留对过去的省思的可敬的考虑在任何意义上都缺乏历史系统性。他仅仅说他的批判是"激进的"，这于事无补：除非他的论述能对当前的不满给出一些历史意义，否则它就既不是激进的，也不是对现状的反叛，而仅仅是对当前不满的一种抱怨。

这种缺乏任何历史理论的情况，使得拉希的观点很难区别于任何历史时期都会出现的崇古贬今的观点，也在一个对任何现代文化批判都至关重要的问题上留下了疑难：现代性是否应该被视为一个特殊范畴，现代的不满是否从未在历史上出现过。当然，任何一系列不满如果足够具体地看，都是前所未见的：问题在于，是否应该认为现代世界呈现出一种危机——也可能是机遇——而这与历史上的情况极度不同。当然，黑格尔和马克思认为确实如此，而他们都

---

① 安东尼·本恩（Anthony Neil Wedgewood Benn, 1925—2014），1971—1972 年任英国工党主席。其政治主张（即所谓"本恩派"）偏向社会民主主义，常被用以称呼一类英国激进左翼人士。——译者注

认为现代文化的希望以及它的独有特征在于其前所未有的自我意识。这是拉希的讨论背后的一条思想线索，但拉希从未直面它。如果他直面了这一思路，那么他也就会面临如下非常真实的问题，即如果一个人接受上述观念，那么他是会认同对马克思和黑格尔指出的现象的乐观解读，还是会认为它将促使欧洲（以及美国）文化沦亡——退回黑暗时代，或者迈入一种反思的自我意识不再具有原先价值的社会状态。

172

> 在这里，我又一次触及我的问题，触及我们的问题，我的未知的朋友们（——因为，我还**不知道**有什么朋友）：我们整个存在的意义，倘若不是这个，还会是什么呢？在我们这里，那个求真理的意志作为**问题**而对自己有了意识？
>
> 道德从现在起就毁灭在求真理的意志的这番意识到自身的转变的过程之上，这一点毋庸置疑：那场一百幕大剧的演出呵，它将专门留给此后两个世纪的欧洲上演，所有演出中最可怕、最可疑、也许也最可希望的一场……①

以上，无需赘言，是尼采所写，它被约翰·豪兹布鲁姆在其清晰、博学而有用的书中引用，该书于 1960 年在荷兰出版，直到现在经过修订之后才译为英文。[2] 它追溯了虚无主义的发展，虚无主义在此被定义为尼采赋予这一术语的那种意义，而在那种意义上，他也最终发明了当代的虚无主义问题："一个虚无主义者是一个判定世界当前状况**并非其应然状况**，并且判定世界的应然状况为不存在的人。依据这种观点，我们的生存（行动、受苦、意愿、感受）没有意义：'诸事枉然'的悲怆就是虚无主义者的悲怆——与此同时，作为悲怆，它也是虚无主义者所造成的矛盾。"问题在于这样

---

① 出自尼采的《论道德的谱系》，译文参考尼采：《尼采著作全集 第五卷》，赵千帆译，孙周兴校，商务印书馆 2015 年版，第 506 页。——译者注

一个事实，即我们的文化致力于实现"求真律令"的苏格拉底式要求，将之视为重中之重，对于本书译者非常巧妙地译为"存在与好的存在"①的两件事都是如此，并且它拒绝将行动或生活方式奠基于绝对真理以外的任何东西：与此同时，我们既承认根本找不到这种真理，又承认使这一点得以显明的那种意识本身同时会让我们更难以摒弃这种真理。再次引用尼采："悲剧就在于，如果我们在情感和理智中有严格的求真方法，我们便无法相信宗教和形而上学里的教条，但是另一方面，通过人性的发展，我们已经变得十分柔弱、敏感和痛苦，需要一种最高的拯救和安慰的手段。由此便产生人会因为他所认识的真理而流血至死的危险。"

豪兹布鲁姆的书并非全是关于尼采的。那些关于尼采的部分比很多别的有关尼采的文字更能抵御如下危险，即引文的力量使得作者的其余文本相形见绌，并且这些部分提供了对于尼采思想的核心要点的有说服力的论述。本书带有一部分较为平庸的哲学史——对数世纪以来求真律令的历史爬梳——但是总的来说，以一种平实稳健的风格，豪兹布鲁姆熟练地塑造了有关虚无主义的根本的和发人深省的洞识，并且说明了如下要点，即"求真律令"本身以及对我们满足这个律令的能力的怀疑都是文化力量，而不仅仅是理论力量。

当尼采最大程度展现出先知式的鄙夷时，他没有预见到拉希举出来加以挞伐的那些社会和个人生活的畸变的准确形式。但是他可能对它们的结构有着相当的理解。他的基本反应是否正确——是否应归咎于对道德真理和反思理解的苏格拉底式求索？如果是这样，有什么办法能克服追求越来越多自我意识的冲动，而不引发一场灾难呢？这些问题比以往更为紧迫。

①　原文为"being and well being"。此处为保形式统一而用了两个"存在"；亦可译为"存在与良好生活"。——译者注

注释

[1] *The Culture of Narcissism*, by Christopher Lasch (Norton, 1979).

[2] *Nihilism and Culture*, by Johan Goudsblom (Blackwell, 1980).

（郭予峤　译）

莫里斯·考林《英格兰的宗教和公共信条》

    这本奇书属于名为"剑桥政治史和政治理论研究"的系列，但是我们不应该被该系列以及此书的名字误导：这里有关政治史的内容少之又少，关于政治理论的则完全没有，而此书对其题目中提到的话题则没有多少直接阐述。[1]不过，它倒是非常**剑桥**。那种尖刻的狭隘心态、对现代世界及其文化后果的厌恶、一种醒目的英格兰优越感，说来很怪，这确实让人联想到另一位剑桥作者，已故的利维斯博士（F. R. Leavis），作者那一团浆糊的文笔和对斯诺勋爵的强烈反感也是如此。这很古怪，因为利维斯严苛的道德主义正是考林最为抵制的一种思想：但是这正好说明了那地方的某种精神如何同时影响到了这两人。

174   利维斯在本书中没有被提及，但是很多过去和现在的剑桥人物都被提及了。作者非常珍视其中某些人彻底的平庸，以及他们偏颇的成见。韦尔伯恩[①]、史密斯[②]和B.L.曼宁[③]（《大学对渡船协会的贡

[①] 爱德华·维尔伯恩（Edward Welbourne, 1894—1966), 1951—1964 年间任剑桥大学伊曼努埃尔学院院长。——译者注
[②] 或为威廉·史密斯（William Smyth, 1765—1849), 英国历史学家，1807 年就任剑桥大学雷吉斯历史讲席教授（Regius Professor of History）。——译者注
[③] 伯纳德·曼宁（Bernard Manning, 1892—1941), 剑桥大学耶稣学院院士。——译者注

献》这一章的作者）都得到了慎重的处理，与更著名的历史学家以及像怀特海、汤因比、艾略特、丘吉尔和伊夫林·沃 [1] 这样的人物并列。"直到耶稣学院里有传言说彼得学院想要开除诺尔斯 [2]，巴特菲尔德 [3] 才准备令维拉考特相信彼得学院有义务留下他。"考林不无怀旧地写道，这下我们也知道这本书的水准了。

这种抱残守缺的心态一部分与写一部自传的意图有关：作者希望向我们介绍他的意见的形成过程。不过，这是一个潜藏的要点，而它展露得非常怪异，因为最明显的自传出现在前言中，在那里，出于某种晦涩的写作规矩，考林总是用第三人称来称呼他自己。"从他有记忆以来，作者一向厌恶这种思考方式"，他装模作样地在其中说道。不得不说，在这个断言之前的与其说是对任何思考方式的论述，不如说是一串人名（无疑，我也将声明，包括我的在内），而这为之后发生的事情奠定了基调。

考林的想法是要划出一组特定的厌恶之事、个人意见和态度，这既是通过自传的间接手段，也是通过对这些不同作者的描写和评价来实现的。对他们的处置非常不均衡也非常贫乏，尤其是因为太多的篇幅采用从他们的作品中引用断片的形式。引号和半引号这些工具自有其功效，让考林可以与他所报告的事情维持一种模棱两可的关系。我们在后文会回到这一点。但从文风上说，其效果是让行文死气沉沉，尤其是当考林试图处理哲学而非历史写作时：例如，对怀特海的论述，以及对柯林伍德的很大一部分论述，其吸引力和生动程度也就相当于警方给通缉犯做的照片拼贴画。

所有这些作者，以及被遗忘的院长先生们的教诲，都受到了或

---

① 伊夫林·沃（Evelyn Vaugh, 1903—1969），英国小说家、传记作家。——译者注

② 迈克尔·大卫·诺尔斯（Michael David Knowles, 1896—1974），天主教神父，1954—1963 年任剑桥大学雷吉斯现代史讲席教授（Regius Professor of Modern History）。——译者注

③ 赫伯特·巴特菲尔德（Herbert Butterfield, 1900—1979），英国历史学家，1959—1961 年任剑桥大学副校长。——译者注

正面或负面的处理，并与在宗教意识的视角下应该如何看待现代世界这一问题相关；其答案则是，无论如何，不应该以它通常被看待的方式看待它——不应限制在自由主义和人文主义那虔诚而虚伪的偏见中。"吾辈当如何于异乡颂唱主的圣歌？"是考林提到的一次由欧文·查特威克（Owen Chadwick）所做的布道的题目，他是剑桥的里吉斯历史教授（Regius Professor of History at Cambridge），也是考林某些狂妄自大的评论的目标。有鉴于考林选择在本书中采用的坦诚姿态，这个问题迫切地需要他自己来回答。

175   他的同事爱德华·诺曼（Edward Norman），最近在他的瑞斯讲座（Reith Lectures）中表达了与考林类似的偏见，由于他"就他对英国国教看法所给出的摇摆不定和差强人意的表述"而受到了考林批评，并且据考林说他"濒临放弃——或许是主动希望放弃——唯一能让人相信英国国教是一个教会的宣称"。如果彼得学院的特点允许的话，诺曼也许可以指出，上述说法过于模糊，因为提出它的考林花了450页都几乎不能对这些宣称究竟是什么给出一点想法，或者告诉我们，如果没有他和考林都很鄙夷的世俗主义的热空气，英国国教的余烬该怎么继续燃烧；考林则可以回应说，他承诺撰写的第二部"更大"的著作将会摆明所有这些问题。如果是这样，它必会遭受冷遇。

      无论如何，在本书的结尾处，当考林的思想将它们自身从他单纯的引用、评论和嘲讽行为中提炼出来时，它们显然处于一种如此可鄙的混乱状态，而他与他所相信的东西之间的关系是如此不清不楚，以至于只有给他灌输一些学问或者灵性上的素养，他才能比诺曼表现得更好，或者更明白地体会到他的处境。

      英国国教似乎的确是他的"基督教保守主义"所偏爱的形式，而这肯定也和他对蛮横的军人和暴躁的牧师的赞赏相得益彰。但是我们得到的关于他的宗教态度核心的情感的线索暗示了另一种更阴暗的联系——更接近可以在罗马教廷那未解放的核心地带发现的对所有单纯的世俗进步的怀疑和猜忌。如果一个人的宗教所能提供的无非是一种原罪意识、人的不完满、对永恒"与时间一样重要"的承认；如果一个人投向对所有自由进步事业的严厉怨怼；并且如果一个人可以说出"在上帝的超越存在面前，没有道德和政治体系具有任何权威，因此不论什么东西都可行"，那么就需要一种别的机构来保证这个人不会立即与最为食古不化的红衣主教紧密勾结。

英国国教在过去据说曾提供过这种机构，其形式是教会与社会以及社会当中的某些关系，这是一种典型的英格兰处事风格。在这个传统中，没有教条或者甚至宗教真理的形象可以完全决定宗教生活：历史的偶然，社会的"任意性"（考林最喜欢用的词之一）必须为之提供实质性内容。但是这一点越是真实，我们除了历史地和任意地拥有的东西之外越少有别的东西可资利用，留给考林和其他批评者用以反对我们历史地和任意地拥有的东西的空间也就越少，在任何时刻都是如此——例如现在。

在他的书的一个简短的后记中，考林说道，基督教保守主义在当下，"尤其是在英格兰，应该主要作为反对派存在，作为一种心灵的詹姆斯党①，除了声言其对现代心灵已然腐化的裁断之外，没有多少别的事可做"。但是在考林的堕落预定论②观点看来，所有的心灵都是腐化的。为了证明现代心灵以一种特殊的方式腐化了——并且他、基督教和保守主义应该给我们进一步的理解——他需要一种比他在这里展示（或者，我相信他是真的具有）的更具有反思性、更开放和不那么防御性的真理观；并且他不只需要这种真理观，还需要这种信实观。

考林对自由派意识的一个反对意见在于它以具有客观性自诩，

176

① Jacobitism，英国光荣革命后依然拥护流亡的詹姆斯二世国王（King James II）的党派。——译者注
② Lapsarianism，即认为人之堕落乃是救赎历史的必然安排的基督教学说。——译者注

尤其是历史客观性。他说，备受尊敬的史密斯法政牧师 ① 曾做过的一件"教范之事"是，他曾"暗示道"："学术性的客观中立态度是无稽之谈，所有学术判断都从头到尾充斥着偏见、袒护和说服的意图。"他对所谓"职业历史学真相的紧缩的实证主义"的反对——就像自由派的左翼政敌一样，考林将"实证主义"用作一个很普遍的诋毁词——导致了一种定义得很糟糕的相对主义，对之我们仅仅被告知，它是对宗教的一种必要的捍卫。对于他从埃德温·霍斯金斯爵士 ② 那里学到了什么，他在一个具有本书很典型的文风的段落里写道："但是我不认为，在情感投入上（还不用说在宗教实践上），我能理解霍斯金斯在他所捍卫的宗教和他用以攻击他认为正在侵蚀这种宗教的自由派的相对主义之间建立的联系。"而对于汤因比这个更特殊和更早的论敌，他说道，他无法理解"需要的是认识到，相对主义会破坏折中主义，反讽能保护宗教，而反动的血脉对于教会存续是必要的。"

但是如果历史真相是相对的，而宗教真相要么完全远离这个世界，要么体现在一些自身就是相对的或者任意形成的情形中，那么不仅对自由派的反对意见是什么，而且为什么要反对之，都变得不清楚了。毕竟，自由派运动已经比较成功，考林在他不太令人信服的詹姆斯党伪装中也非常愿意指出这一点，并且他自己除了对那个事实留下难以抗拒的深刻印象之外，也没有多少别的选择。考林自己的历史工作主要在于通过细致地应用文件中的引文来说明本世纪英国的小范围政治活动，其手法对于所涉及的机构的动机很大程度上是一种贬损。这些研究，以及本书所暗示的对人类和政治的看法，让他几乎毫不诧异地断言，公共生活，尤其是英国的公共生

---

① 查尔斯·史密斯（Charles Hugh Egerton Smyth, 1903—1987），是一位英国教会史专家和英国国教神职人员，于 1946 年至 1956 年任威斯敏斯特教堂的法政牧师。——译者注
② 埃德温·霍斯金斯勋爵（Sir Edwin Hoskyns, 1884—1937），英国国教牧师、神学家。——译者注

活，包含了大量的谎言，而如果这种谎言的确有效，就考林自己的
前提看来，对于深知根底并感到幻灭的老战士而言就没太多可做的
事了，除了整理他军大衣上的勋章并且对之敬礼。

177

或许最终，陷入自欺的不是考林有权申斥的自由派的任何公共
的不足，也不是一种公共的欺骗行为，而是那些思想高尚的自由派
理念的宣传家，那些志得意满地宣扬考林有时称为"削足适履的美
德"的人。但是，再一次地，如果那意味着（它显然应该意味着）
他们对世界上的现实视而不见，那么我们就需要一个对他们闭目塞
听的现实的更富有冒险精神也更远离相对主义的对现实的描述。

考林以一种刻意的谨慎所摆出的姿态，是一种现实的、反讽
的、勇敢的、耐心的以及带有暗自压抑的怒火的姿态；它暗示了一
种与自由派的虔敬相对立的个人的真诚风格。因此，看考林唯一一
次接近一个真的在开明的群体中不可接受的观点就显得格外有趣，
这种观点比他通常用来当靶子的一般的人文主义废话要更具体，并
且他隐隐地也怀疑它极为可憎。在这里，他对于引号的卑怯使用暴
露了其本质：一个非常清楚的例子来自他在讨论伊诺克·鲍威尔 ①
时委婉指出的"移民"问题：

> 当讨论移民时，鲍威尔很小心地没有表达对移民的敌意。
> 当他要求减少他们的数量时，他声称这是在捍卫他们的利益。
> 他没有建议将他们强制遣送回国，他的立场也不是一个"种族
> 主义"的立场。他仅仅是声称民族身份正在受到威胁……

在本段的第一句话中，考林头一次走出了他一贯藏身其中的引
号栅栏，而这位来到粗暴世界上的蛮横评论者马上发现他自己以最

---

① 伊诺克·鲍威尔（Enoch Powell, 1912—1998），英国古典学者和政治家。他于 1950—
1974 年出任保守党过会医院，其间发表了极有争议性的反对英国移民政策的"血河演说"
（the Rivers of Blood Speech）。——译者注

纯正的自由派的派头在解释鲍威尔小心地没有表达的东西，而这应该与别人认为他想表达的东西相反。然而，在下一句话中，鲍威尔仅仅"声称"在捍卫移民的利益，而在这之后的一句话中，"种族主义的"一词带了一对引号，但它的道德和思想后果却惊人地完全未得到解释。最后，鲍威尔所声称的原来"不过是民族身份受到威胁"。这个"不过是"毫无疑问是考林的意思，并且我们值得以更直接的方式了解一下这位充满怀疑的政治行为的历史研究者到底认为"民族身份"是多么简单的一件事。

某个人抱有这些观点没什么稀奇，考林对它们的认同更是比不上（正如考林也肯定会承认的）鲍威尔的认同。令人厌烦的是考林在整本书中投注在他冗长的含糊发言中的那种勇敢而信实的语调：这与他引用的东西的关系经常难以确定，并且总是暗地里依赖于那些关于社会、救赎和历史的看法，他自鸣得意地持有这些看法，却几乎不表明它们，并且没有能力一致地辩护它们。

考林似乎具有一个奇怪的信念，即（除了工人们，他认为他们在一些事情上是对的）只有他和各种反进步人士，无论这些人有无名气，才配得上他的如下赞颂：他们发现自由派充斥着乐观而好高骛远的废话，其自身暗藏着不宽容、教会的存续需要反讽、价值观是相互冲突的、世界上大部分事情都是由暴力和诡诈决定的、政治道德主义通常是一种自我放纵、进步论的功效主义是一个贫乏的信条。他应该知道更多一些：这些事情早已广为流传，很多人都注意到了它们。然而，在别的注意到这些事的人和考林之间至少还是有两个区别。第一个区别是，其他的一些人将这些事实视为当下的历史所给定的政治思想和行动中的问题，并且当他们依然试图思考和行动，他们正是在行使考林如此赞许的反讽行为——他们的目标，举例而言，在于捍卫真理和客观性的观念，而考林自己既需要又鄙视这些观念。考林的确承认现代性最终必须被接受。他极为肤浅地认为那些同样"接受"现代性但却没有坐在大学里写着浑浊不堪的恶毒的书，而是试图将现代性的要求导向比它最坏的方向更好一些的地方的人，必定是现代性的最为空泛的意识形态的牺牲品，或者不具备那种他认为仅仅在现代世界生存就需用到的"坚韧、敏锐和对幻想的克服"。

另一个区别则在于，别的人可能会将他们不带幻想的态度延伸到永恒上，并且延伸到基督教据说能提供的意义上。这的确是考林的看法所面临的讽刺中最怪异的一个，也是他有意识地承认的，这位对自满态度展开无情批判的人似乎会想把这个讽刺砸向更老版本的英国国教那布满积灰的跪垫。但是实际上，我的疑惑在于，他有多希望那样做，或者某些更大的讽刺多大程度上也包含这一主张。这里所谈的这个宗教是如此缺乏限定，而它与社会的即使是潜在的关系——本书题目中所提及的关系——是如此的悬而未决，以至于人们有理由感到疑惑，它多大程度上承载了而非激发了考林的愤恨。他反复宣称反讽如今对于基督教而言是必要的，但是情况可能仅仅是，基督教的规划本身就值得被讽刺。

注释

[1] *Religion and Public Doctrine in England*, by Maurice Cowling (Cambridge University Press, 1980).

（郭予峤　译）

M. S. 西尔克和 J. P. 斯特恩《尼采论悲剧》，罗纳德·海曼《尼采：批判性的生活》，马丁·海德格尔《作为艺术的权力意志》

尼采的第一本书《悲剧的诞生》(*The Birth of Tragedy*) 出版于 1872 年，尼采时年 27 岁，是巴塞尔大学的古典学教授。对他来说，这本书有着不多见的反响，甫一问世就吸引了一些人的注意：自那之后，尼采的著作几乎不再受人关注，直到十九世纪 90 年代，彼时——在他生命的最后十一年里——他精神错乱，几乎不会说话，与世界脱节。

尼采对他的妹妹说，这本书是一匹"半人马"，这种描述突出了它的古怪，低估了它的美丽，并且会让人误解其组成部分的数量，因其不仅是学术和文学散文的混合体，而且是哲学和自信的审美判断的混合体。这本书在回答一个古老的问题——希腊悲剧的起源——时提出了一些历史性的主张；更重要的是，它试图刻画希腊世界观的本质，这样的世界观在希腊悲剧中是如何得到表达的，以及这种观点和这些戏剧现在有什么意义。

尼采认为，两种截然不同的精神主宰着希腊，主宰着所有真正的艺术——日神阿波罗和酒神狄奥尼索斯。阿波罗代表着秩序、文明和确定的形象；狄奥尼索斯代表着自然、生育、狂欢，以及个体化之消融于集体的表达。希腊悲剧是一种高度风格化和形式化的艺术，不过它起源于对狄奥尼索斯的崇拜，在尼采看来，其最高境界代表了阿波罗和狄奥尼索斯的力量达到平衡的特殊时刻——这种平衡表达了对破坏性的恐怖物事的英雄式的理解和接纳，一种"强健的悲观主义"（pessimism of strength）。

　　狄奥尼索斯元素和阿波罗元素（Apollonian，这个词无疑比西尔克和斯特恩所用的 Apolline 要恰当得多），绝不像人们常说的那样，仅仅代表着激情与理性的对立，或情感与形式的对立。狄奥尼索斯的基本要素的确是醉（*Rausch*）——即克雷尔翻译海德格尔时所说的"rapture"（狂喜），而西尔克和斯特恩则译成"ecstasy"（极乐）——但是与阿波罗元素相对应的理念则是梦（*dream*），而古典艺术对事物所能确立的秩序，本身就植根于一个假象的领域。这两种力量之间的平衡，以及悲剧观所包含的破坏力与创造力统一的意识，只体现在希腊古典时代的早期——首先体现在悲剧作家埃斯库罗斯和索福克勒斯身上。在这些人当中，尼采倾向于强调埃斯库罗斯，他确实更早，但是（正如西尔克和斯特恩所指出的）索福克勒斯无疑是最清楚、最无情地体现了尼采思想的人。[1]

180

　　尼采认为，第三位伟大的悲剧作家欧里庇得斯摧毁了悲剧，或者说助力于悲剧摧毁其自身，他与苏格拉底的精神有关联，这种"亚历山大式的乐观主义"（Alexandrian optimism）精神相信，理性可以把生活中最基本的问题转化成明述性知识（discursive knowledge）的问题。同样的理性乐观主义不可避免地导致了对艺术的贬低，包括柏拉图对艺术出了名的否定。柏拉图式的意识以及后来诸种道德主义——尼采将后者以种种方式同化为前者——都无法承受悲剧的力量，也无法承受尼采在《悲剧的诞生》中认为隐含在悲剧中的形而上学结论："存在和世界只有作为审美现象才能得到永恒的证成。"

　　就像尼采早期思想的其他内容一样，该结论是对叔本华的回应。尼采和瓦格纳都很仰慕叔本华，在写作《悲剧的诞生》之时，尼采和瓦格纳的关系最为亲密，尽管后来尼采与瓦格纳绝交，作为一种求独立的反应，这是一种自我保护，也是势所必然。海曼翔实的学术性传记记录了很多有意思的事，试举其中一件：1870年圣诞节那天，里希特（Richter）和十五位音乐家在楼梯上一起演奏瓦格纳献给科西玛（Cosima）的生日礼物——后来被称为《齐格弗里德田园诗》(*Siegfried Idyll*) 的乐曲，而尼采当时就在瓦格纳家里。[2]《悲剧的诞生》有两处地方提到了瓦格纳和他的艺术，其一出现在对《特里斯坦》(*Tristan*) 第三幕（尼采只从钢琴曲谱中了解到这部作品）的赞美中，尼采认为它是悲剧精神的现代体现，其二以呼应瓦格纳本人的希望的形式出现——这一点问题多多——即他的艺术可能成为民族意识的焦点，在某种程度上可与上演悲剧的酒神节的精神相媲美。

西尔克和斯特恩，一个是古典学学者，另一个是德国文学教授，后者已经写了一本有关尼采的富有教益的书，他们联手对《悲剧的诞生》这部杰出的作品发表了注疏，提供了大量的背景信息和相关评论。他们讲述了传统上德国人对古代世界的流亡感，即

181　乡愁（*Heimweh*），以及对希腊的迷恋，这种迷恋可以追溯到十八世纪，其形式是如下形象——尼采比其他任何一位作家都想要摧毁这种形象：一个无忧无虑的、宁静的阿提卡阳光世界。他们解释了这本书是如何写成的，以及围绕其出版所引发的争议——尤其是一位比尼采年轻的学者，后来成为他那个时代最具声望的古典学家，乌尔里希·冯·维拉莫维茨-默伦多夫（Ulrich von Wilamowitz-Möllendorff）对这本书展开猛烈攻击，他那本野蛮的小册子①，在细

---

① 威廉斯在这里说的是维拉莫维茨给《悲剧的诞生》写的长书评《未来语文学》(*Zukunftsphilologie! eine erwiderung auf Friedrich Nietzsches "geburt der tragödie"*)。在这篇书评中，维拉莫维茨提出了严厉的批判和指控，他批评尼采用叔本华和瓦格纳的思想牵强附会地解释希腊悲剧，完全歪曲了后者的原意。维拉莫维茨的批评导致尼采在古典学界的名声一落千丈，以至于后来不得不离开古典学研究领域，甚至最后辞去了巴塞尔大学的古典学教职。——译者注

节上通常都是对的而在更大的议题上大多是错的，却可能有助于产生一个幸运的效果：使尼采成为哲学作家而不是继续当语文学家——尽管他在出版《悲剧的诞生》之前已经走上了这条路。西尔克和斯特恩的注疏还提供了另一些信息，比如，德国人对悲剧的理解；书中所展示的尼采的古典学术研究及其如今给人的观感；以及尼采本人后来对这本书的看法。

双作者的身份可能导致这本书的篇幅比实际所需的要长，其中有些章节——比如，亚里士多德的《诗学》很少是一个鼓舞人心的话题——明显写得尽职尽责。他们之间有时会允许一种略带学究气的口吻，无论是在总结有用的观点时，还是在批评尼采时："即使在这里，我们也必须承认，[尼采] 倾向于以牺牲了他的名义主题为代价来放纵其创造力。"不过，他们的许多批评意见都很有道理，而且这本书明智地提供了（对那些有能力的人来说）大量有用的信息，这些信息围绕着一个奇妙的主题被组织起来。在我看来，书中唯一真正疯狂的论断是，在莫扎特的歌剧中，"音乐和戏剧只是交替出现"。

在其生命的最后几年，尼采开始对《悲剧的诞生》中的许多内容持贬低态度。1886 年，他出版了一个带有新序言和新副标题的版本。它不再是《悲剧从音乐精神中的诞生》(*The Birth of Tragedy from the Spirit of Music*) 而是《悲剧的诞生：或希腊主义和悲观主义》(*The Birth of Tragedy: or Hellenism and Pessimism*)。序言的题目是 "一种自我批评的尝试"(*Attempt at a Self-Criticism*)。在某种程度上，尼采夸大了他与书中内容的距离，这本书包含了他后来作品中一些最基本的想法，尽管他后来确实很少把阿波罗元素和狄奥尼索斯元素作对照，而且他对戏剧也不再有多大的兴趣。序言中的大部分自我批评，从一种深察细究的意义上说，是文体方面的："今天在我看来，这是一本不可能的书，——我的意思是说，它写得并不好，笨拙、难堪、比喻过度而形象混乱、易动感情、有时甜腻腻变得女人气、速度不均、毫无追求逻辑精确性的意志、过于自信因而疏于证明、甚至怀疑证明的**适恰性**，作为一本写给知情人的书……"瓦格纳的愿望已经消失了："此间我已经学会了毫无指望和毫不留情地来看待'德国精神'，同样地也如此这般来看待现在的**德国音乐**，后者彻头彻尾地是浪漫主义，而且是一切可能的艺术形式中最没有希腊性的：此外它还是一种头等的神经腐败剂，对于一个嗜酒并且把暧昧当作德性来尊重的民族来说具有双重的危险性……" ①

182

　　既然尼采后期有这些评论和许多类似的评论，既然他对晦涩的自命不凡和学者范儿的自负持这样的态度，他被海德格尔拿来作为讲座的主题，实非他所应得。1936 年至 1940 年间，海德格尔在弗莱堡大学（University of Freiburg-im-Breisgau）② 开设了四门关于尼采的讲座课程。本卷是即将出版的四卷英译本中的第一卷，其中包含了译者的分析，他显然对海德格尔有深厚的了解，但还是能写得很清楚，并且很可能已经超出了他所担任的非常有限的角色。[3]

　　这些讲座的领域与《悲剧的诞生》相同，但几乎没有提到这部作品。在所有这些讲座中，海德格尔似乎把一本名为《权力意志》（*The Will to Power*）的书作为他的文本，这本书实际上是一本时期跨度很大的警句和笔记的合集。尼采那个可怕的妹妹，精力旺盛的反犹主义者伊丽莎白（Elisabeth），根据尼采为一本以此为题的书写在一张纸上的大纲——只是许多不同写作计划中的一个——从他的《遗稿》（*Nachlass*）中整理出了这本书。《权力意志》是一本深具意趣和力量的文稿合集，但其实它压根就不是尼采撰写的著

① 这两段译文参考了孙周兴的译本。参见尼采：《悲剧的诞生》，孙周兴等译，上海人民出版社 2018 年版，第 16 页。——译者注
② 弗赖堡的德文是 Freiburg，对应英文是 Free Burg 或 Free borough，也就是自由镇的意思。德国、瑞士一带有很多叫做 Freiburg 的地方，为准确起见，通常都会加个后缀，比如德国的弗赖堡，德文全名叫作 Freiburg im Breisgau，意思是布莱斯高（地区）的弗赖堡，中文通常简称弗赖堡或弗莱堡，因为名气较大，所以一般提到弗赖堡通常就是指这里。——译者注

作，更不是他的终定之作。阿尔弗雷德·鲍姆勒（Alfred Bäumler）在30年代宣传了《权力意志》乃尼采终定之作的观点，该人为尼采作品的几个版本写过后记，是一名纳粹分子。必须说，海德格尔在这一卷里面地驳斥了鲍姆勒的希特勒式解释，但他接受了鲍姆勒对所谓《权力意志》一书性质的描述；克雷尔（Krell）也没发表任何更正意见，尽管他提到了考夫曼（Kaufmann）和霍林德（Hollingdale）的英译本（Weidenfeld, 1968），考夫曼在该版序言中详细阐述了这些问题。

　　海德格尔有一两个有趣之点要讲——比如，关于意志和权力与浪漫主义的关系。他给出了一些提示性的解释，比如，他认为尼采所说的"用锤子进行哲学研究"的意思不是砸东西，而是"用锤子敲打所有的东西，听听它们是否会发出那种熟悉的空洞声音"。其他一些解释很有意思，但没有说服力，比如，他说尼采所说的"我们拥有艺术是为了不被真理毁灭"指的是乐观的柏拉图主义哲学家错误地提供的那种超感性的或先验的"真理"——这个解读版本似乎正好削弱了尼采思想的锋芒。尼采并不满足于《悲剧的诞生》中所表达的艺术的救赎力量，但这给他留下了该表述所试图回答的问题，即艺术的力量和真理的要求——至少是信实（truthfulness）的要求——之间的关系问题。海德格尔详细讨论了尼采所说的"对艺术与真理之不协调的神圣的惊骇"（holy dread of the discordance of art and truth），但这段讨论反而在进展变得艰难时，匿迹于抽象名词和天马行空的形而上学遁辞之中。

　　海德格尔是二十世纪世界著名哲学家当中，唯一一位可被严肃地认为是骗子的人，这不是因为他晦涩，而是因为他的晦涩似乎是功能性的，而他将抽象的形而上学术语与朴实而家常的隐喻结合起来的特点（事物"立于存在之澄明"之类），似乎不是其探究的无与伦比的深度所产生的必然结果——虽然他坚持提及这种深度——而是对思想的一种有目的的替代，而若采取更明晰的模式就更难进

183

行这种替代了。我真的不知道持此论的批评者是否正确，但至少这些行文不那么稠密，因而在某些方面比他完成度更高的出版作品更具揭示性的演讲，几乎没有消除这些批评者的杀伤力。

书里关于哲学史的时而冗长的段落，特别是关于柏拉图的段落，有时完全是枯燥平庸的，有时干脆是不准确的：过去的作者往往被默然歪曲，以服从一种海德格尔式的目的，一种"为知情人写作的哲学"。他对"因此"的使用令人吃惊地"毫无追求逻辑精确性的意志"：事实上，他的大多数明述性论证都相当于这样一件东西的方言等价物（套用维特根斯坦的一句话）：这件东西不是一个报错时间的时钟，而是一堆垃圾。也许这就是他的意图——为真实的、非明述性的哲学提供一种轻侮人的入门教育。海德格尔关于尼采的著作一直都很有影响力，尤其是在法国，但这些讲座在我看来既对理解尼采毫无助益，读来也没法有所收获，对我来说，它们主要充当了尼采明确而正确地憎恨的几件事的可怕例子。

可以肯定的是，尼采是过去一个世纪最伟大的道德哲学家，即使不是每个人都认识到了这一点。这首先是因为他看到，多个世纪以来人们所理解的道德已经变得多么成问题，而当这一事实得到充分理解时又需要作出多么复杂的反应。为了帮助自己理解道德，他在二十年来日益繁忙的活动中，机智地探索了我们对艺术、罪责、暴力、诚实的感受，以及希腊人帮助发明的那种道德意识的每一个要素。

要写一本关于尼采的书并不容易。眼下有两本书取得了成功，一本是对一部特殊作品的学术性、审辨性的注疏，另一本则提供了丰富的传记知识和完全适度的哲学抱负。海德格尔在这卷书里并没有表现出多少学识，也没有人会认为他的哲学抱负是适度的。但最重要的是，在它的风格中，在它缺乏光照及可怕的自信中，它没有显示出任何迹象，表明它已经领会了尼采设法加诸任何想要写他或想要写已被他改造过的主题的人的要求。

注释

[1] *Nietzsche on Tragedy*, by M. S. Silk and J. P. Stern (Cambridge University Press, 1981).

[2] *Nietzsche: A Critical Life*, by Ronald Hayman (Weidenfeld and Nicolson, 1980).

[3] Nietzsche, vol.1, *The Will to Power as Art*, by Martin Heidegger, translated by David Farrell Krell (Routledge & Kegan Paul, 1981).

（吴芸菲　译）

阿拉斯戴尔·麦金太尔《追寻美德》

　　麦金太尔这本精彩且深富意趣的书是以现代道德处于失序状态这个真相作为开头的；按他的说法，这个真相并不如它所引发的某些结果来得显而易见。[1]这种混乱并不简单地存在于有许多我们难以解决的道德冲突这一事实之中。要点反而在于，没有公认的方式来思考这些冲突，比如说，对正义的主张与基于功利和福利的主张断然对立着；而且，我们不知道如何在人们应得或需要的东西与总体幸福水平的考量之间从论证上进行权衡。实际上，我们甚至都不知道如何清楚地思考什么是人们应得的和需要的。

　　麦金太尔对此的解释是，我们被一种曾经起作用的道德的散落碎片所包围，这种道德被现代社会的要求及其非个人的组织逐渐剥夺了意义。这样一个社会在如下两者之间形成了一种无法容忍的对立，一方面是官僚和技术的世界，另一方面是纯粹的隐私、个人的世界。这鼓励我们从纯粹个人主义的角度思考自己与道德的关系，并认为自己与任何社会结构或建制性义务本质上没什么关系。这种完全抽象的道德自我图景是分析哲学、萨特和许多社会科学家所共有的。事实上，它只是对我们异化的社会状况的反映。

　　麦金太尔声称，现在留给我们的唯一选择在亚里士多德和尼采

185

之间。尼采发现了传统的实质性道德观念的历史性崩溃，并准备面对道德思想缺乏连贯基础的后果（或部分后果）。如果我们不接受这一点，我们就必须试着在亚里士多德提供的基础上重建道德，根据这种基础，美德构成了核心概念。

麦金太尔选择了亚里士多德。他对美德与社会规则的关系作了些说明，并通过使用"实践""叙事秩序"（它可以构成人的一生）以及允许冲突和批评的"道德传统"这三个概念，为道德勾勒出奠基于美德的基础。他希望这种新亚里士多德主义将摆脱他正确指出的亚里士多德自己的理论中的那些缺陷——比如，它令人难以置信地暗示，除非你拥有所有美德，否则你无法拥有任何一种美德。

当然，亚里士多德自己从根本上把道德和政治联系在一起：只有在适当的社会里，人才能过上适当的生活。麦金太尔对此深表赞同，这确实是他的主要看法之一；但与此同时，他认为现代社会的状况是如此无望，以至于新的道德眼下（看起来）只能在私人范围内存在，本书以几句支持圣本尼迪克特和托洛茨基的简短而令人困惑的话作结，这几句话写得如此潦草，似乎表明麦金太尔写下这些话时正在收拾行李准备离开。

麦金太尔的大部分论述确实行进得非常快，读者会一再想用提问来让它停一停。但读者的问题会得到有趣的回答这一感觉是持续的。有时，论证中的跳跃甚至让读者对理论应该导向的结果几乎毫无把握：我发现对叙事结构的处理是如此，在这里，虚构与现实的关系，前瞻性的决定与回顾的关系，仍然牢牢地隐藏在耀眼的光芒中。

事实上，这本书是一个由高度提示性的片段组成的集合，这些片段有时被巧妙地并列在一起，而不是通过论证连接起来。其中一个片段与其他片段的连接尤为薄弱。此书讨论了社会发展无法科学预测这一老生常谈的主题。它理应通过削弱管理者提出的如下主张来为自己赢得一席之地，即在现代社会中，管理者可凭借其官僚制的控制能力而获得正当权力，但它不可能做到这一点，因为麦金太尔本人的论证允许——实际上，它可能会要求——**存在**这样一种成功的官僚控制，而整个论证能够表明的是，它没有奠基于科学预测。

当然，麦金太尔的诊断和他的重建的某些方面并不是全新的。例如，令人惊讶的是，在最近的作者中，他没有提到查尔斯·泰勒，而泰勒在他关于黑格尔（这位作者本人也被麦金太尔忽视了）的书中[①]和其他地方已经表达了类似的忧虑。但《追寻美德》仍是一本独创的、引人入胜的且富有想象力的书，它所提出的主要疑点都是关于重大问题的疑点。麦金太尔对美德的诸多论述，以及他关于现代道德思想深陷困境——而当前的哲学不具备理解这种现状的能力——的说法，肯定都是正确的。

但我很难相信他的历史诊断。最重要的是，我们有一个纯粹的道德自我的概念，这个自我从所有的社会制度中抽象出来，能够退后一步来考虑、接受或拒绝任何拟议的情感或忠诚模式，这肯定不仅仅是异化的现代社会的结果。相反，这种观念在道德史上的不同时期，在柏拉图、某些形式的基督教以及康德的思想中，以不同的形式反复出现。事实上，它本身代表了一种道德要求——正义的要求，即在寻求终极的道德价值的过程中，人们应该把社会的决定放在一边。它表明，你具有什么样的价值，最终不可能取决于你出生在哪里、谁生了你、你在什么样的社会条件下出生。

亚里士多德确实没有这个想法；但这并不是说他那个时代的世界还没有面对这个要求，而是他似乎已经忘记了这个要求。同样，他似乎忘记了针对利己主义去维护道德的问题，而非常怪异的是，麦金太尔把这个问题移到了十八世纪，尽管在西方传统之初柏拉图和苏格拉底就明显地面临这个问题。

――――――――――

① 这里指的是泰勒的《黑格尔》（*Hegel*）一书。——译者注

在其历史方面，麦金太尔的叙述是种出色的怀旧幻想。我们现在所拥有的，与其说是在现代世界的变形下一个优良的亚里士多德传统的崩溃，不如说是在现代压力下，西方道德意识中一直存在的缺陷的结果。在我们眼下的关头，如果我们确实必须在亚里士多德和尼采之间做出选择，那么反而尼采可能是对的：道德有问题这件事终于**为人所知**了。但麦金太尔声称亚里士多德和尼采之间的选择是我们唯一的选择，这本身就是他最能说明问题的夸张之一。

注释

[1] *After Virtue: A Study in Moral Theory*, by Alasdair MacIntyre (Duckworth, 1981).

（吴芸菲　译）

罗伯特·诺齐克《哲学解释》

　　在他这部有才华、内容多样且篇幅很长的著作末尾，罗伯特·诺齐克拥抱了这样一种观念：哲学是一种艺术形式，哲学家是以观念为手段的文学创作者。[1] 这巩固了一个读者或许已经产生的想法；如果该书在某种意义上像一部文学作品，那么它像哪种文学作品是很明显的。

　　诺齐克年轻时写过几篇才华横溢、匠心独运的文章，其中一些还进入决策论这一形式学科以及类似领域，有着令人钦佩的技术性巧智。然后他写下出名的《无政府、国家和乌托邦》，该书拥护个体权利、自由至上主义和最小国家，抨击公共福利，阻拦再分配式社会正义，并把税收描绘为强迫劳动。它非常机敏，不大虔敬，给人以言辞强硬、铁石心肠的鲜明印象（有些真正铁石心肠的右翼出版商将其视为一场哲学解放，不过他们没能注意到，诺齐克很可能认可这样一种看法，即美国的大部分领土属于印第安人）。

　　在艰难而不名誉的成功之后，我们现在不该对发现这样一本书过于意外：它有着更深、更具精神性的追求，涵盖很多大而传统的主题，其同样出众的才华所投向的，不只是解决谜题或炫技，也完全不是抨击虔敬者，而是进抵对生命意义更具思辨色彩、更艰难的反思。这就是《哲学解释》。它是一份写出属于哲学的伟大美国小说（Great American Novel）的努力。

而这份努力像同类努力一样失败了。它是一个奇特的混合体。它的一部分在当今哲学中是顶级的才华横溢、激动人心。它经常有丰富的意味和趣味。它有时很差，偶尔是那么糟糕，糟糕到我们只有考虑到伟大美国小说综合征才能看出这是怎么写出来的。这种综合征的一个特点，是倾向于把努力的规模误认作成功本身。这既能影响读者，也能影响作者。评论者关于这部著作已经有很多溢美之词。其中之一是，它引入了新的哲学技术，很可能对做哲学的方式产生影响。

诺齐克的确有些话是在自称有一种独特方法，但他很明智，远没有像评论者们那样把他这方面的原创性看得很高。这种方法的大意如著作的题名所示：哲学应该尝试解释事物，而非提供证明。不完全清楚的是，他对这两者的区分意指什么。他想避免用尝试性的证明来"强迫"别人接受不可避免的结论；他不想采用从自明的前提出发进行严格演绎的做法。但这个目标与提供解释是什么关系，并不显而易见：有些解释（例如某些数学解释）本身就采用那种做法。当他告诉我们要以一种试探性而非独断性的精神行事时，他推荐的又是另一种东西了——毕竟，可以有对证明的试探性暗示，也可以有独断的解释。这一切又不同于他所表达的另一个愿望，即他要创作的哲学作品更像多柱的帕特农神庙，而非一座又高又细的塔，这样一来，即使这一块那一块坍塌了——这种事情总会发生——留下的东西还是有美感的。但这个比喻提出的问题，不是作品是否由证明构成，而是它是否整个由一个证明构成。

诺齐克的各种定义的确排除了一种东西：一部试图从几个公理推出其所有结论的哲学著作。这样的东西被排除了，但本来也不曾有什么哲学是这样的。斯宾诺莎声称在他的《伦理学》里这样

188

做过，但没有人相信他。在西方哲学的肇始之处，巴门尼德的那首诗（或者说那半首诗）或许尝试这样做过，但从它的遗存难以判别——只是这些遗存更像一座庙而非一座塔的遗存。

实际上，几乎过去的一切哲学都由解释组成，其作者也都知道这一点。柏拉图的哲学是这样，希腊语中意为"解释"的 aitia 一词也与柏拉图哲学最众所周知的思辨性构想——理型论（Theory of Forms）——联系在一起。亚里士多德执着地明言其解释。就连理性主义者笛卡尔很多时候也可以视为在解释，而且（至少）就物理学而言，他意识到诺齐克引起我们注意的一种东西，那就是某人已经知其为不真的解释的力量。康德的核心事业是解释：如诺齐克所提醒，他解释事情何以**能够**如此（例如，每个事件何以能够必然地有个原因），但他也非常富于启发性地解释了我们何以能看似被迫地相信一些荒诞的或不可能的事。康德以及维特根斯坦等哲学家相信的另一点，诺齐克也提到了，但没有真正在书中予以特别关注：一个好的哲学解释，只要它纠正日常信念，就同时带有对错误的解释，以及对为何不正确的日常信念看起来像真信念的解释。

189　　诺齐克在强调解释不同于"强迫性的"证明时，或许他特别想到的是两个突出之点。一来，他告诉我们，哲学家应该以耐心的、有想象力的方式玩味种种观念，而不是像西部电影里的本地打手对待镇上的陌生人那样对待这些观念或者提出这些观念的人。刚捡起一个想法就从手里扔出去，恐怕不是一种有创造性的哲学进路。在这里，诺齐克的结论是好的。不过，并非人人都需要被告知这一点。

诺齐克提倡的第二件事走得更远，也不那么好。这一点位于该书很靠后的地方，出现在关于价值的部分，其大意是，如果一种哲学观念与我们的一些思维上和感受上的自发实践相匹配，并且若这种观念为真就会是一件好事，那么这种观念就是可取的。有时，诺齐克从一个与事实有相当距离的地方开始，建构一个事情有可能怎样的模型，其主要观点似乎是，如果事情原来真的是这样，那么世界会是一个更好、更不丑恶的地方。于是他提供了这样一幅图画，据此，我们有尊严地具备真正的自由意志；据此，存在一个客观的价值世界，它不是创造出来的，但会被我们的思想以某种方式赋予生机；据此，这些宇宙性价值就是赋予生命以意义的东西。

这些观念并非不值一顾，诺齐克也不是单单断定它们。他派给它们一些解释性工作——尽管对这些工作的设想相当狭窄——并且他对它们也有比较详细的论述。但这些观念的初始动力并不来自任何解释力，至少并不超出这样一种能力，即这些观念轻轻松松地契合我们也许有的某些确信：我们也许确信我们拥有不被决定的自由意志的尊严，也许确信存在客观价值，我们当中某些人也许比其他人更确信这些。发动这些观念的是一种感受，即如果实情遵循诺齐克的模型，那么一切都将更高贵、更鼓舞人心，而正是这种感受，加上一种语气（这点下文还会谈到），使我们有理由担心这部著作在试图做一件可怕的事情：把哲学引回本世纪的工作曾下大力气去松解的一个抱负，那就是实行教化。

有几种重要的哲学解释在该书中出现得不够。一种是我已经提到的康德式解释，它解释的是：如果某事在我们看来如此，但实际上不如此，那么此事为何在我们看来如此。这类解释的缺失的一个典型例子出现在诺齐克的第一节——论自我同一性。哲学家们关于以下问题有过很多讨论：是什么把一个人区别于另一个人？一个特定的人的持续存在这一点在于什么，是在于身体的延续，还是在于性格、记忆或是别的什么东西的延续？这些问题上的一个重要方面是一个人从自己的视角会怎么看。假设我被要求思考一个问题：未来世界的什么人，在经历种种可想象的变换的前提下——例如我的记忆或性格或身体被彻底改动了——会是**我**？一些哲学家（包括我

190

自己）声称对这类情形适用一个这样的原则：不妨称一个未来的特定的人为 Y，那么 Y 和现在存在的一个人 X 是不是同一个人，这个问题不能单纯地等同于 Y 是不是那时符合"是 X"这一点的**最佳候选项**。

想象五年后的两种不同的事态。在其中一种事态下，一具特定的活的身体 Y（不是你现在这具身体），被用程序设置为具有（大体上说）你现在的记忆和性格，而你自己现在的身体已经被毁灭。在另一种事态下，还是存在这样的 Y，但你现在的身体也延续下来，有同样的记忆和性格。在第二种情况下，很明显，X 是你，Y 不是你。Y 只是个复制品。那么这是不是意味着 Y 在第一种情况下也不能是你呢？我和一些人都认为是这样的。诺齐克否认这一点，并声称，某人未来将是谁，这取决于可用的候选项。在第一种情况下，你将是 Y，因为没有更好的候选项；在第二种情况下，你将不是 Y，因为有一个更好的候选项。他把这一理论称为关于个人同一性的"最接近的延续者"理论。

诺齐克实际上自称，他通过提出一个反例**表明**了他所拒斥的原则为假。这稍许偏离了他在该书前文立下的避开证明的协定，但到头来他偏离得并不远，因为这个反例站不住脚，什么也没有证明。（这个反例说的是这样一群流亡的哲学家，当不存在人数更多且身处另一个地方的另一群哲学家时，这群哲学家就将是维也纳学圈。但一群人和一个人不是同一种东西。"你们是维也纳学圈吗？"迎宾团问道。"至少是它的一部分吧，"这群流亡者有可能合情合理地如此答复。）

较有趣的是，诺齐克接下来找到了另外几种哲学问题，诸如对正义的分析或对句子结构的分析，并声称这些问题都有类似的结构。这很有价值，并且为一些问题提供了启发。但即使如此，这也没有回答一个很多人感到最需要回答的疑问：他那种理论怎么**能够**是个人同一性的正确答案？我是否该为未来将发生在某个人身上的事情害怕（假设我关心我自己），竟然取决于另一个人——一个假如活着就更有资格主张是我的人——是否被干掉了，这怎么可能？这个疑问或许可以回答，但在这里没有回答，而且无疑需要回答。如果诺齐克所言为真，那么我们关于个人同一性所深信的某些东西就为假。例如，我们相信，我们对个人同一性的主张不取决于还有什么别人存在。而需要哲学解释的正是我们为什么相信这一点。这份解释也将帮助我们在不相信我们原来相信的那些东西的前提下，清楚地思考我们的未来。

诺齐克的目标之一是尊重和讲通一些深刻的形而上学动机，某些情况下还包括一些宗教动机，这些动机不仅表现在某些浑朴未琢的思考里，还表现在多种宗教和哲学传统中（他常常提到印度思想）。然而，他面对这些传统发问的方式常常有些转弯抹角。他着手处理这样一个问题："为什么有些什么而非什么都没有？"这在很多传统中无疑被认为是一个真实的、把人难住的问题，以至于，哲学中一些表明这个问题实乃误解的熟知做法往往显得浅薄而不能服人。诺齐克把问题转换成一段关于解释理论的微妙探讨。如果一个原理据称能够解释一切，那么它能否解释自身？

这又是一段有趣的探讨了，但读者可能感到自己被撇了下来，需要一个人厘清诺齐克的非凡巧智和逻辑创造同开启这段讨论的形而上学关切的原型有何相干。（顺带说一句，读者为了在该书的一些思路中跟上诺齐克，不仅需要集中注意力，还需要一些技术性知识，例如要知道什么叫作一个哥德尔编码［Gödel numbering］。）

该书中最为成功且远比其他部分成功的一节是论知识的一节。这一节非常有力和机敏，聪明绝伦，并且在一个高度技术性的层面上富于教益。它也是该书最具传统学术风格的部分，很直接地植根在近年文献中。其论证在应用上也很有原创性。其大意是某人如果"追踪"真相，那么他就知道某件事，而"追踪"真相在这里的意

191

思，很粗略地说，是（1）他相信某个真的事情，并且（2）如果此事不为真他就不相信它，并且（3）如果此事为真他就相信它——而这最后一个分句增加的是这样一个想法：不仅此事为真且他相信此事，而且他的信念对真相"敏感"。诺齐克说的"敏感"不是指相信者的某种特殊能力，而是一个信念和信念所关涉的东西之间存在一个事实性链接。这些想法都得到相当详细的阐发，而且具有一种难得的精到，没有像这一主题的讨论中经常发生的那样，与我们拥有这样一个知识概念的旨趣失去联系。

这个定义最为辉煌的成果是在它被用来应对怀疑论者时达到的。诺齐克写道，"我们不谋求说服怀疑论者，而是要阐述一些关于知识和我们与事实之间的连接的假设，这些假设表明，即使有怀疑论者提出的可能性，知识依然能够存在。"例如，怀疑论者说，我们并不知道我们不是在一个水槽里，大脑被一个疯科学家刺激着，使得在我们看来我们完全就像在一个房间里，看见一张桌子，等等。所以我们不知道我们实际上看见一张桌子，尽管桌子似乎就在那里，一清二楚，尽管一切都似乎如常。诺齐克说——这也是他从自己的定义推出的——我们不知道我们不在一个水槽里；我们确实知道，**如果**我们在水槽里，我们就没有看见桌子；不过我们确实知道我们看见了桌子。（用一个技术性短语来说，知识"在已知的逻辑蕴涵关系下不传递"。）

这样一个驳斥怀疑论者的论证几乎还没有人用过，而这个结论初看上去是个无奈的手段，经过诺齐克的探讨则开始显得自然而颇有道理，这说明了他的探讨何其出色。如果谁想知道该怎样应对怀疑论者，乃至想知道知识是什么，这段探讨都是必读的。

诺齐克还表示，正是因为他的总体目标是把证明替换为解释，他对怀疑论者的回应才那么有力，对此，我并不那么确定。如我说过的，他主张自己不是在尝试驳斥怀疑论者，这个任务出名地令人灰心。但即使他不是在尝试向怀疑论者表明怀疑论者不应该相信

（或者说应该不相信）他所相信的一切，他也是在向我们表明我们不必接受怀疑论者的说法。可是，如果怀疑论者是对的，我们就应该接受他的说法；所以怀疑论者不可能是对的。我们无法显而易见地看出，那些尝试驳斥怀疑论者的人（尤其是笛卡尔）想要的比这还多。但这不是个简单的问题，而这一节不仅是论证变得生动活泼的一节，也是解释与证明的区分或许仅此一次地凭其自身而有所帮助的一节。

该书最精彩的这一部分结束时，我们还没到全书的一半。余下的部分都属于名叫"价值"的一节，其中讨论的事项包括自由意志、惩罚、道德动机、自我改善、"持价值者的价值"以及生命的意义。

论自由意志的一节有几处犹豫得不同寻常，不仅结论犹豫，方向也犹豫。论报应性惩罚（retributive punishment）的一段尤其犹豫；在我看来，如果诺齐克动用他在抨击更时髦观点时的那份犀利，他很可能就会放弃这个话题。在这里，他尝试以另一种方式运用解释这一概念。其目的不是为报应性惩罚辩护（或者说从报应的角度为惩罚辩护），而是对其背后的观念作出说明。诺齐克从复仇和报应的某些区分入手，对报应行为是什么提出一种简要的说明，把它解释为一种沟通行为：报应不只是对某人作出伤害，更要向这个人**显示**某种东西。接下来他考察了关于惩罚之为向人"显示"的最简单观点，这是一种目的论版本的观点，据此，报应的目的在于使犯罪者发生转变（produce a change in the offender），犯罪者因这种转变而认识到他的罪。

这种理论有一些为人熟知的问题，而这些问题往往是原地转圈。痛苦的要素对于惩罚来讲是本质性的，但在这样一种教育行为里似乎是无谓的。如果伤害一个人的目的在于告知他，那干嘛不直接告知他？而如果目的不只在于告知他，那么其缘由很可能与改造

193

性惩罚相同。无论如何，其缘由不适用于无法改造的人——此外，用其他手段说服他会不会更有效，这也始终是个开放的问题。所以在报应性惩罚的解读上，诺齐克移向一个他所希望的完全非目的论的方向。报应的目的不是单单在于产生特定的后果，而是在做一件"本身就是对的或好的"事情。如他所说，其目的在于"把犯罪者与正确价值相连"，此时这个目的不是外加在惩罚行为上的，而是内在于其中的。诺齐克的想法是对犯罪者施加某种效应，这种效应不必是犯罪者本人的**转变**：我们令正确的价值在"他的生命中"留下"某种显著效应"。但问题又来了，为什么是痛苦的惩罚而不是别的什么东西？诺齐克答复说，为使他与价值的这份连接成为**显著的**连接，痛苦的惩罚是必要的。这样说来，为什么只有实际做错事的人才要这样与价值相连？诺齐克会回答说，因为他们犯的错表明他们不单单没有与价值相连，而更是与价值有着"反连接"。可是性情恶毒的人不也是这样吗？但诺齐克会主张，如果他们没有做下恶事，他们就没有**违抗**价值，而报应性惩罚的目的是"把违抗置换为连接"。

诺齐克对反对报应的旧论证的批评，其效果不过是把论证打转的圆周尽可能缩小了。他没有尝试为报应提供辩护，但他的确旨在提出报应的缘由，而所提供的缘由活动在如此狭小的圆圈里，以至于我们难以看出对报应的辩护最终该如何适用。诺齐克说，"受苦在惩罚中起到的作用"，是"通过使一个人无法再对自己从前的反连接那么满意，来否定或减弱违抗"。实际上，他这个版本没有完全清除目的论的意味——要是这个人还对从前的反连接那么满意呢？但即使有这种不纯粹，诺齐克的整个说明还是彻底地自我包裹起来，以至于无法给任何此前对报应性惩罚感到困惑的人提供多少洞见。

关于惩罚的讨论的另一个特点也是该书所有关于价值的材料所

共有的：它极其远离任何实际的社会制度。的确有一两处提到法律，但几乎没有什么地方关注这样一个事实，即惩罚是由某个实际的当权者在某种实际的社会条件下实施的。这个特征遍布整个关于价值的大篇幅讨论，使得讨论变得抽象得令人糊涂，而且全然无视我们本以为哲学解释正应该承担的很多义务。

我们被告知（我觉得更应该说"据暗示"），价值主要在于"有机统一性"的程度。他表示，我们珍视那种把多样的、表面上分离的材料或经验统一起来的东西。对于这个陈旧而缺乏信息的提议，诺齐克并没做什么来充实其内容。对诺齐克来说，正如对以前的一些作者来说，这一提议基于高等和低等有机体不同的复杂程度，也基于对审美对象的一些经过选择的考量——尽管无论在哪里，衡量"有机统一性"都有为人熟知的、事实上很明显的困难，而且单就艺术而言，我们虽然据认为能察觉到有机统一性，但我们是否一定喜欢这种统一性的增加，这一点又存在疑问。但这些问题，诺齐克似乎都不太在意。他更感兴趣的是一套处理抽象意义上的价值概念的逻辑手段。他详细讨论了这一类话题：他所说的"追踪最佳性"会涉及什么，以及"为什么做一个价值追寻者和把价值当作价值的价值回应者本身是有价值的？"

这里面很少有什么内容能够为道德行动的心理学提供一个方向。这部分内容也没有屈尊承认那些对实际的道德价值体系作出的社会解释所引出的众所周知的难题，例如不同社会的不同价值体系的冲突，以及在描述和解释这些体系时达到客观性的困难。事实上，诺齐克几乎没有对任何特别关乎人的范畴投入什么关注。我们所得到的是这样一幅图画：它把价值之为有机统一性描绘为一个客观的、宇宙性的维度，而我们有机会把自己连接于这一维度，并因这一连接而得到转变和提升。这些对独立价值的礼赞与很详细的形式主义论证（例如关于义务冲突的论证）交替出现，给人这样一种印象：仿佛有一片美丽的星云，我们时而透过光学望远镜观看它，时而又用光谱仪去分解它的光线。不过还有一点不同，因为星云向我们发光，价值则是不活动的，除非我们使它们在我们之中并借助我们活动起来。如诺齐克在一段典型段落里所说的：

> 价值追寻者和价值回应者扮演一种宇宙性的角色：他们辅助价值的实现，辅助价值向物质领域和人类领域的灌注。

我们不禁会疑惑起来：真的可以这么说吗？有什么事情是可以这么说的吗？

如果我们真的承担起这个角色，那么根据诺齐克的说法，我们就可能得到转变。他这份说明的一个最重要特征，也是他似乎最不会视之为奇特的特征，是他强调精神优越性这一概念，乃至强调一种怨恨——那是一种谋求破坏、贬低对方的妒忌，而那些在诺齐克看来出色地承担了这一宇宙性角色的人，他们的精神优越性就有可能激起那种妒忌。他的很多真正富有激情的段落都是关于这个主题的。《无政府、国家和乌托邦》曾论及那种针对更为俗世的优越性的妒忌，而目前这些段落有着同样的论调和敌意。目前这份说明的口气近乎明示了一种精神性上的竞争。

这些概念运用在诺齐克的写作中的方式有某种很不对劲的地方——这是说，其写作有不对劲的地方，这些概念也有不对劲的地方。诺齐克的理论本身没有为这些精神上的自我改善提供什么内容，而那种高度概括的程度，也使他无法从单纯历史的或心理的个殊者角度给我们提供侧面的光照。可以说，他试图把观念直接交给我们，而事实则是，我们无法把他当作来自任何精神高度的信使加以信任，因为在他充分投入了他的宇宙性角色之后，他不仅无法听见地球上发生的事，更无法真切听见他自己说的话。

问题不仅在于时而出现的乏味说教："有道德是件更好、更可爱的事""想象力一向是研习文学和艺术之人珍视的一种能力""至少在我们自己的传记里，我们每个人都是主角"。这样的用语足够令人警觉了——如安东尼·伯吉斯（Anthony Burgess）的小说《尘世权力》（*Earthly Powers*）里的叙述者所说，"我要是能写出一句这样明目张胆的重言式，我就也能去写恶之善或者善之恶，大概也已经在什么地方这样写过了。"但更普遍存在的一个实情是，我们越接近诺齐克所说的"精神先进之人"的形象——这些人，如他所说，激发了不愿往这个方向被"助推"的人的怨恨——他听自己说话的能力就越像是在下降：

> 有些个体的生活被价值所灌注，他们一心一意、全心全意地追求价值，最大限度地体现价值。这些个体焕发出特别的光芒。划时代的宗教人物往往具备这种品质。身处他们近旁（甚至听闻他们的事迹）会使一个人感到振奋，并感到（即使暂时）被召唤去追求自身品质的提升。也有一些不那么划时代的人物，同样焕发特别的道德和价值之美，他们的存在使我们振奋，他们的榜样吸引我们、激励我们。

这样的内容还有很多。就连关于人们焕发光芒也有更多的论述。这种写作听起来像《第 N 类接触》（*Close Encounters of Some Yet Higher Kind*），或者早餐食品广告。它的缺陷或许来自现代世界，或许来自当今的英语，或许（如我所认为的）来自关于价值的糊涂想法——但不论来自哪里，这样写作都是不行的。诺齐克既然是优秀的哲学家，就算关闭了观察地球的监视器，他也会知道，问题不可能仅仅在于如何给同样的想法找到更巧妙的说法。

实际上我认为该书关于价值的部分是彻底地基于误解，而以这种抽象的方式进抵问题，毫不联系到人类心理和社会，并假定一些未善加定义的、可疑的精神优越性观念，都是巨大的失误。我不相信有什么宇宙性角色，我认为尼采关于哲学应该贴近大地的说法是对的。但即使我错了，而宇宙性角色之类的观念也有某种值得寻回的东西，仍然有一个基本的真理是诺齐克仿佛完全没有见到的，那就是，这类观念无法从这种角度或者用这样率直的方法来寻回。这个真理并不新。诺齐克有时提到的智者，那些拉比、古鲁、禅师，他们已经知道和表明，如果存在一个宇宙性角色，那么为了表现和解读它，就需要一种高度的反讽，一种发自个人而辽如宇宙的反讽。如果有一个彼岸，那么通达它就始终需要一条更诡秘的道路，而单单把聪明和诚挚结合起来是无法找到这条道路的。

注释

[1] *Philosophical Explanations*, by Robert Nozick (Belknap Press of Harvard University Press, 1981).

（吴芸菲　译）

J. L. 麦基《有神论的奇迹：上帝存在的正反论证》

后期的 J. L. 麦基（Mackie，又译"麦凯"）是一位尤为明晰且头脑清醒的哲学家，他就范围广泛的主题展现了强大的论证力和严格的理智诚实。他有力而深刻地撰写了逻辑、知识论、科学哲学、伦理学和哲学史方面的文章；在他过早辞世（这是本学科的重大损失）之后，我们如今又见识到了一本宗教哲学著作。[1] 如其副标题所述，此书大体上是对上帝存在的正反论证的研究，虽然它也自然而然地延伸得够远，不以为然地讨论起了有些信徒，他们奋笔疾书，设法不经任何论证就渡过难关。

麦基是分析哲学家，但在任何明显的、引人注目的意义上，他的哲学都不是语言学哲学。二十世纪 50 年代和 60 年代早期有大批著作考察有关宗教信念的"语言"，可在那些书过后，麦基用一两行字就摒弃了专门针对宗教陈述之意义的问题，令人称奇。他觉得宗教陈述，至少是那些断言或否定上帝存在，又或表达上帝的更一般的属性的宗教陈述，大体上有何意义是相当明显的。我想，麦基碰上某些更具体的基督教论断，如"三位一体"或"道成肉身"，可能会有更大的麻烦。麦基关心的问题并非"上帝存在"的说法有何意义，而是这种说法真不真，又有何理由信其为真。

一般来讲，麦基相当尊重自然科学，他的大部分工作都关注自然科学赋予的世界图景与我们的其他信念及推理有何关系。在这个方面，麦基也有别于语言学哲学，但和此前的逻辑实证主义者的差别倒没这么大。其实，他的工作最像是一种比语言学哲学和逻辑实证主义还要早的分析哲学，即布罗德①和罗素的哲学。本书非常符合罗素的精神（尽管我想他的名字没被提到）：理性、怀疑、厚道，蔑视推诿、憎恨狂热，在关键时刻也决不掩饰。

198　　麦基和罗素的不同在于，麦基的论证更长也更细，描述的历史更准确，收尾倒没那么出彩。麦基的笑话也少得多，但他的确讲了个有关美国哲学家阿尔文·普兰丁格（Alvin Plantinga）的冷笑话，有人认为普兰丁格已经借模态逻辑的研究复兴了本体论论证（Ontological Argument）："所以圣阿尔文会……与圣安瑟伦并列；他成功地（如休谟所言）颠覆了如此多理智读者的一切理解原则，起码达成封圣的创造奇迹的要求是毫无困难了。"②

部分文本好像有点兢兢业业，对不同主题的解释量有时叫人吃惊：贝克莱的论证，还有笛卡尔从我们的上帝观念出发对上帝的证明，都网罗了大量细节，可二者如今看来都没什么说服力。另一方面，不在行的读者要想考量普兰丁格足以封圣的论断，却得不到多少帮助，好领会他的"可能世界"机制。不过，这只是此书小小的奇怪之处；就自然神学③的论证而言，本书处理起来异常清晰、准确，还给予了大量理智的关照。至于第一因论证（First Cause Arguments）和（麦基说对其名的）设计论证（Argument to

---

① C. D. 布罗德（1887—1971），英国哲学家，代表作《科学思想》（*Scientific Thought*, 1923）提出了一种涨块论（growing block theory）的时间哲学，主张过去和当下存在，但未来不存在，宇宙朝着未来的方向不断增涨。——译者注
② 上帝存在的本体论论证的一般思路是，从"完善"等与上帝有关的概念，逻辑上推出上帝的存在。麦基在书里讨论了笛卡尔、安瑟伦（Anselm）和普兰丁格等人的本体论论证。麦基在这里调侃了普兰丁格，说他借模态逻辑就能证明上帝存在，无异于创造了奇迹，如此丰功伟业恐怕足以追封为圣徒，冠以"圣阿尔文"之名。——译者注
③ "自然神学"与"启示神学"有别，主张基于自然的经验或事实，用理性分析来论证上帝的存在。——译者注

Design）① 的现状，就我所知，再没有哪本书比这一本说明得更翔实、更晓畅的了；谁要是认为这些论证有助于增强其结论，都得和麦基给出的相当有力的负面考虑相抗衡。

此书的任务是要处理这些传统的论证——不少不多刚刚好。麦基的主要兴趣在于论证，除此以外，他对那些本身无意于论证的宗教信念捍卫者就兴趣缺缺了。他说，自己偏爱这一主题的经典论著的"明晰和诚实"。至于当下身为信徒的宗教哲学家，他偏爱理查德·斯温伯恩② 的工作，也常常讨论他的工作。斯温伯恩是一个与麦基趣味相投的作者，也认为上帝的存在是个有待评估的假说，还打算审慎地评估"如果上帝存在，他本该创造一个物理宇宙的概率有几何"等诸如此类的事情。麦基在书里的最后一部分，也确实触及了某些对待该主题没那么有理性主义精神的作者，可除了威廉·詹姆斯以外，那些作者得不到多少待见。有些维特根斯坦式的信仰主义者，因"推诿和模棱两可"（如果他们确实如此的话）遭到了公正的指责。他还觉得克尔凯郭尔简直莫名其妙。帕斯卡则大致像是理智不诚实的拥趸。

一本不仅在智识方面，还在很多方面都如此令人赞叹的书，仅限于借这些论证加以推进，达成了否定的结果，这必定引起了一个问题：这般推进的方式如今到了何处？在我看来，此书的进路对宗教既让步得太少，又让步得太多。此书假装那些论证能不能得出其结论是个开放的问题，这就对那些论证让步过多了。那些论证可能以各种方式涉及这样那样的谬误或含混其词，于是偶有逻辑的和哲学的意义；可我好奇，哪个不信教的人如今会因那些论证而动摇，走向了信仰？又有哪个寻求理智保证的信徒，从中找得着保证呢？

199

① 第一因论证主张，万事万物都得有个第一因，也就是上帝；设计论证主张，世界的复杂有序表明，必定有个设计者把它给设计出来，那个设计者便是上帝。——译者注
② 理查德·斯温伯恩（Richard Swinburne, 1934—　），英国宗教哲学家，著有《上帝是否存在》等书。——译者注

麦基以特有的坦率明晰，表达了他对休谟和康德的敬意，可与其说这两人很久以前就拆毁了大部分家具，倒不如说，从那以后的世界已经彻底地破坏了放家具的房间了。

如今着迷于宗教的人——至少在这里，并且我不谈德黑兰——是出于某些需求，才着了宗教的道的。那些需求既不像麦基承认的那样，只是在心理上超过了上述论证；也没有设法提供一个新的论证（麦基认定，那会是个糟糕的论证）。相反，那些需求引起了一种事关宗教何为的认知，似乎与上述论证的旨趣相去甚远。正是在这个方面，麦基的进路似乎对宗教让步过少，就是说，对宗教所服务的那些需求让步过少了。他的确考量了宗教信仰的可能成因，可他的考量还是与一个事关真理的论证勾连到了一块儿。宗教信仰存在，就构成了对宗教信仰为真的论证吗？当然不是，因为他提了宗教信仰的许多成因，有些成因可以是充分的，却完全无涉信仰的真假。于是，他妥帖地提到了费尔巴哈、马克思、弗洛伊德和其他人等，就应付那个论证而言，已然足够。

可只要我们把宗教看成纯人为的现象，正如麦基看准的那般，那么，宗教是什么人为现象，这些解释里哪一种为真（如果有的话），就成了至关重要的问题了。我们最终获得的对宗教的说明，究竟把宗教的内容——主要是较为恼人的、反人本主义的内容——表征成异于人性及其需求的东西，如今遭先进思想所弃呢；还是认为它表达了某些需要，要是对上帝的信仰消失，就不得不换某种形式来表达呢：这倒是个尤为关键的问题。

正是由于以上的问题，哲学还暂时脱不了干系。有人也许会说，麦基自己也本可能说过，把真与论证的问题搁置一旁，就没有宗教哲学，至少也没有像样的宗教哲学了，唯有人类学或别的社会科学帮得了我们，或者也许就剩文学的想象力了吧。就所谓"宗教哲学"的领域而言，这么讲可能是对的，但并非哲学之参与宗教走向了终点。起码在道德哲学中，在有关社会和必定作为社会一部分

的心智的反思中，对宗教所服务的那些需求，以及宗教服务那些需 200
求的种种方式所带来的某些后果，一定有某种态度牵涉其中。

麦基在他更像罗素的一刻，谈起克尔凯郭尔时说："我们其实
回到了《约伯记》里的上帝，不管我们怎么看待约伯其人，毫无疑
问，耶和华在那个故事里表现得很差劲。"可《约伯记》的作者对
此心知肚明，至少也相当清楚是什么向他挑起了这个问题。麦基指
出，宗教可能是下流的勾当，这是任何宗教里都值得担忧的事实；
这也是为什么有这么多的人觉得，对这个下流勾当的唯一恰当的回
应，便是"万般皆下流"了。

这倒没有让宗教变得真实，麦基这本信实、合理且人道的书把
这一点讲得相当清楚。可是，在该书有力而经济的论证结束时，人
们还面临一个由它破坏性的成就所致的悖论。仅当宗教是真实的，
有关宗教的最有趣的问题才是它的真相。倘若宗教是虚假的，那么
有关宗教的最有趣的问题既不是它的真相，甚至也不是它声称要告
诉我们的有关宇宙的一切是否合理，而是它实际上告诉了我们关于
人性的哪些方面的内容。

注释

[1] *The Miracle of Theism: Arguments for and against the Existence of God*, by J. L. Mackie (Clarendon Press, 1982).

（谢沛宏 译）

约翰·萨瑟兰《败俗文学：英国去审查运动史，1960—1982》

　　约翰·萨瑟兰撰写了"一部追溯从 1960 年至今一系列事件（主要是审判）的年谱"，它简略而富有见地地处理了从《查泰莱夫人的情人》(*Lady Chatterley's Lover*) 和《芬妮希尔》(*Fanny Hill*)

201 到《罗马人在不列颠》(*The Romans in Britain*) 的淫秽文学案例。[1] 其目标是探究公众对"败俗文学"的态度转变过程。这是一部生动的综述，但是它不是这一过程的一部有用的历史。

　　首先，作为一部年谱，它是不准确的。我不会依靠它来查阅圣诞节的日期。它对于《奥兹》(*Oz*) 杂志一案①的定罪判决最终得以翻案的根据（陪审团在"淫秽"一词的意义上受到了误导）给出了错误的叙述，在第 3 页上它错误地说道，在同一案件中约翰·莫蒂

---

① 此处所说是《奥兹》杂志主办人员一案。《奥兹》杂志是由澳大利亚大学生理查德·内维尔（Richard Neville）、理查德·沃尔什（Richar Walsh）和马丁·夏普（Martin Sharp）主编的地下刊物，首期出版于 1963 年，以其前卫的艺术风格和突破当时社会禁忌的话题（包括但不限于堕胎、同性恋、澳大利亚政府的移民政策、警察暴力等）而闻名，在年轻人中一炮而红。主编们于 1967 年在伦敦创办了该刊物的伦敦分刊。在 1971 年，伦敦警方基于已知的证据指控该刊物主编"预谋腐化公共道德"，庭审最终断定指控不成立，但是主编们因为另两项罪名而被定罪并收监。在上诉庭审中，法庭认定一审法官有误导陪审团的事实，因此宣布原判不成立。——译者注

默 ① 为理查德·内维尔做了辩护，但是在 122 页上它又说他没有。在对电影的简短插叙中，对法国处置色情电影的方法有一段非常混乱的论述。帕索里尼的《索多玛的一百二十天》（ *Salo* ）并没有像《深喉》（ *Deep Throat* ）一样被放到"P"类型下，然后送到蓝色电影放映厅 ②。它被依据一个特别的行政命令加以处置，将它在巴黎的放映限制在两个艺术影院——这一限制被严格执行了。

这个疏忽实际上反映出作者对法国人在色情出版物以及它们与文化的关系上的态度存在严重的误解。这种态度很好地体现在我们淫秽和电影审查委员会 [2] ③ 的某些人与一位法国官员有关电影被定为色情影片的标准的讨论中。他认为这个问题并不严重："所有人都知道什么是色情影片。它没有角色和情节，除了性行为之外什么也没有，并且也不是什么知名的人拍摄的。"但是，我们古板地坚持到，万一这些标准有差别怎么办？如果一部电影除了性行为没有别的，但是却是例如费里尼 ④ 拍的，怎么办？他顿了顿，"就我个人而言，我会觉得费里尼的电影出现在色情影院很不可思议。"

作者的疏忽还不只限于事实错误。此书以一种怪异而草率的风格写成，到处都是像"被删减的边缘地带"和"支撑着阿尔比恩的堤坝" ⑤ 这种短语。有些句子非常的奇特。书中说一种"对廉价文学的监护人式的恐惧"曾一度"在十九世纪非常活跃，并且究其始源可被追溯到到对通俗圣经的阻碍"（所谓通俗圣经实际上就是拉丁文圣经）。此书的推论有时也像是趁着萨瑟兰不在时滑出了思想

---

① 约翰·莫蒂默（John Mortimer, 1923—2009），英国作家和辩护律师，在 1971 年对《奥兹》杂志主办人员的公诉中为其中两位被告辩护，但不包括内维尔。——译者注
② 指法国有许可放映色情电影的放映厅。——译者注
③ 这个委员会于 1977 年 7 月由当时的内政大臣梅林·里斯（Merlyn Rees）任命，以修订英格兰和威尔士境内有关出版物、展示和娱乐品种出现的淫秽、冒犯和暴力内容的法律法规。威廉斯任该委员会主席。该委员会于 1979 年 10 月出具了一份对负责地区的调研报告。——译者注
④ 费德里科·费里尼（Federico Felini, 1920—1993），意大利著名导演。——译者注
⑤ 阿尔比恩为英国的古称。——译者注

的旋转门。"当然，色情作品很快就不再流行，这也就是为什么裸体杂志都没有标注出刊日期"大概需要读作"色情作品几乎从来不会退潮，这也就是为什么……"

上一句话中的"当然"透露了真相。此书展示了一种通常能被视为有活力的独辟蹊径的态度，但是有时它又陷入一种业已成为广播访谈令人厌恶的常规特质的举止中，这是一种对所考察的观点的明知故犯的傲慢，它以另一个被隐晦地暗示的观点作为基准，而如果它要质询的是这后一个观点，则这个观点本身又会被凌驾和奚落。这种记者式的嘲弄轻快地从各种观点上面划过，只留下一种一片狼藉的感觉，仿佛它们都是一样的充满偏见、幼稚且自私。法官、出庭律师、自由主义批评者、色情作者和诗人都被萨瑟兰放在他认为他们该在的地方，虽然这些地方到底在哪儿是一点也不清楚的。如果我不提及色情审查委员会的报告这一例外，那未免就太不知感激了，萨瑟兰处理它的方式非常的友好。

在此书各处，对于他可能要讲的关于从《查泰莱夫人的情人》一案至今的精神转变的故事，萨瑟兰给出了一些想法。那个故事应该会考虑三个值得注意的转型。过去，问题主要是关于文学的，但现在不再如此。过去，解禁色情作品对于自由主义者而言是一个不错的目标，但是现在它至多是烦人的小事。过去，那些对色情作品极为担忧的人都是保守主义者，而现在还包括一些激进派。与所有这些变化有关的是《色情出版物法案》①逐渐丧失地位，这一法案作为《查泰莱夫人的情人》的拯救者而开启了书中讨论的时期，但现在看上去极为混乱、毫无用处，并且过于依赖对于"色情"一词的一种无用定义。

文学不再是问题所在的主要原因是，自由主义的事业至少目前很大程度上已然胜利。在 1976 年宣判《解密琳达·拉芙莱

① Obscene Publications Act，英国政府 1959 年出台的有关淫秽出版物审查的法案，1964 年修订。——译者注

斯》(*Inside Linda Lovelace*)①（它本身不是一部文学作品）无罪后，
DPP②似乎放弃了对仅仅由文字构成的作品的指控，而我们委员会
提出的不再以色情为理由限制此类作品的建议，正如萨瑟兰所说，
实际上是对现有状况的一种承认。但是《色情出版物法案》以及别
的混乱的条款仍然存在，谁知道萨瑟兰得以记录为已完结的文学问
题会不会再次回归呢？如果它们又回来，那么很难相信《法案》第
四章所提出的"良好刑事辩护"还可以被严肃地看作能为解决它们
提供不错的方案。

对于妨害行为，亦即公共展示的色情作品令人不适的效果，
《不当展示（控制）法案》③起了一些作用——就整治营业场所的外
围而言，它起到的作用基本相当于我们所建议的那些。妨害行为的
危害在某些地方肯定是非常糟糕的，而密集排布的性用品商店的空
白门脸一直是城市的一大祸害。正如萨瑟兰所说："一排又一排装
了格栅门的铺面都放着与其门脸一样丑陋的商品，这不是我们想在
伦敦市中心见到的城市改造。"然而，就算没有格栅门，如他所说，
这些铺面还是会让他"充满库尔兹④般的毁灭一切的暴怒"。在这
里，除了彻底重塑社会来让问题消失，唯一的解法大概只有采取手
段来降低这些店面的密度，而我认为，虽然我们不积极建议，但有
很好的理由让GLC⑤所掌握的那种一般性的规划能力介入，以减轻

---

① 美国女演员琳达·波尔曼（Linda Boreman，艺名琳达·拉芙莱斯）的自传。她是《深喉》
的主演之一，后来成为反色情作品运动的主要参与者。——译者注
② 即刑事检控专员（Director of Public Prosecutions），是英格兰和威尔士皇家检察院
（Crown Prosecution Service）的长官，也是英格兰和威尔士职位最高的检察官。在淫秽和
电影审查委员会成立期间任此职务的是托马斯·海瑟林顿（Thomas Hetherington，1926—
2007）。——译者注
③ Indecent Displays（Control）Act 英国政府 1981 年出台的有关禁止公共场合展示不当内容
的法案。——译者注
④ 库尔兹（Kurtz），英国作家约瑟夫·康拉德（Joseph Conrad）的小说《黑暗的心》（*Heart
of Darkness*）的主要角色，是一个在非洲做象牙生意的殖民者，一个带有两面性的反英
雄，既多才多艺又阴险残暴。——译者注
⑤ 大伦敦委员会（Greater London Council），1965—1986 年间大伦敦地区的最高行政机
关，1986 年解散，2000 年其职权由新成立的大伦敦政府（Greater London Authority）代
替。——译者注

这种环境压力。

203 　　然而，在其他一些人心中，库尔兹式的毁灭一切的暴怒已经转向了整个色情业。近期最引人注目的现象，萨瑟兰在他书的最后一章提及的那个，即激进女权主义运动对色情作品表达的口头（有时甚至是肢体上的）反对：这个运动在美国已成规模，而在英国，五年前还不能清晰地听到它的声音。它的一些材料与更传统的抗议者所用的相同，而有些则是对昔日的误解所做的再加工：例如，它认为所有色情作品本质上都是一样的，都诉诸相同的幻想，而那些幻想与现实和行动间的关系非常简单。[3]

　　另一些想法也非常醒目，例如那样一种假定，认为如果"软核的"色情作品有很大的性别偏见（它的确是的），那么"硬核的"色情作品的偏见肯定更大。这是不正确的。虽然很多极端的色情作品肯定表达了对女性的施虐幻想，但是标准的蓝色电影，由于过于硬核而不能获得 BBFC（英国电影审查委员会）的"18 岁"认证的那些，无论其内容有什么别的问题，总是要比《花花公子》和《梅菲尔》①或者不可描述但又始终流行的《爱曼纽》②更没有性别偏见。

　　这是因为，划分软色情和硬色情的惯例涉及两性在作品中被展示的方式，涉及谁被显示为处于兴奋状态，如此等等。蓝色电影可能会剥削所有人，但是它们并不明显地对出现在其中的女性施加比男性更多的剥削。下述想法，即软色情作品的大众流通就是有性别偏见的，这主要是因为任何在大众中流通的东西都有性别偏见，即便只有几分正确，也还是有其道理。

　　色情作品展现的丑陋而冒犯的幻想是否有任何权利留存下来？除了它们的内容之外，是否还需要证明其他的东西来否认这种权利？左翼女权主义者通常认为不需要（"色情作品就是对女性的暴

---

① *Mayfair Magazine*，英国男性向成人杂志，1966 年创刊。——译者注
② Emmanuelle，一个出现在很多不同色情作品中的虚构角色。威廉斯所指的或许是以她为主角的某些小说。——译者注

力"），而在这一点上它就好像右翼主战派。有趣的是，这两个团体首要关心的都不是列席政府委员会的人——以及那些接着听取委员会报告的人——的当务之急，也就是，应该出台什么法律？保守主义的施压团体（但是不是隆福德爵士①）总是不愿意和任何能够取代《色情出版物法案》的具体法条绑定在一起，而激进女权主义者最多就是对规范性法律的机构感到不信任，有时则公开地鄙视它。

在这个问题上，女权主义者比保守派更言行一致。后者和其他中产阶级团体在立法过程中有着相同的旨趣，在将行政层面的差别待遇施加于一个不完善的社会时也是如此。但是激进的女权主义者公开承认其乌托邦色彩，并且不关心像规范色情作品这样的权宜之计。其目标在于彻底消灭这些幻想以及它们所表达的东西。但是不论色情作品和它们的侵犯性幻想到底代表什么——资本主义，抑或男性的原则本身（"女性没有暴力性的幻想，只有男性才有"，一位女性在一次公共会议上这样对我说，那时她气得浑身发抖）——要消灭它至少需要时间和转型过程，与此同时，还需要一些规范，所以我们不得不面对那个枯燥的问题，即这些规范应该是什么。面对激进女权主义者，我也不得不采取一种不那么高度戒备的渐进主义思路。色情作品也许真的是一种跨越国界的实质性犯罪产业，而这个事实本身就值得关注。但是从文化批判的视角看来，当我们在整个流行文化中还面对着无处不在、谎话连篇而又极具破坏性的性别偏见时，继续追究色情作品的妨害很大程度上只是转移到一个更传统和更无关紧要的目标上。

204

注释

[1] *Offensive Literature: Decensorship in Britain, 1960–1982*, by John Sutherland

---

① 应指 Francis Aungier Pakenham（1905—2001），第七代隆福德伯爵（7th Earl of Longford）。——译者注

(Junction Books, 1982).

　　[2]由伯纳德·威廉斯担任主席的淫秽和电影审查委员会所呈交的《淫秽和电影审查委员会报告》，很多部分由威廉斯执笔，在1979年由英国皇家文书局出版。

　　[3]对于上述的以及别的过于简单的思路，苏珊-巴罗-克拉夫-伊格纳提夫（Susan Barrow-clough-Ignatief）在她对加拿大电影《这并不是一部爱情故事》(*Not a Love Story*) 的影评［*Screen*, Vol.23, No 5 (Nov-Dec 1982)］中做了优秀的讨论。

（郭予崤　译）

理查德·罗蒂《实用主义的后果（1972—1980年文选）》

　　理查德·罗蒂的近著《哲学和自然之镜》(*Philosophy and the Mirror of Nature*)独到且持续地攻击了一个观念：准确地表征世界可以是哲学，甚至是科学的目标。他有时候说，两种活动都没能揭露出描述世界所需的词汇表。该书因其学养和批判性阐述的力量引人注目。同时，它也有些草率的内容；并且，一旦剥离了真理和客观性的传统概念，哲学该干些什么，它就此提出的纲领，说得温和些，也有粗略之嫌。

　　此书收罗了12篇已经发表的论文，作于1972年至1980年间，还附有一篇新写的"导论"。[1] 书的护封上说，此书为《哲学和自然之镜》讲的故事填充了细节，但其有趣之处其实不止于此。它展露了罗蒂对一些与前作核心理论有关的问题的态度，还提出了他对别的哲学家和传统的见解，其中就有海德格尔——罗蒂说自己如今想上调自己对他的看法。书里的论文还聊起了一位英雄，但《自然之镜》却没这么明白地视其为英雄。此人便是约翰·杜威；毕竟，书名里的"实用主义"主要就是杜威的实用主义。

　　罗蒂声称要把杜威从过了时的关联里解脱出来，还发现米歇尔·福柯和雅克·德里达如今走上的路，杜威早就在尽头处候着了。杜威的"大敌"，罗蒂写道："是作为表征准确性的真理概念，这个概念后来也遭到了海德格尔、萨特和福柯的抨击。杜威觉得，要是他能打破这个概念，……我们便会接受德里达的那些概念——语言不是表征实在的装置，而就是我们赖以生存和活动的实在。"

《自然之镜》的一些败笔，这本新书也有分担；最终，哲学要是摒弃了旧的幻觉，当如何进行下去，我们依然知之不详。罗蒂的风格也有些让人着恼，比如他常常掉书袋，卖弄名人大名和哲学史上的转折点（这可能是他早年就读芝加哥大学的岁月遗痕）。不过，本册的论文包罗万象、见多识广，总之很有意思。罗蒂对哲学、科学和文化的看法让人不安，他在多大程度上是对的，就很重要了。有时在分析派的批评家看来，他和其他立论恢宏的人一样，把不同的问题结合到一块儿。可是在把不同的问题结合到一块儿时，每个问题最后还各有各的趣味，这一点罗蒂通常做得到，但旁人却不总是做得到。

"不可能踏出我们的皮肤——即我们在其内进行思考和自我批评的语言传统和其他传统，然后拿自己和绝对的东西做比较。"这是罗蒂的一个核心论点。说得准确些，这里有好几个论点。最没争议的一点是，我们没法思考世界，却不以某种方式描述世界：世界不可能未经分类就呈现自身。况且，也没有什么世界借以描述自身或呈现自身的方式，本身却成不了探究、反思和替代方案的主题。这两条论断本身倒没有太恼人。我们还是获允以为，有个独立的世界是我们想方设法要去描述的，世界的实际面目操纵得了我们描述的成败。

可是，罗蒂论及的实用主义者却达到了比这激烈得多的结论，声称（看起来如此）我们能做的无非是拿一个描述和另一个描述比上一比。实用主义者不承认："穷根究底，一切的文本之下还有个东西，它不是另一份文本，而是各有不同的文本企图'充分表达'

之物。"实用主义者认为，我们没法在实质上谈论我们的描述涉及什么目的，好借此检验那些描述。除此以外，罗蒂还有一个历史主义的论点，说的是任何人群所用的范畴都随时间而变，本质上都是历史上的局部传统所促成的产物。这个历史主义论点不仅在《自然之镜》，也在本册的论文里起了很大作用。

倘若有人说，任何人类思想都免不了沉浸在所处时期的传统里，那么，什么算"一个时期"就是个要紧的问题了；格外要紧的问题是，什么传统为我们履行了这个基本的功能呢？罗蒂对此倒没有十分肯定。《自然之镜》有时说，那个时期是"西方人"或"近代西方人"的时期。本书的相关用语（至少用过一次）则是"十七世纪以降的人类思想"。这个问题特别紧迫，因为罗蒂十分坚持一点：我们做哲学不能就只谈人类，得谈特定时期的人类才行。罗蒂对托马斯·内格尔和斯坦利·卡维尔①作了一番颇有见地的探讨，这两位哲学家都（以不同的方式）希望摆脱传统，复兴与人类经验本身息息相关的深刻哲学问题。罗蒂准确地对比了两种途径：一是考虑某个哲学问题，然后像内格尔和卡维尔可能问的那样，问"该问题就**做人**这一点，向我们表明了什么？"；二是问，"这般问题持续地存在，就**做个二十世纪的欧洲人**这一点，向我们表明了什么？"（着重号是罗蒂本人加的）。

这些历史主义的观念确实以相当自然的方式，解释了罗蒂的主论点；可仅从罗蒂的主论点，哪怕是其最激进的形式，是推不出这些观念来的。说穿了，这种历史主义观罗蒂之所以接受，无非是因为他相信哲学史本身要我们接受。他觉得杜威、蒯因、维特根斯坦、海德格尔和德里达虽然风格迥异，却承继了黑格尔和十九世纪一些反康德主义的哲学家的衣钵；康德式的论断说，哲学可以发现"任何可能的研究的先天结构……"，但那些哲学家却予以反对。罗

① 斯坦利·卡维尔（Stanley Cavell, 1926—2018），美国哲学家，长期任教于哈佛大学，是日常语言哲学的坚定捍卫者。——译者注

蒂是这么诠释那些哲学家的：他们引导我们发觉，就我们描述世界的诸方式而论，除了说它们现在适合我们，就没啥好多说的了。当然，从传统上讲，哲学已经试过多说一点儿了。哲学企图攻克那些它以为事关我们的思想行动与世界之关系的深刻而持久的问题。罗蒂认为，有鉴于此，那些作家把我们引向了传统哲学理应终结之处。

罗蒂有时候发表了略微不同的意见，他坚持历史的自我意识，否认他的方法或别的方法有什么一般的根由。"我们应该照罗蒂推荐的法子，看待哲学和其他智识活动"，这个论断可不是什么有关我们在历史上走到了哪一步的教训，也不是什么我们应该从历史上理性得来的结论，而就是这段历史所造就的主张而已。我们当下之所在，即为我们之所在，亦为我们当下前进之所由。

罗蒂可不是相对主义者。他的看法和任何实证主义者一样干脆利落：比方说，他认同基于宗教认知和权威的世界已经过去，乃是好事一桩；并欣然把某种态度①描述为"不过是伽利略以前的拟人论（anthropomorphism）的遗痕而已"。可是，他真能像他在一篇论文里干的那样，摒弃相对主义及相关问题吗？罗蒂的自觉的历史主义，使其置身于这样一种辩证处境中：人人都可以问别人，他们有没有考虑到自己的意识是怎么演化出自己提的论点的，从而削弱别人的立场。自我意识和反思意识一旦转变为**那种**对精致哲学的独特态度，便会加速进展；黑格尔提出的通往超验立场的飞行计划后来遭到了怀疑，使密纳发的猫头鹰（owl of Minerva）②无法成行，于是它发现自己越飞，划过的圆圈就越小，这实在是声名扫地。

在这些方面，罗蒂的套路是一种古怪的杂糅。有时候，他好像

---

① 这种态度认为，总有一份最好的词汇表可用来描述相关事态的进展，例如，有描述整个宇宙的唯一的词汇表，而科学的目的就是要掌握这份词汇表。参见 R. Rorty, *Consequences of Pragmatism*, University of Minnesota Press, 1982, p.200。——译者注
② 又译为"密涅瓦的猫头鹰"。——译者注

深知自己的想法处于何种地位（虽然他的转向不如德里达等最受他赏识的法国作家那样快，也不如需要这些反应来保持活力的后结构主义批评家那样快）。别的时候，他又似乎全然忘记了一个关乎自我意识的要求，倒是学他企图逃离的那些旧哲学一般，天真地认为自己的论述完全置于他正描述的一般哲学状况之外。因此，他忽略了一个问题：接受他对各种智识活动的说明，却还继续从事那些活动，这是否可能呢？

这类问题还有些更麻烦的，见于罗蒂对待自然科学和生物科学的方式。谈到科学，罗蒂特有一番腔调，说科学一点儿特别的或格外有趣的东西都没有。

> 实用主义……不把科学树为偶像，拿来填补上帝占据过的空位。实用主义视科学为一种文学体裁——反过来讲，文学和作为研究的艺术与科学研究平起平坐……物理学是设法处理宇宙的不同要素的一个途径；而伦理学则关系到如何设法处理别的要素。

208

罗蒂在一篇题为"方法、社会科学和社会希望"的文章里，用类似的口吻说，结果无非表明，伽利略的宇宙图景比（例如）亚里士多德的图景更行之有效，但由此推不出什么"认识论的道理"。他尤其主张，谁要是认为物理学从伽利略以来的成功，与物理学认为宇宙"无穷、寒冷且凄凉"有某种关联，就是头脑混乱；谁要是寻求什么科学方法，借以解释科学的成功，就是不知好歹。"科学何以如此成功？"这个问题，在他眼里着实是个坏问题。罗蒂赞赏库恩（T. S. Kuhn）关于伽利略科学的见解，认为他的看法"例证了新词汇的力量，而非揭露了科学成功的奥秘"。

罗蒂在刚提到的那篇论文中，把两个问题结合到了一块儿，他在《自然之镜》里也这么做了，不过还没结合到这个程度。一个问题是：科学的成功有没有招致什么有关科学成功**在于**什么的有趣描述，或是容许这样的描述？另一个问题是：鉴于科学过往的成功，我们能否引申出什么一般的窍门，保障未来的成功？两个问题不是一回事儿。打个比方，卡尔·波普尔和罗蒂一样认为，对于第二个问题，除了一些事关理性进程的平庸套路，也就没啥好多说的了；不过，他又不像罗蒂，倒是认为科学在发现世界的实际面目方面，取得了客观的进步，这倒是有得聊。

抛弃对科学**目标**的种种认知，例如波普尔的认知，比罗蒂设想的还要难，而且难在不止一个方面。第一难在于不清楚罗蒂想让我们用什么来代替那些认知。科学"处理"（copes）、"是成功的"，科学词汇有"力量"（power）；可做起什么事来，科学词汇就有力量，或取得了成功呢？罗蒂有时很草率地说，做的是生成预测这件事，有力量或成功意味的是更好的预测。我们在此发现，自己又上了老派哲学的车。"更好"难道不意味着，比方说，"真"吗？按罗蒂的观点，这一站就下车是没道理的："真理不过是对那些被人看到付出了价值的句子的恭维。"可当我们看到句子付出了价值时，我们看到了什么呢？

这个辩论主题历史悠久，如今还在正统的分析哲学中大行其道。罗蒂论及的实用主义者不想赢得这场辩论，也不想接着辩下去，反倒想彻底撒手不干，把主题改换一番。有的分析哲学家说，这事儿罗蒂论及的实用主义者可办不到。不过，罗蒂无疑是对的，他说：很多哲学成就无非就在于改换主题，而要是实用主义者换了这个主题，那么他也就换成了。

我想，罗蒂立场的弱点在别的方面，就是说，他以为这一切全都是**哲学**的事儿；他觉得改换主题是在哲学内迈了一步，或是出离哲学，往外迈了一步。这样想就严重忽略了他讨厌的那些描述，是在多大程度上发端于科学本身的。科学本身挪动了什么算作观察的界限，也照样挪动了解释和待解释项的边界。不管对科学中的"观察的"和"理论的"做什么绝对的对照，总归是哲学家犯了错，因为理论创造并构成了新形式的观察。况且，像电子显微图这样构造精致的图像，何以成为观察的记录，也是由科学理论做出解释的。

实证主义者是罗蒂的论敌，他们因科学尊重直鲁的事实（brute fact）而赞扬科学，理论和观察的截然二分就是他们犯下的过错。可这番对实证主义者的批评，也转而反对了罗蒂本人，因为这些批评例证了一件看来他应该觉得不可能的事儿，就是科学解释了它本身所作的观察的可靠性。同理，科学经常能解释其猜想（conjectures）之为真。科学理论的进展其实经常涉及一件事儿，就是解释为何过去的理论所作的某些预测为真，而另一些却失败了。并非一切的科学进展都办得到——没什么套路适合所有的科学进展——但这是个重要的现象，为"客观的科学进展"这一观念提供了依据。

说得更一般些，现代科学有个重要的特点罗蒂没提，就是现代科学一定程度上解释了科学本身何以可能，解释了具有科学所说的起源和特征的生物，我们如何理解得了一个具有科学所说的那些属性的世界。倘若说如此成就，比方说演化生物学和神经科学的发现，都是不足道的，说任何旧理论都办得到这些事儿，简直是错得离谱（不过，确实有数不尽的理论可以微不足道地处理同样的问题）。**从科学反思本身来看**，这些念头促成了一幅有关科学对象的图景，尽管罗蒂说我们不该有这样的图景；也就是说，这些念头促成了独立于我们的探究、对世界的本来面目的认知。这个认知可能是幻觉，可就算是幻觉，也不是什么简单的哲学错误所致，引用康德及其后学的一两行文字就解释得了；尤其是，这个认知还不仅仅是哲学的产物而已。

同理，舍弃对世界的这个认知难不难，也不只是一个哲学问

210　　题。它难以舍弃的另一层意义在于，哪怕它是幻觉，也难以舍弃。科学从业者就很难弃之不顾。

　　这里有个重要的对比，罗蒂却好像没见着，一边是科学研究，另一边是罗蒂对哲学未来的有趣想法。在一段有所表露的文字中，他说："实用主义认为，'明辨事物如何联系到一块儿'（seeing how things hang together）这个……概念①是不可能摆脱的——当今时代带书生气的知识分子以为，这就意味着，要看看一切不同时代和文化的一切不同词汇是如何联系到一块儿的。"这也许是哲学继任者②的计划，或是文学研究的计划（罗蒂不想让哲学的继任者有别于文学研究）；但肯定不是科学的计划。人没有关在书本的世界里，而是直面"这个世界"，实际的存在物让直面这事儿或难或易——这种种感觉，都是科学的驱动力，或科学的本质意识少不了的一环；即便罗蒂对科学实质的描述为真，他的描述要是纳入科学的本质意识里，也会在重要的方面改变了那种意识——就科学的进步而论，几乎肯定是变糟了。

　　可要是如此，那么实用主义者就面临一个可怕的问题：其观念用他们自己的话说，到底能不能是"真的"？因为实用主义者要是说其表述为真，意思约略是其表述有效；可我们有什么理由认为，比起科学家就科学所说的语句，实用主义者就科学所说的语句在科

---

① 这个概念源自美国哲学家威尔弗里德·塞拉斯（Wilfrid Sellars, 1912—1989）的长文《哲学和人的科学图景》（"Philosophy and the Scientific Image of Man"）。塞拉斯认为，哲学的目标就是"明辨事物如何联系到一块儿"。他区分了有关世上之人（man-in-the-world）的两幅图景，一幅是"显明的图景"（manifest image），另一幅是"科学的图景"（scientific image）。"显明的图景"是我们藉以观察和解释世界的日常概念框架；"科学的图景"则脱胎于"显明的图景"，引入了一些科学的理论推设（如亚原子粒子和场，等等），试图构成对世界及其进程的完备解释。"显明的图景"揭示了现象的领域，而"科学的图景"则揭示了世界的本来面目。——译者注
② 在一篇收录于《实用主义的后果》的、题为"观念论和文本论"（Idealism and Textualism）的论文里，罗蒂提到了黑格尔的贡献，他认为黑格尔为哲学引入了浪漫主义，巩固了"文学或可成为哲学的继任学科"的愿景。——译者注

学家的实践方面会更有效呢？这里的要旨不是说，科学家对他们的所作所为有什么自明的知识，只是说科学家说的语句有助于他们继续干下去，而这在实用主义者眼里才是最要紧的。

实用主义者能不能恰当地**说**罗蒂所说的那么多东西，确实是个问题。维特根斯坦在这里瞧见了一个问题，比任何别的受罗蒂赏识的哲学家都看得透彻，自然也比罗蒂本人看得透彻。倘若不可能为我们在相当一般的层面上，自然而然说的一番言论提供什么根据，也不可能越过那番言论；倘若传统所理解的哲学却企图越过那番言论，于是现在理应终结；那么，为什么哲学不该就这么**简单地**终结，好让我们该说的话就是我们自然而然所说的一切呢？《自然之镜》有几段话，大意是：我们无非是发现了，说物理学描述了一个已然存在的世界，比起（例如）说世界相对于我们的描述而变，"方便"得不要太多。可要是这样说方便得不要太多，而什么方便就是唯一的考量，那么人人都该这样子讲：物理学描述了一个已然存在的世界。既然如此，罗蒂为什么一直要我们**别**这么说呢？

罗蒂式的实用主义者，就和维特根斯坦的追随者一样，很可能 211
说出这样的话来：要不是他振聋发聩地提醒一番，人们可能就受了误导，陷入有关我们境况的虚假观念里了。受了什么的误导呢？回答常常是——受了哲学的误导，或是受了种种不负责任的话语的误导。维特根斯坦经常就是这么回答的（虽然他也为某些更好的回答提供了材料），这也为他的名言——"当语言休假的时候"，哲学才会产生——打下了根基；虽然有人可能会说，他的这句名言，就和他的某些别的言论一样肤浅透了。其实，那些"误导性的"印象不仅是哲学助长起来的，还是追求物理学这样的举动助长起来的。因此，除非科学本身也表露为不自然的活动或度假活动，否则我们应该"受误导"这一点，就是我们本性的一部分，而不仅仅是哲学所致。

可如此一来，就有一个真正的问题：要说"我们受了**误导**"，按照实用主义者的假定还剩下什么内容呢？除非他设法重新占有那种在人类言说和活动以外的超验立场，可那正是他想让我们抛弃的，既然如此，他凭什么可以这么说呢？

于是，倘若我们接受罗蒂对于科学活动可以怎样描述的见解，那么，如何解读他对科学活动的描述，可就不只有一个问题了。还有一组不同的问题，关系到哲学的自我理解及其未来。这些问题迥然有异，主要是因为罗蒂指望科学存续下去——科学的"发现是现代科学文明 ① 的基础。我们怎么感激这些发现几乎都不过分"。不过，哲学理应走到了终点；或者正如罗蒂常说的那样，"本质哲学"（Philosophy）② 理应走到了终点，这里的大写表示作为独特**学科**（Fach）或专门事业的哲学。一种后本质哲学的哲学（post-Philosophical philosophy）会有转圜的余地，这是一种文化批评，对此没什么非常特殊的专业知识。罗蒂对这种活动的未来做了些猜测，偶有空想马克思主义的；本质哲学的非专业继任者会是新文艺复兴的通才，上午搞点文学批评，下午钻研历史，干起这些事儿来，满怀尼采式的欢乐精神。③

不过，这里还是有个问题，事关这种活动应该如何与对其本性的意识共存。很难领会精神生活的这些新形态何以能长盛不衰，毕竟这些形态同时据说是二阶的、派生的，依托于过去那些自以为在

---

① 罗蒂的原文是"近代技术文明"，而非"近代科学文明"。此处引文出自 R. Rorty, *Consequences of Pragmatism*, University of Minnesota Press, 1982, p.191。——译者注

② 罗蒂在本书中区分了"哲学"的两种意义：就其一般意义而言，哲学是明辨事物如何联系到一块儿的尝试，罗蒂用"philosophy"一词指出了这个意义，此处译为"哲学"；就其更技术化的意义而言，哲学是对事物（如"真"、"善好"和"合理性"）的柏拉图式的抽象本性的探究，罗蒂用字母首字大写的"Philosophy"一词表达了这个意义，此处译为"本质哲学"。——译者注

③ 罗蒂的猜测与《德意志意识形态》对共产主义社会的畅想形成了对照："而在共产主义社会里，任何人都没有特殊的活动范围，而是都可以在任何部门内发展，社会调节着整个生产，因而使我有可能随自己的兴趣今天干这事，明天干那事，上午打猎，下午捕鱼，傍晚从事畜牧，晚饭后从事批判，这样就不会使我老是一个猎人、渔夫、牧人或批判者。"（译文参见马克思、恩格斯：《德意志意识形态（节选本）》，人民出版社 2018 年版，第 30 页）。——译者注

搞本质哲学本身的人的活动的。"哲学家算得上是研究哲学史，研究那些所谓的'哲学的'观念在当代对文化的其余部分有何影响的人……"对哲学史的提及，还有"哲学的"一词周围的引号，都立马揭示了支撑这一形象的继任身份。甚至是尼采式的欢乐精神也和对这些过去人物的运用有所关联。我想，罗蒂说起德里达（认识到我们真正处境的人之一）时，抱有赞赏的态度：德里达"不想领会黑格尔的书；他想玩转黑格尔"。

212

其实，我很怀疑罗蒂是否真从他瞧见的本质哲学的遗迹里，提炼出了什么活动，好维持他勾勒的那种后本质哲学文化。要是觉得我们可以长期维持住大部分的文化，可以把某些作家——我们现在知道没什么希望的活动，那些作家却深信不疑——的文本戏耍一番，聊以自得，这么想不是很切实。

然而，罗蒂的观点可不仅影响到了当作独特活动的哲学的未来。他的观点还引发了一些重要的问题，关系到某些智识理念——首先是某个信实（truthfulness）的观念——对一般文化的意义，而那些理念得到了某些风格的哲学的着力栽培。

罗蒂的目标之一，便是要克服科学文化和文学文化的二分；让人意外的是，他常常提起已故的斯诺勋爵①，把各种区分和斯诺联系在一起，而那些区分远比斯诺本人想到的任何区分还要来得精妙。同时，罗蒂还想克服当代两种哲学，泛而言之，即"分析"和"大陆"哲学的二分。我已经说过了，就文化的未来而论，第一个目标不会按罗蒂的方式落实，因为从事科学研究的事业，以及人们从事科研的精神动力，与在文本之网里进行比较全然不同，就算（在罗蒂仍需解释的某种意义上）科学**真**就是文本比较，但只要科

---

① 查尔斯·珀西·斯诺（C. P. Snow, 1905—1980），英国科学家、小说家。1959 年在剑桥大学作了题为"两种文化与科学革命"的演讲，认为科学文化和人文文化缺乏沟通，主张受过良好教育的人应该兼通热力学第二定律和莎士比亚戏剧。——译者注

学活动兴旺繁荣，就会否认对其本身的这种描述。

　　但是，这一要点事关对科学目标的描述，倒与采取具体的方法论无关；即便科学成功地继续把自身认知为对真实存在的发现——就是说，如果科学继续下去——那么，科学与任何更宽泛的对合理性的文化或社会认知有何关联，与此相关的大多数问题由此还是未知之数。另一个在两种哲学之间的划分在此进入了视野。罗蒂声称，分析哲学和大陆哲学已经分别成为科学和文化公关部，这样讲倒有几分道理。

　　道理有几分，但很多内容还是漏掉了。实证主义以外的分析哲学并不承诺科学至上，也不致力于验证科学对自身的赞美之辞，这一切罗蒂自己在本书和《自然之镜》里都解释得相当好。（顺便提一嘴，他在《自然之镜》的"序"里说，该书用分析的风格写作，但也可以用海德格尔的风格写作，他选择分析风格，无非是个人经历所致。[1] 这条论断他倒可以信，但我怀疑别人有谁会信。）可是，分析哲学的话语及论证程序，更能接上科学家的话语及论证程序，这一点倒千真万确。分析哲学在其践行者看来，比起其他风格的哲学，更有责任感，意义更为重大，不那么容易受制于武断、异想天开和修辞，我猜科学家也是这么看的，只要分析哲学在他们眼里，不像大多数别的哲学那样毫无意义就好。

　　假如罗蒂说得对，以上对比根本就毫无意义了；分析哲学自称有更高的理智德性，这种德性有一定的普遍文化意义，也实属无稽之谈。分析哲学无非是把表达清晰误会成了感知明确，把论证能力

---

[1] 威廉斯的记忆不确，这条论断其实出自《哲学和自然之镜》的"导论"而非"序"："的确，从我正采取的观点来看，'分析'哲学和别种哲学的区分相对没那么重要了——这是风格和传统问题，不涉及'方法'或第一原理的差别。本书大体用当代分析哲学家的语汇来写，针对的是分析哲学文献中讨论的问题，这无非是个人经历的缘故。这些词汇和文献是我再熟悉不过的，我对哲学议题的把握也有赖于此。倘若我同样熟悉哲学写作的其他当代模式，本书会好得多，管用得多，虽然篇幅甚至也会长得多。"（英文原文请参见 R. Rorty, *Philosophy and the Mirror of Nature*, Princeton University Press, 1979, p.8。）——译者注

误会成了合理性而已。分析哲学也没有从自身与科学的关系中赢得些许名声，不仅因为没什么方法论为分析哲学和科学所共有，也因为科学完全不是分析哲学一般设想的那么回事。分析哲学特别忽视想象力，这倒不是什么对客观性的贡献，反而是自身造就的局限。要是说分析哲学像点什么别的活动的话，它最像对抗制[①]下的律师活动了，而它颇受赏识的技巧也主要是一些庭辩相关的法庭技巧。

有人也许认为，"法庭"（forensic）一词起码在最低限度上是一种称赞，但实则没什么称赞的成分。给定一个法律体系，法庭实践可以算是支援正义。可要是没有任何类似的规则体系，没有任何关乎论证和证据的公认标准，那么哲学的法庭实践在罗蒂看来，就只剩下了对抗制度最差劲的那些方面。因此，分析哲学并不比别种哲学组织得更合理；它不过是使用了一种不同的修辞，采用了不同的方法来欺负对手罢了。

罗蒂已经提出了一个强烈的、完全严肃的挑战，挑起了一个比怎么做哲学还重要的问题。这个问题到头来绝不会那么重要，罗蒂本人也批评了一些受他赏识的哲学家，比如海德格尔，说他们高估了哲学本身之于文明的意义。不过，论证的哲学风格因其试图展露的那些优点，具有了超越哲学本身的价值。谁也用不着相信，哲学问题是最重要的问题，哲学可以发现人类应该在干些什么。但是，分析哲学确实主张，它为文明思想享有的某些优点，提供了非常抽象的印证，既因为它提供理由，提出论证，让人们得以明白地遵循和考虑；也因为它把问题弄得更清楚，并梳理了混淆之处。

214

---

① 对抗制（adversarial system）是英美法系的主要特征之一，法官负责审查当事双方提交的事实证据，并且仅在当事方违反规则或寻求帮助时才会进行干预。与此相对的是大陆法系的"纠问制"（inquisitorial system），是法官自主导的制度，掌控审判的程序和节奏。——译者注

按照这种观点，分析哲学维护了多种重要的自由，既有探求论证的自由，在其更富想象力的范围内，也有发展关乎世界和人类生活的替代图景的自由。分析哲学既是创造性的活动，也是受制约的活动——先不论其他，那些制约被体验为理性的一致性（rational consistency）的制约。分析哲学经历了这些制约，认可在制约之下从事最富想象力的工作的哲学家，这都展现了它的精神与各门科学有所重合。无论是这种哲学还是各门科学，秉持的理念还是古老的苏格拉底的理念：纯粹的修辞和语词的力量逞不了风头。

这一关乎哲学及其优点的形象遭到了罗蒂的彻底批评。可在我眼中，他给摆脱了这一形象的知识界所描绘的图景，却相当不激进，还极为乐观。某些"会话的制约"（大抵是哈贝马斯（Habermas）那种，不过他对这些制约倒没有多谈）不亚于任何制约，会把事项聚在一起，我们只得竭尽所能，维护思想开放、接纳新鲜考虑的传统。罗蒂倒不想我们为，比方说，福柯的话语（discourse）之为权力关系网的看法过分激动，或是过度不安。"'权力'和'文化'"，他写道，"等价地表明了使我们借以超越动物的那些社会力量——一旦坏人掌管了那些社会力量，就会把我们变成比动物更糟糕、更悲惨的东西。"**一旦坏人掌管**（When the bad guys take over）：这话里的语词起码有四种理解得了的强调方式，每一种方式都表示了一种思考社会在理性文明崩溃时的境况的方式，但同样都很肤浅。

话语一旦摆脱了真理和客观性的幻觉，该当何往，罗蒂就像在《自然之镜》里那般，对此多有提示。罗蒂在一般的文化语境下，就像他面对科学一样乐观得很，忽视了要是人人都信他说的话会有何后果——而那些后果，实用主义者最是疏忽不得。可这依然不意味着罗蒂错了，除非按他自己的是非标准，那倒还有可能算错。他对分析哲学所说的明确性和合理性的标准提出了挑战，仍是值得严肃以待的。

道德哲学是罗蒂本人没有涉足的领域，而他的那种质疑却在此展现了强大的力量。分析的道德哲学现已恢复了对"对"与"错"的理论思考活动，不再只分析伦理术语了。这一活动急需就道德理论与实践的种种关系，包括理论家和社会其余部分的关系，给出某种融贯的理解，可这种理解至今仍未设法提供过。在诸如彼得·辛格 ① 等哲学家的工作中，似乎只是假定节俭性（economy）和简单性等智识理论的优点，转变为了可取的社会实践合理性。这表示了一种最可疑的柏拉图式理性主义。人道且正义的社会实践何以和任何种类的哲学理论相关，对此没有什么事先的保证。这无非是应用了罗蒂正确提出的那个问题，即分析哲学的论说优点和社会合理性的可取形式有何关系。

本册的论文连同《自然之镜》一书，理应鼓舞了哲学家，当然也不只是哲学家，去问这个问题，并探索一番。罗蒂用崭新且出人意表的方式提出了这个问题，从中可以学到一些道理。至于他的说明包含的弱点，也可以从中学到一些东西。两个主要的弱点在于：对科学的说明不充分（当然是实用意义上的不充分），以及对后本质哲学的文化的指示非常薄弱。由这双重的弱点或可见得，"哲学和科学可以共享信实的概念，这可不单是权力意志的应用"的传统观念，还是有长处的。

科学给出了屈指可数的有效途径，引领我们走出了文本之网，走出了罗蒂发觉自己和"当今时代带书生气的知识分子"一道受困其中的话语档案——这个印象如此有力地影响其践行者，虽然罗蒂对此态度很是不屑，但我以为，对科学与文化之关系的说明还是该发端于此。罗蒂乐观地与福柯打交道，还引用了骇人听闻的一句话："随着语言的存在继续在我们的地平线上闪耀得更明亮，人倒

① 彼得·辛格（Peter Singer, 1946—　），澳大利亚伦理学家，代表作《动物解放》（*Animal Liberation*, 1975）把功效主义用于为动物保护申辩，引起了很大的学术影响。——译者注

行将就木了。"① 我猜，如果我们不保有"科学找到了逃离语词牢房的出路"这一（受经验主义所珍视却也遭其误解的）感受，不恢复"追求科学是我们受真理约束的本质经验之一"的感觉，那么，我们会发现：语言在地平线上的明亮，原来是卡内蒂的小说《迷惘》（*Auto-Da-Fé*）② 里那场图书室大火的明亮，而那个极具书生气的主人公就葬身于火海之中。

注释

[1] *Consequences of Pragmatism (Essays 1972–1980)*, by Richard Rorty (University of Minnesota Press, 1982).

（谢沛宏　译）

---

① 这句话出自福柯的著作《词与物》，罗蒂转引自英译本 Foucault, *The Order of Things*, Random House, 1973, p.386。

② 埃利亚斯·卡内蒂（Elias Canetti, 1905—1994），德语作家，1981 年获诺贝尔文学奖，代表作有自传三部曲《获救之舌》《耳中火炬》《眼睛游戏》，以及小说《迷惘》。《迷惘》一书描写了一个爱书成癖的汉学家基恩，终日与书本为伴，却被家中女仆骗婚，又被夕人诬陷为精神病人，最后精神崩溃，点燃了图书室里的藏书，自己也葬身火海。——译者注

肯尼斯·布莱克威尔等编《罗素文集卷一：剑桥时期（1888—1899）文论》

从现在起到 2000 年，罗素发表过的和未发表的全部文章，计划分成 28 卷发行，本书就是第一卷。[1]各卷按主题分成两大组，于是，卷二至卷十一收罗了严格意义上的哲学材料，而卷十二至卷廿六会按时间顺序，囊括政治和社会方面的文章。① 出于这些目的，文章都是"大众作品"，包括政治讯息、公开信，还有报刊稿件、书评和散文。编辑声称，这些文章有百分之九十从未结集，有百分之十五未曾发表。

罗素档案馆（Russell Archive）位于安大略省哈密尔顿的麦克马斯特大学，主编了这项浩大的企划项目。这家机构安静地坐落于尼亚加拉河边的一处山崖，1968 年购买了罗素的文章，随后变成了世界级的罗素研究中心。那里的编辑已经提出了一套全面的体系，包括翔实的注解和文本附注。这显然有意成就一座丰碑。

第一卷涵盖了罗素的青少年岁月、在剑桥大学的本科学业，还有他写的头两本书《德国的社会民主》（*German Social Democracy*,

---

① 《罗素文集》（*The Collected Papers of Bertrand Russell*）如今已超出了当初的规划，有 36 卷出版或在编。——译者注

1896）和《论几何学的基础》(*An Essay on the Foundations of Geometry,* 1897）的有关材料。大量的材料尚未发表过。罗素向使徒会（如今知名得过分的秘密社团）①宣读的一些文章也收录其中，一定程度上体现了讨论的"半吊子"特点，保罗·莱维（Paul Levy）在他的摩尔传记里，不怀好意地如此说道。罗素在推动招收女性的目标时，就观察到："……我们上个学期对'我们能不能爱我们与之交合的女人？'争执不休，那时要是有女性出席讨论，会有无可估量的价值。"

217   从罗素的本科岁月起，就有一本"上了锁的日记"（"大学教师是浪费了的权力的可怜样本，他们劝我说，只因学术成就便获得报酬，乃是一种非常有害的制度"），还有一些向他的哲学老师宣读的论文，那些论文给人留下了非常深刻的印象，这或许倒不足为奇。他写的哲学史比起后来的《西方哲学史》(*The History of Western Philosophy*）还要准确，但笑话也更少些。

   不仅是罗素早慧的事实，还有他后来的风格气度在这些早期岁月多少已经成型这一点，都给人留下了不可磨灭的印象。1888 年到 1889 年间，那时他 16 岁，就用希腊文写秘密日记了。日记里充斥着诸如"我现在来到了最困难的主题，不朽；我已经试过在这本册子里回答这个问题，但现在看来，我走了错误的推理路线……"等句子。罗素好像甫一开始，就掌握了一种异常简单而优雅的写作方式，本卷收录的一些最早期的文章，读来令人大感愉悦；而且，相较于他后来的写作，那些他从未遗失的、带有灿烂青春印迹却没那么讨喜的特征——比如说，偶尔的居高临下，以及惹人不快的轻率——在他生命的这个阶段还没那么让人着恼。他说过，自己一动笔，几乎全部的工作便已完成；可是，他在成熟的作品中，也常常

---

① 使徒会（the Apostles），剑桥大学的秘密社团，1820 年成立，历史上的著名会员有诗人丁尼生（1809—1892）、哲学家怀特海（1861—1947）、哲学家罗素（1872—1970）和经济学家凯恩斯（1883—1946），等等。——译者注

给人这样的印象：作品那时正以阅读它所需的速度在写。

罗素从剑桥大学毕业后，他的才智也找到了天然的形态，本书就有一些好玩的文章，特别是一篇论"奢侈品的用途"的未发表作品。顺带一提，编辑与读者相比，似乎是更棒的侦探，可该文的导言却动摇了我们对编辑的信心。编辑不厌其烦地揭露本文宣读的可能地点，还说它为继承的收入申辩，然而，该文却对此明确予以抨击。

这本非常有意思的书和整个系列一样，收录了公开的和学术的文稿，却没有收录私人文稿。罗素在《罗素自传》里冷淡地表达了自己的情感，而我们在本书里却看不到那么多的冷淡表达；相反，我们发现他的目光炯炯有神，忙着向外察看智识问题和政治问题。见识到他年纪轻轻就完全定了型，运用着未来80年还会用下去的武器，别有一番滋味儿。

注释

[1] *The Collected Papers of Bertrand Russell*, vol. 1, *Cambridge Essays 1888–99*, edited by Kenneth Blackwell and others (Allen & Unwin, 1983).

（谢沛宏　译）

德里克·帕菲特《理与人》

十年或十五年前，对道德哲学的抱怨是，它不解决实际问题，而是集中于元伦理学。也就是说，聚焦于伦理思想的地位、意义、客观性等问题。这种抱怨现在已经过时了。十年来，分析哲学一直致力于展示其在帮助我们思考具体问题方面的作用。

在这么做的过程中，分析哲学躲过了回避问题的指控，但又陷入了其他指控的风口浪尖。其中一种指控是，分析哲学脱离了其他思辨的或批判的思想甚至是哲学思想。哲学家们倾向于转向伦理理论，这项事业试图通过诉诸道德原则的结构来解决实际的困境，该结构是一个系统的框架，哲学上的聪明才智有望将该框架应用于具体问题。这就提出了一个问题，为什么一套观念因其有一个理论的结构，我们就应该认为它们对我们的情感和生活有特殊的权威性呢？除了所谓的理论权威这个非常基本的问题，伦理理论有时也很贫瘠，因为它过多地培育了伦理自主性，而忽视了哲学的其他领域，以及（除了一些哲学家，比如约翰·罗尔斯）其他学科。

德里克·帕菲特写了本非常聪明且富有想象力的书，以非常新颖的方式处理了广泛的伦理问题。[1] 此书几乎没有花时间（也许是花的时间太少）讨论元伦理学，但它避免了许多有时会困扰一阶伦理哲学的畸形现象。它与其他学科建立联系，比如福利经济学。它和哲学的一些其他部分有很深的牵连，尤其是个人同一性问题与何为人（person）的问题。而且，它很正确地没有把话头开在道德领域之内，而是开在更广泛的实践理性领域，从"我们最有理由去做的事是什么？"这个问题出发，而不是从任何"道德"色彩鲜明的问题出发。

在伦理思想领域，帕菲特没有从任何伦理体系出发。他也不希望凭空变出一个伦理体系。帕菲特专注于一致性问题，他一遍又一遍地问我们，在这些不同的方面，我们的道德判断意味着什么，以及所意味的这些是否与我们似乎同样认肯的其他蕴意连成一体。这并不是他唯一的方法。他用了许多伦理论证的方法，比道德哲学家们通常承认的还要多。只有在书的最后一章他悄悄地展示其中的一些方法时，人们才会意识到这些方法运用得多么自然。通过这些方式，他在一定程度上解决了理论权威的问题——尽管我认为他做得还不够深入。

在如下两方面，帕菲特与维多利亚时代的道德哲学家西季威克——帕菲特相当欣赏西季威克——看法一致，一是从实践理性出发，二是一些论证方法。凯恩斯觉得西季威克缺乏力道，被体面束缚住了手脚。帕菲特会否认凯恩斯对西季威克的这些指控，但不管凯恩斯说得对不对，这些指控肯定不适用于这本怪异而又激动人心、富于力道的书。本书分为四编。在第一编中，帕菲特考察了一种理性行为理论会怎么以各种方式自我挫败。他非常巧妙地处理了如下问题：如果一个人认为他的目标应该是产生总体上最好的结果，那么要做到这一点，最好的方法几乎不可能是在每个场合都考虑如何带来最好的结果。每个人都不从涉及直接思考结果的动机出发去行事，反而更有可能产生最好的结果。这被认为是这类后果主义理论的一个问题。帕菲特坚持认为，事实并非如此，而且这个结论并不能反驳我们应该取得总体上最好结果的理论。它只是告诉我们如何通过培养我们自己的其他性向来产生这些结果。然而，在其他情况下，理论可能会以破坏性的方式自败，因为它会要求我们每个人都采取行动，而当我们都采取行动时，这些行动加在一起就会破坏理论最初所要达到的目标（帕菲特声称，对于那些无害地自败的后果主义理论来说，情况并非如此）。

在这些方面，帕菲特对决策理论家关心的问题有很多话要说，比如著名的"囚徒困境"（Prisoner's Dilemma），它清楚地表明，单从个体来看理性的行动方案如何可能合在一起造成损害，而且当各方都知道这一事实时，他们可能仍然有很好的理由遵循这些行动方案。这些议题，以及他所讨论的许多其他同类议题，都和政治有很大关系。帕菲特明言这些议题和政治有关，但他在多数时候并没有按照它们和政治有关那样去讨论。讨论非常详细，相当艰难，且很有启发性，但从社会或政治的角度来看相当沉闷。比如，他没有考虑需要什么样的制度，或者什么形式的社会理解，以便做他像西季威克那样建议我们做的事情，也就是诱发我们自己身上的行动性向，这些行动性向服务于某种暗藏的伦理理论的目的，同时又不揭示理论的内容。

或许可惜的是，这个相当令人生畏的一编不得不放在第二编对理性和时间的精妙讨论之前。帕菲特在这一编问道，我们是否应该更关心明天会发生什么，而不是几年后会发生什么？如果是，为什么呢？这只是此类问题中最常见的一个。比如，他还想问，为什么我们应该更关心将要发生（或者更确切地说，可能仍然会发生）的事情，而不是已经发生的事情？为什么这个恶劣的行动已经发生是好消息呢？如果人们倾向于认为至少这个问题是非常浅显的，那么帕菲特只要轻轻一触，就能使人回过头来看到事情并非如此。

同样在这一部分，他还在一场贯穿全书且有助于统一全书的战役中采取了一些重要举措，这场战役就是反"自利论"（Self-Interest Theory）之战。自利论认为，理性的做法是关注自己的目标和利益，而这种目标和利益是尽可能从自己的整个人生来看待的。帕菲特从两条战线上作战。在一条战线上，自利论受到了道德（Morality）的侵扰，后者认为我们应该关心的不仅仅是我们自己——比如，我们应该关心所有人。在另一条近一些的战线上，自利论被"当前目标论"（Present Aim Theory）所削弱，该理论认为，人做自己现在想做的事就是理性的。为支持该观点，或者更确切地说，为支持该观点的一个稍微更能受人尊敬的版本，帕菲特针对自利论提出了非常好的驳论。他的主要目标之一是表明，在理性行为中，审慎并不像人们经常赋予它的那样具有特殊的优先地位。这是个很好的目标，但那些希望藉此得到解放的没出息的读者，当他们后来得知轻率行为毕竟有问题时，会发现他们的热情受到了打击：轻率不是非理性的，而是不道德的。

这一点的理由是，我们后来的自我应该被视作与其他人相当。帕菲特试图让我们看到，在实践理性中，"何时？"（when）与"谁？"（who）是同一类问题。我们应该摆脱支配我们或我们中大多数人的图景，即人有着特殊的身份，构成该特殊身份的是真正的**我**。我们应该摆脱下述非常有说服力的想法，即对于诸如"十年后处于痛苦之中的那个人还是不是我"这样的问题，必须始终有一个完全确定的答案。根据帕菲特的说法，从事情的真相来看，这个问题可能根本没有答案。我们应该认识到，就像休谟所相信的那样，一个人不过是由某些关系（比如记忆之间的关系和性格的连续性）维系在一起的经验聚集体。当我们看到这一点，我们就会明白，在我们自己和他人之间划出一条鲜明的伦理—利弊的界线是错误的。

这些都是本书第三编的主题。在最后一编，帕菲特转到了我们对后代的关切所带来的问题，特别是人口政策和可欲的人口数量应该有多少的问题。就个人同一性而言，他已经发表了关于该主题的文章，并做出了突出贡献——例如，他发现了他所谓的"同一性问

221

题"（Identity Problem）[1]。这是因为，当我们讨论未来的人们是否会因为我们的政策而生活得更好时，我们不能假设同样的人将受到我们这项或另一项政策的影响，因为我们的行动会从根本上影响个体存在的方式。帕菲特展示了在这一领域看似合理的论证是如何导致不可欲的结果的，比如他所说的"令人反感的结论"（Repugnant Conclusion），根据该结论，数量无限大的、其一生勉强值得过的人口，在道德上比数量较少的、状况好很多的人口更可取。帕菲特试图找到一种理论来避免这个结论，同时也避免某些其他的悖论。到头来，尽管他的论证富有独创性，也很精致，但他还是承认自己失败了：但他仍可以为自己邀功，因为他在这一过程中发现了一些值得注意的问题，这些问题无疑将在未来很长一段时间内引发讨论。

这本书所展示出来的强度在很大程度上是论证上的。短小精悍的句子在紧凑的编排中一气呵成；其效果有时就像一个人不放你走。不过强度也表现在想象力方面，首先表现在例子上，这些例子通常简单，是精心设计过的，每个例子都有一个标题——这种手法如果用得不太熟练，可能会显得捉弄人。其中许多例子都是虚构的，特别是在个人同一性部分，帕菲特引入了隐形传送（teleportation）、身体裂变（bodily fissure）和其他幻想来构建例子，这些例子挑战了我们平常的信心，即我们知道什么可以、什么不可以算作同一个人。在过去的几十年里，哲学家们经常使用这些异想天开的例子，这些例子一定程度上确定了帕菲特的议程。另一些人则拒绝接受这些例子，他们说，我们的概念是为了处理实际状况而非与我们的世界大不相同的世界而发展起来的，没有理由期待这些概念能够在外星球的大气中呼吸。对此，帕菲特给出了几个复杂的回应。其中一个回应是，该观点可以解释为什么在某些不太可能的情况下我们可能不知道说什么，但它很难解释为什么在其他同

---

[1] 原书中帕菲特称此问题为"非同一性问题"（non-identity problem）。——译者注

样不太可能的情况下，我们似乎知道我们会说什么。而在我们的个人同一性等问题上更是如此，我们通常的观念似乎排除了无法给出答案这一整个想法，该想法也是问题的基本组成部分。

在我看来，当这些问题被简简单单地当成形而上学问题时，帕菲特的回应都很好。但是，当我们像帕菲特那样关心形而上学立场的所谓伦理后果时，为什么它们是充分的回应就不那么清楚了。换句话说，我们并不总是清楚地知道，为什么以这种方式得出的形而上学立场竟会产生伦理上的后果。受"单纯聚集而成的自我"（merely agglomerated self）的形而上学的鼓励，帕菲特接受一种抽离于自我利益的伦理观，从这种观点看，他人和各个阶段的自己比我们通常所认为的更像彼此。他认为，哲学应该使我们转向一种更非个人化的观点。但哲学应该在多大程度上做到这一点，肯定取决于世界的实际状况。如果构成人之为人的经验彼此之间有着很强的关联，并且让经验的主人（帕菲特相当冒险地允许我们这么去称呼这个人）对他或她自己的同一性及其与别人的区别有强烈的感觉，那为什么形而上学的看法——他或她实际上是一组模糊的经验之聚集——会为感受和行动的改变提供理由？

形而上学议题和伦理议题之间的联系是这项工作的核心，但这些联系如何成立并不总是清清楚楚。至少在一个帕菲特只是非常简短地谈了谈的例子中，两类议题间的联系压根就不成立。他说，如果像有些形而上学家所宣称的那样，时间的流逝是一种错觉，那么在实际思想中，不对某一时间有多于另一时间的偏好，比如对近期的偏好超过远期，就不可能是非理性的。但这个结论是推不出来的。如果时间的流逝是一种错觉，那么行动和审思本身看起来涉及的时间之流也是一种错觉；联系到这个问题上的形而上学真理，整个实践审思的事业，以及所有可能施用其上的各种原则，都得一同被悬置。如果时间的流逝是一种错觉，我们就会体证这种错觉，而发现它是一种错觉并不能为我们提供在它之内以一种方式而不是另

222

一种方式进行审思的理由。

帕菲特能够如此轻松地将形而上学议题转化为实践议题，我怀疑是因为他对实践的看法，以及他对一般经验的看法，在整本书里是如此彻底地外在。从哲学上讲——他的文学典故并非如此——他从外部看待一切。这在他处理个人同一性时就对他遮蔽了如下之点，即人们之所以认为未来的某份经验是否会属于他们这个问题必须有定论，主要理由是，如果这份经验会属于他们，那么他们除了预料它会发生之外，还可以期待它，可以绘声绘影地预见自己拥有这份经验；而对于我是否能适当地做到这一点，认为此事全无定论的想法似乎没有立足之地。如果帕菲特讨论了这个要点，未必会损害他的论说，甚至可能有助于我们接受他的论说。但在其他方面，在个人同一性理论中，一如他先前讨论一个人需要在自己身上诱发某些性向时，他对第一人称观点的忽视留下了一个缺口。当我们思考应该如何理解和应用该论证时，会缺少一个维度。

223　　在一个方面，帕菲特让人看不清楚他是否充分地将其形而上学结论应用于自己的论证。在本书的最后一编即讨论人口政策问题的一编，人只是经验聚集体的想法似乎已经被帕菲特抛诸脑后。整个讨论建立在一个似乎与该想法没有稳定关系的概念上，即"值得过的一生"的概念。帕菲特的所有悖论都涉及如下问题：不同的全体人口中的人是否有值得过或不值得过的一生的问题。但是，早先关于个人同一性和审慎的讨论已经使我们完全不相信**一生**在伦理上的重要性。也许值得过的生活并不意味着整个一生都是值得过的。也许它只是意指在任一给定时刻值得过的某种生活。但帕菲特不能依照眼下的情况简单将其收缩到这一点。对于他所说的不值得过的一生的含义，他给出的唯一线索是，那些过着非常不值得过的一生的人，如果可能的话，他们会自杀。但帕菲特在使用这个概念时，必须要考虑到这样的人所要结束的生命的同一性。在他本人看来，这涉及自杀所将阻止的生命的问题：这里的生命不是指行动者不会有的孩子，而是他不会成为的自己。帕菲特不能用自杀的意愿作为一个人如何评价自己一生的中立测试。如帕菲特所说，如果轻率是不道德的，那么自杀就是谋杀。

　　除了那些来自人的形而上学问题之外，关于人口政策的部分还引出了另一个问题。这一部分比书中所有其他部分都更严格地测试了当我们面对极端的、陈述得非常抽象的可能性时，我们伦理反应的可靠性。相应地，在这一编，帕菲特拒绝提出元伦理学问题会引来最多的质疑。当他问我，如果有两大群互不相干的人，每个群体之中的人的一生勉强值得过，这样是否比其中一群人具有相当高的生活标准更好，或者当他问我一些更复杂的同类问题，我可能会想，我受邀回答这个问题是在干嘛呢？这样的判断能有什么实质内容？

　　当我唯一一次对这些问题有了似乎很可靠的看法，但理论上的论证到头来可能会把我的看法撇在一边时，这个问题就更加紧迫了。我们很多人都相信帕菲特所说的"不对称性"。如果我现在生的孩子（很可能）会过上悲惨的生活，这本身就成为我现在不生孩子的某种理由。另一方面，如果我的孩子很可能会过上相当幸福的生活，这个事实本身并不是要孩子的理由。我们并不认为把孩子生下来对他或她是好事。帕菲特则争论说，我们或许就应该这样认为。对我来说，我必须承认，在这个领域里，"不对称性"的有效性再明显不过了，虽然我们当然需要为这种印象给出哲学解释，但我不明白理论是如何获得废除这种印象的力量的。如果道德哲学要通过非常抽象的手段做到帕菲特希望它做的这么多事情，那么道德哲学就迫切需要对理论的权威性给出说明。

　　然而，在这里和在其他地方一样，帕菲特所发现的冲突是完全真实的，他富有想象力、强有力的论证揭示了深刻的问题，这些问题在大多数情况下从未被如此彻底地探讨过，而在其他情况下，这些问题几乎没有被思考过。对于实践和哲学来说，这些问题都很重要，在令人动容的最后一章中，帕菲特明言他认为这些问题有多么重要。这本巧妙的、与众不同的、引人入胜的书撑得起这些重要的问题。

注释

[1] *Reasons and Persons*, by Derek Parfit (Oxford University Press, 1984).

（吴芸菲　译）

玛丽·米奇利《邪恶哲学论》

玛丽·米奇利^①相信，太多的人认为没有邪恶（wickedness）^②这码事；她的论著欢快而健谈，第一部分就聊起了助长他们的错误的各种观点。[1] 例如，她批判了让人们相信谁也评判不了的相对主义，还批判了一种据说扎根于科学的宿命论。她声称，我们没有道德可不行，几乎也没人相信这也行：那些声称已经摆脱了道德的人，其实是在拥护某种新道德，而新道德反过来可能又强调了旧道德的某些选定的环节。

倘若我们不得不相信这样或那样的道德，难道我们就不得不相信邪恶吗？玛丽·米奇利假定熟悉的道德观的大部分，包括对"邪恶"的信念，都是同进同退的，未免太过草率。特别是，她好像倾向于认为，我们可能持有的任何伦理观不仅保留了责备的机制，还会继续赋予它特殊的意义。

但情况无需如此。我们可以怀疑我们的某些伦理思考，却不全

---

① 玛丽·米奇利（Mary Midgley, 1919—2018），英国女哲学家，因科学、伦理学和动物权利方面的工作而闻名。——译者注

② 按玛丽·米奇利的观点，"邪恶"是指故意做道德上有过错的行为。"故意"涉及自由意志，而"道德上有过错"（morally wrong）似乎暗示了道德有某种客观性，因此，"邪恶"的概念是有争议的。——译者注

然弃我们的伦理思考于不顾。我们可以同意，有些人比别人更下流、更自私、更背信弃义或野蛮残忍，并对他们做出适当的反应，却不认为这些恶品是他们的过错。那我们还会相信邪恶吗？

我们当然不必相信，有一种灵魂的状态，为所有这些可恶的人所共享。玛丽·米奇利本人也不相信这回事儿。她反对统一地说明邪恶，不管是以形而上学的形式也好，还是以科学的风格，企图从诸如攻击性等力量中寻觅一切不良行为的根源也罢。她相信，邪恶是否定，邪恶在于德性的缺失。人们为何不按我们对他们的伦理期望去行事、去感受，有多种不同的缘由。这肯定是正确的，不过为何有邪恶研究这样的主题，就不甚了然了。人的无能为力没什么一般的说明。为什么玛丽·米奇利认为，有问题要她的论著来回答呢？

我想，她之所以觉得有问题，是因为在她说邪恶是否定的时候，她至少有时候意味的不限于此。即便邪恶在于看似单纯的失败，在于无动于衷、考虑不周或野蛮残忍，她也认为邪恶不单是行动者（agent）没法干得更好的问题。她相信，正如我们有许多人也相信，行动者只要肯费心，本可以注意或关照到的。在别的情况下，行动者的意图（可以说）毋庸置疑是否定的，其目的本身就是阻挠和伤害。

玛丽·米奇利想问，为什么人们有这样的意图呢？一个让她难忘的回答在于这样的想法：邪恶在一种更深刻的意义上源于否定，邪恶肇始于一种空虚，后者造成了嫉妒和破坏性。此书有一些最深思熟虑的部分，针对的便是这个想法。

她引用了一些文学，不但有或可预见的人物，如伊阿古和弥尔顿笔下的撒旦，值得注意的是，还有杰基尔医生（她高兴地评论道："任何邪恶速成班都必须得好好感谢苏格兰人。"）。[1] 她感谢弗

---

[1] 伊阿古（Iago）是莎士比亚戏剧《奥赛罗》中的主要反派，憎恨主角奥赛罗，设计使他相信妻子和他的手下有染。杰基尔医生（Dr Jekyll）是苏格兰作家罗伯特·路易斯·（转下页）

洛伊德，尽管有点儿屈尊俯就的样子；还对演化作了简洁而意义深长的思索。可到头来，我们仍不清楚她觉得这些调查究竟解释得了多少东西，因为我们还是不清楚，什么东西在她看来是需要解释的。

纯粹无动机的破坏性和恶意（malice）需要解释——这就是它们据说是无动机的原因。如果邪恶就是如此这般，那么邪恶的确需要一些特殊的理解。可是，当玛丽·米奇利向我们保证——其实是向我们**一再保证**——有邪恶这回事时，当她批驳那些批评整个道德的相对主义者或宿命论者时，她心里所想的比这还要宽泛。于是，"邪恶"涵盖了多得多的德性之敌，涵盖了品类齐全的伦理畸态——贪婪、占有欲、怨恨、懦弱及考虑不周。

226

道德哲学家确实应该比当下更关心这些事情，此书告诉他们要这样干，甚有助益。可是，玛丽·米奇利还是没说清楚，这些特征为什么要得到**解释**，又如何得到解释。这部娓娓道来的论著在若干方面很乐观，尤其是因为它从"这些特征常常就是我们的动机"的事实中，窥见了某种让人称奇的东西。

注释

[1] *Wickedness: A Philosophical Essay*, by Mary Midgley (Routledge & Kegan Paul, 1984).

（谢沛宏　译）

（接上页）史蒂文森（Robert Louis Stevenson, 1850—1894）的小说《化身博士》的主人公，一喝下特制药水，就会变成邪恶的海德。后来，"杰基尔与海德"（Jekyll and Hyde）还成了"双重人格"的代名词。玛丽·米奇利认为，当代哲学和心理学对人的阴暗面关注得还不够，所以除了宗教以外，要想了解邪恶，唯有求助于描写邪恶的文学作品，例如史蒂文森的《化身博士》。史蒂文森是个苏格兰人，米奇利说"感谢苏格兰人"云云，部分原因便在于此。——译者注

西塞拉·博克《秘密：论保密和解密的伦理》，戴斯·威尔逊编《秘密文件：为当代英国的信息自由而辩》

人们总是说英国人对于保密有着偏执的兴趣。但不经常提及的是这种偏执有多么深入和奇特，以及除了那个广为人知的事实，即英国当权者都极度重视保密之外，还有多少与之相关的事实。我们对于保密和对于秘密有同样多的兴趣：我们关心保密和解密的过程、手段和违规行为。这种对过程而非内容的兴趣，再加上这种偏执经常展示出的毫无助益和徒劳的本性，例如《周日报》对间谍的兴奋态度所展示的那种，使得它类似于对色情作品的依赖。它的典型特点在于，我们难以分清幻想和现实。对往日间谍活动的不断翻刨是如此猥琐，部分是因为事实和虚构已经相互融合：布朗特①、比尔·海顿②、史迈利、彼得·赖特③现在似乎都离我们同样遥远。

---

① 安东尼·布朗特（Anthony Blunt），活跃于30至50年代的苏联特工，英国艺术史学家、英国艺术权威，在剑桥大学三一学院担任教授，曾获得英国皇家维多利亚勋章（KCVO）1979年身份暴露后被剥夺骑士头衔。——译者注

② 比尔·海顿（Bill Haydon）与史迈利（Smiley）都是小说家约翰·勒卡雷（John le Carré）的间谍小说《锅匠、裁缝、士兵、间谍》（*Tinker, Tailor, Soldier, Spy*）中的虚构人物。——译者注

③ 彼得·赖特（Peter Maurice Wright, 1916—1995），英国情报科学专家，曾服役于英国军情五处（MI5）。——译者注

这种对间谍活动的执念属于调查者，属于揭露者。即使是它对保密的态度也非常复杂。显然，那种对反复揭露一群剑桥间谍①的需要不只是关注他们泄露的信息的秘密程度。它痴迷于他们作为间谍的隐秘性；痴迷于隐秘的性关系；痴迷于一个将社会排除出它的秘密花园的统治阶级一度不为人知的生活。这种发现的狂热与负责保密的人的偏执旗鼓相当，这偏执不止是对于间谍活动——这不算令人意外，尤其是如果一个人手下的间谍也是别人的间谍——而且是对于政府的各个领域。正如西塞拉·博克的书所论证的，这是掌权者的一种深刻的、几乎是普遍的欲望；戴斯·威尔逊的文集有力地记录并雄辩地抨击了它在英国这个最爱保密的民主国家中特有的强度。[1]

西塞拉·博克思想深刻的书不仅仅有关于官方的秘密，虽然它们得到了不少关注。她讨论了诸如隐秘性、亲密性和隐私之间的关系这类事情；书里有很多有趣的见解，例如，德语对应"秘密"的词直接与对应"家"的词（这个词是被浓缩进"盖世太保"这个缩写的词之一）相联系。她讨论了自我欺骗、招认、职业保密性、警察和记者的调查行动。她还讲了几个值得注意的恐怖故事。这里有神圣维姆会②，一个于十三世纪在威斯特伐利亚建立并持续到拿破仑时代的私人执法组织。还有那个化学品公司，在将错误的添加剂运送给了密歇根的饲料粮联营商，导致很多人的健康遭到损害、很多牛死亡之后，它威胁要开除任何帮助调查的员工。对于那些认为学术界比商界更高尚的人，这里有 60 年代在匹兹堡进行的社会科学实验的故事，在这个实验中，研究者们将学龄儿童单独留在一个掉出了物品的手提包前，以检验他们有多容易偷窃。

这本书与西塞拉·博克上一本关于说谎的书都倾向于对公共和

---

① 指剑桥五人组（The Cambridge Five），冷战期间活跃在英国的一个苏联情报网，其成员全为英国上流社会人士。前文提及的布朗特即为其中之一。——译者注
② Holy Vehm，自中世纪后期至大约十九世纪初活跃于德意志威斯特伐利亚地区的一个兄弟会，以秘密方式举行私人审判和执行私刑。——译者注

私人的真相问题所引发的伦理议题做一种公正而精明的评估。然而，我们并不总是清楚她所谈论的是谁。例如，对于谣言——在这个语境下是个很值得一谈的主题——她合乎情理的断言采用了一种略显严厉的语调，但是我很怀疑她是否希望对她所谴责的浮夸传谣者产生较大的影响，而别的人不需要被教导这些。倒不是因为她过于严厉了。她正确地抵触了克尔凯郭尔极端的苛责，也不接受海德格尔以他典型的灵动写下的句子："因为所说的东西首先总被领会为'有所说的东西'亦即有所揭示的东西。所以，既然闲言本来就不费心去回溯到所谈及的东西的根基之上去，那闲言原原本本就是一种封闭。"对于这类东西，她正确地说道："它们抹消了差别，并且以它们自己的方式否定了意义。"

有时她的道德讨论非常直接地针对那些需要面对保密机构来决定怎么做的人。她关于"吹哨"的章节，她最出色的章节之一，似乎是为潜在的吹哨人而写，并且问道，如果你正在决定是否将雇佣你的机构中的不公现象公之于众，那么你的头脑中应该有怎样的考虑。对于其他问题，她关心什么样的规则或手段可以最好地为所涉及的大量不同利益和权利服务。她正确地说，虽然当然有很多理由使得信息不应该被泄露，但是没有理由认为主导了官方或专业行动的一般考虑本身不应该被公开。生活在一个具备宪法、最高法院以及很多能言善辩的律师的社会中，她总是能意识到这些社会透明度的典范；在英国，她会发现讨论这个主题的想法是极为陌生的，除了在一种闪烁其词的废话的层面上。

在美国，正如在英国，理念的走样不都是朝着一个方向的。如果有太多东西被藏匿，那么就会有太多的东西被搜寻，而且通常搜寻的是一些错误的东西。公众的"知情权"总是在这个语境下被召唤出来，西塞拉·博克犀利地批评了这个想法时常被滥用的方式。她论证道，如果一个人有权知道某件特定的事，那么就有另一个人有责任透露此事。但是通常，当有人援引知情权时，例如当一群狗仔队藏在树丛中或者记者成功扰乱他们本应报道的会谈时，很明显没有人有义务透露事情——他们仅仅是有可能被迫这样做。

对知情权的宣称通常是虚假的，但是并非总是如此。它的确适用于当你想知道的信息是关于你自身的，并且掌握在一个公共实体手中的情形。它也适用于很多有关公共决策的信息。戴斯·威尔逊代表英国信息自由运动（Campaign for Freedom of Information in Britain）所编的书，在一个关于国际间比较的章节中指出，英国是如此惊人地在这些方面落后于其他国家：在立法上落后，在法律实施上落后的程度更高。依据这里给出的断言，即便法国，这个国家权力不负责任的臭名昭著的典型，仅仅因为其公民的不合作行为而闻名，在这些问题上也要比英国更为自由。

信息自由在这两类情况中提出了不同的问题。在个人的情况中，存在的问题是保护行政程序不受怪癖者和狂热讼棍影响，并且使之远离那种让任何人都无法对一个员工或候选人写下一句真实评语的公开关注。除此之外，问题在于保证信息能够被与它相关的人知晓，但不被别人知晓，并且这并不容易，尤其是在——正如这两本书指出的——信息越来越被掌握在很多彼此联系的机构手中时。

在信息是关于像政府决策或者国家理由这类事情抑或是政策和行政问题的情况下，就存在关于可以正当地提出何种要求以及有何理由隐瞒信息的更宽泛的问题，并且这两本书都十分合理地讨论了它们。这包括像环境污染这样的研究领域，在这里（威尔逊编的书中莫里斯·弗兰克尔的文章说明了这一点）公共实体实际上不仅有权而且甚至有义务隐瞒与公共关切直接相关的信息，还包括可以用来确定排污方的信息。威尔逊的书正是两本书中更具有战斗性的一本。它再次强调了《官方保密法》① 第二节的严重后果，这也适用

229

① *The Official Secrets Act 1911*，英国政府1911年颁布的有关官方信息保密的法案，由于当时英德之间的紧张关系，此版法案特为防范间谍渗透而制定。其第二节（"过失信息传递"）被认为过于严苛，并于1989年的新《官方保密法》中被替换。——译者注

于任何一种官方事务。这个不合理且具有压迫性的条款已经被大多数值得尊敬的权威人士反复批评过了，它得以幸存仅仅是因为它只是被选择性地和伪善地付诸实施——而这也没有阻止它被以极端的暴虐付诸实施，正如对萨拉·提斯达尔（Sara Tisdall）[1] 所做的那样。[2] 直到我阅读本书之前，我都不知道该法案在仅仅三十分钟内就通过了下议院的所有三读（commons readings）以及委员会审议环节[2]，这是 1911 年面临对战争的恐惧时的情况。

然而，除了减少政府隐秘性的一般议题以及能被合理隐瞒之事的细节之外，还有另一类问题。这就是如何令公众知晓实情的问题。与之前一样，在只涉及个人的情况中，这总的来说不算太难：一个想要知道实情的人应该能够前去找出答案，而不用面对太多的难题、资金上的或者官僚主义的阻碍。但是对于公众关切的议题就是另一回事了。当公众确实有知情权时，究竟谁有权让他们知情？如果必须有信息自由，它应该是谁的自由？这两本书都没有直面上述问题。

当克罗斯曼的日记[3] 出版时，上述问题就得以展现了。在有关日记公开的争议中，有很大一部分关于知情权的论述，但是它通常都忽略一个问题，即作为一个对政治事件的知识的来源，迪克·克罗斯曼的证言——即便是对他自己而言——温和地说，仍需大量解读。他的个人性的并且有时是恶意的成见不能作为内阁议事录

---

① 萨拉·提斯达尔（Sarah Tisdall, 1960—　），前英国外交、联邦和发展事务部（FCDO）官员。在 1983 年时（那时 1911 年《官方保密法》仍生效）因为向《卫报》泄露了有关美军在英国的导弹部署的信息而被捕入狱。——译者注

② 三读（commons readings）和委员会审议环节（committee stage）都是英国议会下议院讨论通过法案的必要环节。——译者注

③ 理查德·克罗斯曼（Richard Crossman, 1907—1974），英国工党议员，1964—1970 年为哈罗德·威尔逊首相（Harold Wilson, 1916—1995）的内阁成员。在他死后，他的日记以《阁员日记》(Diaries of a Cabinet Minister) 为题出版，其中包含了大量有关威尔逊政府冷战期间决策过程的信息。此人正是本书第一篇书评所评的书《今日柏拉图》的作者。——译者注

（Cabinet Hansard）① 的替代品。可以正确地说，更多的信息，即使不是关于上周的内阁讨论（假使还有一个内阁的话），也足以使我们不那么依赖于反对党的前内阁大臣那先入为主的回忆录：但是接着还有谁来透露什么信息的问题，这有关于信息被公之于众的方式。

如果有能力使人了解实情的利益相关者所能找到的重要信息可以比现在更容易知晓，那么很多事情就能办成。但是只有当媒体——它们本应是信息渠道——能够传达知识时，知情权才能完全发挥作用。很少有英国新闻媒体愿意这样做。这倒不是因为它不够真诚或者准确，虽然它的确是这样。而是因为它大多数时候以即时、肤浅和碎片化的方式展现真相，这不利于理解，从而使真相变得毫无意义。媒体的现状与官方的沉默对于知情权都构成了问题：这是使真实信息成为可能的问题。英国的电视是一种比大多数新闻媒体更负责和有用的媒介，但是由于它的效力短暂，它无法完成只有写作才能完成的事。还没有人找到如今在英国几乎消失的条理清晰的媒体的替代品。

这两本书是对的：在这里就像在其他地方那样，现代政府要么一心投入隐瞒真相的活动，要么在怠政中依赖它，而这是有破坏性、危险和值得谴责的。但是当信息得以公开时在英国上演的滑稽场面很惊人地助长了当权者们对透露信息油然而生的抵触。很多严肃的关切都被官方过分的保密所阻挠，但是当大多数媒体根本不代表任何严肃关切，也不展现任何使人理解状况的打算时，官方也就不容易谨记上述事实。公众在某些情况下的确有知情权，但是媒体不能将这种权力据为己有，除非它也能使自己有能力为公众提供知识。

---

① 一种记录内阁议事日程的报告形式。——译者注

注释

[1] *Secrets: On the Ethics of Concealment and Revelation*, by Sissela Bok (Oxford University Press, 1984); *The Secrets File: The Case for Freedom of Information in Britain Today*, edited by Des Wilson, foreword by David Steel (Heinemann, 1984).

[2] 萨拉·提斯达尔曾在英国外交、联邦和发展事务部任文职官员，她由于在 1983 年向某报纸泄露英国政府文件而入狱。

（郭予峤　译）

托马斯·谢林《选择与后果》

　　本书是对谢林在过去二十年左右时间内所写文章的集结，涵盖的主题从博弈论的一般特点到核威慑，从自制力的心理学到有组织犯罪的经济和团体结构。[1]这些文章依据主题分类，而不依据日期来排序（你必须在书中找寻一番才能知道它们的写作时间）。它们的重要和深刻程度各不相同。有些文章包含了细致的整段分析，而在其他地方谢林以一种深思熟虑的风格缓步前行，时而称赞修昔底德是有战略眼光的分析家，时而反思戒烟的难题。它们都写得很好，总是富有趣味，有时才华横溢，并且只需要很少的技术性知识；有些文章，特别是与博弈论相关的，实际上以很实用的形式直接给出了这种知识。

　　有些文章引人注目地展现了如何聪明地使用经济学概念来对社会提出新问题，并且对它们提出新的解答，这种解答方式不一定需要应用新的事实，或者甚至不需要那些非常不熟悉的事实，但是仍然能提供见解。尤其值得注意的是两篇（有些许重复的）有关犯罪的文章，《经济学与犯罪集团》以及《有组织犯罪集团是做什么的？》，在这些非常聪明并且很有启发的文章里，谢林首先定义了有组织犯罪，这并非仅仅是有着组织体系的犯罪，亦即一个由专长互补的盗贼们组成的合作小队可能具有的形式，而是追求垄断的犯罪。他接着讨论了一系列问题，涉及诸如一种活动具有什么样的结构条件才能成为适合有组织犯罪插手的生意；谁是有组织犯罪在经济上的受害者；敲诈与税收的相似之处；从事敲诈的人为何喜欢对不需要的服务收取超额费用，而不是仅仅掠走钱财。这些文章的有趣之处不仅在于它们对犯罪提出的洞见。政治哲学家应该阅读它们，以便对限制法定权力（Legitimate Power）的界限以及这种权力的本质有更清醒的思考。

232 　　不同专业学者思路上的不同与他们各自对什么事情值得惊讶或不值得惊讶的判断可能是平行的。哲学家和别的人（在他们年纪渐长，变得愤世嫉俗，而且广泛涉猎了战略分析家和决策论专家的著作之前）经常惊讶于那些作者，以及经济专业的其他人，会对某些事情感到惊讶这件事；例如他们经常忽略一个事实，即人类似乎不会真的用别人已经兑现的潜在生产力或者别的类似标准来衡量他们生命的价值。在这个方面，谢林是一个值得尊敬的例外，并且他坚定地拒绝对人像人一样行动感到惊讶。他 1968 年的一篇著名文章《你所拯救的可能是你自己的生命》（"The Life You Save May Be Your Own"），讨论了生命，尤其是各种可能造成生命损失的情况，可以如何指派价格。

　　上述讨论的意义大大增加了，因为谢林毫不犹豫地表明他知道生命的价值和死亡的恐怖超过了经济学可以把握的范围。"我不确定这种人口经济学的计算是否有意义的"，他写道："在最好的情况下，一个家庭可以利用这一方法来计算损失一头牛的代价，但若是失去了一条柯利牧羊犬，其损失将无法以此来计算。尽管孩子并非宠物，但在美国，比起牲畜来他们还是更像宠物一些。毕竟如果在计算时将孩子比作未完成的大楼或是某些正在制作的昂贵物品，消费者的利益可能无法体现出来。"他展现了一种不多愁善感的机巧，这影响了他的讨论的内容和语气。如果一个赚钱的人死了，"……

我们要首先将他的生命与生计区分出来。他的家庭会怀念他，也会怀念他过去能赚得的收入。我们不知道其家庭到最后会更怀念这两者中的哪一个，而如果他是最近才过世的，那现在询问这些似乎也不太合时宜"。

在有些主题上，谢林在我看来还是表现出了他不应有的惊讶程度。他困惑于这样的事实，即一个人有时候在表现上和在他人的感觉中判若两人，他给出的指令和做出的决定经常被忽视，或者需要外部力量协助才能被强行实施。虽然谢林给了不少惊人的例子，并且显然知道这种事情有多常见，但是他似乎对于发现它们感到震惊。就像从柏拉图和亚里士多德开始的很多哲学家那样，他显然困惑于该怎么最好地描述这种情形，但是在这里他的困惑似乎没有找到足够清晰的焦点：尤其是，他无视乔恩·埃尔斯特（他引用了此人）以及别的人最近的讨论成果，仍然对一个二人模型 ① 的简单版本过度依赖，并且他的某些推测，例如对法律加强人们谨慎的和可敬的动机的方式的推测，将这个模型看得过于重要了。

此书的副标题是"一个走岔路的经济学家的观点"（Perspectives of an Errant Economist）。正如我先前提到的，这些文章摆脱了各种还原论，非经济学家常常认为这些还原论是经济学家对政策的反思的最恼人的特点——它恼人，是因为经济学家声称或者不否认他或她正在讨论的是政策本身，而不是政策的经济维度。谢林可以用令人不适的方式强行灌输经济学构想，但是他知道这些构想在什么地方和为什么让人不适。他不止一次返回到关于为支付不起更好和更贵的服务的乘客开设安全性较低的航班、船运或其他交通方式的对与错这一主题。他知道这可能会被认为是一个令人不齿的提议，但

233

---

① two-person model，这类经济学模型假定有两个决策者处于某种决策情境中，并为他们赋予一些与选择相关的参数（例如偏好）。它一般会假定，存在某个社会福利函数（social welfare function）可以从这两个主体的某种关系（例如他们各自的偏好排序）中得出。其要点在于，不假定在二者决策行为之外还有别的因素会影响这个社会福利函数。——译者注

还是很合理地询问为什么。同时，他承认有组织的社会的成功有赖于那些在一个坚定的物质主义 ① 者（如果真的有这种人）眼中可能显得多余或矫情的传统、态度和信念。泰坦尼克号的沉没说明了这一点。一等舱配有足够的救生艇；下等舱已经预定与船同沉。我们如今再也不会容忍这种事。那些甘愿在海上冒生命危险而又没钱乘坐安全船只的人或许不应该被剥夺将他们自己交托给没有救生艇的便宜船只的机会；但是如果有的人不能支付有救生艇的航程，而有的人可以，那么他们不应该在同一艘船上旅行。

更有趣的在于，在一些地方还原论还是阻碍了谢林。它尤其展现在第一篇文章《经济分析与政策伦理学》（"Economic Reasoning and the Ethics of Policy"）中，这是一篇很新的文章，里面有两种基本的还原论的强烈痕迹，这两种还原论在有关伦理和政策制定的经济学著作中都很常见。其中的一种表达的道德主义比物质主义更多（虽然这二者肯定是天生相互依存的）。这个观念就是，唯一与政策有关的伦理看法是那种中立的不偏不倚的态度。"我所说的政策伦理学是指"，谢林写道："当我们试图非利益性地思考租金管制［之类的事情］② 时遇到的与政策相关的伦理学问题……我认为，政策伦理学只存在于与我们没有任何个人利害关系的事务上。""找到一件与个人利益没有任何关系的事务是非常困难的。个人伦理观念会主导我们对堕胎和死刑的看法。"（谢林在此加了着重号。）

但是他不可能认为，并且他的意思肯定也不是说，在这些议题上通常都掺杂了我们的个人利益。他的意思是，人们对他们关心的这些主题有自己的看法，他们在意这些看法，并且这些看法也不仅仅反映了他们如何看待每个人的利益。谢林自己的见解表现在很多

---

① 原文为 confirmed materialist，但是本文中的 materialism 并非指形而上学的唯物主义，而是将人生和社会的一切规定性都归于物质财富的那种心态，因此译为"物质主义"。——译者注
② 这里的省略为威廉斯所加。——译者注

其他地方，他认为人们确实具有上述态度，并且只有当一个人很草率地混淆了个人态度和个人利益时，他才会否认那些态度是伦理态度。实际上，谢林从未否认它们就是伦理态度——他仅仅是说它们是个人的伦理态度。但是因此就不清楚为什么它们不能被用来对政策议题施加影响。除了空洞地援引伦理领域的中立性，它们不能对政策施加影响这一断言还需要更多的东西支持。它需要一种对国家的本性的非常具体的论述。

有时候，谢林与上述方向背道而驰，并且似乎在表明，中立地以经济学的方式思考政策的过程消解了对伦理领域的需要。如果我们在考虑租金调控或者燃油券、医疗设施或者安全设备时本着这样的精神，即问自己如果是受益人的话想要得到什么，以及如果自己是纳税人的话准备提供什么，我们可能会达成共识："并且这对我们不会显得像是一个伦理议题。"但是这将会是一个伦理问题，并且也没有理由对我们显得不像一个伦理问题。经济学的和契约论的构想（当然二者不一定是一回事）不会消解伦理思考：它们提供了一种思考（某些）理论议题的方法。

进一步说，谢林所使用的这些思维方式也涉及另一类还原论。他笃定地认为，当存在分配或者供给某种商品的问题时，如果人们将这些商品换算成金钱来考虑，一定能把事情弄得更直截了当。在机场安全的问题上，再次出现了一个关于如下情况中会发生什么的别具一格的讨论：众人同意应当拿出一部分税收来让你购置机场照明设备，但是你也可以自由地不将这部分税款用来购买机场照明设备。但是遍布这些讨论的可替换性假设否认了谢林在其他地方甘愿承认的东西，也就是我们将某些事物——生命、安全、公共卫生和秩序——视为不仅仅是人们可以买也可以不买的商品。由此可知，如果我们认为人们对它们有着权利或者可以索取它们，而政策必须尊重这种权利或索取，那么需要被尊重的就是对这些事物的权利，而不是对金钱的权利，仿佛金钱如果不被花在别的事物上，就

234

能被用来购买它们。实际上，在这些论证中有种近乎矛盾的东西。人们会指出社会中某个领域的重要欠缺或者需求，这存在于教育、卫生、安全或其他什么中；当满足这一需求的问题提出时，据说如果相关人士被提供了款项，使得他们在打算满足这一需求时（我们还可以补充道，同时如果他们是足够有组织性的，等等）他们可以自主选择去这样做，那么就更有助于兼顾效率与公平。但是那些作此论证的人对于真正的经济公平缺乏概念，并且如果弱势人群仅仅提出他们比别人的钱更少，那么这不应该意味着就必须给他们更多钱。这个讨论之所以会开始，本就是因为他们在要求上述的那些东西，并且出现了一种想法，亦即任何人都应该给他们任何东西。

还原论的经济学论证忽略了这样一个伦理的同时实际上是人类学的事实，即不是所有的社会性的善都具有相同的意义，并且它们并不都与金钱有相同的意义：迈克尔·沃尔泽（Michael Walzer）在他的新书《正义诸领域》（*Spheres of Justice*）中很好地强调了这个事实，并且（正如我已经说过的）谢林也完全知道它，至少当他没有在讨论这类论证时。这个论证也忽略了，或者说更宁愿忘记，一个政治事实，即如果原先对某种东西的索取被转化为对金钱的索取，那么它就更不可能被尊重。这不算是出人意料：如果它原先就是索取更多的钱，那么除了绝对平等主义者，没有人会听取它。在谢林称为困难时期的时段（"真正困难的是问题，而非时期"），将所有社会产品视为金钱的一个非常重要的后果是，它们都可以更容易地被削减。特别是当谢林谈论自己在做什么时，他倾向于承认一种关于经济动机的还原论以及一种对生活在伦理共同体中所要做的事的偏狭的观点，这转而反对了他在别处对人类的现实所做的可敬的让步。

诚然，存在这样一个问题，即他的让步是否应该带他走到比他在本书的任何一处所走的更远的地方。正如开篇文章通过其立场所正确地暗示的那样，很大一部分经济分析最终与政策有关：这一讨论背后的很自然的想法便是，这些看待交通安全、风险评估或者其他事情的方式，应该被代入我们社会的实践当中。它们确实也应用在了我们的社会中，并且这些思维方式，或者它们的粗疏得多的版本，通常都在当代的社会实践和政治修辞中占有一席之地。但是谢林如此可敬地提出的关于泰坦尼克号的看法肯定能更广泛地适用。或许有些人应该被允许支付更好的卫生保健服务，而其他没那么有钱的人也不应该被否认有将自己托付给更差的医疗水平的机会。但是因此他们也就不应该在同一个社会中同行——或者也许不应该在同一颗星球上。[2]

注释

[1] *Choice and Consequence*, by Thomas C. Schelling (Harvard University Press, 1984).

[2] 首次收录于 *Economics and Philosophy* 一书，于 1985 年出版，版权归剑桥大学出版社所有。受许可重印。

（郭予嵘　译）

小巴林顿·摩尔《隐私：社会与文化史研究》

公民们花在思考公共事务上的时间越多，卢梭说道，并且花在思考自己私人的事务上的时间越少，一个社会也就越好。一个测试政治情绪的好办法就是看你认为上述思想是令人振奋还是令人厌恶。然而，对此的任意一种反应，都意味着你对上述对比有一种理解，一种对私人领域的设想。

巴林顿·摩尔的书提出了一个非常有意思的问题，即上述设想可能是什么。[1] 他的思路是考虑在不同文化中发现的对隐私的非常不同的各种观念，以及对它的不同态度，从而点出我们自身的隐私观念的复杂性。存在着亲密关系的隐私，例如性的隐私，除了在仪式和其他特殊活动中，这种隐私似乎在各式各样的文化中都被观察到了。（正如摩尔所说，"对隐匿的偏好似乎是占绝大多数的"。）更少被观察到的是排泄大便或小便的隐私，而在这些功能中，男性的小便过程对于隐私的要求最小，这一点曾经被巴黎街头的一种几乎不封闭的小便池，即小便亭所展示。（这个有启发性的装置现在被代之以一个奇怪的、封闭起来的建筑，它将两性均分开来，并且将其目的隐藏得如此慎重，以至于显得非常可疑。）

一个活动要以上述的方式成为隐私的，只需要是隐藏的就行；

这种隐藏可以是像那样非常局部的：别人可能早就知道某个人私下里在干什么。别的类型的隐私则涉及保密，例如在家庭中和朋友之间发生的不公开的交流。当然，通常就像别的秘密一样，它们与其说是不公开，不如说是心照不宣，而不检点或者令人尴尬的事情在于表明自己知道这些事。在爱斯基摩人的生活中（摩尔对此提供了一些知识），冰屋的逼仄环境对这种风俗提出了大量要求。

在其他一些情形中，一种体验是隐私的是因为它免受其他人所施加的要求或者义务的约束。一个人可以自由地阅读，或者去看电影，或者去想去的地方旅行。这不一定需要与隐蔽性或者保密性有什么关联；这仅仅是因为人们都认可，在某些时候一个人可以做他想做的事情，而不是他被要求做的事情。但是这立即提出了几个问题。私人领域和公共生活或者公共关切对比时，正如在卢梭的著作中那样，私人的世界不一定需要被理解为一个不存在义务的世界——相反，它是一个不存在**公共**义务的世界。在我的私人生活中，我可能有义务看望我的母亲；但是如果我有义务，例如去参加政治会议，或者参军服役，那么这些义务就缩减了私人生活的范围。

当我们以这种方式思考它，公共领域的概念似乎是首要的，而私人领域需要被理解为那种在时间、空间、感受或者社会形势角度免受其影响的东西。进一步说，当人们宣称自己有权不被某些公共要求所束缚时，这个概念就具有一种特别的形式。任何这样的权利都定义了一类某种程度上是私人的活动——例如，表达观点，或者出版想出版的东西，或者开展生意。但是我们现在已经离我们的出发点很远了，这时在一种意义上是私人的东西可能在另一种意义上是公共的。出版和言论自由都是保密的反面，而这些"私人"的活动可以以它们自己的方式与隐蔽的或亲密的隐私性形成对比。

隐私的这些不同的方面彼此间如何联系起来呢？它们在各式各样的文化中是否协调一致？从最狭窄的物理隐私的概念出发，我们应该在辩护实质的私人生活免受公共要求限制，抵抗卢梭和集体意识的道路上走多远？

巴林顿·摩尔提出了上述问题，并且鼓励人们去思考它们，但是他并没有就回答它们给出多少帮助。他撰写了一部材料汇编，而不是一本书，而且这部材料汇编还有一些怪异的特点。它以一种比较性的模式谋篇布局，告诉我们关于四种不同社会的知识，并且邀请我们去将它们与我们的社会放在一起考虑。他开始于一两个非常简单的传统社会，它们每一个或多或少都缺乏一个正式的权威。这些原始社群都典型地缺乏任何对公共和私人的成熟区分，但是众多有趣的事情之一就是，即使在这些有组织生活的非常基础的层面上，有些社会还是比另外一些更鼓励人们谨言慎行和沉默内敛——这种区别部分（但是仅仅是部分）与它们各不相同的狩猎或采集事物的模式有关。

238　　摩尔引用的很多人类学报告十分值得一读。任何一个（如果还有的话）对高贵野蛮人和原始生活中令人满足的完满性抱有幻想的人都应该研读这些报告。尤其是一个部落，南美的希里奥诺（Siriono）印第安人，正如摩尔描绘的那样，十分可怕骇人。希里奥诺人彼此持续不断地争斗，将食物藏起来不让彼此发现，对于残障者毫无关怀，对隐私和共同利益都没有任何意识。厄瓜多尔的西瓦罗（Jivaro）印第安人听起来也不比希里奥诺人和蔼多少；对于他们，摩尔这个对基督教无甚好感的人逗乐地说道，总的来说"他们的社会和文化让人想起都尔的格雷戈里①时代的西欧世界"。阅读本节的一些材料需要坚强的脾胃。有一个关于新几内亚高地上男性成人礼中的"生殖器放血"的描述是如此的骇人，使人不禁疑惑任何被逼着阅读它的人究竟能学到关于隐私的什么，除了得到一个

---

① 都尔主教格雷戈里（Gregory of Tours，约538—594）是墨洛温王朝（Merovingian Kingdom）早期的一位基督教主教和历史学家，著名的《法兰克人史》（Historia Francorum）的作者。由于这部史书记载了尚未完全封建化的法兰克诸王公之间长年累月的斗争和仇杀，并且描写带有夸张的成分，因此后人认为是描写了一个非常血腥残暴的年代。——译者注

还算有用的提醒，那就是即使隐私在城市生活中具有最孤僻和悖理的形态，还是有一些更恶劣的社群生活模式依然存活着。

摩尔接着探究了古典时代的雅典的隐私这一主题，强调了私人目标和公共期望的一种特别的关系，这种关系被认为能够在那个社会产生有利于公众的结果。例如，富人必须为戏剧性的节庆活动支付合唱队的费用，或者花钱置备海军的三层划桨战船，作为个人的公共服务事项。在比较旁征博引地审视雅典社会史的很多方面时，摩尔展示了雅典人如何倾向于认为一个成年男性公民的完全成熟的生活必须包含公共的，实际上是政治性的活动。他观察道，希腊语中称呼私人个体的词就是"傻瓜"（idiot）一词的直系祖先。

男人（但不是女人）必须超越的私人生活是家庭生活，并且他们必须在很大程度上在家庭之外活动，在公共场合面对他人。然而，公共领域和家庭领域的区分不仅仅是展示出来的东西和隐藏起来不让邻人注意的东西之间的区别。家庭混乱和性关系失序都被公认为是强烈关乎公共利益的事情，并且受到了各种各样的制约。但是这历史上头一个民主社会已经能够明确表述对公共意见的暴政的构想；在一个引人注目的文段中，我没有在摩尔书中找到这段修昔底德如此呈现伯里克利所说的话：

> 正因为我们的政治生活是自由而公开的，我们彼此间的日常生活也是这样的。当我们隔壁邻人为所欲为时，我们不至于因此而生气；我们也不会因此给他们难看的脸色，以伤他们的情感，尽管这种脸色对他们没有实际的损害。

摩尔对这些问题的研究不太深入也不太专业，他的大部分引用肯定是来自某个对德摩斯梯尼 [1] 和一两个其他作家的极为因循守旧

238

---

[1] 德摩斯梯尼（Demosthenes，前384—前322），古希腊演说家。——译者注

的解读。当他谈到希腊人之外的社会时，他对于历史研究的依赖甚至就更少了，并且每次都将自己所选取的观点局限在一两个文学原著上。紧接着希腊人的主题不是前基督教的犹太社会，而是《旧约》（"标准注释版"[①]，他在一个注释里令人担忧地说道，"据信是更精确的版本"），而且他似乎也没有特别地为《旧约》是什么类型的文本或者文本汇编的问题而费心思；即使是所罗门王有 700 个妻子和 300 个侍妾这样的断言他似乎也当作历史事实。他显然对雅威有一种个人的厌恶，并且认为希伯来人是一群烦人的狂信徒，并且为他们当中没有产生一个更有世俗化的分析能力的历史学家而感到惋惜："如果有可能出现一个希伯来人的伯里克利"，他说道——这确实是个奇妙的可能性——"我们对于那个社会的看法或许就会非常不同。"

如果说他认为《旧约》令人恼火，那么提供了他的最后一组证据的古代中国作家似乎最后显得令人厌倦，并且从他对他们的报告中得不出什么有趣的东西。他将自己的论述建立在比较的社会史上的尝试，在开篇取得些许进展之后，似乎就失败了。我实际上更希望他把一些雅典演说家以及翻译过来的中国贤人的著述放到一边，以便他能告诉我们他如何看待在现代社会中隐私的各个方面何以能协调一致，他在最后几页里提出了这个有意思的问题。

他说道，有一种关于隐私的"现代病"，他指的是那种充满戒备的孤独，那种不愿置身事中或者对他人伸出援手的心态，这在现代都市中已然臭名昭著。将这种行为视为仅仅是对人们在现代赋予隐私的那些积极价值的一种过度张扬，也许是错误的。它可以被看作是一种与这些价值完全不同，甚至与它们相悖的东西，因为它是建立在恐惧和冷漠的基础上。我们可以论证，对他人隐私的真正承认不需要建基于这些反应之上，而是可以来自对他人的尊重，而非

[①] 标准注释版圣经（The Revised Standard Version, RSV）是由美国全国教会理事会（National Council of Churches of Christ）在 1952 年编订出版的英文版圣经。——译者注

对他们缺乏兴趣。这个论证有可取之处，但是我们也有某些理由对它不适用于我们所过的生活而感到欣慰。如果一个人不仅仅是被迫承受孤独，而是主动地需要隐私，以便保护他的幸福或者应对他的不幸，那么他会因为他身边的人不是怀着担忧和克制之情来尊重他的权利，而仅仅是满不在乎而感到高兴。

中产阶级文化的一个历史成就就是私人生活的发展。那种文化的某些特点，包括那些为小说的出现提供了最引人注目的助力的特点，都在逐渐成为个人自由的进一步发展的牺牲品。正如摩尔所说，浪漫爱情的特别的热烈程度可能在社会公认的习俗的背景下增长得最多。他不仅仅是指性方面的习俗以及它们可能造成的阻碍。还必须存在一个由包围着和调节着这种关系的社会规则和社会理解组成的可信的世界。伍迪·艾伦喋喋不休的讥讽，就像文风较为黯淡的布鲁姆斯伯里文化圈的回忆录和书信集 [①] 一样，让我们意识到，如果对情侣而言唯一有趣的仅仅是彼此，那么可能本就不存在什么趣味。

我不知道我们的社会怎么能继续运转下去，除非人们愿意以某种方式承认一种公共秩序的观念，它的意义不仅仅是那种"在那里存在着"的东西。这意味着我们应该将他人视为公民，而不仅仅是与我们在同一块地面上居住或者游荡的人。但是我们所需要的共享公民身份的意识并不会排除或者削弱个人权利，例如隐私权。与此相反，它要求这些权利存在。只有当我们认为别人与我们相似的时候我们才有一种公民身份的意识，而我们知道别人与我们相似的一个理由是，他们像我们一样需要被保护，不受毁灭性的和不可预测的事情的侵袭，不管这些事情来自国家还是其他机构。

在隐私权的最亲密的意义上，它与形成紧密的个人和家庭关系的能力密切相关，这种能力必定涉及一个将他人排除在外的信息和

① 这个文化圈的很多成员之间发展出了复杂的恋爱关系。——译者注

体验的圈子。[2]（当艾德蒙·利奇 ① 在他的瑞斯讲座《逃亡的世界》（*A Runaway World*）中猛烈抨击家庭这个建制时，尤其责备了它"肮脏的秘密"。）很多强调社群和公民身份的重要性的改革者、革命者以及社会理论家都曾希望能抵制个人和家庭忠诚的影响力，认为当它们在它们通常的位置发挥作用时，它们潜在地具有分裂性和背叛性。卢梭仅仅是很多希望将私人领域消解到公共领域中的人之一。不只是罗伯斯庇尔式的德性共和国的先驱或者希特勒式的不那么有德性的国家的代表者曾经这样做。即便是一些费边社 ② 也以一种不那么有压迫性的方式怀疑私人生活是一种自我放纵，并且曾经鄙视他们眼中私人生活的浅薄和它的公共担当的缺失——这种缺失在王尔德宣称社会主义要浪费许多个晚上来讨论的说法中得到了令人难忘的体现。

241　　没有任何心理学理由可以使我们信任那种通过摧毁私人领域或者强制扩张它来肯定一种有用的公民身份意识的做法（这两种方式最后都是一样的）；并且有太多历史理由可以使我们畏惧它。一个在社群中推广共享意识的现代方案必须从社会公正而非同胞之谊开始，并且它必须认识到，社会公正只有在它承认那些有着自己所忠诚的东西并且未必全然符合它的要求的个人的生活时才有意义。卢梭站在社群利益的角度对私人生活的鄙夷不仅是错误和有害的；它也是自相矛盾的，而对隐私的更深刻的了解将会有助于告诉我们这是为什么。

注释

[1] *Privacy: Studies in Social and Cultural History*, by Barrington Moore, Jr. (M.

---

① 艾德蒙·利奇（Edumund Leach, 1910—1989），英国社会人类学家。——译者注
② The Fabian Society，一个英国的社会民主主义社团，反对激进的社会革命，主张以渐进的社会改良来逐步向着社会主义过渡。——译者注

E. Sharpe, 1984).

[2] 詹姆斯·雷切尔斯（James Rachels）在一篇题为《隐私为何重要》的文章中很好地解释了这一关联，该文章收录于 *Philosophical Dimensions of Privacy*, edited by Ferdinand D. Schoeman (Cambridge University Press, 1984)。

（郭予崎　译）

朱迪丝·施克莱《平常的恶》，罗纳德·米洛《不道德》

朱迪丝·施克莱（Judith Shklar）的《平常的恶》（*Ordinary Vices*）是本睿智、机敏、心思细腻的书，它讨论了残忍、虚伪、势利等个人恶品的危险和价值。[1]施克莱教授追问它们的重要性；哪些恶品比其他恶品更坏；这些恶品可以为社会作何种积极贡献，以及在不同社会中，这些恶品的含义有何差别。她引用了很多作者的作品，不过，她这本书所提供的远不只是对有关这些不良品格的既有思考的一系列高水准反思。此书还解释并且（以不张扬的风格）捍卫了一种特定的社会和政治观，一种自由主义观点，而由此着眼，这些恶品能够得到排序和理解。这种关联也在反方向上起作用：比如说，如果你认为残忍比其他恶品来得重要，这就已经把你引向了某些政治方向。和她的偶像蒙田和孟德斯鸠一样，施克莱也认为残忍的重要性胜过一切——如她所言，残忍**居于首位**（*comes first*）。

她善于觉察残忍。比如，她在某件慈善事业的核心处发现残忍。但不像很多已经作出这种发现的人那样，她没有放弃憎恶残忍。不仅如此，与很多憎恶残忍的人不同，她警觉到这种憎恶的危险：尤其是，这种憎恶很容易堕落为一种孤绝的厌世（misanthropy），而厌世本身就是残忍的源泉之一。对厌世加以抑制极为重要，因为它可以摧毁几乎一切美德。能够抑制它的不仅仅是仁爱，或者其他什么美德；在蒙田看来，只有友谊能够"抵制排山倒海的厌恶之情，这种厌恶之情可以随时压垮任何人"。

因为施克莱认为残忍是首恶，并且恐惧厌世，所以她不信任一大部分现代感受为虚伪所特别保留的憎恶。她从《大卫·科波菲尔》中"颇令人震惊的一幕"引用了一个长长的段落，大卫的仆人尤赖亚·希普（Uriah Heep）——"月光中的他身材松垮，面色铅白"——向科波菲尔解释那些教会了他谦卑的价值的经历。"狄更斯是一个伟大的虚伪品鉴家，然而他并非只关心这个……为什么他这种对人的见识是如此稀有？为什么人们会如此容易充满对虚伪的厌恶？"在回答这个问题之际，她像黑格尔那样，探讨了真诚（sincerity）这种现代美德，尤其是这样一种真诚：它在缺乏公认的伦理标准的状况下，有可能非常危险地独自承担起提供伦理标准的角色。她指出，那些谴责维多利亚时代资本主义伪善的人，他们的谴责对缓解当时惨状起到的作用，反而比不上自有一套伪善做派的自由主义改革家。她合情合理地提醒我们，在很多情况下，尤其是在极端情况下，人们的动机是什么可能并不十分重要，而那种要求人们心迹相符的美好关切，不妨等到不那么紧迫的时候再说。

所有这些都说得很好，但她最关注的是那种自觉的伪君子，或者说至少是那种无需多少深察就能发觉自己不诚实的伪君子。她最喜欢的作者之一莫里哀就提供了一个恶心人的实例，答尔丢夫（Tartuffe）；同时也提供了因憎恶虚伪而造成大破坏的例子，也就是阿尔塞斯特（Alceste），那个厌世者（misanthrope），那个害怕上当的人。这种恐惧确实是一种强大的政治和伦理的力量，不过，它针对的倒不只是有意而为的骗子。被人们称为现代思想三大揭露者的马克思、尼采和弗洛伊德都提醒我们注意欺骗的形式，这些欺骗

243　不仅遮蔽了个人或者社会的动机，而且有助于构成这些动机。身处这三位作者影响下形成的精神氛围之中，如今那些在意真理的人往往担忧他们可能过着虚假的生活，或者活在虚假的世界中。揭露假象的冲动常常让我们陷入一种漫无目标、孱弱乏力而又充满恨意的怀疑状态。但这种冲动本身，以及想要信实地生活（live truthfully）的渴望，绝不只是现代世界——尤其是自由主义者所构想的世界——的表面特征，也不只是自取灭亡的新教留下的一份遗产（不过尼采肯定会这么认为）。

朱迪丝·施克莱鼓励我们接受相当程度上的逃避和虚伪，而且，就个人关系而言，她给出了一些很好的理由，将这一点加到对抗厌世的行动中。不过，我疑心，这是否足以让她的那些自由派同道不再被信实的需要所困扰，甚至不再被如下状况所吓倒，在糟糕的日子里我们的沟通渠道中充斥着许多自鸣得意、推脱闪躲、自私自利的废话，自由派甚至会被这种状况吓倒，要是她能缓解这一点，这也就够了。要求一个社会、一种人生能够理解自身，或者至少能够有理有据地认定自身不是建立在欺骗之上，这样一种渴望深深根植于我们的内在，而她这本书的吸引力其实就和这一渴望有莫大的关系。她的书必须放在这样一些人构成的传统中来读，这些人要求我们不被那些让人们热衷相互残杀的骗子所蛊惑。

在她的列表上，虚伪之后是势利，并且她认为这两者是有关联的。她写道："（虚伪和势利之间的）关联非常明显：它们都意味着假装具有（自己实际没有的）优点；都是完全不真诚的表现。"我不大能理解这一点，更不理解她对势利的界定，她说势利就是"那种爱用不平等来刺痛人的习惯"。在我看来，一个十分势利的人可以是完全真诚的，势利鬼完全可能明白，刺痛不如自己的人是有失礼貌或者浪费时间。我一度怀疑，朱迪丝·施克莱的解释本身就是一种典型的关于势利的势利错误，也就是认为势利伤害的只是那些实际上并不处于优越地位的人。但我认为这一节的单薄（这一节也是本书最薄弱的地方），其实是出于另外两个原因。首先，她是个非常地道的美国人，她自己已经说得很清楚，美式势利尽管确实大量存在，但往往十分简单：毫不复杂、索然无味，就跟某些美式食物一样。另一方面，势利就跟失眠一样，只有那些真有切肤之痛的人才觉得它值得一提。这两个理由合起来看，真正能写好势利的人最好是——举个例子——英国人，并且是个势利之徒：在这个令人生厌的话题上，她引用的哈罗德·尼克尔森（Harold Nicolson）就比她写得好。

尽管如此，她还是打了几记好拳。她指出，欧洲最主要的两位种族主义理论家，戈宾诺（Gobineau）和拉布奇（Lapouge），无非是招摇撞骗。势利和种族主义，实际上同属于一个家庭，两者是表亲关系。她无情地揭露极度势利的危险，这种势利会使学者陷入令人炫惑的政治野心。她对英国的势利现象的态度其实相当友善，但她认为势利现象在美国这里创造出了一些"毫无用处而又自我挫败的政治期待和日常举止。这些虚幻的希望最新近的表现就是围绕在肯尼迪总统身边的那些奴性十足而又充满幻想的幕僚（court）"。本书还对大学的势利现象做了一个评论，这是她在自己工作的机构中就能看到的，以至于让人捉摸不透她究竟是不是在反讽："但前面讲的这种势利却不是从这一事实中产生的，即哈佛大学是一所非常好甚至是最好的大学，它产生于一种空想，即哈佛是唯一重要的地方。"

朱迪丝·施克莱认为她这本书属于政治理论，而这是关于本书的一个重要事实，尤其是因为本书的某些部分看起来不像是政治理论，而像是对个人伦理生活的反思。但是，正是她的政治理论与个人道德、个人品格之间的关系，界定了她政治理论的独有关切。在有一节中——也就是她对背叛的精彩讨论——她的关切旨在将家庭事务和政治事务结合起来，从而提醒我们注意，政治背叛的情况其实并不那么特殊。"某些人是如此被动，并且对自己的朋友的性格和活动如此无知，以至于他们实际上促成了朋友对自己的背叛。老实巴交的丈夫就是这样一种形象，但一个粗心大意、充斥贵族出身人员的情报机构，比如英国的情报机构，其实并没有什么不同。"她在"吾国与吾友"一节做了精彩的讨论，也是我看过的关于 E. M. 福斯特的最佳论述。福斯特的意思大致是，事到临头，宁可背叛国家也不肯背叛朋友。"即便没有这种英雄气概，"她开头就说，"这也不是什么明智的评论"。读上两页之后，很难想象还有什么人能不同意这一点。

在最后一章，施克莱把她的书描述为"一场困惑之旅，而非对困惑者的引导"。关于现代自由主义国家中（公民以及统治者）个人品格与非人格的法律和管理体系之间的关系，我们存在一些困惑，在最后一章里，她对这些困惑加以精心探索。她的结论是，这两者之间还有更多的关联，这种关联要比自由主义的缔造者所希望的要多，但又要比那些认为国家的使命是造成善人的人所要求的要少，并且少得多。她支持的是那种她称作"基于恐惧的自由主义"（liberalism of fear）的主张，并且同意孟德斯鸠，认为"真正的要点……并不是把自由的公民看作是有德之人，而是坚持，如果没有自由，人人都要陷入不可容忍的无能而卑下的状态"。将残忍放在首位，就是要承认"我们所恐惧的莫甚于恐惧"，并且她正确地认为，承认这一点会带来巨大的政治后果。一个只被当作非人格的管制体系的国家与一种依据个人品性和情操来理解的伦理生活之间是不可能调和的，尽管自由主义需要这种调和，这一点过去就有很多人已经察觉到，如今很多人再一次有此体会。她并不声称要告诉我们该怎么处理，并且她可能低估了其难度；但她正确地把这一个问题摆在首位，并且她有说服力地把我们带向了它的某些最深的蕴意。

在将其工作指派给"政治理论"时，朱迪丝·施克莱的意思是它不是或者不仅仅是哲学。在这方面，以及其他方面，罗纳德·米洛（Ronald Milo）的书都例证了她的智慧。[2]《不道德》（*Immorality*）是英美道德哲学最枯燥乏味的一例，论述得很好，因而更令人沮丧。就像在这个主题中经常出现的情况一样，它所论证的是除了在做哲学时任何理智的人都不会否认的东西：人们可能会以许多不同的方式做错事——比如，有错误的道德观念，或者有正确的道德观念，但太软弱或疏忽以至于无法采取行动，或者根本不在乎道德说了什么。这些和其他的可能性是有区别的，并且明智地反对那些声称它们是不可能的、不可信的、非常抽象的哲学论点。但讨论被这些论证本身牢牢地控制着，所以大部分都是很薄瘠的争论，很少有现实的道德心理学。它也受到体裁的标准变形的影响，这种变形包括赞同古往今来哲学专业的统一性。这里所说的人是那些出现在哲学课程中的人：这种做法排除了所有伟大的作家，只有三四个例外，而且还毫不含糊地把哲学天才、遭人遗忘的教科书的作者和作者的同事放在一起，所以书里有很多像"亚里士多德、特鲁布肖（Trubshaw）以及伯恩巴赫（Birnbache）在他早先的文章中都持有这种观点"这种话。

然而，米洛的讨论最重要的缺陷是它完全依附于道德概念。这有两个结果，探究还没开始就已经被这俩结果联手给消灭干净了。正在考虑做什么的行动者被表示为认为某一行动是"道德上错误的"或"道德上正确的"，然后讨论他的行动如何与这种想法联系起来。但这充其量是个非常特殊的例子。只有当我们从下述显而易见的事实出发，即我们在大多数时候都是从更具体的道德角度来思考的，我们才能理解我们的行动能力。我们犯错，通常是因为我们认为，比如，一件残忍的事是公正的，一件不正义的事是有益的，或者不做一些残忍的事是懦弱的。这些自我欺骗所发生的空间和更健全的思想所占据的空间是一样的，而且它比单纯的"对"和"错"所提供的空间要大得多，并提供了更多的藏身之处。道德体系的影响也表现在关于我们自己或他人的责备的说法上。对米洛来说，唯一的问题似乎是一个人是被指责还是被原谅，就好像我们是在处理某种先验的刑罚系统。事实上，我们的道德生活是由比这些多得多的反应组成的，它们在说明我们怎么一来就活得很好或很糟糕方面起着很大的作用。"道德"如何应对不端行为的原因在于渴望被爱？毫无疑问，作为它的另一种"诱惑"，就像对橘子酱的渴望。

　　朱迪丝·施克莱的那本书是关于政治理论的，这意味着对她而言，该书相当一部分也是关于历史的。而其中做了历史理解的，就是道德及其带来的问题。历史是我们的历史，她那本书之所以尤其丰富，是因为其中的心理理解是建立在历史之上的。出于同样的理由，其中使用的历史材料非常有趣。不同于很多挂着道德哲学名目的书，她的这本值得敬佩的书不全是关于书本的，而论及书本的部分，谈的也是各种各样的好书。

注释

　　[1] *Ordinary Vices*, by Judith Shklar (Harvard University Press, 1984).
　　[2] *Immorality*, by Ronald Milo (Princeton University Press, 1984).

（吴芸菲　译）

克莱夫·庞廷《知情权：贝尔格拉诺事件内情》，朱迪斯·库克《自由的代价》

两个月前，我正待在一个这样的国家，它处在非常可怕的经济处境中，被最近刚结束的极为邪恶的暴政的记忆所包围，并且非常清楚，支持这一暴政的力量没有直接消失，与政府有密切关系的人在以一种非常担忧和谨慎的方式讨论言论自由的限度；司法系统的独立性；正义多大程度上需要被法律所定义，而不是依赖模糊而笼统的措辞；公职人员们听从命令或者执行政府的政策多大程度上是对他们行为的充分辩护。这个国家的律师、哲学家、行政人员正竭力将民主安然建立于一个在过去五十年中完全不接受它的基础上，并且他们正试图以一种在学理上说得通的方式来做这件事。①

247

---

① 这里所述的事件有三个彼此关联的背景，其一是阿根廷阿方辛政府（1983 年至 2009 年执政）于 1983 年对自称"国家重组进程"（Proceso de Reorganización Nacional）的前军政府（1976 年至 1983 年掌权）十名成员中的九人进行的审判。在军政府掌权期间，对国内疑似与共产主义者或左翼佩隆主义者有联系的持不同政见者进行大规模逮捕和迫害。据估计，这期间被杀或失踪的人数在 9000—30000 人之间。其二是 1982 年 4 月 2 日至 6 月 14 日之间发生在英国和阿根廷之间的英阿马岛战争（英方称福克兰群岛战争），这场战争的起因是英国与阿根廷对阿称马尔维纳斯群岛、英称福克兰群岛的地区产生了主权争议。1982 年阿根廷由加尔铁里领导的军政府下令部队登陆该地区，战争开始；同年 6 月 14 日阿根廷投降，将该地区归还英国，战争结束。同年，领导这次战争的阿根廷军政府总统加尔铁里辞职。其三是在马岛战争其间被英军 HMS 征服者号（HMS Conqueror）（转下页）

这个国家就是阿根廷，而围绕着它和英国的关系的一系列深刻的讽刺之一就是，那里的新民主政府正非常严肃地考虑对个人权利问题的正确理解，而英国政府则试图用一套含混不清的法律来规训其公职人员，任何尊重权利的人都不可能接受这套法律，并且英国的法官打算用现在肯定不会在阿根廷被接受的模式来解读这套法律。更进一步的讽刺在于，这套法律最近和最戏剧性地生效的情形，即公诉克莱夫·庞廷 ① 一案，关系到了那场战争 ② 的发动，它的起因既在于本届阿根廷政府，也在于军政府的愚蠢行径。

阿根廷的民主政府可能是撒切尔夫人最大的成就。相比于打胜了一场"对阿根廷"的战争，她似乎并不重视这一成就；如果她能更重视这个成就，她就会容许外交官们在他们对福克兰群岛的未来——遥远的未来——的构想上更灵活一些，传言说他们本打算如此。几乎没有阿根廷人会怀疑这些岛屿属于阿根廷，并且虽然这个话题的优先性未必高于其他议程，但是对于阿根廷政府而言，在这个问题上展现出一些进展可能是很重要的。眼下民主政府还有回旋的余地，因为军队已经失势，而反民主的政敌们因为与军方合作而沾染恶名。但是它需要尽可能地得到援助，并且如果它能指出一条有望通向未来的协商的路径，那么会对事情有所帮助。如果英国的政策坚持像对待军政府那样固执地对待民主政府，那么它就忽视了

（接上页）核动力潜艇击沉的阿军贝尔格拉诺将军号巡洋舰（ARA General Belgrano）。这艘舰艇上有 321 名阿军官兵身亡，成为阿方在这次战争中最重大的一次伤亡。对于这一击沉行为的发生过程和合法性一直存在争论。尤其是当征服者号的官兵返航之后对击沉过程的叙述与议会中的诸次陈述的内容产生冲突时，更是促使一些人进一步向有关人士质询事情的始末，其中就包括下文提到的塔姆·迪埃尔。——译者注

① 克莱夫·庞廷（Clive Ponting, 1946—2020）是一位英国公职人员和历史学家。在英阿马岛战争期间，他是英国国防部的一名高级文职人员。他在 1984 年 7 月将两份有关击沉贝尔格拉诺将军号的过程的政府文件泄露给了时任英国工党议员塔姆·迪埃尔（Tam Dalyell, 1932—2017）。他因此在 1985 年受到公诉，并因为这一泄密行为"符合公共利益"而被陪审团裁定为无罪。他的公诉过程，以及他在其后出版的书《知情权：贝尔格拉诺事件秘史》涉及有关从 1911 年英国《官方机密法令》(Official Secrets Act 1911) 到 1989 年修订的《官方机密法令》(Official Secrets Act 1989) 的条例变化，以及这一事件反映的公民知情权问题。——译者注

② 指马岛战争。——译者注

这场战争达成的唯一的好结果。

军政府的成员现在正在受到一个非军方法庭的审判。已经有人指责新政府不够热衷于清算旧政权的罪状；当我在布宜诺斯艾利斯时，一群欧洲议会的社会主义党派成员来到这里，试图通过他们在这个问题上的反对来给阿根廷人一点教益。他们的反对意见在于，政府花了太长时间来进行审判，并且他们起诉的人不够多。审判的延宕背后有其目的。因为宪法和政治上的原因，必须首先给军方选择在军事法庭处理这些罪行的机会。军方无论是接受还是拒绝这个选项都有可以预见的难处，所以他们什么也没做。当预计时限已过，案件就移交了非军方法庭，这一过程也带来了电视报道，这些报道正在给阿根廷人民带来一段长久的和痛苦的军政府活动史。

应该指控多少人以及量刑的底线应该划得多远的问题引出了"纽伦堡原则"的议题，即受指控者是依据军事命令而行动这件事能不能为他们在其他情况下本应视为犯罪的行径开脱。它也提出了关于政策的问题。对前政权中所有曾犯下暴力罪行的人进行无限期的追讨运动，可能不是让比较善良的军方成员与民主政府和解或者让人民将前政权的存在接受为不可逆转的事实的最好办法。

阿方辛总统周围深思熟虑的人们感兴趣的有关原则的问题也朝向了另一个方向。掌权者多大程度上应该为暴行负责，如果他们并没有授权这些暴行，或者对它们一无所知？不过，实际上，在审判时呈现的很多证据都表明，这些指挥者的行为使得人们根本没必要提出此类非常慎重的问题。人们向我们引述的一个臭名昭著的案例是科尔多瓦的殡葬业者的事情，他们写信给当时的总统（不是加尔铁里），为该市的大型监禁中心给他们造成的额外工作量而申请补助：总统回复道，他们的诉求是成立的，但是他们真正应该呈报的是该省的省长。

另一个可能更为典型的例子出现在我们有机会旁听审判的那个

248

下午。一个女青年上庭了，她是一位学校教师，之前曾与工会[①]有关联。她的证言说，一天傍晚，她被带走，扔进一辆军方著名的福特猎鹰车，带到了一处监禁中心，并遭受了拷问。之后，她的蒙眼布被去掉了，她前面站着一个令人生畏的军方人物。"你知道我是谁吗？"他说道；他是加尔铁里。"你知道我有能力决定你的死活吧？"她承认了。"你叫什么名字？"她告诉了他。"这也是我女儿的名字。你可以活命。"

尽管最近有一段如此残忍又戏剧性的暴政的历史，眼下正直而坚定的政府所展现的对人权及其细致阐述的关注或许对有些人会显得像是逞英雄，甚至是不合时宜的。对于曾与我们谈话的那些与政府协作的人士而言，这却似乎是完全必要的；如果他们不能尽己所能地谨遵规则办事，并且培养对规则的尊重，那么他们的政府就什么都不是，而且也就没有理由认为应该是他们而不是别人当政。我怀疑，很多英国人可能会很乐意与他们一同认为上述做法应该对阿根廷有利。英国人的典型反应就是认为，在一个缺乏民主传统、其历史上也没有有序转型和公民的良好意识的国家，坚持为个人权利谋划就很有必要——这是人们必须为不幸的历史付出的代价；而在一个像我们这样的国家，一个更好的过去为我们留下了对什么是公平和合理的行为的共识，在这里上述的执著就无关紧要，甚至是有害的。

克莱夫·庞廷的书，《知情权》，其重要之处不仅在于它告诉我们有关阿根廷贝尔格拉诺将军号[②]巡洋舰被击沉过程的历史，而且在于它非常清楚地表明了，那些对于英国人的生活以及我们的社会组织的正义性的自鸣得意是站不住脚的。[1]就历史本身而言，只有一个在塔姆·迪埃尔称之为"贝尔格拉诺研究"的复杂话题上的专家才能判断是否所有的细节都是正确的。即便是那些仅仅跟着报纸

---

① 阿根廷的工会组织历史悠久，在政治上很有发言权。——译者注

② General Belgrano，依威廉斯的简称，下称"贝尔格拉诺号"。——译者注

的报道了解这些事件的人也会发现，至少有一件事——即庞廷推迟承认他泄密一事——庞廷在书中跳过未讲。有时报道和推测的区分是不甚清楚的——例如，对于击沉贝尔格拉诺号的 HMS 征服者号核潜艇的指挥官是否尝试过确认攻击指令的问题，情况就是如此。但是总的来说这是一个讲述得当、毫不做作、令人印象深刻的故事。我认为，庞廷强调迪埃尔对政府拼命追责的行为是正确的，这无可厚非，但对于那些比较没有根据的暗示，他应该少说几句，这些暗示可能留下这样一种印象，即这个话题是由乖僻而无聊的人挑起的，它没有引出任何实质性的问题。这个话题当然不是如此。除了那些有关政府行为的较为重要的直接问题，这一事件还引出了有关我们的政治文化的核心问题。

在 1982 年 5 月 2 日，正当贝尔格拉诺号已经驶离英军特遣部队 11 个小时后，海军击沉了它，做出这一授权海军击沉行为的决策时的情形在书中说得非常清楚，至少对已知的部分是如此，在几个关键的方面，它依旧很含糊。庞廷没有就击沉行为本身或者授权它的动机而控诉政府。他的指控瞄准了事后的遮遮掩掩。这开始于诺特先生（John William Nott）在 5 月 4 日向众议院作的陈述，其中包含三个重大事实错误，而正确的信息已经公布长达 36 小时。在 1982 年 12 月发布的《白皮书》和《官方通稿》中也包含错误的或者误导性的陈述，而不知疲倦的迪埃尔则在议会中受到了各种各样的敷衍。庞廷总结出了六项反复出现错误，它们关系到贝尔格拉诺号被击沉时的位置和航行路线、攻击它的命令下达的时间，以及别的问题。到了 1984 年 3 月，在有关这个故事的问题上，政府受到的政治压力越来越大，而作为一个国防部的高级官员的庞廷被要求写一份报告来详细罗列导致攻击发生的事件的时间表，这就是后来被称为"精髓中之精髓"的报告。

就内阁对如何处理这份材料的一些讨论，庞廷给出了有趣的叙述。赫赛尔廷（Michael Heseltine）起初支持公开更多信息，但随即放弃这一建议，并且他实际上在 1984 年 12 月 7 日向外交事务专责委员会承认，他之所以反对说出某些真相，是因为他怕自己还必须说出更多。官方还在继续躲躲闪闪，在对迪埃尔和丹泽尔·戴维斯①的信件作回复时，在回答议会质询时，以及在准备对委员会的答复时都是如此。据庞廷所说，在整个过程中，有一位阁员始终无比强烈地提议内阁讲一个简单的谎言，就说所有相关信息都是保密的。这人就是约翰·斯坦利，他那时和现在都是副国防大臣。在委员会受到蒙蔽时，庞廷成了吹哨人，将有关事实透露给了迪埃尔，并且最终被依据《官方保密法》第 2 节而加以公诉。

庞廷的论述所引起的有关原则的问题与上述极为恶劣的法令有很大关系。他的第 2 节关系到所谓"官方职员未经授权传递官方信息"一事。"官方信息"的意思是政府职员在执行公务时收集到的任何信息（不论秘密与否）：因此它几乎可以指任何东西。所谓"未经授权传递"则据说是向一个此职员并未得到授权向之传递信息的人所做的传递，或者是他或她为了国家利益必须向某人传递。庞廷的案例不仅是被划到这一节下的案例中最新的，也是最有戏剧性的之一；它也使得主审的麦考文法官先生②对此法条给出了一个甚至令《泰晤士报》都感到震惊的解读，并且如果走运的话，这个解读将有助于最终让这个早已受到诟病的法令被视为无法受到辩护的，并被撤销，正如弗兰克斯委员会在 1972 年曾建议的那样。据报道，麦考文说，国家的政策必须被理解为当权政府的政策。作为一个对此《法案》的解读，这其实很不寻常，因为《法案》援引的不是国家的政策，而是它的**利益**。可以想见，即使是麦考文，如果他真考虑过这个问题，也会很难承认国家利益等于执政党的利益，

---

① 大卫·约翰·丹泽尔·戴维斯（David John Denzl Davies, 1938—2018），英国工党政治家。——译者注

② 安东尼·麦考文（Anthony McCown, 1923—2003），英国苏格兰和威尔士高等法院（High Court of Justice）和英格兰和威尔士上诉法院（Court of Appeal）的法官和出庭律师。他于 1985 年主持了对庞廷的公诉。——译者注

所以除了庞廷应该被定罪这一点，就不清楚他还以为自己在说些什么了，而上述提议遭到了陪审团的强烈抵制。

保有一种法案——任何法案，但尤其是涉及于公共利益如此紧密相关的那种——一种管辖范围如此模糊而又危险的法案，绝不是一个好主意。任用一个不关心或者没能力思考这种法律背后的合理原则的法官，也不是一个好主意；而庞廷一案的很多重要启示之一就是，对于那种不训练法官去有条理地反思法律的意义和界限的法律文化，我们很有理由不信任它。

我们肯定需要新的法条来保卫信息自由，而此案的另一个重要启示不仅在于正是如此，而且在于，通常用来反对这类法条的一种论证思路是毫无价值的。庞廷引用了撒切尔夫人，她在 1984 年用来反对信息自由运动的是这样一个常见的断言，即信息自由将会削弱议会，并且减少阁员对议会需要负的责任。

作为对这个案件以及贝尔格拉诺事件所引发的问题的回应，上述说法完全没说到点上。正是因为阁员们一直在误导议会——还有委员会的个别成员——并且还意图继续这样做，庞廷才会做出那些举动。或许曾有过一个时期，那时内阁的行为惯例的约束力足够强，使得我们可以放心地依赖于议会所能施加的压力。如果真有这样一个时期，那么也是那些惯例在保护我们，而非议会本身在保护我们；无论如何，即便这个时期存在过，它也已经过去了。在这个意义上，正如在别的意义上，我们必须承认，曾经令英国成为一个比较自由的国家的那些默认看法已经失去效力，并且我们必须开创一种有更明确的形式的政治文化，它奠基于为保证权利能被言明和被执行而建立的新制度。

任何一种立法工作，如果它意在增加社会可以获取的信息，并且使我们不像英国那样，尤其容易受害于欺瞒和故弄玄虚，那么它必须建立在对我们拥有各种信息渠道这件事的意义的认真思考上。不存在一般的"知情权"，也就是说，如果你想知道某件事，那么除非有特别的理由，否则别人有义务让你知道它。如果仅仅是一部分公众对某些信息感兴趣，或者一个记者认为他们会感兴趣，那么这并不能给公众或记者以权利来获得那些信息。事实在于，存在这样一种对于个人或团体至关重要的权益，它们只有在被允许获取相关信息时才能受到保护。

　　除了政府的行为和政策之外，在别的领域中，我们也需要知道信息才能获得至关重要的权益。朱迪斯·库克文风轻快、富有见地的书《自由的代价》，论证了英国对保密的依赖，并且提供了有关这个主题的一个可信的恐怖故事集，它触及了很多上述的领域，包括核电政策和医疗研究。[2]她也讨论了另一类情形，在那里，一个个人具有特殊的知情权，因为那些信息是关于他或她的。但是政府事务应当是一种特殊情况，因为它涉及如此多至关重要的权益，还因为民主本应该是如此。假使我们承认一些明显的例外，其中显然包括国家安全的真正考量，那么我们应当假定，政府的所作所为在任何意义上都与公众有关。

　　我们迫切地需要设立政治制度来将上述假定付诸实施。我的意思不是说，开着福特猎鹰的鹰犬们或者他们的英国翻版随时都能威胁到我们；认为只有在那种情况下才需要这些制度，是一个错误，一个英国人总是犯的错误。我们也需要它们来给我们一点保护，使我们免受有偏见的、懒惰的和缺乏论证的决策之害，这些决策眼下就藏身在白厅的典型成见砌成的圆墙中，这种成见认为，既然官方总是比别人知道得更多，那么其他人做出的干涉只能是无知和无用的，因此根本没有必要放出更多信息。

　　信息自由与避免专制政府、腐败以及自以为是的怠政有很大关系，但是它不能仅仅被视为一种手段。比起单纯的手段，它更涉及在民主和自由的国家中政府和民众的恰当关系。压制公共信息不仅会导致暴政——它凭着自身就是一种暴政。与自由站在一边的阿根廷人明白这一点，而我们也应当如此。

注释

[1] *The Right to Know: The Inside Story of the Belgrano Affair*, by Clive Ponting (Sphere Books, 1985).

[2] *The Price of Freedom*, by Judith Cook (New English Library, 1985).

（郭予崎　译）

迈克尔·哈林顿《站边：激进思想的养成》

迈克尔·哈林顿[1] 自文学起家。他在这部文集的"引言"里说，他的导师是"自命为君主主义者和古典主义者"的 T. S. 艾略特。[1]不过，哈林顿先生却成了自由派记者、民主社会主义理论家，尤其
是政治活动家。此书采选自他三十多年来写的文章，内容大半是前沿报道，时而夹杂着他的反应、自责及辩白，其人一直在设法向自己、也向世界解释他的为人，还有他不断变化的承诺和结盟行为。

不仅有报道，还有反思。本书既按主题也按时间划分，阐述了哈林顿先生对一系列事情的思考，从和平运动的政治学，到政治小说，还有迪士尼世界给社会主义者带来的教训（此篇精妙绝伦）。有的材料已很陌生，年轻人或他乡客如今看来会是这么回事儿。前天的有些争执在出于谨慎的掩饰之下，偶尔倒也听不懂了："F 先生，C. H. 先生和其他人以为，政治自由和经济社会自由是对立的。如 F 先生写道，……"

哈林顿先生有时替自己辩护，但他的自我辩白绝非那种流行的

① 迈克尔·哈林顿（Michael Harrington, 1928—1989），美国政治家、理论家、民主社会主义者，美国民主社会主义党（Democratic Socialists of America）的主要创始人之一。民社党如今是美国最大的社会主义政党，主张效法北欧模式，在美国发起社会主义改革。——译者注

调调。他为每一章节都新写了一篇导言，评价起他的文章还有文章所回应的局势，有时还抒发了懊恼之情。他怀着有些老派运动人士远不及的现实情怀，还有值得称道的真诚写道："我毕竟是为一个发展迅猛的理论而倾倒的热情的年轻人，常常因此就做出一些不大经得起推敲的总体概括。所以，虽然我觉得自己说过的话很多都很有价值，也很真实，但我的预测确实是错的。"

他诚实地披露了自己在二十世纪60年代的内心冲突，那时他欣赏学生激进分子，还予以同情，同时却强烈地厌恶他所说的"年轻中产阶级的任性和自我放纵"。这番表白夹带些许不实之辞，有点空洞的英雄主义，还时有自卑；不过，从这些来自发生在1965年的深刻冲突和个人崩溃时期的充满矛盾的文稿、皱巴巴的纸张，可以看出，他最终坚定地与那些因"美国的绿化"陷入内疚和嫉妒① 的老左派分道扬镳了。他提醒急躁的中产阶级激进显贵们，要注意劳动人民的利益；认定抗议越南战争的目的，就是要终止越南战争；同时还为民主法治和第一修正案② 坚守阵地，部分是出于非常靠谱的理由，即言论压制符合右派的心意，而他们还人多势众。

哈林顿先生自诩为"社会民主主义者"（social democrat）。他提倡的"民主"——意为受保护的各项权利，而非单纯的民粹主义——无可挑剔。他远离一些年轻激进分子的反自由主义的热情，就同攻击斯大林主义者那般，留心着自己别因此沦为专业的反共分子。1955年，他把美国文化自由委员会痛批一顿，敏锐地评论道："支持［取缔共产党的］史密斯法案，甚至是像悉尼·胡克那样有

254

---

① 美国学者查尔斯·艾伦·赖克（Charles A. Reich, 1928—2019）于1970年出版了《美国的绿化》（*The Greening of America*）一书，谈到了美国的三种意识形态："意识一"为基于新教伦理、个人主义和资本主义的传统价值观；"意识二"为二十世纪上半叶老左派的"组织社会"的价值观，提倡等级权威、秩序和进步；"意识三"为二十世纪60年代新一代的反主流价值观，当时美国国内的越南战争抗议和民权运动此起彼伏，年轻一代主张个性解放和自我表达，呼吁社会变革。赖克所谓的"绿化"并非专指环境保护，而是对美国文化转型（从"意识二"到"意识三"）的一般隐喻。——译者注

② 美国宪法第一修正案，1791年通过，是美国权利法案的一部分，其内容是："国会不得制定有关下列事项的法律：确立一种宗教或禁止信教自由，剥夺言论自由或出版自由，或剥夺人民和平集会及向政府请愿申冤的权利。"——译者注

条件地支持它，由此生发的那**种**反斯大林主义，与谴责史密斯法案所致的反斯大林主义有根本的不同。"[1]

哈林顿先生提倡的社会民主主义里的"社会"或社会主义那部分又如何呢？他参与的组织名为 Dee-Sock，即民主社会主义组织委员会。[2] 该组织处于"无限可能的左翼"，他是这般动情地形容它的。组织的宗旨是把社会主义从美国社会的边边角角拉到台前，促使社会主义理念对美国社会的下一次左倾有所贡献，他预计那会在 1986 年到 1992 年间发生。

在英国，我们有个政党叫"社会民主党"，最初是从工党分裂出来的，如今与自由党（并非完全美国意义上的"自由"）结成了选举联盟。[3] 英国有少数社会民主党人也许自诩"社会主义者"；而大多数党员虽怀有非常激进的志向，但目前大概没这么说。"社会主义者"的头衔还是自然地在工党那儿找到了归宿。就我所见，哈林顿先生从未提及工党，但他聊起他和欧洲其他观点相仿的不同政党的关系时，暗示过他会支持工党的那些非马克思主义的核心传统。

不过，从选举和意识形态两方面讲，工党都是一股衰退的力量。它可能振作起来，足以因反对撒切尔夫人的保守党政府而获益，哪怕是最悲观的人，也认为这一天一定会到来。可是，工党鲜有新理念，而它有的那些新理念也与它的旧理念很不搭。哈林顿先生有一处用非常工党式的话语，把他的社会主义的目标指认为财富的再分配、代表弱势群体的政府干预，以及公有制的拓展。在另一篇文章里，他更为谨慎地对待最后一条；就和他的欧洲政界的友人

---

[1] 换言之，反斯大林主义者也有右派和左派之分。这里提到的"史密斯法案"又称"外侨登记法"，1940 年通过，内容为禁止暴力颠覆活动，并要求非美国公民注册登记等，早年有很多共产主义者因此法案遭到起诉。悉尼·胡克（Sidney Hook, 1902—1989），美国实用主义哲学家，杜威的学生，设法用实用主义诠释马克思主义。——译者注

[2] Dee-Sock 是"民主社会主义组织委员会"的英文首字母简写"DSOC"的拼音读法。哈林顿称该组织是"少数派中的少数派"。1982 年该组织和另一个左翼组织合并，组成了如今的美国民主社会主义党。——译者注

[3] 英国的社会民主党存在于 1981 年至 1988 年间，成员多是原工党内的右派人士。1988 年，社会民主党与自由党合并成了自由民主党，现为英国第四大党。——译者注

一样，也渐渐对公有制本身增加正义或效率的力量持更谨慎的态度。

哈林顿先生在某些方面已然背离了传统欧洲的集中经济管理的社会主义观，转向了"参与"（participation）的种种理念（在英国政治中，社会民主党人的盟友自由党人就格外热情地提出了参与的理念）。他强调工人控制，还有更一般的分散决策的重要性；甚至还建议说，管理层应该为少数批评分子供给资源，协助他们批评管理。这些建议不是很切实，当然也不很经济；尽管由本书的结构可见，哈林顿先生善于摒弃过了时的理念，但他好像觉得，"激进主义的使命便是规划一个资源无限的社会"，这个 60 年代的概念很难完全弃之不顾。

255

除了成本问题外，事关参与和工人控制的建议还有一个主要的问题：这些建议应当如何与"财富再分配"和"利用政府权力泽被弱势群体"等老派的社会主义目标保持一致。左派的目标是要让经济力量更迎合大众的需求，经济力量的分配和结果更正义、更少受难以捉摸的私人贪欲所影响。而欧洲左派面临的困境是，这些目标远没有相互巩固，反而在许多方面起了冲突。过去人们常常以为，公有制是达成所有这些目标的不二法门；可如今除了最保守的人（在英国工党内占比很大），也没什么人还相信这一点了。

许多人渐渐明白，没理由指望要是权力分散在地方团体或工厂团体之间，就会促成决策，利好全国范围内的社会正义。比如说，区域政策如何，衰落产业的相关问题又如何呢？为什么紧抓"锈带"——比如英国的北部，如今倒成工业荒漠了——的工作不放的少数人，就该投票支持别的一切，却不计较他们得没得到支持呢？

为什么身处前景更明朗的地区的居民，还应该想让有限的资源流向那个方向呢？要是没有非常强大的中央政府，还有什么可能消解这些深刻的利益冲突呢？而强大的中央政府，最后也一定会抵制多项地方性的需求吧？

这些都是当下事关社会主义传承的问题，而哈林顿先生还没有完全正视它们。同样的问题在国际层面甚至更为明显。没理由指望，在国家范围内民主制定的决策，竟促进了世界上的国家地区之间的正义。当哈林顿先生说，社会主义为能源危机和饥荒提供了解决方案时，他的态度一定像是一座丰碑，上书希望战胜了经验。

1981 年，法国选出了一届社会主义政府。① 该政府算不上多成功，还被迫放弃了许多社会主义特色举措。哈林顿先生秉笔直书，并且勇敢地说，他并不为此心生沮丧。可或许他理应垂头丧气；而那些与哈林顿先生志同道合的欧洲人，如今也由于很多别的状况，焦虑不安地反思起他们的政治目标来了，他们好奇在当今的世界，那些目标可以在多大程度上兼容并包。

社会主义理念仍然是社会正义批判的一项重要来源——或许美国比起别处更是如此，只因为美国的社会主义理念已经大打折扣了。哈林顿先生肯定孜孜不倦地提倡这项批判。可是，他和我们其余人等一样，必定遭遇了这样的事实：社会主义理念获胜的前景没有过去那般鲜明生动了。

注释

[1] *Taking Sides: The Education of a Militant Mind*, by Michael Harrington (Holt, Rinehart & Winston, 1985).

（谢沛宏　译）

---

① 指弗朗索瓦·密特朗（François Mitterrand, 1916—1996）领导的法国政府。密特朗是法国第一位社会党总统。——译者注

罗纳德·德沃金《原则问题》

　　似乎是很多年前，我加入了一个建议改革淫秽法的委员会，我们从一位刚巧在英国的美国宪法律师那里得到了证据，他是这方面的专家，并同意来和我们谈谈这方面的问题。他解释了美国宪法第一修正案所施加的复杂约束，该修正案规定，不得制定任何法律来剥夺言论自由。他列举了律师和立法者为了控制色情制品而试图绕过这些约束的各种手段，包括论证色情制品从宪法的角度讲不是"言论"。他出去后，我们委员会的一位律师布莱恩·辛普森（Brian Simpson）说："我想我应该向委员会解释一些事情。美国人相信权利。"

　　罗纳德·德沃金也是一位美国法律人；他是牛津大学的法理学教授，大部分时间住在英国。他当然相信权利，他的第一部论文集的标题就是《认真对待权利》（*Taking Rights Seriously*），如今已经知名当世。他既是法律人，也是哲学家（在技术性或学术性的意义上，而不仅仅在早餐桌上），他致力于研究政治和道德哲学问题以及法律的本性。眼下这本文集很好地说明了德沃金如此广博的兴趣：从法律的政治和道德基础，到反歧视的伦理，公民不服从问题，当然还有自由表达的权利。[1]

　　其中一些文章受制于其缘起的场合，略显单薄，但没有理由为收录其中任何一篇文章感到遗憾。其中一篇十二页的精彩论辩（最初是大都会博物馆的一次演讲），若是错过就太可惜了，德沃金由此得出的结论是，一个自由主义国家只要不把一种美学事业当作比另一种更出色来支持，就能够一贯地以平等主义原则支持艺术，既不"家长主义"也不"精英主义"。我希望他的下一部作品会展示如何执行这项政策。

这篇文章和其他文章都基于德沃金关于社会正义的平等主义观点，遗憾的是，他对该观点的论证在这里没有得到更有力的呈现。他曾写过两篇非常有分量的文章，主张将资源平等而非福利平等视作政治理想。粗略说来，其核心思想是，平等应该根据分配的内容来确定，而不是根据接受者的愿望或偏好的满足来确定。他赞成这样做，不仅有哲学上的理由——对福利或效用的衡量向来颇为可疑——而且还有不止一个道德上的理由。诉诸效用似乎往往会给出错误的答案，比如一番推演之后，那些贪婪的或品味过分讲究的人到头来有权利得到更多。此外，以资源为准绳，也为接受者的自由留出了更多的空间。

这两篇文章已在经济学家中引起争议，不过出于某些原因没有重刊在《原则问题》里，而该书能够体现这些重要兴趣的，只有一篇反对功效主义供给学派的短论，以及一篇对迈克尔·沃尔泽《正义诸领域》一书的书评，在书评中，德沃金相当高姿态地谴责了沃尔泽的理论，实际上沃尔泽的理论在这些平等问题上所提供的东西比德沃金所允许的要多——特别是相较于德沃金的观念，沃尔泽为特定社会的历史特殊性留出了更大的空间。事涉正义问题，德沃金着眼于永恒的道德框架，而当他谈论法律判决而非政治平等，因而要赫然面对特定地方的特殊实践和制度时，他的主要专注点之一是去解释，那些不得不由特定法律体系的传统来确定的判决，如何仍然能像他设想它们所应是的那样，受永恒的道德框架的管束。

德沃金的广博兴趣，以及法律、政治和一般伦理原则在他眼中自然而然具有的联系，这些都不完全是他的个人特色，尽管他在讨论这些问题时展现出了非常出色的个人才华、独创性以及智性力量。美国法律人一般来说都对法律以外的事儿感兴趣并参与其中：或者更确切地说，法律和法律人所现身的地方比其他国家保留给法律的地方要多。众所周知，美国人爱打官司，但除了那些会追着救护车跑的律师，或者当自己的祖母听到喇叭心脏病发作时会起诉公交公司的律师之外，还有其他人，比如那些实际上经营着集团公司的人，而他们在使美国商业蓬勃发展方面所起的作用之大，不亚于会计师在毁掉我们国家的商业方面所起的作用。

258

然后就是那些改变了他们国家历史的人。1954 年，最高法院在"布朗诉教育委员会"（*Brown v. Board of Education*）一案中裁定，实施种族隔离的学校是违宪的，从而给美国社会带来了巨大变化。[①] 即使怀疑宪法法庭是否通常是社会变革的最佳引擎的那些人，也不能不被这个法治国家的非凡形象所触动，在那里，几个穿着黑色长袍的人可以在论证的制约下判定一种历史上根深蒂固的做法是非法的，然后国家权力就会被动用来终止这种做法。

这里德沃金没有多谈这种制度中会有的困难，比如，该制度对法院在政治上、意识形态上的构成敏感。当德沃金考虑特定案件的判决时，比如他对巴克案（Bakke case）[②] 的讨论（该案对有关逆向歧视的原则提出质疑），他非常清楚这些政治问题：但当他在更一般的层面上思考时，他倾向于关注哲学问题和道德问题，而不是

---

① 美国高等法院对布朗诉教育委员会（Brown v. Board of Education）案的裁决，是美国历史上意义最重大的裁决之一。此案的核心问题是种族隔离，即黑人学生被迫就读于独立的学校，这些学校通常设施陈旧、教学资源匮乏，而白人学生则就读于更好的学校。此案于 1954 年 5 月 17 日作出判决，推翻了 1896 年普莱西诉佛格森（Plessy v. Ferguson）一案的裁定，废除了美国南部的种族隔离制度，推动了美国民权运动的发展。——译者注
② 1978 年的"巴克案"（Bakke Case）打响了反对"权益倾斜行动"的第一枪。巴克本人是一名白人男性，连续两年被某医学院拒绝录取，与此同时，该医学院根据 16% 黑人学生的定额制，录取了一些比巴克各方面条件差的黑人学生。巴克认为定额制违反了公平竞争，因而将学校告上法庭，此案一直上诉到美国最高法院。最高法院最终裁定对黑人学生实行定额制是违宪的。——译者注

政治学或社会学解释。他有力地批评了那些从政治或经济利益角度来解读法官判决的人，也同样有力地批评了那些为这种解读帮腔的判决；他雄辩地为法官应该做什么提出了另一种更依乎原则的说明。但是，如果要求司法判决像在美国那样为社会做这么多事情，那就必然存在是否可以将政治和经济动机排除在司法判决之外的问题。

德沃金的观点往往相当合宜地从法律裁决理论出发，并由此推广到政治理论问题上去。在论述法律判决应该如何进行以及在做更加一般性的论述时，他诉诸"原则"（principle）和"政策"（policy）之间的基本区别——粗略说来——原则诉诸权利，政策诉诸后果。正如布莱恩·巴利（Brian Barry）在《泰晤士报文学副刊》（*Times Literary Supplement*）（1985 年 10 月 25 日）上质疑该书的一篇评论中所指出的那样，选择这些术语本身就有点儿倾向性，因为它提示，除非采用权利的措辞进行论证，否则论证一定低于原则的水平，成为机会主义政治的问题。这个提示使得我们过于容易同意德沃金的观点，即，依乎原则地思考政治问题的最佳方式是始终从权利的角度来思考政治问题——而我们本该不那么容易同意这一点。

259　　因为德沃金从法律出发，也因为我已经说过的，他对政治制度的社会学没有表现出太大的兴趣，所以德沃金的确倾向于认定美国模式的宪法法庭既是守护也是推进人民权利的工具。不过，即使我们同意他的观点，即法官应该从权利而非后果的角度来考虑问题，并且也同意（我希望这时我们多带点犹豫）从权利的角度思考始终是在政治原则问题上做决定的最佳方式，但我们仍然有讨论什么样的制度（在特定的地方，在特定的历史条件下）最适合做出这些决定的空间。我们是否一定会同意，决定这类事情的最佳方式是由法官来裁决？这是一个重要的问题，对英国来说也是一个非常现实的问题。近年来，鉴于英国行政部门的无原则行为，我们中的许多人对设立一部权利宪章的看法比过去更加积极。但若说大规模的原则问题都由英国法官来裁定，我们一定会对其后果抱有疑虑。在这个方向上最鼓舞人心的想法是，最高法院这个机构本身也许会改善重大议题上的法律和政治思想的清晰度和想象力。

德沃金期盼那种依乎原则的政治辩论去做的事情，充分体现在他对我前面提到的那个淫秽问题委员会的报告的批评中，这本文集重刊了这篇公允、论证细致的批评文章。文章题目起得就很说明问题，叫"我们有权利接触色情制品吗？"其中的批评非常详细，但它有一个核心靶子，德沃金称之为"威廉斯策略"，即主要考虑针对色情制品的法律是否真有可能遏制这些法律所欲遏制的伤害。德沃金反对这种从后果角度思考问题的策略，力陈一种从权利角度展开的论证。

事实上，报告的论证并不完全是从后果的角度展开的。报告主张，存在一种支持言论和出版自由的强烈推定，该推定的意义与一种权利的意义大体相当。报告尝试做的是给出一些赞成接纳该推定的理由，这些理由部分着眼于后果方面。德沃金其实不应该反对这一点，因为他自己主张的权利也不是简简单单信口一说的：他给出了如何推导出这些权利的概要说明。然而，推导过程有点儿怪异。德沃金通过指出不受约束的功效主义会带来多么可怕的后果来展示权利的价值。那些后果确实可怕，但为什么有人会认为我们必须得从那里开始呢？似乎更合理的出发点是报告试图在言论自由问题上采取的那种出发点，即考虑人类如何在他们实际面临的无知和冲突的情况下过有价值的生活。

报告提议只禁止有限范围的色情制品，对其余色情制品实行限制制度。限制制度的依据在于公开展示色情制品会对普通公民造成的冒犯。德沃金对这一论证持怀疑态度。然而，应该马上说到，他并不反对认为应该有一套监管制度的实际结论，并认为他自己也会做非常类似的提议。他不喜欢的是为此提出的理由。他的理由是，

260

面对公开展示的色情制品，人们受到的冒犯很可能是"有道德负载的"（morally freighted），在不确定的程度上取决于道德观点；仅仅因为某些人在道德上不赞同另一些人就限制后者的活动是不妥当的。

但如果这两点都是真的，那么德沃金似乎让我们陷入了一个明确而棘手的选择：要么不应该立法限制色情制品（同样也不应该限制公开的性活动等），要么可以有这样的立法，但它不应该基于人们这些事物的反对。事实上德沃金逃脱了这一困境，因为他不认为人们的道德观点以及负载着这些观点的反应永远不应该出现在支持立法的论证里。他认为它们可以进入论证，但前提是论证是以权利的角度展开的。他引入了一种"道德独立权"（right of moral independence），并辩称，正因为人们对冒犯的反应（在某种不确定的程度上）是有道德负载的，所以有理由说，他们以自己自主的方式谋求道德上的发展的权利因色情制品的展示而受到侵犯。当然，与此同时，对色情制品有欲求者的道德发展权也会因色情制品被压制而受到侵犯。因此，作为同一权利的两种相互冲突的应用之间的妥协，监管方案就得到了辩护。

我承认，我不认为德沃金的这个论证比报告的论证更有说服力或更有原则性，但我不在这里进一步探讨：对此感兴趣的人应该读读德沃金的书，然后自行审度。富于更广泛的意趣的是他这种研究进路的风格——特别是这样一点：一经审辨，竟有如此之多的事绪以对两种政治论证风格所做的非常精细的区分为转移。在某种意义上，这一点鼓舞人心，也让人感到安心，就像最高法院的权力那样：只要在思想上把事情弄对，就可以带来改变。另一方面，要求把一切依乎原则的政治论证都强行塞入这一模式，而忽视更大范围内的那些在我们的政治话语中确实有力量的观念，这有点不合情理。它不合情理，而且也许是危险的：如果所有重要的公共道德事务实际上都得以非常精细的法律推理为转移，那么所有关于这些问

题的讨论都可能遇到公众对法律推理的广泛而深刻的怀疑，而德沃
金自己充满激情和令人印象深刻的驳论正是这种怀疑的佐证。

注释

[1] *A Matter of Principle,* by Ronald Dworkin (Harvard University Press, 1985).

（吴芸菲　译）

托马斯·内格尔《本然的观点》

"依我看，在这个问题上，尚未有谁说出过任何接近于真理的东西"，托马斯·内格尔在这本复杂、广博且深富意趣的书的中间部分说道；他是在（关于意志自由的）一章的结尾说的，而不是像其他哲学家那样——他们有可能在开头这样说。[1]这本书铁了心讨论最宏大的哲学问题：实在的性质、知识的可能性、自由、道德、生命的意义。它提供的不是这些问题的答案，而是思考这些问题的独特而统一的进路。就此而言，此书相当有抱负。然而，此书最显著的特点之一是它写得很谦逊。内格尔认为他选择讨论的问题比他自己对这些问题的贡献更引人入胜，而且他向来乐意说他并不知道难题的答案。他的讨论浸透着一种意识，即意识到他所说的可能会被其他观点推翻或超越。它极大地缓解了笼罩在分析哲学家——包括我们中一些原则上本该更明事理的人——的作品之中的那种无情的、不容置辩的语气。

如内格尔在开头所言，统一该书的主题是如下问题，"怎样把世界内的一个特殊的人的视角与关于包含此人及其视点（point of view）在内的同一个世界的客观观点（objective view）相结合？凡具有超越其自身的特殊观点并把世界构想为一个整体这种冲动和能力的人，都面临着这个问题"。这个问题有很多不同的形式。其中一种形式——众多形式中非常基础的一种——是关于经验在世界中的地位的问题。我们有知觉、痛苦、感受，我们会自然而然地说这些是事件（events）。就我们自己而言，我们对这些事件有一种内部的理解。就其他生物来说，我们相信它们那儿也会发生类似的事件，尽管我们无法以同样的方式来理解这些事件是什么样的。内格尔早先在一篇很有名气的文章中思考过成为一只蝙蝠会是什么样：在眼下这本书里，他谈到了一个令人生畏的问题，那就是炒鸡蛋对蟑螂来说是什么味道。但是，无论我们是能以想象的方式将经验的内容表征给我们自己——就像我们大多数人能这样表征（对人类来说的）醋味——还是不能——例如对蟑螂的情况，问题仍然是如何将经验视为事件，且这视为与其他事件——比如，有机体的物理变化——有联系。

262

　　这就是将主观与客观、内部观点与外部观点结合起来的难题之一。内格尔认为，客观观点不可能囊括一切，且总是不完整的。当他说"实在不只是客观实在"时，他也就"什么是实在的"提出了一个主张。然而，尚不清楚这一主张是怎么代表他的思想的。对他来说，客观性至少不直接适用于事物：它不是某些（并非一切）事物存在的方式。相反，它是一种理解方式，一种试图从外部描述任何一种经验或思想的方式，它试图将这种经验或思想纳入对事物更广泛的阐论之中，而这种经验或思想在其中并不占据特殊的地位。那种经验或思想是从某个视点出发的：客观阐论是**对**该视点的阐论，但阐论本身并**不从**该视点出发。

　　当内格尔说实在不只是客观实在时，我认为他的意思不仅仅是永远可以给出一个更广泛的阐论，而是有些事情是客观阐论永远无法捕捉到的：就在阐论的**范围之内**，也有些事情会被排除。然而不清楚的是，在他看来被排除的究竟是什么。客观阐论有时似乎被等同于科学阐论，那么要点在于，某些事体的某些面向，亦即这些事体在拥有经验的主体看起来的样子，根本就不会出现在这样的阐论中。有些事情，或至少是这些事情的某些面向，不会存在于对世界的科学阐论中。

但这是否意味着，任何客观阐论都不可能包含这些事情——这想必是"实在不仅仅是客观实在"的言下之意吧？客观观点最初并没有专门被定义为科学观点，而只是被定义为一种外部的且具有包容性的观点。似乎没有理由认为这种观点必须排除经验的主观方面。它完全可以适当地提及"琼斯闻到的醋味"或"蟑螂尝到的鸡蛋的味道"。当然，这都是对实在的这些特征的相当不具体的描述：仍然可以说它们排除了一些东西。但难道不能更具体点儿吗？在这里，内格尔的想法有时似乎是——就像蟑螂尝炒鸡蛋这个例子——我们不知道如何让这些描述变得更具体，尽管我们相信我们正在谈论着**某种东西**；有时他的想法——就像琼斯闻到的醋味这个例子——又是我们能让这些描述变得更具体，但在这么做的时候，我们的理解本质上依赖于我们以想象的方式采取这里涉及的主观视点。这些都是意义重大之点，但我认为内格尔并没有很清楚地说明它们是如何与存在着什么或实在中包含什么的问题联系起来的。

正如我前面所说，内格尔并没有声称解决了所有这些问题。事实上，他可能认为这些问题无法解决；在本书的前面部分，他说，"对我来说，某些形式的困惑——比如，关于自由、知识和生命的意义的困惑——似乎比这些问题的任何所谓解决方案都更有洞见"，我不太相信他只是指迄今为止所提出的解决方案。因此，对他来说，把反思所产生的困惑以及我们对世界的观点中所隐含的张力向我们讲清楚，就越发重要了。他在这方面通常做得很好：比如，他很好地表达出了这样一种令人困惑的无法通达之感——我们无从知道猫的"毛茸茸的小脑袋"里在想些什么。他还擅长阐述怀疑论的经典张力：我们本来理智地确信世界独立于我们的思想而存在，但这会迅速导向一种想法，即我们没有理由假定我们对世界的认识是

263

真实的——乃至于使我们疑惑，我们的思想之为对这样一个世界的认识，这一点究竟在于什么。内格尔坚定地站在这种张力的"实在论"一边，正确地抵制了他在许多最近的哲学中发现的观念论倾向，该倾向以这样或那样的形式提示，我们思想的本性决定了世界可能包含什么。一些评论家会觉得内格尔的态度如此之强，实属一腔孤勇，且在现实主义的谦虚（"世界也许非常不同于我们认为它所是的样子"）和无可救药的怀疑主义（"世界也许彻底不同于我们有可能认为它所是的一切样子"）之间留出的空间太小。但这类批评家之所以有机会批评他，是因为他强有力地展示了一个自然且基本的困惑，让人印象深刻。

然而，一个人会对什么自然地感到困惑，这不仅仅是这个人是否从本性上心向哲学的问题，也是这个人心向什么样的哲学的问题，而在一些其他情况下，对困惑持开明态度的读者可能会好奇，内格尔强烈感受到并生动表达出来的这些问题，是否像他所说的那样难以解决。比如，有这么个问题：给定各种各样实际的人——TN、BW 等——是什么让这些人中的一个成为**我**？我是 BW 这个事实当然超出了 BW 这个人存在的事实，但它是如何超出的？它还涉及什么？我想，内格尔会说服任何心向此类思想的人相信这里有个问题，但我不太相信他会说服所有这类人相信，这是一个非常深刻的问题，或者说，在他已经提出的深刻问题即世界包含着一些意识中心（centres of consciousness）这个问题之外，还有一个更深层次的问题。在这一点上，需要展开更尖锐的技术性讨论，以表明这些困难来自客观地理解我们自己时会有的结构性问题，而不只在于一个可解决的语义纠缠。

有一章中，正是因为内格尔本人对这个问题的感觉如此强烈，以至于他没有做足够的工作来向读者解释这个问题，而读者可能从性情上并不受这个问题所扰，或者因为哲学上的前见而免受该问题某些面向的影响，或者被该问题的传统形式之外的其他形式所困

264

扰。这个问题就是内格尔所说的他认为还没有任何令人满意的说法的问题，即自由意志的问题，而在我看来，他对该问题的讨论是这本书里最让人不满意的部分。对于他所关心的内在视角和另外的、客观视角之间张力的问题，这是一个范例。这里的张力在于如下两方面的关系：一方面是行动者的内在观点——某人形成和执行意图的参与视角，另一方面是对该行动者及其意图的外部解释观点。在外部看来，他和他的意图似乎都是那延伸到他之外的因果网络的一部分（许多人，包括内格尔，都喜欢说"仅仅是一部分"）。在许多人看来，这种张力显然是一种矛盾：他们认为，如果存在这种因果网络，就不会有真正意义上的有意图的行动。确实存在张力，但有很好的论证表明，这并不是一种矛盾。相反，它来自这样一个事实，即一个人不能同时以两种模式思考，一种是作为实践着的行动者，另一种是作为一个人自身行动的那些方面的解释性观察者。这样论证可能还不充分，但内格尔应该予以更多的关注；在这一点上，他似乎被自己的问题惊呆，而忽略了可能的解决方案。

自由意志的问题有两个部分。其中一部分是刚才提到的问题：如果行动者的动做位于一个延伸到他之外的因果网络中，是否能够有真正的、意向性的、有选择的行动。第二部分关注所有这些与某些道德概念——尤其是责任（responsibility）和责备（blame）——的关系。依照我们对人及其行动的理解，这些概念讲得通吗？重要的是，第一个问题的答案可以是令人心安的"是"，尽管对第二个问题应该作出更具怀疑态度的回答。我们关于责备的观念可能从来就讲不太通；它们很难经得起基于相当日常的、不迷信的人类观察的反思，而且不需要精雕细琢的因果理论就可使它们显得相当破烂。也许是因为内格尔对这些问题与他中心主题（central theme）的类似性印象深刻，他并没有深入这方面，这很奇怪，因为在他早年的著作中，他自己已经毫不手软地拆解了一些隐含在常见的道德责任观念中的假设。

就自由意志而言，内格尔对其中心主题的运用并没有为他的讨论提供一个非常有趣的模式，但当他在书的后半部分谈到道德哲学的一般问题时，有趣的模式又出现了。在这里，张力表现为一种两相对立，一方是行动者的参与视角，他们过着自己的生活，在行动中表达着自己的筹划，另一方是对自己的生活采取的不偏不倚的道德观点，这种观点是行动者和其他人都可能采取的。在其早先的一本书《利他主义的可能性》（*The Possibility of Altruism*）中，内格尔倾向于认为，如果某人有理由摆脱他脚上的疼痛，那么这是因为有这样的疼痛简简单单地是件坏事；如果是这样，那么其他所有人也同样有理由来结束这种糟糕的状态。这种模式一般性地适用，因此，所有的个体行动，如果是理性的且在道德上是正确的，就都是为了体现从每个人——或者说，不从任何一个人——的观点出发所见的好坏。他修改了这一观点，而如今在他看来，特定的个人利益、非个人性价值和个体行动三者之间有着复杂的关系，对此，书里有非常有趣和详细的讨论。

内格尔现在完全承认，行动者的那些从道德上要求他人来合作的目的，与那些没有这种要求的目的之间，存在着区别。如果有人感到极度痛苦，那么这确实会对其他处在适当位置的人的关爱和时间提出要求（无论对"适当位置"的理解是多么进取或多么回护），但他们完全没有义务协助他的雄心壮志来为他自己的神建造纪念碑。如何解释这种差别呢？内格尔说："欲望越是以主体经验的特质为对象，越是直接且独立于主体的其他价值观，它就越是容易产生非个人的……理由。"也就是说，越容易产生其他人做事的理由。这似乎意味着，一个热情且自私的享乐主义者——他尤为专注于提升他的快乐——将特别地对我们的援助提出要求，而我怀疑这是否是我们想得出的结论。更一般地说，我怀疑是否能把这种区别像内格尔所试图的那样，简简单单地固定在行动者可能拥有的各种筹划的结构性质或体验性质的差异上。它很可能比内格尔所允许的更多地取决于社会观念——关于什么可以算作基本需要而非单纯欲望或品位的社会观念。

德彪西（Debussy）说梅特林克（Maeterlinck）有"对彼岸的热情"，尽管内格尔的作品没有宗教或明显的神秘色彩，但这份热情确实在他与本然观点的关系上留下印迹。我提到的谦逊不仅仅是个人的事情：在这本书里，他反复提醒人们，他们对物理宇宙的把握非常有限，对他相信客观存在着的价值方面的真理的把握也非常有限。他这种谦逊与蒙田不同，不是基于恒常的怀疑：他期盼着其程度难以想象的进步，尤其是在我们的道德生活方面的进步。这种谦逊也不是在面对普遍的和非个人的事物时，对属人的和偶然的事物的柏拉图式蔑视。但是对普遍者的感觉、从外部看待所有活动的隐含观点确实塑造了内格尔的论证。内格尔不认为我们可以连贯地达致这样的观点，更不认为我们应该持守这样的观点，但作为一种限制性的观念，该观点制约着他对一切事物的看法。这就是为什么他会问，比如，我们每个人是同等地重要还是同等地不重要。对我们中的许多人来说，问题不在于真相是否存在于两个选项之一（或者，正如内格尔给出的相当奇怪的说法，"介于两者之间"），而在于，如果我们不是在谈论我们之于彼此的重要性，这些选项还有什么意义。

对彼岸的热情及其总览全局的雄心，使这本书在某种程度上成为当代哲学的一部非典型作品。尽管它深入而专业地参与了当代的讨论，但在某种程度上，它追求一种年代更早的高远的哲学反思风格。不过与此同时，本着它自身的论旨，它也知道自己的位置。普遍性和地方性之间持续不断的张力，也是书中抽象的形而上学论证和生动形象的直接阐述之间的张力，这种张力偶尔会表现出来：比如，在一个令人难忘的故事中，一只蜘蛛住在普林斯顿大学的小便池里。

注释

[1] *The View from Nowhere,* by Thomas Nagel (Oxford University Press, 1986).

（吴芸菲　译）

人文学科的希望何在？[1]

1. 现状

英国大学的人文院系正遭受士气低落、招聘不足以及过去的——和未来似乎还会有的——经费削减所带来的压力，这已经不是什么新闻了。①

在这一点上，它们当然与其他学术和研究活动领域的院系没有区别，包括那些人们认为与技术成功进而与经济繁荣最相关的院系。英国皇家学会向研究理事会咨询委员会（the Advisory Board on the Research Councils）提交的一份报告指出，我们在基础科学方面的人均投入低于美国、法国、西德，甚至低于荷兰。这**并不是**因为我们在人文学科（the Humanities）上的花费不成比例地高。在这方面，值得留意的是以下统计数据：英国有七个组织是

---

① 本文写于1987年。自70年代以来，整个英国饱受高失业率和高通货膨胀的"滞胀"之苦，经济形势低迷。撒切尔政府上台后推动了一系列改革措施，包括大规模削减政府公共福利开支，限制地方政府开支。这些保守政策给英国的大学造成了重创，尤其是大规模地削减大学经费和教员的工资待遇。威廉斯对此深感不满，为了抗议这些政策，1986年，威廉斯离开英国，接受了加州大学伯克利分校的邀请，担任该校哲学系的米尔斯讲席访问教授，后正式入职该校哲学系。1990年，威廉斯重返英国。——译者注

欧洲科学基金会（the European Science Foundation）的成员——五个研究理事会、皇家学会和英国国家学术院（代表人文学科）；会费根据这些机构的预算按比例分配，英国国家学术院的份额为 1%中的 0.48。科学研究当然比人文学科的研究要昂贵得多，但人文学科无疑对研讨会有相当大的兴趣，而另一个值得留心的统计数据是，皇家学会能够投入 15 倍于英国国家学术院的资金来资助研讨会。

需要强调的是，这些对照的要点并不是建议将资金从自然科学转到人文学科。过分重视自然科学和应用科学，或者，在毕业生的（就业）选择中自然科学和应用科学占比过大，这些并非英国的突出问题。这些对照有两个要点。首先，人文学科与其他学术领域一样，资金不足。这种情况带来的一个后果是，铁打的院系产生了**长期寄宿公寓效应**（long-stay boarding house effect）：每个人已经说了很多次他们可能会说的话来回答别人可能会说的话。教育和科学部（Department of Education and Science，简称 DES）和大学拨款委员会（University Grants Committee，简称 UGC）都认识到了这一点，尽管很不情愿，但他们还是将"新鲜血液"任命制度扩展到了人文院系。任命制的范围很小，而且该计划还混淆了两个不同的问题，即招募新人和发展新学科；它们不是同一个问题，因为最紧迫的问题往往是招人来教授既定学科（正如哲学家大卫·威金斯（David Wiggins）所说，该计划混淆了新鲜血液和新瓶子）。

从这些对照中得出的第二个要点是，与其他活动相比，所涉及的数字非常小。大学、研究和人文学科所面临的压力不仅仅是政府优先事项和政府偏好的问题：任何政府在处理这些问题和其他许多问题时都会面临资源短缺。但是，在考虑优先事项时，想想花何其少的钱就可以在这些领域做何其多的事，一定会很有意义。

2. "文明社会"

人文学科缺乏支持，它们需要得到捍卫。关于应该从什么角度来捍卫它们，有几个关键的问题。事实上，甚至不是所有的学者都清楚，人文学科应该得到捍卫，除了出于忠于学院的精神，以及出于当大学受到攻击时各学科最好团结起来的感觉。此外，在与经济问题明显更相关的学科本身也严重缺乏支持的情况下，支持人文学科的理由可能不太明显。更一般地说，在现代世界变化的智识社会环境中，人文学科的意义是一个问题。

攻击人文学科的一种形式是认为人文学科是奢侈品，在当前困难时期，我们负担不起太多人文学科。为人文学科辩护的一种说法是，"人文学科在文明社会中会得到培育"。这种辩护是出于各式各样的动机而提出来的，其中很多动机都是很好的；而且这话说得也没错。问题是，这个说法太容易和一些非常糟糕的辩护观点——因为它们实际上接受了人文学科的奢侈品地位——联系在一起。这些观点将人文学科比附于用金钱雕琢出的生活的种种面相，比附于有举止得当的同伴和恰切的审美内容的奢华郊游。我们不妨把这种观点称为"哈罗德皮革桌垫"（Harrods Leather Blotter）[①] 般的观点。在这种观点最为粗略的版本中，人文学科仅仅被看作是为这种生活所做的准备。将其称为"皮革桌垫"的观点，或许确实隐含着这种观点的一个版本，而不是另一个更具炫耀性的消费版本。"皮革桌垫"的观点也有更高雅的版本，这种版本不太注重炫耀性消费，而是更注重培养良好品位。但是，任何简单地将人文学科与高级奢侈品乃至生活风度联系在一起的观点都是行不通的，而且很容易破坏它所要捍卫的东西。

还有另一条辩护路线。它认为自己与"皮革桌垫"的观点完

269

---

① 哈罗德（Harrods）是世界最负盛名的百货公司的名字，贩售奢华商品，位于伦敦的骑士桥上。——译者注

全相反。这是一种更加清教徒的观点。我——有点不公允但也没那么不公允地——称它为"F. R. 利维斯的观点"（the F. R. Leavis view）。① 这种观点确实认为人文学科是必需品，就此而言，它比人文学科是奢侈品的观点要来得好。但它没有设法表明大部分人文学科是必要的，而且关于什么东西对谁来说是必要的，该观点也相当混乱。奇怪的是，它与"皮革桌垫"的观点的共同点比它所设想的要多。首先，利维斯博士本人甚至没能为所有主要的人文学科研究辩护。他的立场是为文学研究辩护，他的辩护从自己的兴趣轨道上明确拒斥了哲学，且暗地里拒斥了历史。依这种观点，研习文学的必要性是什么？文学对培养一个受过教育、有教养且成熟的人是必要的；文学对这一点尤为必要，因为文学与某些核心的且严苛的德性有关，比如敏感性、诚实和信实的德性。

如果这种说法直接适用于个人，那么好的读者和敏锐的评论家似乎会明显比其他许多人更是好人，这让人极难置信。但比这更重要的一点是，即使这种说法是真的，它仍然没有说明这些人与社会的关系。同样非常重要的是，这样的观点无法对人文学科中的**研究**的意义给出任何说明。更一般地说，它没有经过精心的构想，据此我们无从得知谁应该做与人文学科有关的什么事儿。

利维斯的观点没有直面这些问题，这一事实可以说成是它缺乏一种政治学；这是它和表面上与它对立的观点——皮革桌垫的观点——所共有的。就利维斯自己的观点而言，缺乏一种政治学以极端的形式表现出来，即完全拒斥现代世界的大部分东西。在这方面，这只是英国人最深层的神经症的一个例子，这种神经症就是伏魔殿情结（the Pandaemonium complex）[2]，即对工业革命的憎恨。

---

① 利维斯认为商业和科技的发展削弱了文化的健康发展，应通过文学培养人在智性和道德方面高度敏感的感受力，来抵制低劣的"大众"文明。有了这样的训练，才能分辨当代文学中新的有生命力的东西，分辨古代文学作品中哪些在今天还有生命力。文学评论和大学文学系的任务就是培养这种感受力。利维斯一生的评论和教学活动基本上围绕这一中心思想。——译者注

也许可以用精神分析的术语来表示这种神经症，就是想要毁掉自己的孩子，这个孩子被幻想成是通过强奸怀上的。事实上，这一特点对于理解英国的人文学科非常重要，不过我在这里就不进一步展开讨论了。在这里，更为一般的观点更贴近问题的核心。

270　　这两种观点都失败了，因为它们试图仅仅从有教养的个体的理想品质的角度来为人文学科的研究辩护。这是很好的尝试，但我们不能**最先**做这件事。首先要讨论的是**对某些学科的追求**——对某些学科、某些类型的知识的有组织的、有资助的、必然是制度性的追求。

　　在这之后，我们可以就这些知识的分配提出问题：专家的作用是什么，略知一二的价值是什么，到底什么是略知一二——是拥有这门学科中的一些知识，还是拥有一些关于这门学科的知识？简言之，我们可以问，有多少永远不会成为专家的人应该被教授这样的学科中的多少内容。显然，这些都是非常重要的问题，它们直接关涉我们的大学经费等事绪。它们是关于人文学科知识分配的政治学问题。但是，这些问题只能参照一个更基本的问题来回答，而这个问题就是作为持续进行（on-going）的学科的人文学科的价值，对人文学科是什么、做什么的理解。

3. 人文学科与社会理解

　　在波士顿，有一幅高更创作的画，相当宏伟、神秘，名为《我们从哪里来？我们是谁？我们到哪里去？》(*Where do we Come From? ... What are we? ... Where are we Going?*)。无论一个人是牧师、政治家还是商业分析师，他都总是很难回答最后一个问题。我认为，可以肯定的是，除非我们对回答前两个问题有一些想法，否则就没有希望回答最后一个问题；即使我们得出结论，我们永远无法回答最后一个问题，那也只会是因为我们对前两个问题的答案有了点见解。人文学科作为持续进行的学科的最基本的辩护理由是，我们对前两个问题的见解本质上涉及对人文研究的掌握，特别是因为第二个问题涉及第一个问题。任何对社会实在的理解都必须基于对其历史的理解，而如果不深入了解它的文化产物和其他时代的文化产物，你就无法阅读其历史。

有各种不同的方式来概念化（conceptualize）这种必要性。有些人可能会格外强调识字所带来的那种社会性自我意识（social self-consciousness）。另一些人可能又会强调**现代**社会所特有的得到进一步发育的自我意识——现代社会对其自身特别具有反思性。事实上，现代世界是否在相当根本的方面与早期的社会形式有所不同，这个问题本身就是人文学科——比如历史学和哲学——探究的问题。显而易见，这不仅是人文学科的问题，也是我们通常所说的社会科学的问题，不过它当然也需要人文学科的参与。事实上，我个人更喜欢"人文学科"（the Humanities）这个说法 ①，而不是我们熟悉的组织机构名称"文科"（the Arts），其中一个理由是，"人文学科"让我们想起了另一个短语"人的科学"（the Human Sciences）所体现的联系。

271

这不仅仅是哲学和历史学的事情。我们有过去的文学，而对这些文学的评论和阐释不单纯是历史复原——即使它们是历史复原，那也并非单纯地是。只要考虑到最低限度的历史变迁的必然性，一个文本现在是什么意思的问题就不能仅仅归结为它当时是什么意思；若要致力于理解，就一定要在同等程度上致力于重新阐释。

4. 种种知识？

有一种传统认为，如果有人说——就像我说的那样——历史学和更一般的人文学科（the disciplines of the Humanities）在理解社

---

① 威廉斯这里纯粹是在探讨名称，为了让读者直观地了解这三个名称的区别，特放上它们所对应的英文。——译者注

会实在——"我们是谁"——方面发挥着至关重要的作用，那么这种说法隐含着人文知识和科学知识之间存在着非常根本的分裂：这是"直觉"理解和"话语"理解、"移情"知识和"客观"知识的某种对照（或者德国传统中**知性**［*Verstand*］和**理性**［*Vernunft*］的对照）。这可能会再次引出一个问题：某些社会科学是否可能并不与人文学科分属栅栏的两边；有些社会科学肯定不在另一边，比如社会人类学，但有人可能会认为其他社会科学会在，而且他们（更有攻击性地）认为人文学科可能不会像我所说的那样发挥基础性作用。

我相信，人文学科和一些社会科学本身的发展正在克服这些分隔，这非常重要。社会探究和理解有不同的风格，这些风格大致可以归到这些对照的两边，但绝对可以肯定的是，两边的风格都是我们所需要的。一边是定量的又或是形式的社会科学，另一边是人文的、历史的或解释学的学科，两者显然彼此需要。史学中的趋势，比如心态史（the history of *mentalités*）及其与经济解释的关系，就是这方面的例证。另一边特别有意思的例子是迭代博弈（iterated games）的形式理论，这类博弈已经证明有多重平衡，且没有绝对确定的"理性的"解决方案。这很重要地意味着，在实证应用中，策略的选择取决于文化观念或共同理解。我认为，这些结果和类似的结果表明，理性决策理论和类似的程序并不能解决我们所有的问题，而这一结论可以通过理性决策理论本身的方法来证明。此外，在特定的社会处境中达致社会理解或达成理性策略的关键是对这些处境有种理解，这种理解往往涉及人文学科尤其是历史学所关注的那类知识。

272 5. 人文学科与社会批评

正是人文学科和社会理解之间的关联，提供了人文学科作为**学科**的辩护，以及对这些学科的持续研究作为知识形式的辩护。我提出了一个进一步的问题，即关于其分配的政治：从这一切可以得出，谁应该接受多少人文学科的教育？如我所说，要回答这个进一步的问题，需要我们了解这些学科本身的旨趣，但也需要更多的东西。它需要一些关于如何在现代世界的政治结构中恰当地使用和应用这些知识的观点，这就涉及社会理解和社会批评的可能性之间的某种关联。人文学科和社会批评之间的关联可能会让一些人感到惊讶，因为传统上往往认为，强调人文学科——无疑与某些社会科学不同——是保守的。但是，这种对人文学科和社会科学的看法仅仅是约定俗成的，充其量只能代表一些局部性的社会事实，这些社会事实也许就是"皮革桌垫"及其相关观点的来源。事实上，强调人文学科研究及其重要性本身既不保守也不激进。它所隐含的，毋宁说是持有保守或激进观点时的反思性程度。当然，有些人相信，如果对社会的见解有足够的反思性，那它一定是激进的——激进分子可以乐观地这么想，保守派也可以悲观地这么想。但任何这样的看法都是进一步的事情。眼下的要点很简单：人文学科，就其核心而言，应该鼓励反思，也确实鼓励反思。

到目前为止，我有意没提斯诺勋爵（Lord Snow）和利维斯博士之间关于"两种文化"的现已过时的争论，这尤其是因为它在很大程度上着眼于个体的培育。如果我们用那场争论所设定的角度来思考，也许可以在这两种文化所提供的人格构成之间做一个对照。一个人至少有可能既是绝对杰出的原创性科学家，又是不假思索的保守派，而一个人若是绝对杰出的原创性人文学科工作者，他至少不可能是**不假思索的**保守派。（我承认，这种对照在某种程度上是在虚构典型。）无思想的保守主义的典型错误，是忘记了旧东西只不过是过去的新东西。它可以采取的一种形式是给传统的东西注入神圣的品质；另一种也是目前更具破坏性的形式，是忘记任何事物都有历史，并假定社会世界的构成要素只是一组给定的对象，可以通过充满干劲儿的常识来操纵。这样的观点不大可能在经过信实的

273 （truthful）和富有想象力的历史探究之后仍保持原样。那么，这些历史探究和其他人文研究就不大可能给单纯是无思想的保守主义留有余地。当然，它很可能为其他类型的保守主义留有余地。有些保守派很清楚，社会实在的意味并不总是像它表面上看起来具有的意味，但他们觉得，如果这种理解没有大面积传播开来，总的来说，局面会更好。这种想法抵制了许多现代社会试着采纳并在不同程度上已经成功采纳的一种抱负，也就是社会的运作应尽可能地**透明**且不应依赖于公民对其运作方式的不理解。

过去的大多数社会，以及今天的许多社会，在此意义上肯定不是"透明的"；至少在过去，这些社会也想方设法做到了清白无辜，拥有精英阶层或等级制度，这一阶层或制度能够以不过于强制的姿态让人相当满意地接受。在过去，英国在某种程度上可能就是这样的一个社会。但在现代世界，要让一个连透明化都不愿意尝试但同时又清白无辜的社会运转起来，变得越来越困难。虽然在许多文化面相上，现代社会可能比它们先前的社会更粗俗、更简陋，但在其对大规模组织的理解以及信息的散播方面，它们同时也远为复杂精致，而若试图将现代社会的政治和社会进程保持在某个层面上——在该层面，这些进程被视作理所当然而不成为质疑的对象——这样的努力就可能越来越不成功，因此也越来越具有强制性。

正是在这个领域，人们必须寻找人文学科的分配政治这一问题的答案。如果作为学科的人文学科确实对理解社会做出了重要贡献，并且理解社会本质上确实与我们反思、质疑并试图改变社会的方式有关：那么应该教谁、教多少人文学科的问题，本质上就与社会应该力求变得多么开放或透明的问题有关。如果精英阶层要以一种相对不受质疑的方式管理社会，那么只有精英阶层才需要对该社会是什么以及它从哪里来有深入的见解。但是，如果我们认为，至少在现代世界，这种做法不可能永远有效，那么结论就是，不仅人文学科应该被当作持续进行的学科来追求这一点很重要，而且，接触人文学科的机会以及对人文学科的某种知识，都是应该尽可能得到广泛传播的东西。

6. 结论

在当前的形势下，以及在短期内，这看上去像是一种捍卫人文学科的有点不切实际的方式。像我所做的那样，将人文学科与社会科学的某些领域以及社会批评的可能性联系起来，在这两件事在这个国家可能都不太受欢迎的时候，似乎会适得其反。仅仅坚持某种版本的"皮革桌垫"的观点，并坚持将人文学科与高雅消费的对象联系起来，似乎更安全。在眼下的沙尘暴中，在皇家歌剧院（Royal Opera House）扩建工程的下风处避难似乎更安全。但这是个短视的办法。人文学科关心的是对我们是谁以及我们从何而来的信实理解，它们首先要求对其自身有信实的理解，因而要求对其价值做信实的辩护。此外，社会本身和那些试图管理它的人也需要这些理解。因为只有这些理解才能产生有理据的变革要求，而有理据变革的对立面往往不是没有变革，而是无理据的变革——这种变革不仅会摧毁人文学科，也会摧毁遗忘了人文学科的社会。

274

注释

[1] What Hope for the Humanities? *Times Educational Supplement* Ledited Version of the Raymond Priestley Lecture (1986).

[2] 参见汉弗莱·詹宁斯（Humphrey Jennings）1985 年的文集 *Pandaemonium: the coming of the machine as seen by contemporary observers*（ Ed. by MaryLou Jennings & Charles Madge ）（ London ）。

（吴芸菲　译）

马文·明斯基《心智社会》

　　心理学家建构心智模型是为了解释我们所说和所做的事。有些心理学家尤其希望解释我们的能力：我们如何用玩具积木搭建塔楼，或者辨认出一只金翅雀？我们如何能够穿过房间而不撞到家具？就像很多导向科学的单纯问题一样，这些问题在人们开始回答它们之前都没有完全固定的意义。当我们反思我们学习这些多种多样的事情的必要性、我们试图做这些事时会犯的典型错误，以及我们做这些事的能力会因为生病、受伤和衰老而减退时，这些问题似乎就以一种比较模糊的方式出现了。

275　　但是在一开始，当你问我们究竟是如何做到这些事时，你所问的是什么并不十分清楚：你捡起一块砖头时难道真有特定的**方式**吗？被设计出来用于解答这种问题的心智模型同时也有助于形成这些问题，这是通过定义做一件事的"方式"应该是什么而做到的。它们提供了心智功能的一幅地形图，依照这幅图，就能分析我们的知觉、运动或者思维中的技能。当我们认识到我们要完成这些熟悉的任务中的某一项时，心智当中必须出现哪些过程，我们就已经逐渐明白我们是怎么做到它的了。

　　然而，上述平淡而一般的描述掩盖了一个难题——这个难题大到足以让一些人认为上述意义上的解释最终都不能成功。我们怎样才能描述心智当中发生的事情？如果我们说，心智的组件可以做各种各样有用的事情——例如，一个组件识别出一块砖头，另一个则驱使手臂伸向砖头——这样我们仅仅是把问题推后了，从一个智能体（即人）推到一个不太熟悉的智能体，心智当中的部门主管。这样我们就会陷入小人谬误（the homuculus fallacy），这个古老的错误在于用一个人脑内的另一个（可能更专门化的）人来解释他的行为。

如果我们的目标是提供一个模型，依据这个模型可以解释所有的基本心理技能，那么只有一种办法能摆脱上述困境：我们的分析必须深入这样一个层次，在那里，心智的组件本身已经完全不具有心理能力。这些最终的心智事物中的每一个都必须是这样一种智能体，当它接收到一个输入时，它仅仅是发送某种输出，这种输出通常会触发别的组件。构建心智模型的人为了达成展示一个真的具有心理能力的智能体的心智结构的目标，会建构这些组件所构成的层级和系统，这些组件在能够影响它们信息以及它们能造成的变化方面都是经过特化的。

马文·明斯基在他的书中讨论的正是这样一种系统——或者，不如说是这种系统存在的可能性，或者是围绕这种可能性的一些猜想，因为本书由遐想和漫谈组成，它没有给出具体的理论，也没有落实到技术细节上。[1] 它的字号很大，充斥着简单的图画，并且每一节都出现在独立的一页上。它是建构模型的人的思想手册，它的设计目的是激励你去在其中漫游，并且闲逛到有趣的方向。我认为明斯基是将这本书设想为一个心智模型，因此它是他的理论的一次应用。它的读者的处境某种程度上就像近期的《杜恩斯伯里》（Doonesbury）漫画中的探险者一样，那些人在里根的大脑中跋山涉水；而如同那场探险本身所展现的那样，他或她也会发现本书中的旅途大多数时候十分惬意。

276　　　明斯基的模型涉及多种多样的被组织成"智能组"的"智能体"。一个智能体仅仅是一个一个开关，可以在它自身被打开时打开一些别的东西。它们通过被称为"K-线"的复杂通信线路互相连接，这些线路通过在这个系统上发生的事情（或许可以称之为经验）得以建立和修正。智能组的组织架构非常的官僚化，而这是有助于引导这个心智模型的两个隐喻之一。这是一个非常古老的隐喻，即利维坦的隐喻。智能体的组织架构就是本书标题所说的"社会"，但是这里谈到的社会并不被当作一个政治共同体，而是一个严格分层的统合体。另一个引导这一模型的隐喻是计算机以及信息处理设备的隐喻，而且在这里，相似性被认为不仅仅停留在隐喻上：对于明斯基而言，心智正是这样一台设备，而发现其结构的计划就构成了一个众所周知的研究纲领，也就是作为认知科学的心理学。

　　这与被称为"人工智能"的学科有着紧密的联系，明斯基多年以来都是这个学科的领军人物，他在1959年与约翰·麦卡锡一同建立了麻省理工学院的人工智能实验室。"认知科学"是那个试图从这一角度解释人类心理能力的学科的通称；"人工智能"则尤其强调模拟思维过程的课题，而这并不一定处在问题的核心。虽然控制机器人设备的计算机程序在认知科学的发展中起到了很大的作用，但是那门科学并不笃定地认为我们可以在我们熟悉的那类计算机上模拟大部分人类的能力。明斯基大方地承认，脑并不像这类机器一样运作，并且进一步说，我们对它如何真正运作知之甚少。各种各样的智能组以及它们之间的链接的这一模型的本意并不在于直接与大脑中的结构相联系，而在于表明大脑运行方式的结构。可能比较有误导性的地方在于，有些图上画了相互交织的线段，看上去很像是想要用来表达神经科学的内容。

　　认知科学的中心思想是，对心智的描述不应该和一个电路图对应，而应该和一个计算机程序对应。对于机器而言，要识别出它的程序不难，因为总有人写了这个程序（或者，在某些情况下，写了另一个能写出这个程序的程序）。但是对于人类和其他动物而言，那个编写了他们的系统的神圣黑客并没有提供一个系统手册，而我们必须通过科学探究来发现其程序。这种探究受到了我们关于神经系统的知识或信念的限制，但是在这些限制之内，对于这样一个程序的形态而言，存在着大量的可能性。如果我们承认，不存在手册或者可以直接辨识的软件，那么什么算得上心智的真正程序？一个结构实际上是心智的一部分这种说法的意思是什么？它的意思大概是，一个包含了那个结构的理论提供了与心理学数据（例如人们常犯的错误）之间的最佳匹配，并且与我们对演化史的理解相一致。因此对于一个以这种方式表达的具体的视觉理论（它起源于大卫·马尔①的工作）而言，它的一个优势就在于能帮助我们理解我们自身的视觉系统何以是更原始的视觉系统的一个精密的后代。

有些批评认知科学的研究纲领的人认为，他们可以从原则上证明这个纲领行不通。有些人提出，如果这个纲领逃过了小人谬误，那么它也只会撞上一个悖论的另一角：不能理解任何东西的组件组成某种排布何以就能催生一个可以理解某些事情的系统（正如明斯基所说，一个社会）？[2] 这个《第二十二条军规》②式的论证的结论下得太快，以至于并不可信，并且正如哲学史上某些被设计出来证明特定的科学发展不可能的论证一样，我们可以指责它无非是提出了要解决的问题本身：在这个研究中的部分问题恰恰就是，智能系统能否通过非智能的组件组合而成。

另一些批评者则仅仅是持有经验的和怀疑的态度，并且说，没

---

① 大卫·马尔（David Marr, 1945—1980），英国神经科学家。他的名著《视觉》(Vision)被认为是认知科学计算主义（computationalism）的名篇，对认知科学的范式形成起到了很大的影响。——译者注
② 美国作家约瑟夫·海勒（Joseph Heller）的小说《22条军规》(Catch-22)讲述了一个海岛基地上的空军士兵被自相矛盾的命令逼疯的故事。"22条军规"已经成为荒诞和自相矛盾的事务的代名词。——译者注

有理由认为这种程序一定行得通，并且在大量艰辛工作之后取得的进展水平没有提供多少理由使人相信它将来会行得通。这是一个很有分量的反对意见，并且已经取得的成就是令人失望的，尤其是在与某些人工智能的辩护者现在还在做出的宏大承诺相对照时。在这本书中，明斯基没有花多少功夫来让质疑者放心，但是我并不认为他有意这样做。他只是顺便提一提实验结果，并且他也没有着手为整个人工智能事业辩护。他仅仅是提出了各种各样的想法和模型，并且邀请我们来考虑可以用它们做什么。

在封底上被引用的两个权威人士提到了书中所给出的心智"理论"，但是我没有看到任何这样的理论。一个理论必须真的解释了某些事，而对任何事的解释，尤其是在这种学科中，都涉及对很多事情的解释。正如诺姆·乔姆斯基总是在语言学中强调的那样，要想出某些模型或者原理来贴合一些案例并不困难——困难在它面对更广泛的现象时涌现。为了做到真的解释某些事情并且有一个真正行之有效的理论，本书中勾勒的概念必须以严格的要求加以应用。或许现存的认知科学工作某种程度上已经成功地给予了它们这种应用，但是如果确实如此，那么它并没有反映在这里，而且就我对明斯基的解读而言，他并不认为事情是这样的。相反，他的目标只是让读者熟悉这些概念。

明斯基介绍了大量新的技术性术语，但是（尽管他认为旧术语很含糊，并且依附于已不足信的理论，因此拒斥它们）新术语有时不过是给久经考验的概念贴标签的办法。例如，一个"多忆体"（polyneme）就是从经验主义哲学中来的一位老朋友，亦即复合观念（complex idea）（但是不需要满足某些经验主义哲学家提出的要求，也就是它必须将自身呈现为一个图像）。正如同那种古老的哲学认为一个词通过由简单观念构成的复合观念而具有意义，与"苹果"一词相联系的多忆体恰恰也会"让你的颜色、性状和尺寸智能族进入不相关的状态，分别表述独立的红色、圆形和'苹果大小'

这几个属性"。(严格来说，应该用 "polymneme" 这个词，因为据说它的后缀暗示了与记忆的关联；不清楚明斯基是强行修改还是忽视了词源学。)

多忆体与明斯基称为框架的心智事物相联系，这些框架是句子结构。一个框架体现了特定类型的情境的结构。明斯基认为尤其重要的一类框架是 "Trans-框架"，它们将两个事物通过交互行动联系起来，例如一个导致另一个，或者信息从一个传递到另一个，或者发生一种空间运动。因此存在着 "旅行-框架"，它包含的空位或者 "代原体"，与包括行动者-起点-轨迹-终点-交通工具在内的许多要素一一对应。这种框架的一个具体赋值是像 "杰克开车带着玛丽行驶在波士顿去往纽约的高速公路上" 这样的句子。当你想到这个句子，并且你想到旅程的终点时，你就会想到纽约。而这是因为

纽约的多忆体一定已经被两个同时发生的事件唤醒了，这两个事件分别是这个特定的旅行-框架和 "终点" 代原体被激活。

就此而言，明斯基强调了 "原形" 或者 "默认假设" 的作用。一个框架包含了一个标准的情境。在碰到关于杰克的旅程的句子时，我们假设，除非有反面证据，否则他所开的是一辆汽车，这辆汽车的轮胎不超过四个，玛丽和他一起待在这辆车而不是另一辆车里，等等。几乎毫无疑问的是，原形或者假设的结构的确支撑着我们的语言和其他能力，并且在这个层面上，明斯基采用的观点也被当代心灵哲学和语言哲学所认同。

然而，既然在这个论述中有传统的要素，那么也就存在传统的问题，而明斯基似乎并不承认这一点。一个问题关系到 "框架" 以及它们与语言相联系的方式。可以很容易地设想一个与有关旅行的句子对应的框架，以及恰当的 "代原体"：它不过是从一个英语句子的结构上解读出来的。但是这个框架的心理学地位是什么？我们

279

之所以最终习得它，是不是因为我们接触到了英语句子，并且从中将它抽象出来？如果我们事先不理解这些句子，我们如何能做到这一点？至少根据明斯基对问题的论述而言，如果我们不事先具有框架，我们如何能理解句子？

如果我们要逃离这个怪圈，那么看起来我们必须假定，存在着一种先天的框架，一种心智的基本架构，它通过学习一门给定的语言或者其他类型的经验而被激活。但是如此一来，假定这个结构应该与英语的表层结构存在简单的对应关系就非常天真了。明斯基自己指出，一个幼童可以很容易地习得任何人类语言。（他也给出了一个尽管不太可信但非常独到的假说，即这种能力在青少年期之前就会衰退——它的确会衰退——为了让父母不要从他们的孩子那里习得不好的语言习惯。）如果我们真要理解心智中的什么结构支撑着这种能力，则需要比较语言学的实实在在的工作。问题不在于，如果没有这种工作，明斯基的模型就只能提出对于理解力的一个过于狭窄的解释，这个解释或许需要依据别的语言来加以一般化。反之，如果没有这种工作，根本就不可能有心理学解释——就我们所知而言，明斯基可能仅仅是在用心理学式的语言（psychologese）来重写英语罢了。

明斯基很好地指出了像捡起某物或者将一个东西放在另一个上面这种简单任务的巨大复杂性。我们当然知道，部分地是因为人工智能研究者艰难而常常令人失望的工作，不论什么过程支撑着做这些事情的能力，它们都是非常精细和复杂的。但是在他一开始很好地让我们重新审视我们习以为常的事情之后，他就倾向于转向另一个想法，即我们通常认为是深刻和困难的事情其实仅仅是比较复杂，并且大概不会比我们通常认为简单的东西更复杂。

这一步的结果就不怎么好了。它建立在这样一个假定上，即所有的复杂性，不论是文化的还是个人的，都是同一种类型，并且这个假定使得明斯基时不时突然大谈还原论，尤其是在接近本书开头的地方，这种谈论总是没必要的，有时则令人震惊。因此他写道，"自我"并不像某些"普通的观点"据说认为的那样，是"一种神奇而人性的奢侈品，它能让我们的思维打破自然因素和法则的限制。与此相反，'自我'是实际生活的必需品"。它们的功能仅仅是使我们能够执行我们的计划。如果没有自我，"我们完成不了多少事，因为我们自己太不可靠了"；正如他说的，"'自我'的功能之一是防止我们变化太快"。对于谁来说太快？如果事先不存在有着未来和计划的自我，怎么可能会有关于未来的计划呢？

280

当他假定"我们"可以采用独特的方案来创造我们自身时，以及当他试图回答"我们如何控制自己的心智"这个令人困惑的问题时，明斯基似乎已经被他将不能作为手段的东西表征为手段的冲动驱使着陷入了荒谬。这种偏颇的观点不一定是因为将认知科学当作严肃的研究纲领而得出的；但是我认为它是过度张扬认知科学所能获得的成就的一个自然的后果。因为认知科学基本上试图发现我们**如何**做事，它自然依据问题和任务、成功和失败来表征我们所做的事，而这当然就假定我们将目的纳入考虑。对于我们的很多活动，例如捡起一块砖而言，目的是很明显的，并且同时，**怎么做**这个问题，正如明斯基所强调的，并非无关紧要。但是当我们离开这些直接的或者明显的目的时，可能就比较难以用问题解决的观点来看待我们的筹划和关切，因此在这个层面上试图将认知科学的全套工具应用到我们所做和所经验的事情上，也就更难有所回报。

上述观点明显适用的一个人类活动的方面是所谓的"创造力"。明斯基就像很多此类主题的写作者一样，将此作为一个问题解决过程来讨论，将这类东西看作一些程序，它们会"试用"那些也许部分是随机生成的策略。这类策略或许对下棋的是有用的；但是对于大多数艺术以及科学中的创造力来说，这样的论述就是一种误解。迈出创造性的一步不仅仅是产出一些新的或者不可预测的东西，而是产出一些我们认为有趣或有意义的新事物；并且我们的确将一些事物看作有趣的或有意义的这件事，首先是一个文化的而非心理学的问题，并且就它是心理学的问题的那方面而言，它首先也不是一个用于解决问题的启发式（heuristics of problem-solving）的问题。

从这里可以得出的正确结论并非认知科学已经过时，而是它应该专注于解决它适合于解决的那几类问题，这些问题，正如它自己提醒我们的那样，本已足够困难了。[3]当它超出这些问题而承担起解释人类生活这个更大的企图时，它就有可能陷入一种愚蠢和浅薄的还原论，而这对它并非必要。它之所以如此，是因为它必须寻找那些据说由复杂的和经过文化阐释的行动所承担的基本的和明显的目的。在这种观点的一个特殊的、意识形态化的版本中，问题解决的思想所引入的"成功"概念被简单地等同于大写的成功：事业上的成就、名声以及在竞争中获胜被假定为人类活动的目的。在明斯基的书中有一丝这种想法，虽然细微，但是当它出现的时候显得非常戏剧性。"想一想"，他说道，"一个来自日常生活的例子"：

> 我正在努力集中精神去解决某个特定的问题，但渐渐感到无聊和困倦。后来，我想象着我们的竞争对手"挑战者教授"就快要解决这个问题了。我愤怒地希望能击败挑战者，于是继续坚持工作了一会儿。奇怪的是，挑战者从来没有对这个问题产生过兴趣。

以上是一件怪事。另一个件怪事则在于这被当作一个来自日常生活的例子。还有一件则是，这个来自日常生活的例子竟然首先出现在一个人思考自我的自身构成的时候。

然而，声称这代表了明斯基对事物的看法的上限或者他的大部分上限，也是不对的。他的书中充满了大量其他类型的思想，包括很多从宗教、哲学以及文学作者那里引用的文段，从普鲁斯特到佛陀，再到像是日历上的每日金句的东西。其中的一些对我而言似乎过分地机灵和粗俗了；另一些则非常精妙，而其中的几个来自一种完全不同的生活，向本书投下了巨大而发人深思的阴影。例如约翰逊博士：

> 如果我继续存在于这个万事待行、无事待知的世界能让你感到愉快，请让你的圣灵教导我忘记那些无意义的危险问题，忘记那些古怪无用的难题和无法解决的疑虑。

引用的良莠不齐当然没什么好抱怨的。翻阅明斯基的书有点像是参观他的房子，他完全有权在他房子的墙上挂上他认为熟悉、有用、有趣或者有吸引力的东西。更令人不满的或许是，这些思想只不过是被挂在墙上。如果他曾认真对待他所引用的某些东西，那么就很难看出他为何还能说出他曾说的一些话。

同时，也因为另一种原因，我们难以看出他为什么能说那些话。在本书的许多地方，会出现一些本不该在那里的断言，这不是因为它们在理论上不牢靠或者存在很深的误解，而仅仅是因为它们在最直接和最日常的意义上是不真实的。明斯基说道：

> 当杰克说"玛丽懂几何学"的时候，这可能表明对杰克倾向于提出的几何学相关问题，玛丽的回答能让他感到满意。

这根本不表明上述情况，除非我们知道关于杰克的某些特定的事情，例如，他是玛丽的老师；相反，杰克说出"她懂几何学"的一个最重要的场合是他同时也会补充说"……但我不懂"的那个。另一个例子是，明斯基指出我们可能会说，"我刚刚听到一根针掉了下来"，但不会说"我听见一根针正在掉落"；并且他说这是因为一根针掉落需要的时间如此之短，以至于我们无法在此期间说出一个句子。但是即使针从帝国大厦楼顶落下，我们也没法说上述的

282

话。对此的解释不如说是，针掉落途中**不发出声音**。

在这两个以及其他的例子中，我们或许可以复述 A. E. 豪斯曼对于古典学研究一个显然但常被忽视的原则所说的话："三分钟的思考足以发现这一点；但是思考令人生厌，而三分钟已嫌太长。"高效分配时间的明斯基不能分出一秒来掀起他写的句子的一角看看，这又有什么大不了？在有些情形中，不过分纠缠于细节是有助于探究的。但是要说认知科学也属于这种情形，则是极为可疑的，并且既然认知科学正在艰难应对我们关于日常的思想中的复杂性，那么它最好能够小心聆听它自己所说的话。

我认为很多人会享受明斯基的这本书。它引入了许多新想法，并且对一类特定的心理学模型作了颇有启发的概述。除此之外，它有一种不修边幅、平易近人的个人气质，与认知科学某些部分及其哲学宣传所特有的好斗的科学主义做派相比显得十分可爱。它以一种简易而不令人生畏的方式写成。它对日常技能作了引人入胜的考量。但是有时它对于日常的真理不屑一顾，并且它无法承受这样做的代价：没有任何一种试图帮助我们理解自身的探究可以成功，如果它缺乏那种真诚，那种对常理的敏锐和机警的感知。

注释

[1] *The Society of Mind*, by Marvin Minsky (Simon and Schuster, 1986).

[2] 这是对约翰·塞尔著名的"中文屋"论证的一种可能解读：例如，参见 *Minds, Brains, and Science* (Harvard University Press, 1985)。在另一种解读下，塞尔想说的只是，我们不能认为一个系统理解一门语言，除非它有办法显示它知道那种语言的词汇指称世界上的什么东西：这当然是对的。

[3] 查尔斯·泰勒曾正确地强调这一点，尤其可参见他的文章 "Peaceful Coexistence in Psychology" (1973)，收录于 *Human Agency and Language* (Cambridge University Press, 1985)。

（郭予崎　译）

阿拉斯戴尔·麦金太尔《谁之正义？何种合理性？》

在1981年出版的上一本书《追寻正义》^①中，阿拉斯戴尔·麦金太尔声称，现代世界中可以接触到的正义观念就像一堆废墟，是讲不通的历史碎片。政治家、改革家、管理者胡乱地对这堆东西予取予求。哲学家和社会理论家辛勤工作，试图讲通它们，但他们不可能成功。这些废墟甚至不是一座建筑的废墟，而是各种伦理观念的无序遗迹。它们在其所属的时代是连贯的：他们属于各式各样的传统。但眼下我们没有连贯的观念，而且因为我们试图用这些零散的想法来解决我们的社会问题，所以关于正义问题，我们注定要无休止地进行没有结果且相互冲突的争论。

比如，关于分配正义——也就是社会中的商品应该如何合理分配的问题——一些观念坚持要求我们问，一些人比其他人明显地享有更多的优势是否公平。这些想法不仅在杂志上，也在政治上，与目前更成功的观念相争，后者主张你有权得到你已经得到的或能够得到的东西，只要你正当地获得它：其中"正当"的意思充其量也不比"不违法"多多少。一些哲学家认为，这些观点之间的争论

---

① 这里是威廉斯的笔误，麦金太尔1981年出版的著作不是《追寻正义》(*After Justice*)，而是《追寻美德》(*After Virtue*)。——译者注

体现了两种不同的社会观，它们真正地相互竞争，并调动了关于财产、正义和社会秩序的不同伦理观念。这些哲学家还倾向于认为，哲学讨论，加上经验知识，将有助于厘清这些社会观，并帮助我们看到它们在多大程度上说得通。然而，在麦金太尔看来，这些讨论纯粹是在浪费时间，因为我们没有传统，也没有一套连贯的伦理观念来推进这些讨论，更别说是裁决这些讨论。我们所拥有的只是无休止的分歧以及权力和政治财富的支配。这种智性资源和伦理资源的极度匮乏不仅适用于财产、收入和权力不平等问题，而且同样适用于其他触及正义的问题，比如死刑、堕胎或平权行动。

284

麦金太尔的新书延续了同样的主题。[1]这不是一部政治哲学著作，实际上它也几乎没有包含任何形式的哲学。它更像是一项思想史研究，探讨了麦金太尔所认为的西方伦理思想的三种不同传统：一种是从荷马到亚里士多德，经过阿拉伯和犹太作家到圣托马斯·阿奎那；另一种是圣经传统，由圣奥古斯丁传给阿奎那；第三种传统则影响了十七和十八世纪的苏格兰思想。对这些不同传统的研究为他的总体论点提供了历史细节。此书的论点也变得以前更具雄心。不仅是正义，还有实践理性观念本身——也就是，在社会层面或个人层面，我们思考出要做什么的过程的观念——都与传统相关。在麦金太尔看来，没有任何关于正义或实践理性的观念不是相对于某种传统而言的，试图独立于任何传统来界定和使用这些观念，正是我们现代混乱的主要原因，这种混乱表现为自由主义破碎不堪的总体见地。尽管他承认自由主义有一些历史渊源，但麦金太尔认为它基本上始于启蒙运动，如他所言，这一发展产生了"一种新的社会和文化产物，即个体"。

作为思想史家，麦金太尔见多识广，对他辨认出的诸种传统的发展，他所讲述的故事博学有趣，而且写作尤属上乘。他的故事也是精挑细选出来的，且其选择带有个人喜好。任何对西方伦理思想的历史学论述，如果主要靠存在不同的传统立论，就必然会强调某些相似性和差异性，弱化其他的相似性和差异性，而任何读这本书的人都应该预计到麦金太尔有他想确立的论点，是在讲述一个特定的故事而未作太多限定。然而，在一个核心问题上，我们甚至都不清楚他在立什么论，因为故事中最重要的部分根本就没有。这就是导向（苏格兰）启蒙运动的苏格兰传统的例子，在其所有的例子中，这个例子得到了最详尽的处理，也许是因为它是最不为人所熟悉的主题。这一传统同时植根于基督教和法律实践，据麦金太尔说，该传统是苏格兰对讨论法律如何植根于上帝和人性的独特贡献。故事的主人公是一个除专家之外几乎不为人所知的人物，他是一位法官，名叫斯泰尔的詹姆士·达尔林普尔爵士（Sir James Dalrymple of Stair），他反对即将成为十八世纪英格兰主流观点的看法，认为可以在各种情况下适当限制产权。斯泰尔阐述其观点的作品《苏格兰的法律制度》（*The Institutions of the Law of Scotland*, 1681）是一个关于传统的发展的有益例子。

然而，即使苏格兰传统的形成富有历史意趣，它也无法像麦金太尔所讨论的其他基督教传统那般值得我们关注：如果有什么东西能带领我们走出现代的分裂状态，它不太可能是十七世纪苏格兰加尔文主义和罗马法的结合体。该传统对我们的特殊意义想必在于它与苏格兰启蒙运动有关联。但关于这一点，麦金太尔告诉我们的很少：该传统与启蒙运动唯一的关联似乎是成为启蒙运动的受害者。该传统的命运像滋养了它的苏格兰一样，都是被英格兰人摧毁。它被一个不忠的苏格兰人大卫·休谟从内部颠覆了，事实上关于他的两章内容中的第一章的题目就是"休谟的英格兰化颠覆"（Hume's Anglicising Subversion）。

休谟不仅被公认为是英国最伟大的哲学家，而且也是最和蔼可亲、为人最值得称道的哲学家之一，但麦金太尔却常常对休谟大加斥责，似乎相当明显地厌恶休谟：因为他的保守主义，因为他抛弃苏格兰，向英格兰人献殷勤，因为他在寻求学术教职时缺乏诚意——

285

信仰加尔文主义的基督教是那些学术教职的必要条件，而且——也许是最重要的——因为他否弃这种基督教并憎恶"僧侣的美德"。

麦金太尔对休谟有一些有趣的看法，尤其是关于休谟与亚里士多德之间的相似之处，以及社会假设在休谟对实践理性的说明中所起的作用。但在追随休谟到英格兰的过程中，以及在探讨休谟思想的一些特点时，他似乎撇开了他所讲述的苏格兰故事。他的叙述中最奇怪的一点是，尽管他对斯泰尔勋爵的细节描述和对休谟的诽谤都超过两者所应得的，但他明确拒绝进一步谈论苏格兰启蒙运动。尤其是，他对亚当·斯密几乎只字未提。斯密绝对可以算作对自由主义式个人主义这一领域影响最大的人之一，也是近来一些重要学术工作的主题，这些工作显示出他的伦理观点在何种程度上超出了分工和自我中心的营利主义。将斯密纳入论述会给这个故事带来更有帮助的结论，而且肯定也会改变故事给人的教益。

对于启蒙运动以及自由主义式个人主义这一产物，麦金太尔有更一般性的反对意见。像所有从先前的一种秩序或多种秩序崩溃的角度来看待现代生活的人一样，麦金太尔倾向于夸大过去的一致性和现在的不连贯性，以至于现代性的一般观点几乎显得毫无形态。除了被视为消费社会的功效主义哲学，"自由主义式个人主义"几乎完全没有得到规定。他的确相当轻蔑地承认我们现在可以看到另一个传统，也就是自由主义自身的传统，但他认为这不过是个无休无止的分歧的传统，不过是一种沾沾自喜的不确定性。由此你几乎不会想到，有些自由主义传统曾试图从权利等概念的角度来从伦理上理解现代社会，而这些概念远远超出了消费主义。

麦金太尔对启蒙运动及其留给自由主义的遗产的核心批评是，启蒙运动旨在将政治和社会意识从对传统的一切效忠中解放出来，从关于人类善好的一切总体观念中解放出来，简简单单代之以一个框架，在该框架内，个人可以追求自己的善观念。麦金太尔声称，这必定会失败，它产生的只不过是另一个传统和另一种善观念，二者都不够充分。其他人也表达过类似想法，他们可能是对的。但麦金太尔的独特之处在于，他认为这就是关于自由主义需要说的全部内容。这种批评表明，自由主义未能理解其自身：但是麦金太尔自己承认，他所讨论的其他所有传统也是如此。如果自由主义确实是另一个传统，那么它就应该得到像其他传统一样的待遇，并得到如下方法给它带来的好处，即试图让不同的传统之间形成连贯的关联——麦金太尔在本书的结尾处对此有所概述。但是，根据麦金太尔自己对传统的论述，对于自由主义者来说，或者至少对于那些已经注意到现在不再是 1789 年或 1913 年的人（这种人确实有一些）来说，可能会有比麦金太尔所允许的更多的智性希望。他们意识到，自由主义从启蒙运动中继承下来的自我描述有根本性缺陷，他们希望能找到对自由主义更健全的理解，这可能有助于维护现代世界更人道的制度。

麦金太尔发现自由主义本身构成了一种传统，而我认为，他很有可能抵制他这个发现的后果，这有几个理由。一个理由是他强烈反感自由主义。（在该书的第 5 页，已经提到了一部分《纽约时报》的读者"与撰写这份教区杂志的富人和自鸣得意的自由主义启蒙者有着相同的预设"，他们因为蔑视福音派原教旨主义而受到嘲讽。）一个更哲学性的理由是，麦金太尔认为，与其他传统不同，自由主义格外不具备建设性地思考正义的资格，因为它对实践理性本身的思考过于贫瘠，特别是它否认一个真理，即实践理性观念总是相对于某个传统而言的。

事实上，我们甚至不清楚，自由主义的这种所谓疏漏，是否一定会使它在帮助我们思考我们眼下处境中相互冲突的正义观念方面的能力打折扣。即使自由主义者像麦金太尔所认为的那样无可救药地自欺，关于不偏不倚性和中立性的自由主义式幻想也许仍比在其他地方发现的显而易见的、同样不切实际的偏袒性更有助于传统之间的对话。但无论如何，对实践理性概念是相对于传统而言的这

287

个说法的推演是很糟糕的，而书中最没有说服力的内容是麦金太尔的如下论述，即，在不同的历史时期，人们对实践理性有着截然不同的理解。他在书的开头部分就举了一些例子，来说明种种实践理性观念之间的差异：比如，自我中心地计算成本和收益，不同于关注那些不偏不倚的约束，这又不同于以真正的、终极的人类善好为目标。这些确实是思考你和其他人应该做什么的不同方式，当然还有其他的方式，其他风格的利弊思维或政治思维。但问题是它们是否真的代表了根本上不同的实践推理形式，抑或从另一角度说，是否有可能找到对实践推理的更一般的说明，据此，这些不同种类的考量方式和思维方式可以被理解为同一推理形式的变体。① 并非两个人关于什么是良好理由的每一个分歧——比如关于爱国主义的优点的分歧——都应该让我们得出结论说他们对实践理性的本质有分歧。真有必须让我们这么说，乃至可以让我们这么说的分歧吗？

这是一个非常重要的问题，它将伦理和政治议题与哲学人类学（philosophical anthropology）问题联系在一起：我们如何能够理解其他人——比如，生活在其他传统中的人——如果我们不在一开始就把他们与我们共享的某些理性标准归给了他们？对这些问题已经有很多讨论，但麦金太尔并没有正视这些讨论，也没有提供必要的哲学论证，以表明无法将他提出的历史差异从更深层次理解成人类共同的实践推理能力中的内容差异。无疑，需要大量的哲学才能说服我相信他所说的一些事情：比如，现代世界的一个奇特之处是，行动者可以把他单纯想做某事（当然，这个理由可能会被其他理由所压倒）这一事实视为他做某事的理由。事实上，麦金太尔本人在此书前面已经明确指出，古希腊人很好地理解了这种基本的理由，这一点不足为奇。

对实践理性采取不那么相对主义而更现实主义的看法，可能会

---

① 关于威廉斯这里的质疑，更详尽的思考可参见本书最后一篇文章《为什么哲学需要历史》。——译者注

比麦金太尔所允许的更容易从我们当前的立场出发，获得对正义的一种更具实质性的理解。麦金太尔在本书最后几页中并没有排除这种发展的可能性，但在他看来，这种可能性说的是将我们的视线从自由主义的废墟上移开，转而寻求继承他所辨认出的某个传统，届时，该传统已经被它从其他传统那里学到的东西所改造。我在前面提到，遭鄙视的自由主义传统本身可能比麦金太尔所设想的更有能力完成这些任务，但他要求我们更彻底地、更明确地背离现代世界。在他早先的书中，似乎只有某些千年一遇的灾难才能清除现代不连贯性的垃圾。而在这本书中，他的态度似乎有所缓和，他更倾向于认为托马斯主义传统也许还能拯救我们。

288

乍一看，这个想法似乎更加乐观，尽管与持怀疑态度的自由主义者或福音派原教旨主义者相比，这个想法对于像麦金太尔那样自称是奥古斯丁基督徒的人来说一定是更好的消息。但无论如何，情况可能没有看上去那么乐观。他自己刨根问底和富有同情心的论述揭示了托马斯主义传统以多种方式在最深处抱着对基督教上帝的信仰，对与现代社会的观点截然不同的宇宙秩序的信仰；而他的观点恰恰坚持认为，托马斯主义关于正义和实践理性的观点是由它那种世界观所导致的。要从我们的现代或后现代处境返回到它的某个版本——依据麦金太尔对启蒙运动的论述，这确实必须是一种**返回**——可能终究需要某种巨大的灾难。

注释

[1] *Whose Justice? Which Rationality?* by Alasdair MacIntyre (Duckworth, 1988).

（吴芸菲　译）

保罗·约翰逊《知识分子》

保罗·约翰逊是一位多产的英国作家，就犹太人、基督教、现代世界和英国人的历史著述颇丰。我相信他是个天主教徒（若是如此，他没有碍于自己的身份，反而在他写的内容丰富、精彩纷呈的基督教史里，承认天主教实则是由圣保罗创办的，就值得称道了）。1955 年到 1970 年间，他任职左翼杂志《新政治家》①，当过六年的编辑，取得了后无来者的成就。如今，约翰逊坚定地立足于右派，对左派知识分子发起了激烈的批评。

这部新作的背景是世俗知识分子身为道德政治的引路人的崛起和影响力，他把这一发展历程，解释成对教会权威的不成功的替代。[1] 这个一般的主题不过是本书的背景——其实也可说是托辞，却不是本书的主旨，因为约翰逊既没有对知识分子的作用作一般化讨论，也没有考量世俗知识分子和宗教知识分子的区别，更没有探询这些知识分子在某些社会中的作用是否更甚于别的社会。事实上，本书倒没有给他吹嘘得名不副实，无非是秉笔直书，为若干算

① 《新政治家》(*The New Statesman*) 周刊，1913 年创刊于英国伦敦，早期与英国的社会主义团体费边社联系紧密，后来一直维持左翼的政治倾向。经济学家凯恩斯、哲学家罗素、文学家伍尔夫和通俗作家保罗·约翰逊都为该刊撰写过不少文章。——译者注

作世俗知识分子的人士作了几篇传略而已。这些传略奇怪地糅合到一块儿，内容涵盖多人，从卢梭和雪莱，到马克思、托尔斯泰和海明威，再到肯尼思·泰南和丽莲·海尔曼。[1] 约翰逊描写这些传主，为的是凸显他们的不良行为。在他看来，这些人物全都——这似乎是他们的鲜明特征——"喜好观念，更甚于人"。约翰逊格外强调了残忍无情的或剥削压榨的私人关系，编排重现了比方说卢梭对待亲生孩子的知名历史，还有托尔斯泰和他夫人的关系。[2]

约翰逊把他选中的知识分子描绘成对真相肆无忌惮的样子，这个特点就算还不普遍，起码也很典型。他的指控采取了不同的形式，不过并不总是区分得很仔细。有时，比如拿罗素和萨特来讲，这条指控意味着知识分子发表了轻率而不负责任的政治声明。别的时候，尤其以马克思为例，这条指控意味着就算证明有错也不承认。在很多时候，这条指控意味着他们向妻子或债主撒了谎。拿英国左翼出版人维克多·格兰茨[3]来说吧，他因有违真实的罪过，格外遭人指摘；这条指控倒有点自相矛盾，它意味着在若干情况下，格兰茨反倒极其坦率地向多位作者表示，他不会出版自己不认同的材料。

有一两位知识分子因老朽无能而惨遭无情揶揄：年迈的萨特在一次会面时变得老糊涂了；伯特兰·罗素不会用水壶烧开水，也不

---

① 肯尼思·泰南（Kenneth Tynan, 1927—1980），英国戏剧评论家、剧作家，代表作为音乐剧《加尔各答风情画》(*Oh! Calcutta!*)。丽莲·海尔曼（Lillian Hellman, 1905—1984），美国左翼女剧作家，代表作为《小狐狸》(*The Little Foxes*)和《搜索之风》(*The Searching Wind*)等。——译者注

② 卢梭写出了教育学名著《爱弥尔》，却把五个亲生孩子送到了弃婴收容所。托尔斯泰的夫人索菲亚·托尔斯泰娅长期为托尔斯泰誊写他的小说，但两人的婚姻生活冲突不断。托尔斯泰曾把自己的日记交给索菲亚阅读，上面记载了他的多次不良性经历，引起了索菲亚的不满。托尔斯泰晚年准备放弃财产，过朴素的生活，又成了两人矛盾冲突的一个重要原因。——译者注

③ 维克多·格兰茨（Victor Gollancz, 1893—1967），英国有名的出版商人，利用自己的出版社出版了很多和平主义和社会主义的图书。——译者注

会调试他的助听器。有一段长文专写海明威碰到的各种意外事故，成就了一份黑色幽默的目录，可既然他总是尝试各种壮举，再加上他多数时间都是醉醺醺的（约翰逊坚定地强调了这一事实），因此倒也见怪不怪。

290 　最重要的是，《知识分子》描写的作家在两性关系上显得很不检点，多数情况下还不知餍足——几乎每一章都翔实地重现了传主的通奸、私通和一般的性混乱行为（易卜生逃过了一劫）。所有的传主除了一个例外，都是男人；丽莲·海尔曼就是那个例外，但约翰逊对自己掌握的有关她的性冒险的材料不满足，还抛出了有关达希尔·哈米特 ① 的大量材料。从论及这一切的那种苛刻的、无疑是好色的语气可见，教会对世俗知识分子的报复，深受告解赦罪涉及的那些更可疑的方面的影响。

　于是，本书细说了那些知识分子从事的与智识不那么相关的活动，却没有详谈他们的思想观念。本书对马克思发表了一通常规的戏谑之辞；评说起卢梭的政治理论来，就连大一的考试都通不过。至于罗素、萨特和乔姆斯基的专业工作，本书说得很少，倒不如不说。约翰逊聊过几位他其实很欣赏的创作家，但也没有就他们说出什么值得留意的见解。他对各位作家喋喋不休，不讨人喜欢，最后也只对其中的两位留下了些许尊重：一是易卜生，二是——这倒有点意思——布莱希特，但布莱希特却给描绘成了可怕的样子，让人难以释怀、不寒而栗，哪怕有作者准备对马克思纡尊降贵、对托尔斯泰嗤之以鼻，也似乎都对他心怀敬畏。

　如此一来，约翰逊的整桩事业相当没价值，但也的确生发了至少两个问题。其一，为什么一个聪明、勤奋、心怀过去的作家竟以

---

① 达希尔·哈米特（Dashiell Hammett, 1894—1961），美国推理小说家，硬汉派推理小说的宗师之一，代表作有《马耳他之鹰》等，1931 年起与丽莲·海尔曼保持长期交往，直至离世。——译者注

为这桩事业值得一做？我没什么头绪。其二，有没有什么主旨好写
一写的，倘若约翰逊甘愿对此严肃探索一番的话？对这样的"知识
分子"，发得出什么珠玑之论吗？他们是何许人也？他们的声明有
什么权威吗（如果有的话）？约翰逊的书或许已经应对的、兴许最
初就有意应对的，正是这些问题，尤其是最后一个问题。

倘若真有问题值得解决，我们无疑得对知识分子先做一番拣
选，还别搞得那么奇怪。知识分子不该只因行为不端就中选，这是
一条基本的改进原则。约翰逊好几次提到有别的比他选的传主要好
的人，他们遭到传主的剥削，或是留下来料理残局，却和传主一样
有资格成为世俗知识分子；可约翰逊本人还是选中了那些传主，就
算这有什么一般的道理，其实通通都横遭了摧残。托尔斯泰的故事
里有屠格涅夫出场；萨特的身边也一度有加缪——不过，约翰逊说
加缪不是知识分子，理由很简单：加缪不认为观念比人更重要。尤
为重要的是，还有个狄德罗，他既是可怜的卢梭的朋友，也是受累
于卢梭的人。狄德罗为人极有同情心，着迷于各式各样的观念和经
验；并且，他身为《大百科全书》的组织者、编辑和撰稿人，为现
代意识的形成所作的贡献，不亚于其他任何一人。要是连狄德罗都
不是世俗知识分子，那就压根儿没有什么世俗知识分子了。

"剥削他人是知识分子，起码是世俗知识分子的决定性标志。"
这个概念明确落到了加缪身上，也部分地塑造了约翰逊的那些挑选
原则，但它是无趣的，还彻头彻尾地陷入了乞题谬误。① 可除此以
外，约翰逊可能还有另一个其实与此相悖的观念。他可能不打算对
一切的世俗知识分子进行概括（"典型地""一贯地"等用语倒叫人
难以分辨这件事了），反倒说这些案例本身就证明了他想说清的真
相：具备种种借以辨识知识分子的特征——着迷于观念，兴许还倾

291

---

① 这里的"乞题谬误"是指，约翰逊故意选择那些涉嫌剥削他人的知识分子作为传主，企
图论证"世俗知识分子剥削他人"，这显然是循环论证。类似的例子还有，记者在火车上
采访乘客，惊讶于他们居然买到了车票，可见票不难买。——译者注

向于从抽象一般的角度看待世界，尤其是政治世界——压根就确保不了道德上可靠，或判断上良好。既然如此，为什么知识分子应该享有某种权威呢？为什么要有人在意他们呢？

即便这是约翰逊的问题，我也是这么觉得的，可他的挑选原则还是不妥。一来，关乎非世俗知识分子，还有问题要答。为什么人们就应该听他们的——比如听 T.S. 艾略特的，或者听保罗·克洛岱尔 ① 的？约翰逊对此只字未提，但设想一下他也许会给出什么样的回答，倒是可能的。他有两段简短的文字，谈到了世俗知识分子的权威代替教会的权威，我们或许可由此推出这样的意见来：如果我们得听（特别是）基督教知识分子的，不只因为他们是知识分子，还因为他们是基督徒。或者换个相当不同的法子来讲：我们应该听他们的，可能因为他们是知识分子，他们的抽象一般的表述引起了理智的兴趣；可不管他们有什么权威，都是关乎基督教信仰的、源自其宗教传统的权威，这样的权威可不单单肇始于他们身为知识分子的地位。另一方面，就世俗知识分子而言，除了他们是知识分子这一事实外，就没什么东西可以让他们的观点引人瞩目了。

这多少算是个回答，却相当不完备。许多世俗知识分子确实依附于某个传统，正如《知识分子》一书评鉴的许多知识分子，已然依附于马克思主义传统一样。约翰逊觉着这些传统虚假有害，有时也确实照着强横的右翼路子推进自己的主张（他不做进一步的论证，便把《评论》杂志的论断算作权威；还不假质疑地赞成了极右派报纸《震旦报》发表的一则有关萨特的声明，虽然该声明同时就说那是风凉话了）。② 不过，这不该是重点所在。即便约翰逊不喜

---

① 保罗·克洛岱尔（Paul Claudel, 1868—1955），法国诗人、剧作家、外交官，1895 到 1909 年间在清朝担任领事，对中国文化颇有好感。克洛岱尔在文坛上因诗剧最为出名，其诗剧常常表达出虔诚的天主教信仰。——译者注

② 《评论》（Commentary），月刊，1945 年创刊于美国，如今的政治倾向偏于右派，内容多涉及犹太教事务及其他社会文化议题。《震旦报》（L'Aurore），日报，1942 年创刊于法国巴黎，曾支持美国侵略越南，反对戴高乐的独立政策。——译者注

欢马克思主义传统，但有一点依然成立：这些知识分子的判断所声张的权威，并非源于纯粹发自个性的行为，而是依附于某些话语传统，那些传统既支持了特定人士的思想，如黑格尔、圣西门、李嘉图和费尔巴哈等人的作品，这里仅略举几例；也一样支持了马克思的那些想法。

  同理，假定基督教知识分子的权威就是教会的权威，也一样是大错特错。他们的知识分子角色可不是神父的角色；况且他们其实常常是异教徒。他们身为知识分子的那些特点并非就和他们的基督教信仰相关，也不是就和教会相关；至于基督教生活在抽象层面的表达，还有它与更广泛的观念的牵连，究竟可能对它造成多大的助益或伤害，对此有不少问题，还有很多可聊的。"知识分子的权威是什么呢？"这对基督教知识分子和世俗知识分子来说，都一样是个好问题，基督徒业已承认了这一点：比方说，纽曼 [1] 就是个显著的例子，约翰逊当然对他知之甚详。

  倘若要分离出正确的问题，那么还得从另一个相当不同的方面，重新对约翰逊的案例清单加以考量。从知识分子假定的权威中，分离出某个别的东西，即艺术家的权威，很有必要。约翰逊把雪莱、托尔斯泰和其他创作家囊括进来，也就从若干方面弄混了权威问题。一来，这些人以自我为中心，剥削他人，具有约翰逊所谓的"极度的自我中心主义"，可这一切告诉不了我们什么有关知识分子的特别内容，不过反映了人所共知的事实：某些创作人对周遭人等提出了残酷无情的要求。至于这些人的造诣能否为其举止"开脱"，就是另一个其实一文不值的问题了。遭他们忽视的孩子、受虐的妻子、见弃的情人、未收款的债主，还有其他的受害人，兴许

---

[1] 约翰·亨利·纽曼（John Henry Newman, 1801—1890），英国神学家、哲学家、诗人，是牛津运动的领袖之一，试图在英国国教内复兴天主教的某些教义和仪式，代表作为《大学的理念》《论基督教教义的发展》等。——译者注

需要得到这个问题的答案，可就算答案是"开脱不了"，也很难责备他们。不过，我们几乎不怎么需要该问题的答案。况且，这整个主题还与知识分子的权威牵连甚少。这些艺术家的权威在于他们的作品，而不在于知识分子的典型特征。

约翰逊奇怪地忽略了这一点。他谈论的大多数艺术家，他都欣赏——对于雪莱，可能都有些太不挑剔了。（有人会想，从方方面面来看，就约翰逊的处理风格而言，瓦格纳都是再合适不过的艺术家，可约翰逊却闭口不谈，难不成是因为他不欣赏瓦格纳的作品？）不过，展现伟大洞察力的作品可以同无情的生活和荒谬的声明相伴，这个事实几乎不大陌生，可约翰逊既没有设法加以理解，也没有把它与自己的主题关联起来。他在一个案例中就碰到了严重的麻烦，因为他既认为托尔斯泰"或许是一切小说家里最伟大的一位"，又声称从托尔斯泰的小说里，窥见了他在托尔斯泰的生活中就见着了的特质，即对他人没法感同身受。

我们因艺术家的作品尊重他们，也确实可以在事关某些艺术家的情况下，把这份尊重加以延伸，对他们就政治及其他主题发表的声明表示钦佩，至少也表示出些许兴趣。这可能不完全理性，要是科学家或演员也有同样的情况，这么干也一样不完全理性。不过嘛，这等人可能很非凡、很杰出，很惹眼，很能强烈地传达感情，倒也几乎不足为奇。无论如何，知识分子的权威与此无关。在约翰逊的意义上，知识分子是声名卓著、众人皆知的人物，倾向于合理地探讨、思考观念，也有能力这样干；人们认为他们凭借这种能力，就对公众直接关心的问题，尤其是政治问题，享有一定的发言权。

在某些情况下，知识分子的权威和艺术家的权威当然区分得不清不楚。戏剧和电影格外如是，而且烦人的现象业已出现：比方说，约翰·奥斯本或阿诺德·威斯克等作家的剧作让人尴尬，却因为表达了政治观念就徒负虚名；而那些观念又因为在舞台上表达，就得到了理所不当的好评。[①] 可知识分子的权威，要是真有这么个东西的话，到头来应该是纯粹理智的权威。这种权威不仅仅是专业知识，也不仅仅是学问，因为其应用超出了专家学者的领域。此乃源自人的观念处理能力，对特定议题、主要是政治议题的发言权。这样的东西能有吗？

第一个要求是，观念应当与政治有所牵连。假装观念与政治没瓜葛当然是可能的，现任英国政府就持续不断地装出观念与政治没瓜葛的样子。反对知识分子，这当然是英国政府众所周知的反智立场的一部分，但也只是其中囊括的一小部分，因为没有多少知识分子好反对的：知识分子与文人学者不一样，在英国从来不是非常普遍的现象。再者，知识分子里有很多人发觉自己倾向左派，政府也就总有充分的理由反对他们了。

可是，这让右翼知识分子也振奋不到哪里去。罗杰·斯克鲁顿最近为伦敦《泰晤士报》撰写的一篇文章便是一例，他自然是个右翼知识分子，撰文是为了纪念以塞亚·伯林的八十大寿，而内容却大半是在抨击伯林。抨击本身没啥实质内容——无非是应用于想得到的最不妥当的目标之一，重弹"承诺言论自由的自由主义者对共产主义态度软弱"的老调罢了——不过，这倒让我们瞥见了斯克鲁顿自己在右派的哪个位置，他说："对自由主义观念的怀疑根植于关乎圣洁与性欲、哀痛与圣惧（holy dread）[②] 的经验"，而他却从伯林那儿感觉到了"这些经验的匮乏"。至于这可能与任何人接触得

294

---

① 约翰·奥斯本（John Osborne, 1929—1994），英国剧作家，因剧本《愤怒的回顾》（*Look Back in Anger*）而成名，作品的基调是"愤怒"，表达了二战后英国年轻一代对社会现状的不满。阿诺德·威斯克（Arnold Wesker, 1932—2016），英国剧作家，和哲学家罗素等人参与过反核武器百人委员会，他的作品涉及自我发现、爱、死亡和政治幻灭等多个主题。——译者注

② "圣惧"也常译为"神圣恐惧"。——译者注

到的任何政治有什么牵连，乃是斯克鲁顿的问题，但他心知肚明，
这与撒切尔夫人的政治决无半点儿瓜葛。

一方面，这无疑令人欣慰。另一方面，斯克鲁顿的空洞修
辞，与目前的政治言论没有丝毫想象得了的关系；该事实说明了
一个更一般、更不受欢迎的道理：目前的言论没有为想象力的任
何发挥留有余地。事实上，撒切尔式的政治虽然反智，却深深卷
入了观念之中。大家已常常注意到，撒切尔式的政治关注竞争市场
（competitive market），轻视对非竞争市场的公共援助，其意识形态
比起英国通常的状况更为强烈。撒切尔式的政治不是没观念，而是
缺乏想象力；那些提出观念的人是公共会计师、公关人员和偏狭的
市场理论家，而不是什么采取更富想象力的方式、反思别的什么事
物的人。这些观念的提出者肯定不是知识分子。

正是理智的想象，为知识分子赋予了他们享有的权威。当然，
知识分子下的具体判断可能不切实际，可能与特定的情形关联不
密。可那些判断不是用来治理的：治理是政府的事儿。要说除了
政府工作人员，谁也不该妄议政府，就是在说议论本不该有了。当
然，有的知识分子可能是虚荣的、自命不凡的、好撒谎的，可这无
非表明，不具备这些特征的知识分子理应多多益善。当然，知识分
子的声明的重要性在某些文化中可能被夸大了。法国，至少巴黎，
曾经便是如此，这一点难以否认；巴黎的某些思想家在任何事情上
都从未明白展露过明智的头脑，可他们的每一次分析、每一次合理
说辞、每一次立场的迁移，都受到过何等高度的关注，这是多么不
可思议啊。

可就算是这样的歪曲，也引起了需要回答的问题。约翰逊在他
的《萨特》一章章末，语带困惑地报道了萨特的葬礼：

　　五万多人，大抵是年轻人，跟着他的遗体，进了蒙帕纳斯

公墓。① 有的人为了瞧得清楚一点，就爬上了树……他们为了
什么缘故，才来致敬？他们集结到场，又是在捍卫什么信仰，   295
什么关乎人性的光辉真理？我们可以问个明白。

倘若我们可以问个明白，我们也该回答得透彻。无须假设萨特的名
声全然有根有据，便可承认其名声所说明的真理：政治必然涉及观
念，哪怕政治否认这一点，也尤是如此；政治观念需要其他观念供
给的环境、批评和生命；有的人富有想象力，能把这些观念引入
将要有赖这种政治为生的人的思想中。知识分子的权威确实是存在
的，它见于如此这般的能力——这种权威像艺术家的权威，却不像
神职人员的权威，依赖于受影响者未遭支使的反应。

注释

[1] *Intellectuals*, by Paul Johnson (Harper & Row, 1988).

（谢沛宏　译）

---

① 蒙帕纳斯公墓（Montparnasse Cemetery），与拉雪兹神父公墓、蒙马特公墓并称"巴黎三
大公墓"，地处法国巴黎圣日耳曼德佩广场南部，莫泊桑、庞加莱和萨特等法国文化名人
皆长眠于此。——译者注

理查德·罗蒂《偶然、反讽与团结》

一个拥有一些原创想法的活跃思想家或许会对让他弄清真相的霸道要求作出可以理解的反叛，尤其是当这种要求通常来自他谨慎而传统的同事时。在需要为自己的研究负责的领域，例如自然科学中，这种人如果反叛上述要求则只会危及自身事业——或者不如说，他们的想法只有当他们最终遵守了要求，并且同事被证明是过分谨慎时才得以成功。然而，在哲学中，成败划定得就不那么清晰：弄清真相这个想法自身就是更成问题的。创新者可能会认为这个要求不仅过于谨慎，而且本身就束手束脚、因循守旧，它要求思想正确，而新思想恰恰就是为了推翻它那种意义上的正确。他可能会倾向于完全拒斥上述要求。这种反映自然是自我驱动的；一个人走得越远，上述要求也就越是莫名其妙。

然而，弄清真相的要求很有助于思想延续。所有被人认为具有超越非常短暂的潮流周期的意义的哲学家，都曾经受到以这种或那种方式弄清真相的需求的驱使。即便是尼采，这个最自觉地以新风格构建自身，并且对公认的有意义性和正确性的标准施加最激进的暴力的思想家，也时常提醒自己以及他可能拥有的任何读者，他原先是一个语文学家，并且从那段经历中发展了一种对得体而准确的文风的尊重。尼采这个最极端的例子说明了一件更普遍的事情：在哲学中体现了弄清真相的需要的风格不止一种。如果某人相信用半科学的风格写成的严谨论述对于哲学是恰当的，那么那种论述的朴素的优点也许可以满足要求。而更有尼采味道的主张则会提出更尼采式的要求。但是总是需要承认某种要求：在按部就班地铺陈事情之外，还要关心所说的是否信实。如果不是这样，那么起初被视为激进哲学的东西最终会毫无悬念地变得像传统的作品一般缺乏力度。它可能会是老套又有启发的，也可能是老套而毫无教益的，但总之是老套的。

理查德·罗蒂是这样一个哲学家，对他而言，弄清真相的标准和意义已经变得非常成问题，不仅仅是在哲学中，而且也是在非常普遍的层面上。在他于 1979 年出版的有影响力而有趣的书《哲学与自然之镜》中，他声称我们应该放弃那种认为语言和思想映照着或者表征着外在现实的想法，转而以相互竞争的"隐喻"或"语汇"的方式来思考。我们发明了描述（我们很有误导性地称之为"对世界的描述"），而其中的一些切中目标，另一些则没有。这个一般的思路没有排除弄清真相的概念，但是它的确就弄清真相的活动究竟是在做什么提出了疑问。它也对塑造那个想法的一些标准的方式（结构工程师或者档案历史学家熟悉的那些方式）提出了诘难。在那本书中，对于弄清真相的怀疑仅仅在有限的程度上作为成书动机；它的很大一部分听上去像一个哲学家在严谨地论证一个立场和反驳另一个立场、在观点之间作区分、对他人的著作进行细致的阐明。然而，在眼下这本新书中，存在着令人沮丧的迹象，表明罗蒂放松了他对传统的弄清真相概念的坚持，但又不能说服我们去接受任何新的概念。[1]

也许这部分是因为本书是从两个系列讲座中比较不规整地总结出来的（其中的一个系列，即在伦敦大学学院做作的诺斯克里夫讲座［Northcliffe Lectures］，出现于本书的更早版本中）。标题中提

297 到的主题彼此之间的联系不太紧密，并且存在这种讲座中常见的现象，即重要的事情一再地被作为题外话而引入。但这种问题不涉及根本。罗蒂在哲学论述和观念史以及在文学批评中轻松漫游（尤其是在普鲁斯特、纳博科夫和奥威尔的作品中），本身并不构成一个问题，本书最迫切的问题在于对思想前沿缺乏关注。本书不尽人意的原因在于，罗蒂似乎丢掉了对难题、对任何需要弄清其真相的东西的意识。

这种丢失体现在罗蒂对他的基本形而上学观点的阐述中。罗蒂实际上更希望他的思路被称为"后形而上学的"，因为正如维特根斯坦以及（有人告诉我）海德格尔那样，他希望自己已然远离旧日哲学中那些或正面或反面的断言，进入一个领域中，在这里他的言说并不宣称能告诉你这些事情实际上是如何，反而是让你以另一种方式看待它们。但是维特根斯坦和（毋庸置疑地）海德格尔，以及他们之前的尼采都花了大量功夫来论述它们如何能够这样被理解，以此开辟一个空间，在其中他们所说的东西不会再简单地算作古老的形而上学游戏中的又一步。一个人不能只是说自己占有这个空间——他必须用智力和想象力来改变他用以使人们聆听的言辞。罗蒂自己坚持这一点，但是他并未做到。他仅仅告诉我们，对于语言和世界而言，事情是如此这般：例如，"真理是被制造出来的，而不是被发现到的"，或者"不存在独立于语言的真理"。这些可以被当作无伤大雅的老一套；正如罗蒂自己也说的那样，如果它们所谈的无非是，语言是一种人类的发明，那么它们的确是老生常谈。诚然，如果没有言说的方法，那么没有任何东西能被言说。

但是罗蒂想要的不只是这些老生常谈，并且他所谈的事情远远超出它们。例如，从这些老生常谈中无法得出，不存在对事物本性（即无论我们是否发现它们，它们始终会是的样子）的科学发现这回事，但是罗蒂似乎正是在如此断言。他认为科学理论仅仅是一连串隐喻，它们"碰巧"切中了目标。他写道："我们必须相信，造成 DNA 或'大爆炸'之说的因果力量丛，与造成'世俗化'或'晚近资本主义'之说的因果力量，在种类上别无二致。这些不同的因果力量丛，乃是一些随机因素，决定着哪些东西是或不是我们谈话的主题，哪些东西重要或不重要，可能或不可能。"

但是他所作的论述不足以让我们把这理解为对任何东西的严肃陈述。那个软弱无力的短语"别无二致"究竟排除了什么，假使它真的有排除什么的话？那些因果力量是什么，它们又是如何动员起来，以使得 DNA 第一次变成"谈话主题"？（克里克和沃森是不是可以省去 X- 射线造影的所有麻烦——这恰好是罗蒂所谓的因果叙事——而仅仅传播一些关于双螺旋结构的谣言，就像他们有时曾传播竞争对手的谣言那样？）总而言之，又是什么使得一个方案对于我们是"可能的"？倒霉的冷核聚变的发现者们[1]，他们如今依旧认为自己发现了这种现象，他们应该诉诸说服的手段来强化自己的立场吗？罗蒂并没有证明，正如他依据自己的论述所必须证明的那样，这些问题以及与它们一样平庸的很多其他问题会自行消解。他不能利用像上面那样的句子来证明这一点。面对现代科学在技术和智力上的巨大力量，理查德·罗蒂，依据他自己对事情的看法，必须再尽力些。

我认为，罗蒂自己不承认他所面对的东西。在一个颇能说明问题的文段中，他说道："……科学不再是最要紧，最有前途，或最令人振奋的文化领域。"他说这话的意思在几行以后体现在与"目前正处于［他的强调］文化前线的那些领域，那些激发年轻人的想象的领域"的对比中；而这些领域被指明为艺术和乌托邦政治。

---

[1] 冷核聚变（cold fusion）是一种据称能在接近室温下实现核聚变的技术。这一概念早在 1927 年就已有雏形。英国科学家弗莱西曼（Martin Fleischman）和庞斯（Stanley Pons）在 1989 年做了一个实验，并声称其结果预示着冷核聚变的可能性，但是其他科学家重复这一实验的尝试都没有成功。冷核聚变是否可能，如今依旧是有争议的问题。——译者注

这种指明在当下时刻看来似乎是十分奇怪的，但是即使不谈这一点，颇为清楚的是，诸门科学是否激发年轻人的想象与它们实际的情形——例如，它们是否真的"有前途"（或者，就此而言，有威胁）、它们是否会继续在它们当作是知识的领域里取得进展，并且影响世界——之间没有多少关联。像这样草率定义的文化方案是不可能揭示这个方案与科学以及科学自身对发现的设想之间的关系的。

在罗蒂的事业的核心有一个非常重要的问题——有关于自由主义如今应该以什么方式理解自身。他提到了法兰克福学派的一些成员提出的（并且在 1968 年 5 月被狂热地接受的）看法，其结论是，启蒙运动以及它的产物自由主义已经变为技术和科学专制的工具，并且必须立即被抵制。他正确地回应道，我们不能将任何一组观念等同于它们发现的描述自身的首要方式。如果启蒙运动倾向于认为知性的典范是科学知识，而社会是一部机器——实际上，两种看法它都没有一贯地持有——我们也没有必要在这个方面追随它。可能存在着别的更有用的描述自由主义并保全它的方法。

罗蒂自己处理这一非常真实的问题的办法具有一种一腔孤勇的形式，他试图完全不带任何对真理的特别考虑而完成上述任务，无论这真理是科学的还是其他类型的。他也把他的目标表述为将社会的"理性化"替换为社会的"诗性化"：一种对支配其自身的隐喻之偶然性的自觉。为了帮助我们理解这些想法，罗蒂转向一些文学作品。他对这些作品的应对成败参半。特别地，他对普鲁斯特的简要处理是失败的，后者与尼采和海德格尔这样明显不搭调的伙伴一同出现在一个章节中，这处理的失败不是因为（正如罗蒂在前言中暗示的那样）它过于大胆或缺乏论据，而是因为它没有首先探询作者和叙述者之间的关系。他认为当他说普鲁斯特在小说中"重新描述"的人"只不过是一个凑合而已，只是他碰巧在生活中遇见的人而已"时，就已经对小说作了某种评述了（而当他将罗贝尔·德·孟德斯鸠伯爵 ① 这个夏绿斯［Chalus］的原形的名字写成"Montesquieu"时，就更无助于消除对小说和现实的混淆）。在残酷这一主题上对纳博科夫的考量则更有意思：它更有意思是因为在这里比在本书的其他部分更能体会到一种阻力，罗蒂必须在想办法应对这位有名的狡猾作者时承受这种阻力。我不确定他是否找到了正确的方法，但是他在努力这样做时所具有的认真态度是显然的和值得肯定的。

既然物理世界对于罗蒂而言无非是我们的语汇的问题，所有别的东西对他而言也是如此就毫不令人惊讶了。人类完全是文化的产物："人只是社会化的结果"，他说道，而这个结果是一件偶然之事。这看起来可能是人文科学中的一个过分大胆的断言，想要一举解决关于遗传和环境的大量科学问题。但是我不认为它意在如此。它毋宁说是一个巨大的（且不讨喜的）形而上学结论，也就是，既然一切都是语汇的问题，那么语汇本身也肯定是语汇的问题。我们，就像所有其他事物一样，是我们所说的话——或者某种类似这样的东西。

然而，对事情的这种论述，大概也是罗蒂能给我们的唯一论述，受到了上述原则可能存在反例这一事实的干扰。感受痛苦和体会羞辱的能力据说是普遍存在的：无论人怎么被教养，他们都能感受到痛苦和羞耻，并且痛苦和羞耻是让这句话得以成立的唯二的事物。然而，痛苦和羞辱的**恶**绝不是独立于文化的。实际上，罗蒂心目中的英雄，那种自由主义的反讽家，就是反对羞辱和痛苦的人（并且他反对它们甚于反对其他事情），但是他同时承认自己无法证明它们的恶，因为这种恶就像别的东西一样是奠基于文化的。自由主义的反讽家笃信一些事情，同时也知道这就是他所做的全部；他相信一

① 罗贝尔·德·孟德斯鸠伯爵（Comte Robert de Montesquiou, 1885—1921），法国唯美主义者、象征主义者、诗人和画家。是普鲁斯特的小说《追忆逝水年华》中的角色夏绿斯男爵（Baron de Charlus）的原型。——译者注

些事情，同时知道，在某种意义上，不存在什么可以相信的事。

罗蒂偶尔表示，他或许能像上面说的那样做，因为他的社会化没有完成；但是我怀疑这是在重复曼海姆 ① 自吹自擂地将知识分子视为可以穿梭在意识形态之间的"自在游动的智者"的设想。为什么自由主义的反讽家反而就不能是一个在某种自由主义文化中被彻底社会化的人？

在最基本的层面上，反讽家意识到："通过重新描述，可以使任何事物看上去是好的或者坏的。"在这里就可以清楚地看到，对于弄清真相的迫切承诺总是一个伦理问题。当然，在一种无聊的意义上反讽家据称相信的东西是真的：我们可以找到一种足够边缘化或模糊的方式来告诉你一件糟糕的事情，从而遮蔽此事的糟糕本性。最近的湾区地震 ② 无疑令邻里之间团结起来，并且为胶合板产业提供了就业机会。但是反讽家肯定意识到了比这更有挑战性的任务，不是吗？他真的认为一件糟糕的事可以被重新描述，从而看上去是好的，即便重新描述的过程恰好揭示了那些让它看上去很糟糕的东西吗？重新描述是否能让它对那些恰好认为它很糟糕的人——例如我们——显得是好的？我们为什么要相信这一点？为什么罗蒂要相信它，既然，依据他自己的看法，我们就是我们所是的人，而不是别的人？那么重新描述会让他对某些别的人看起来是好的吗——例如那种会对奥斯维辛的准确描述感到兴高采烈的人？但是这样一来罗蒂就必须说明，依据他的观点，是什么使得它们算得上对同一个事物即奥斯维辛的描述，并且是准确的描述。

罗蒂无法像他假装的那样轻易地摆脱真理。在他对奥威尔的讨论中，罗蒂非常正确地应对了温斯顿 ③ 在《1984》中所说的话："所

---

① 卡尔·曼海姆（Karl Maheim, 1893—1947），匈牙利社会学家，知识社会学（sociology of knowledge）的奠基者之一。——译者注
② 指 1990 年在美国加州阿普兰（Upland）市附近发生的七级地震。——译者注
③ 温斯顿·史密斯（Winston Smith）是奥威尔的小说《1984》的主人公，他本为真理部职员，后来卷入一场政治清洗的阴谋。——译者注

谓自由就是可以说 2 加 2 等于 4 的自由。承认这一点，其他的一切就迎刃而解。"罗蒂说道："'2 加 2 等于 4'是否为真，根本不重要……重要的是，如果你相信它为真，你可以把它说出来，而不受到伤害……如果我们保重自由，真理就会保重自己。"先前他说过类似的话，即不是真理会在自由和开放的交往中获胜，而是自由必须为其自身而被培育。"所谓的自由主义社会，就是不论这种自由开放的对抗结果是什么，它都赞成称之为'真理'。"但是这里存在一个重要的保留："自由主义社会的核心概念是，若只涉及言论而不涉及行动，只涉及说服而不涉及暴力，则一切都行。"这个保留不仅是重要的，而且是传统的。但是如果我们不把说出真相的想法当真，为什么罗蒂会认为这些自由主义的区分可以受到辩护，甚至得到理解？与暴力相反的说服这一理念本身，是否能独立于真理的概念？

　　威权主义的政权之所以被厌恶，不仅仅是因为它们禁止唱歌或讲故事，也不仅仅是因为它们凌虐人民，也是因为它们掩盖真相，散布谎言，试图阻止人们了解实情。罗蒂在本书中所说的东西，不论是在他与奥威尔的交锋中还是在其他地方，都无助于使我们以新的角度重新思考自由主义社会与真诚或者与我们对尊重实情的承诺（通过科学，但是绝不仅仅是通过科学）之间的关系。罗蒂拥有一个极端重要的计划，即为自由主义提供一个比之前的哲学所留下的更完善的自我理解。此书所提供的则差不多只是对这个任务的一些溢美之词。要继续它，需要更集中的焦点，更多的耐心，以及更大的毅力。

注释

　　[1] *Contingency, Irony and Solidarity*, by Richard Rorty (Cambridge University Press, 1989).

（郭予崍 译）

查尔斯·泰勒《自我的源泉：现代认同的形成》

　　查尔斯·泰勒关心的是，我们如何能够并且应该把我们自己看成这样一种人：我们这种人，会拥有——或者缺乏——一种关于何物对我们重要、何物最受我们关注、何物有价值的感觉。这种道德认同感在大多数人那里不完全是外显的，也不包含一套得到确切阐述的信念。有时候，我们对何物有价值的感觉看似能由一套信念来描述，此时，某种道德哲学体系或政治纲领仿佛概括了我们的思想面貌：但这类表述形式，正如泰勒从几个不同方面精彩论述的那样，往往无法解释其自身的吸引力。[1]

　　以如下的一般性观点为例：如果幸福而非不幸福的人的数量尽可能地多，无论这些人是谁，这总是一个更好的世界。功效主义哲学体系认为，这一观点中的不偏不倚的仁慈的（impartial benevolence）观念是一切价值的基础。这一思想牢牢左右着我们的感情，以至于质问它会显得古怪。可是无偏倚性本身、仁慈本身的吸引力又是什么性质的？这种吸引力——我们也许会问——是来自哪里的？不妨再举一例。世俗主义的辞令里很大的一部分是对现代人的这样一种设想：现代人是孤独的，他得不到形而上的慰藉，他要勇敢面对茫茫无际、漠漠无情的宇宙；但这种辞令所诉诸的英雄主义和孤独的品质，其本身的价值我们该如何说明？正是由于罗素没有回答这个问题，甚至没有看出需要提出这个问题，才使他一些意在唤起这种孤独现代人之英雄主义的作品，比如《一个自由人的崇拜》，是如此糟糕地一味矫情。

我们去追问这些价值的吸引力——其对我们的"拉力"——究竟"来自"哪里时，会遇上一些熟悉的哲学问题。"来自"是指什么？如果问的是哲学解释，即，要表明某些价值如何依赖于另一些价值，那么或许没有哪项价值比不偏不倚的仁慈更基本了；但是（总会有人说）凭什么该有比那更基本的价值？用一句屡试不爽的话来说，我们总得停在某个地方。而另一方面，如果我们关心的是心理学或历史学解释，那么这些解释也不会就什么东西的价值再给出什么见解，只会向我们讲述我们的这些价值是如何产生的。泰勒揭露和拒斥了在背后支持这种防卫性分析的假定，尤其是这种分析对一种事实与价值之分所采取的不加批判的信任。

毫不奇怪，我们认为什么有价值，与我们关于人类和世界相信什么是有联系的。例如，如果我们信服不偏不倚的仁慈这一价值，这就蕴含着某一些而非另一些刻画人类之所是的图画。对这一价值的信念可以搭配把人类刻画为渴求满足感的世俗图画，也可以搭配某些宗教性意象，比如上帝一视同仁地关怀其所造物的意象。然而也存在对人类本性的其他阐论，而这些阐论无论是世俗的还是宗教性，都不鼓励把无偏倚的仁慈视为至高价值的观点。泰勒的目标之一，就是到我们所持价值的背后去寻找支持和鼓励这些价值的人类意象。

而且，这些意象会随时间改变，而我们认为的现代生活的典型态度有一段历史：追溯这些态度的源泉也就是追溯其历史。泰勒这本书大部分由历史组成，主要是哲学史、观念史、文学史，在较低的程度上也包含其他艺术的历史，以及这些文化领域对现代思维方式的各种贡献。这历史始于柏拉图，终于德里达，不过有大段的时间被略去：特别是，古典时代末期和中世纪整个地没有出现，除了奥古斯丁以外。这个空缺在世俗的西方哲学史课程里属于常规做法，也是我们这样的人能够自然地接受的，毕竟，无论被怎样正确地告知以文艺复兴的中世纪起源，我们仍然执意把中世纪当作类似历史里的一段插入语。但泰勒做这样的处理却有些奇怪，毕竟他信天主教，他的著作在相当程度上是一段天主教的故事：我会在下文提出，这段故事实际上比泰勒所希望的更加具有天主教色彩。

303

从所有意义上讲，《自我的源泉》都是一部巨著：这一点可以从篇幅长度、涵盖广度来讲，但首先应从它对人类怀有的同情与兴趣的那种宽宏和博大来讲。该书的主题虽然是现代的道德认同，但也顾及另一个熟悉的提议，即认为没有所谓现代道德认同/身份这种东西；关于异化，关于无根，关于自我感如何丧失在现代性的空乏中，泰勒都有些话说，开篇几章尤其谈到这些。但从性情上看——甚至可以说，从伦理观点上看——《自我的源泉》的基调，与新黑格尔主义者、右翼维特根斯坦主义者、左翼文化评论家、列奥·施特劳斯的追随者以及其他反动分子有着天壤之别，没有像他们那样去贬斥现代思想，或者谴责自由主义启蒙运动的灾难性效应。诚然，泰勒强烈抨击了自我理解的常规现代进路，如康德主义或功效主义理论提供的进路，但自始至终，他的目的在于提示我们，我们拥有的道德资源其实比我们自以为的要多；他的目的还在于帮助我们理解我们是怎样有了这些资源的，因而也就隐含地帮助我们理解怎样才能更好地利用这些资源。

虽然泰勒的第一本大部头是讲黑格尔的，但他从不是黑格尔主义者。他不相信历史有目的，不相信过去的不光彩可以得到弥补，也不相信能从哲学科学里抽绎出足以描述一切的范畴。但泰勒赞同黑格尔的一个观点，即认为，要理解世间人事，惟有依据其历史，而要理解历史，又惟有依据我们对世间人事的最充分理解。泰勒还赞同黑格尔的另一点，即认为呵斥世界既无助于改变世界，也无关乎理解世界：一种观念、实践或态度若已变成人类生活的一部分，并协助人类生活进行下去，那它就不会仅仅是个错误；从中一定能学到某种比人类的愚蠢和邪恶更有意思的事情。该书虽然包含不少道德觉解（perceptions），也认为这个世界有诸多不可爱之处，还表述了明确的伦理假定，但它难能可贵地没有说教气。它的宗教主题没有故作虔诚，它可观的抱负也毫不虚夸。很少有此类宏大主题的著作能如此引人入胜。

解构主义批评家会很难把这位作者从这些书页抹去，毕竟作者是这样一个独特而可信的人。在某种程度上，作者的谦谦风度甚至因该书的颇为信笔而作的色彩而愈发亲切可感。该书似乎省去了某段编辑流程，像是把手稿往几个鞋盒里一装就直接送到印刷厂了。这种痕迹有些读来纯是累人，比如点缀其间的印刷错误：举例来说，"philosophical"的两个"o"是都出现还是没有都出现，概率各为百分之五十。[2] 讲堂上的正式和随意在文字里突兀地组合 304起来：我们仿佛同时拿到了讲义和录音。有些成串论点的编号很散漫，各种比喻欢乐地穿插着，书面散文体在闲谈语体之间出出进进，比如作者讲解洛克时写道：

> 这个理想会是一种高尚得多、良好得多乃至归根结底有利得多的存在方式。但我们不知怎么没法把它凑到一起。这里就是上帝进来的地方。

但这种随意和杂乱的气息也有一些回报——甚至有它自来的权威性。该书若写成一本板起面孔的专论，那就不但会少了吸引力，也会少了说服力。该书所持之论对人要求颇高，但是书本身从最佳的意义上说并不难为读者。这本书既避免了某一类哲学写作的迷人的云山雾罩，也避免了另一类逼人的论辩锋芒，如此，它说话的语气适合于它想说的内容。

该书的历史部分划分成四编。其中第一编关注"内向深度"，探讨一个从传统来说带有黑格尔色彩的话题，即现代时期人们如何对自己有了一种新的、更深的主观感觉。现代性没有截然分明的开端，并且从泰勒的讲述本身也可得出，现代性的各项特征，有些可以追溯到十九世纪的工业主义，有些可以追溯到启蒙运动，有些可以追溯到宗教改革，等等。而泰勒认为，正是在文艺复兴时期，那种主体性发生了一次鲜明的转变。他写到蒙田时说：

> 我们追求自知，但自知已经不能像它在柏拉图看来那样，意指有关人性同时无涉个人的学问。……我们现在不是在追寻普遍本性；我们每个人都在追寻自己的存在。因此蒙田开创了一种新的、高度个人化的反思，一种自我解释，它达到自知所凭借的是穿透由激情或精神上的骄傲所竖起的自欺之幕。

论历史的第二编叫作"对日常生活的肯定"，主要论及新教对日常工作、养家糊口这类现世活动的一种信任，相信这类活动能表达出一种宗教性的生活。本章还考察了这种新教思想面貌对现代认同的种种影响方式，这种影响有些源自新教思想面貌本身，也有些经由其后代，这些后代不仅包括理性化的基督教，还包括自然神论。自然神论的观点认为上帝创造了世界及其自然法则，而自然法则可以通过理性来理解。这种观点有助于带来对自然的一种更强烈的感受，和个人敏感性方面的一种增强的意识。

泰勒接下来转向种种浪漫主义表达观念，对此，他有一个精辟的评断：这些观念非但不像很多人（包括很多浪漫主义者本人）相信的那样完全对立于科学唯物主义，反而在某些方面与之密切联手，例如二者都认为自然是人类获得理解和满足的源泉。最后，泰勒讲述了"我们的维多利亚同辈"以及他们对科学与进步和对普遍正义理念的信念，也综览了各种现代主义风格，尤其是"灵现式"

（epiphanic）艺术。例如，泰勒了考察这样一个问题：穆齐尔、普鲁斯特、乔伊斯等现代作家的主体性观念和经验观念如何挑战了常识的认同／身份概念——后者认为，在线性时间中存在一个单一的、统一的认同／身份。

为了合乎历时演进的顺序，历史篇章的各个主题编排得略显生硬。第一个主题，主体性，他只谈到洛克为止，这就造成了实实在在的损失，例如没有考察这个问题上的一部著名文本，狄德罗的《拉摩的侄儿》（*Neveu de Rameau*）。更一般地说，这种编排严重限制了他去探讨一个饶富意趣也很困难的问题：现代的内在生活观念，与以往各个时代终归有过的种种自我意识观念，两者究竟是怎样区别开的。

该书各部分讨论，无论是抱负的高低还是成就的大小，都参差甚远。泰勒对新教的论述令人赞叹：这些论述兼具同情与审辨，引文也极妙，尤其是取自清教文献的内容，比如说下面这段约瑟夫·霍尔（Joseph Hall）的文字（书中有一章的标题也取自其中）：

> 我们在一种诚实的职业中所做的最家常的事工，无论是犁地还是掘土，只要以心知并顺服上帝诫命的方式去做，就能获得丰厚的奖赏；而即使是对他们的品类来讲最好的工作（传道、祷告、福音献祭），如若没有对上帝的训喻和荣耀的尊奉，也会受尽诅咒。上帝喜爱副词，不在意你行多么好的事，而在意你把事行得多么好（not how good, but how well）。

然而在别的地方，泰勒与他论述的作者似乎没有太深地打交道。对有些话题——英国浪漫主义者是一例，印象派画家是另一例——他做了尽职尽责或者说马不停蹄的概览，让人觉得仿佛在听"人文学科"的导论课程。而对某些现代主义作品，他明显涉入更深，但即使是这种时候，他的读解风格以及他对我们说话的态度也都还是成问题的。

他是一位太优秀的读者和太优秀的观念史家，绝不至于把文学文本单纯用作思想主题的例证，也不会采用那种四平八稳的风格——像上一代学人专论各世纪"思想背景"的卷册里常见的那样。他需要对文本有一点批判性立场，需要某种读解方式来把文本安排到他的历史故事里去。但我总看不太清楚他怎么理解自己的立场：比如他讲到《J. 阿尔弗雷德·普鲁弗洛克》（*Prufrock*）的开篇时说"我们借助这些意象厘测出了含义"，可我看不出这对我们的理解起多大作用。论及 D.H. 劳伦斯"对深度的拒绝"，他只有寥寥数语，外加引自《袋鼠》的一小段话来支持，让我只想请求他，要么多说点儿，要么少说点儿：这段评论分量太轻，不足以把劳伦斯造就为一个鲜明的形象，也不足以在他对现代主义的阐论中亮出几招。

他对文学的讨论当然可以依全书营造的亲切气氛来读（对绘画的讨论少得多，也苍白得多），全当是听我们愿听的人点评一些有趣的书。泰勒很能博得读者的这种反应，因为他不装腔作势，不说批评家的黑话，既有引用惊人妙语之才，也不乏精警之论。但是，还是有几条理由可以主张，那样的反应驱散不了所有的疑虑。一个疑虑是，若要我们把他的读解清晰地联系到他的哲学阐论，泰勒就不能索性省去某种批判性立场；另一个疑虑是，泰勒本人在其他地方展现出了与此反差强烈的力道。

在运用这些文学文本和其他更偏哲学的文献之际，泰勒不是想给我们讲述导致现代思想面貌的原因（causes）。在论历史解释的敏锐的一章里，他明言他没有以为我们的观念会仅仅由观念所导致（caused）。但是，任何因果说明都必须要在解释那些观念的同时，也讲通那些观念，并从道理上把它们联系于过去的观念：泰勒以赞许态度引用了马克斯·韦伯的一个观点，即社会学解释须"充分顾及意义"：

一切史学（以及社会科学）都依赖对人类动机的（很大程度上默会的）理解，即理解人们如何反应，人们一般向往什么，特定目的的相对重要性，等等。

讲通我们的观念，把这些观念联系到我们的过去，这是他打算用他的历史故事去做的事：这是他的历史故事对因果故事有所贡献的方式。

现代思想面貌最为突出的特征，用泰勒的话说，是"我们尤其强烈地感觉到对普遍正义与善行的需求，我们尤其能体察对平等的主张，我们觉得对自由和自治的要求有如公理一般正当无疑，而且我们把避免死亡和苦难奉为头等要事"。他完全清楚这些理念没有得到普遍的认可，遑论得到遵行；但他说这样一种自由主义是现代态度的特征，这当然是对的。这些道德主张就是我们要理解的，而根据泰勒关于它们如何演变至此的阐论，它们有三个源泉。其中之一"聚焦于超然理性所持的自然主义"，并且运用这样一个观念：理性的人应该力求尽量客观地理解世界和自己；到了我们这个时代，这种思路往往使用带有鲜明科学特征的语言，但它与现代科学的纲领没有本质上的联系。

第二组起塑造作用的观点，其源泉要追溯到浪漫主义传统，例如这样一些概念：个人的自我表达，国族认同和文化认同的表达，以及人借助艺术达到的自我发现。这些概念当中的某些概念，诸如现代主义中的形式化和古典化倾向，恰恰是通过反对典型的浪漫主义观点而产生的。而第三个源泉——它在泰勒的阐述次序里排在第一位——则非犹太教-基督教传统莫属，它是"这些标准原初的有神论奠基"。或者用泰勒的话说，我们其实想要的是"一个能让人朝三个方向移动的空间。其中两个方向是各自独立的前沿，另一个是原初的有神论基础"。超然理性与表达主义这两个现代方向之所

307

以称为"前沿"，是因为它们内在地易于引起质疑和争议。这两个前沿不仅互相冲突，而且始终可以追问，它们靠什么联系在我们的道德生活上，以及在哪些方面联系。

> 问题在于，就算我们充分承认超然理性的尊严或者自然之善，那么这是否真正足以辩护我们赋予它的重要地位，我们用它树立的道德碑石，我们建立在它之上的理念。

于是，这些观念虽然维系着我们的价值感，但总有一个问题是它们是否应该起这一作用，以及它们能起多大作用。

那么"原初的有神论基础"又如何呢？我们在此遇上泰勒的一个基本假定，即：从这个观点看，有神论的情况不同于任何世俗的思想面貌，至少不同于一种现代的世俗思想面貌。

> 就其真理性而言，有神论当然多有争议。反对者可能会予以苛刻的评判，认为有神论倘若为真，人类的尊严和幸福会受到伤害。**但没有人会怀疑，信奉有神论的人会在其中发现一种完全充分的道德源泉**。（强调是我加的）

但这番话里有一种关键的歧义，而泰勒的大部分论证里都有这种歧义在蜿蜒随行。上述这番话的意思可以只是说，像我们都理解的那样，每个秉持有神论信念的人，都能在这个信念中找到某种阐论，这种阐论能辩护他或她珍视自己最深地珍视之物的态度。我甚至怀疑这一点是否无条件地为真：持有过有神论信念的人，有些似乎也觉得它与自己的价值观有不符之处。不过可以完全合情合理地说，我们预期信教者会在自己的价值观与宗教信念之间建立某种联系。然而也有一种与此大不相同也远没有这么合乎情理的主张，它说的是：一个人——特别是怀疑宗教的人——只要想去历史地理解

308

那些价值，就必须干脆把宗教信仰视为其源泉，并且必须认为进一步的解释既无必要也不可能。认为不信教者也要这样看待宗教价值，是违反了一条简明有力的原则，这个原则可以称为"费尔巴哈公理"：如果宗教为假，那么它最终说来就无法解释什么，它自身才需要被解释。

当然，不信教者也承认，宗教机构、宗教权力乃至宗教思想都可以解释很多东西。但若上帝不存在，他就掌控不了什么，以他之名发生的事情就一定有自然主义的解释，因为没有别的解释。这不只是一项抽象的、一般的原理。宗教信念如果是幻想，它们还会有多大可能在很大程度上决定其名下发生的社会或伦理发展？有时能决定，但是更一般地说，很显然是宗教信念本身会被政治与经济利益、大众迷信等其他力量改变。原则上说，虚假的宗教解释不了自身的存在，但问题不止于此；更具体地说，虚假的宗教解释不了那么多东西。

根据泰勒讲述的故事，现代自由主义的思想面貌当中有一些重要的元素是在基督教意识里形成的；泰勒没怎么讲这类发展如何遭到基督教意识抗拒的故事。泰勒很清楚那段故事有待讲述，只是他为自己的目的起见，没有理由把它讲出来。但他心里应该记着那段故事，毕竟他身为反思性的信教者，力图就自由主义的道德源泉作出阐论：特别是，这番阐论又是不预设有神论之真理性的（他也很坚决说的确不预设）。可是他又说，"我们寻求普遍正义与福祉的要求，其原初根基无疑是我们的犹太教–基督教传统。大体来说，这是显然的……"，而在这样说的时候，他有没有把前面那点记得够牢呢？

唯一显然的是，如他表明，那些要求发展于犹太教–基督教传统之内，并经常得到犹太教–基督教式的表达。但我们若想像泰勒那样去谈论源泉、根基、基础，所需的就不止于此。源泉或根基不必是变革的原因，但也不能只是提供在变革发生时用来描述变革的方式。这方面的一个典型例子是朝向普遍正义之进展的一次早期表现——古代奴隶制的消失。久已为人所知的是，基督教虽在四世纪成为罗马帝国的官方宗教，但在古代奴隶制消失的进程中，基督教没有发挥突出的作用，也没有在初期发挥作用。类似的事实（现代时期也有很多与之相当的事实）必定有些牵扯到了泰勒觉得很显然的说法。从自然主义的、怀疑的眼光看，这些事实的牵扯是直接的：这些事实要么使泰勒的说法一点也不显然，要么就把那个说法弱化到不能给现代自由主义的自我理解提供多少东西的地步。

泰勒的探究结果，即有神论到头来在我们的道德意识里起了很大的（而本身未加解释的）影响作用，其实得到过有趣的预示，这个预示位于泰勒在本书最开始的哲学编里，是他在介绍我们的道德意识及其要求时给出的。他在那里主张，我们除非作出"对与错、好与坏、高与低"方面的"强评价"，否则就无法把我们的道德世界讲通，无法在里面安置我们自己：我们必须把我们所有偏好中的某一些，不但视为比其他偏好更强，还要视为比其他偏好更有价值、更重要、更可赞许。这样的评价与我们对自身怀有的向往相匹配，体现了我们希望成为的那种人的形象；这样一来，这些评价不仅组织起了一个偏好场域（field of preferences），也组织起了一个义务场域（field of obligations）。

与我们的道德经验的以上特征有关联的是另一个特征：我们无法把我们的道德思想面貌或原则融贯地视为一种自由的发明；对于把种种道德区分看作"向壁虚构"（out of whole cloth）的观点，泰勒有一句妙评，他说"这种观点等于是说我们把问题和解答·并发明出来"，我们不能像这样把我们的道德经验看作生造之物——或者说，我们倘若真的这样来看待我们的道德经验，一定是因为它已经不再左右我们了。

虽然泰勒把这种种思想勾连起来的方式还有提出异议的很大余地，但就我们的道德经验的特征而言，他讲的内容到这一步为止，在我看来有重要的真理性，任何对道德的充分阐论都必须努力解释它。然而，泰勒又从这立于经验的稳固基础，在形而上学的方向一路迅速攀升。一开始他说，我们的道德经验的特征说明我们渴求善好者，希望"与之形成正确的关系"；两页之后，我们就有了对于"无比地高于我们者"的感觉，然后我们又很快得知，它在我们的设想中是"有无限价值的"。到这一步，那脸色苍白的加利利人，以某种通类的、柏拉图式的形式——或不如说对他的渴望——已经明确到来了。

在泰勒为我们的道德意识做的这番阐论上，压着两个难题。第一个难题是，对于道德意识所必需的东西是什么，这番阐论最终远远超出了它前几步的正确说明。古代的许多人，现在的许多人，当然其间也有少数人，都是带着这样一种感觉生活的，即在他们所知的范围内，没有什么东西无比地高于别的东西，没有什么东西有无限的价值；他们常常正是带着那种对有限者、可比较者加以关照的深情笃意而生活。像泰勒那样坚决地走向超验层面，是让道德意识承担了这样一些要求：道德意识不仅没有这些要求即可生活，也已经很成功地没有这些要求而生活过。此外，就道德的这些更高的向往而言（当然也满可以就其一些目标不那么大的说法而言），费尔巴哈公理的一个版本同样适用：如果没有更高的状况可供向往，那么这个意识就无法具有它表面上具有的意义，就需要整个地作另一种阐论；而这另一种阐论不会让人觉得那些表面看起来可以满足的向往是真正可以满足的。

假如我读懂了泰勒，那么他对上述问题有两个看法：其一，对某种超乎我们有限的欲求、需要和态度之物的向往，即使没有上帝，也不是无根据的或者虚妄的；但是其二，如果上帝存在，那么满足这个向往的就是上帝。这虽然是某种很传统的立场的一个版本，但也是一个相当不稳定的版本。如果这个向往与任何可能存在的上帝真有这层关系，那么我们要是相信上帝不存在了，这个向往能浑然无损吗？尼采认为不能，并且他推想，对上帝的信念，对柏拉图式善好的信念，对道德在不同时期累集的理想的信念，须以这样的角度来理解：这种角度可以清楚地说明那些信念**无法**被满足——那些信念不是也不可能是它们看起来是的东西。

泰勒提及尼采的次数不少，并且几乎总是以尊重的态度提及他，但对于尼采想做的事情，泰勒的阐论较为约简而有限。特别是他认为，尼采与他的探究相关，是因为尼采提出了对诸种自由主义理想一概不抱希望的激进选项。但尼采的重要性其实主要不在于此，而在于他充分强调这样一个想法：我们的道德向往，如果没有也不可能有它们看起来具有的含义，就不可能来自它们看起来来自的地方，我们就需要用另一种探究来理解它们对我们的控制力。

尼采的确认为这样的探究同时也会废除自由主义（或不如说，它会说清楚为什么历史将要废除自由主义），但那是另一个问题，也是后话。首先的问题是泰勒确实在追问的问题：我们该如何理解自由主义的道德控制力。可以从尼采那里学到的一点是，泰勒自己的解释，既然依赖于有神论传统，就不会像他希望的那样中立，而这根本上是因为，除非有神论本身为真，否则他的解释就没有探及足够深的地方。

几年前，阿拉斯戴尔·麦金太尔发表了一部著作[3]，其中说，我们大体上要在亚里士多德和尼采之间做出抉择。泰勒和麦金太尔有一些共同点。两人都信天主教；两人都认为，对道德经验的大多数现代阐论都相当地不充分；二人都看重传统所具有的伦理上和解释上的力量。但他们也有深刻的差别，因为很粗略地说，麦金太尔认为自由主义和启蒙是灾难，并认为我们若能摆脱自由主义而不遭遇彻底的失败就算是走运。泰勒在他的书里，很好地表达出他为何不接受那种观点，也以心怀宽广、富有启发、令人信服的笔调阐述了可在这些具有鲜明现代特色的理想之中发现的人类价值，即便捍卫这些理想的人对它们的阐论是有缺陷的。但由于我在启蒙方面赞同泰勒，而在上帝方面既不赞同他也不赞同麦金太尔，我认为泰勒在对价值源泉的求索中似乎没有足够重视尼采的这一思想：假如不仅上帝不存在，而且任何种类的任何形而上学秩序都不存在，那么这一点就会给我们的自我理解提出前所未有的要求。虽然泰勒与很多哲学家不同，他所栖身之处明明白白地是这个活生生的地球，他欣赏其人类的历史，但他的演算仍然让地球被一个不可见的存在者拖出自己的轨道。

注释

　　[1] *Sources of the Self: The Making of the Modern Identity*, by Charles Taylor (Harvard University Press, 1989).

　　[2] 校勘学鉴赏家会乐见于把第 66 页中表示"静观"（contemplation）的希腊语词拼成 thewria。

　　[3] *After Virtue*, University of Notre Dame Press, 1981. 他后来的一部著作 *Whose Justice? Which Rationality?* (University of Notre Dame Press, 1988) 相当程度上改变了立场，大体上更偏向于圣托马斯。

（吴芸菲　译）

论怀疑的必要性[1]

    "语言分析"，那个如今已然远去的哲学流派，曾经因为它对伦理学的奇特态度而招致恶名。在每一个领域中，对它的指责都在于它忽视了传统的严肃哲学问题；对于伦理问题，在上述想法之外还要加上一条，即传统的哲学关切不仅在哲学上是严肃的，并且它一般而言就是严肃的，因此语言分析的道德哲学的论敌认为它不仅在学理上很空洞，而且在人类问题上故弄玄虚。这类一般的指责总是乏善可陈，但在伦理学领域内的指责是有力的。那种哲学的很大一部分所致力的目标，即完全成为高阶的思考，只关心道德思维的形式而非其内容，是注定要失败的；它也使自己容易受人指责，说它阻碍了真正的道德讨论，因为它的方法论遮蔽了实质性的道德预设。

    道德哲学现在尤其注意避免这种指责，并且实质性的伦理讨论现在风头正盛。其中一部分处理非常一般的理论问题，另一部分则处理具体的伦理和法律议题，例如堕胎，或"肯定性行动"（affirmative aciton）①，或正确对待动物的方式。更具体的讨论通常

---

① 指政府对少数族裔和弱势群体的倾向性政策。最早源自于美国总统肯尼迪签署的第 10925 号行政命令。——译者注

具有的形式（我个人认为这形式不太有帮助）是试图从某些一般的伦理理论中得出一个答案：这也是这些议题常被说成属于"应用伦理学"的原因。

伦理学理论自身通常的形式是非常一般的原则或者抽象的道德论证的模式，它们应该指导人们在具体问题上的判断。应用伦理学具有直接与其名称相对应的形式，从而承担了达成那些判断的任务。当然，它依旧在原则的层面运作：例如，它关心堕胎的对错，而不是苏珊堕胎的对错。但是最终，只要我们是理性的，普遍的理论就应该在非常具体的问题上指导我们的判断和决定。

道德哲学在当代大量的工作就是阐明、改进、证成和辩护这类理论（当然，也包括批评其他的理论）。一个典型的关切就是询问某个理论是否能容纳一种日常的道德信念：如果它能，在什么意义上能；如果它不能，这是否是这个理论的缺点，或者相反，是日常判断的缺点，因为日常判断将被证明是非理性的。功效主义这种认为所有价值（大致说来）都取决于满足尽可能多的欲求和偏好的伦理学理论，在长期的实践中都格外适应上述的活动。例如，功效主义者依然在与他们的批评者讨论由他们的一位前辈威廉·葛德文（William Godwin）留给他们的问题，只是如今采取了更深刻的形式，并且更少涉及意识形态上有争议的例子。葛德文声称，理性的功效主义个人如果一定要选择，显然会从火中救出杰出的知识分子芬乃伦 ① 而不是女佣的幼子；并且，就算是因为所谈的幼子属于做决定者本人，不同意上述结论也是非理性的。葛德文问道，**"我的"**（my）这个小词到底有什么道德力量？功效主义者如今还在困惑于是否应该听从他。

当功效主义者的学说在严格应用时与守旧的道德情感产生分歧时，他们的反应总是有两种不同的形式，即毫不妥协和居中协调。

313

---

① 芬乃伦（François de Salignac de la Mothe-Fénelon, 1651—1715），法国天主教康布雷总主教、诗人和作家。——译者注

这两个派别在当代都有代表人物。不妥协派（葛德文显然属于此派，正如边沁也是）认为功效主义是革命性的改良利器，并且将食古不化的情感斥为非理性的，或充满偏见，或自私自利。例如，不妥协的功效主义者会声称，第三世界的饥荒和苦难所提出的道德要求之紧迫性不下于发生在人们家门口的苦难；有些人声称，购买奢侈品而不向乐施会（Oxfam）[①]捐款，在道德上等同于谋杀。另一个时兴的关切是对其他物种的关切。那个常常被称为"动物权利"的话题（虽然功效主义者不太愿意这样称呼它，因为他们传统上否认存在权利这种东西），经常是由非功效主义的哲学家所倡导，但是它的很多重要的倡议者，例如彼得·辛格（Peter Singer），的确采取功效主义立场。

更倾向于协调的功效主义者或许会对某些问题采取激进态度，但是比起不妥协派，他们不那么相信我们道德情感的整体结构可以或者应该受到最大幸福原则（the Greatest Happiness Principle）[②]（或者其更复杂的现代后继者）这个唯一的操纵杆的支配。相反，他们希望用具有道德情感的人所构成的事态具有的福祉来解释这些道德情感：不是每一次信守承诺都能增进一般福祉，但是不过分计较福祉得失而信守承诺的一般倾向，虽然在短期内会造成一定的福祉损失，但是会增进整体的福祉。属于这种"二层次"类型的古典功效主义者是亨利·西季威克（Henry Sidgwick）；如今这一立场最显赫的代表人物是 R.M. 黑尔（R.M. Hare），他的不寻常之处在于他仍相信自己的伦理学理论可以从道德语言的本性当中得出。

"我们的"（our）：这个力量强大的小词，当它应用到我们的伦理信念上时，就为哲学提供了它的很多问题。谁能被有意义地称为

---

① 总部位于英国的非政府组织，创立于 1942 年，主要致力于对欠发达地区提供援助。——译者注

② 最大幸福原则是由密尔（John Stuart Mill）在 1863 年的《功效主义》（*Utilitarianism*）一书中提出的功效主义根本原则。这个原则认为行为的善好程度正比于其所产生的幸福总量，相应的，其不善的程度也正比于其导致幸福损失的总量。——译者注

"我们"？是这个社会或社群的成员吗？是整个人类的代表吗？抑或仅仅是所有智慧生命中的一类，但其道德情感却指向所有智慧生命？功效主义者假定了最后一个答案。与它处在相反的极端的是这种观点，它将社群这个某人所属的具体社会空间作为此人的伦理经验的中心。现代道德哲学中常常反复出现的一个主题，一个或许最先由黑格尔明确提出的问题，就是试图将两类张力放进一个可以理解的关系中：一方面，存在地方性的习俗和见解，它正在提供或者曾经提供了伦理生活很大一部分的意义，而在另一方面，有着抽象的对理性和普遍性的宣称，它可能会将那些不能被非常一般的思想框架所论证的习俗视为非理性的或狭隘的，这个思想框架原则上可以适用于任何地方的任何人群。

314

在近期的道德哲学中有一个流派，受到了维特根斯坦后期作品的影响，特别强调具体实践和共同理解，反对抽象的伦理学理论，并且不愿在那种理论活动上浪费时间。与某些别的伦理学理论的批评者不同，这一观点不是从反思伦理或社会议题入手，而是基于对意义的考虑而反对伦理学理论的。如同语言分析一样，这是一种依旧将关于伦理表述的意义以及我们理解它们的方式放在自身兴趣前端的道德哲学，但是它的结论则与语言分析的典型结论相反。它拒斥任何在事实和价值之间做出的截然区分，也拒斥任何声称价值仅仅是被附着、曲解或投射到一个本质上是科学研究的漠然的对象的世界上的说法——这是一种经验主义的理论，已故的约翰·麦基曾在不远的过去对它做过颇有影响力的提倡。

对于这种经验主义观点的批驳从维特根斯坦那里借来一个基本观点，即我们对语言的所有理解都关乎孩提时期所学会的实践，这种实践被引导为一种"生活形式"；它无论在哪里都与应用抽象原则无关。这甚至对于数学而言也是正确的——维特根斯坦强调，即使对于数学规则而言，人们也需要一种对于什么算得上应用这种规则的共识，而这种共识不可能由更多的规则提供。同样的，伦理语言的使用依赖于共同的生活形式和社群的实践，在社群中我们习得了我们伦理经验的语词。这些哲学家（现任职于匹兹堡大学的约翰·麦克道尔［John McDowell］和任职于牛津的苏珊·赫尔利［Susan Hurley］是这种思想流派的代表）颇有教益地指出了一件事，即"厚的"的伦理概念，比如**背叛**或**谎言**或**懦弱**的重要性，这些概念与薄的和一般的术语，例如**善**和**正确**形成对比；与他们相反，伦理理论家只关心薄的术语。

难题在于从伦理的角度理解"我们"指的是谁，被谈到的是谁的习俗和生活形式。当维特根斯坦谈到数学最终不是建立在任何绝对的基础上，而是建立在"我们"如何做数学之上时，这个"我们"似乎很自然地包揽了所有共享对数学的理解的人。但是"厚的"伦理学概念通常并不被所有人共享；并且对于我们（也就是在这里的我们）可能会理解的其他文化的概念，我们也绝非必然与其他文化共享这些概念。如果维特根斯坦式的论述所说的"我们"包括了全体人类，那么它还需要解释为什么我们中的一些人利用在别人看来陌生、怪异甚至可鄙的概念来建构自己的伦理生活。另一方面，如果这里所谈的"我们"是指一个真实的社群，一群其伦理语言和习俗具有独特社会身份的人，那么这种哲学还需要告诉我们，我们何以能习得和理解他人的伦理概念（因为我们某种程度上确实能）但同时却拒斥这些概念。

同样地，它必须告诉我们，我们如何能够接受新的伦理概念。一种只考虑我们从自己的地方社群习得的概念的哲学论述将会很难解释伦理实践中批评和变迁。它面临着与一种右翼黑格尔主义（虽然没有黑格尔主义对历史的坚信）分享来自所谓民众习俗的含混不清的保守主义教化的风险。很自然地，那些无论怎样都会被右翼黑格尔主义对民众习俗的热衷（或者不如说是这些人惯有的对民众习俗的自大幻想）所吸引的人，通常会欢迎被以这种方式诠释的维特根斯坦式思路。他们将之视为以别种方式延续了黑格尔式的保守主义。

但是，也存在或者至少应该存在左翼黑格尔主义的一个维特根斯坦式对应物：这种观点会接受一个洞见，即，我们首要的伦理见解是厚的，它与社会实践的关系也是厚的，但是留出了空间，可以以民众习俗所未能充分表达的权益的名义进行激进的批判。理查德·罗蒂（虽然他受到广泛讨论的著作与道德哲学的关系不太直接）似乎占据了这样的立场，但是不清楚他是否确实如此；他或许与那种如今仍然能在一类特别的民众习俗中远远听到的声音更同声相应，那种声音就是美国新政自由主义 ① 的声音。罗蒂对于将维特根斯坦和杜威哲学与海德格尔哲学相联系的热情会令怀疑民众习俗的人感到不安，并且他声称海德格尔毫无悔意地投向纳粹仅仅是出于他个人的反常也不能让他们放心。

道德哲学自然地与政治和法律哲学靠得更近，而在政治和法律语境中，对于社群和社会团结的强调在美国引出了一个被很含混地称为"社群主义"的立场，以反对对个人权利和机会的重视，后者在自由主义传统中极为重要，特别是当它在约翰·罗尔斯的《正义论》中得以表达时，《正义论》出版于二十年前，并且从那时起就一直是讨论的焦点。尤其是在宪法的语境中，社群主义者常常被视为保守派，他们比自由主义者更不愿意为了推进社会公正的一般目标而解读宪法条款。但是另一些被归类为社群主义者的人，例如迈克尔·沃尔泽，则会愿意持有更激进的立场。

在这个论辩中，核心的议题并不像在对维特根斯坦主义者的讨论中那样，是关于伦理见解的本性，相反，它是一个更广泛的问题，有关于国家和主要社会机构多大程度上应该坚持某些"对善的构想"，而不是另一些，也就是说，它有关于有价值的人类生活之理念。现代社会是否应该青睐对于人们最好生活方式的特定构想？

316

---

① 新政自由主义（New Deal Liberalism）指一种奠定在罗斯福新政（1933—1939 年）的施政思想基础上的美国自由主义立场，强调社会救济、社会福利和公共事业。——译者注

抑或它们应该延续自由主义传统，承认现代国家在这方面从根本上说是多元的，并且应该被理解为能给予其公民平等的机会和同等的保护，以便追求这些公民作为个人或作为地方性社群所认定的良好生活？罗尔斯自己的观点在他的书出版之后仍在一直发展，他认为这种多元主义是现代道德哲学的中心议题；并且他如今认为他的正义理论是对一个现代政治问题的解答，而不是对社会公正之价值的无时间性的解读。

通过这个转向，罗尔斯的思想已变得比先前更直接地具有历史性。在《正义论》中，其理论作为一个思想实验（大略说来，就是考虑当你不知道自己在社会中会占据什么位置时，你会理性地选择何种社会体系）的结果而呈现出来，这个思想实验被假定能在原则上由任何理性行动者在任何时刻实施；同样的，这个思想实验给出的结果也被认为是普遍适用的。罗尔斯现在更多地从回答现代生活的特定问题的角度来看待他的任务，这些问题与现代国家的合法性紧密相关。这也对道德哲学中的其他思路提出了问题，这问题就是它们应该具有多少历史自觉，以及它们是否过分寄希望于阐发一些超越它们自身境遇的道德结论。

另一些作者一直在坚持对现代性以及它向伦理生活和伦理理解所提的问题作一种更注重历史细节的理解：例如，查尔斯·泰勒雄心勃勃的《自我的根源》就谈论了其中的一些话题。阿拉斯戴尔·麦金太尔在《追寻美德》中为一种专注于传统的美德理念的伦理学而辩护，这与更具现代特质的概念，例如个人权利和最大化满足，形成了对比。不像另一些承续美德传统的人，麦金太尔有一种历史意识，而这使他认识到，二十世纪晚期实际上不太可能需要亚里士多德或阿奎那曾接受的关于值得追求的人类品性的论述。然而，承认这一点并未使他走得很远，因为他彻底否定了二十世纪晚期的实际情况，并且他没有在后启蒙世界的道德不一致中看到多少希望。另一方面，虽然泰勒也拒斥很多典型的现代自由主义构想，例如由罗尔斯提出的那些，但是他对于启蒙运动的积极成就的共情远高于前者。

罗尔斯和他的主要批评者的工作必须对照美国的宪政体制来理解，这个体制非常善于提出关于公共原则的问题，尽管它有将所有这类问题变为法律问题的缺点。同时，泰勒的工作涉及对哈贝马斯的批评，后者是一个将对德国历史的解读与对现代世界的理解紧密结合的思想家。在英国，这类哲学数量不多且质量平庸，而这无疑与英国政治长期以来缺乏反思性有关。然而，十年来我们的政府援引民众习俗仅仅是为了维护有社会地位的人的利益，承认个人权利仅仅是为了维护商界的利益，当涉及福利问题时否认社会的作用，当涉及管控问题时则强调其作用。在此之后或许我们终将放弃对它的自相矛盾的温和忍耐，并且我们会像其他人那样感到有必要展开政治思考。

我所提到的所有哲学工作都惊人地缺乏一样东西，那就是一种真的能令人不安的怀疑论声音。对于道德判断的纯粹分析性的或者知识论层面的怀疑论，例如实证主义者提出的那种（他们基本上将这些判断视为对情感的表达），或者更近期的由麦基提出的经验主义怀疑论，大都不再处于前沿了。进一步说，恰恰因为这类怀疑论是纯粹分析性的，并且以非常一般的关于知识或语言的考虑为基础，它才会很大程度上没能触动道德问题。在伦理学中的怀疑论这里，就像在其他地方的怀疑论那里一样，怀疑论越是一般，也就越无害。例如，那种从总体上论证我们无法知道关于他人心智的任何事的怀疑论就毫无威胁，因为它完全是理论性的；更令人不安的是想到或许我们知道一些有关他人的事情，但是我们所知的远少于我们认为我们知道的。类似的，伦理学的一种部分怀疑论中也存在很多可以学到和值得畏惧的东西，这种怀疑论对我们的一大部分道德情感和道德观念投出质疑，理由在于它们的心理学起源或者我们实际所处的历史处境。我们的某些道德观念或许不能再起到它们曾经起的作用；有些则在真诚的反思中变得不再可信。

同时栖身于心理学和历史中的那种怀疑主义之声，归根结底是尼采的声音。他对大部分英美哲学几乎没有可见的影响，而在他有影响之处，这种影响之体现也大多与福柯的历史著作有各种各样的关系；或者与海德格尔有关；或者与德里达式的文学理论有关，这种理论是一种极为学究气和学院化的工作，有些人令人惊讶地将它当作攫取政治权力的工具。但是尼采与道德哲学的所有工作有着更直接的关系，因为他使得人们难以再就其字面意义理解很多道德保证，这些道德保证仍被几乎所有著作视为理所当然，不论这些著作是不是关于伦理理论的。

不论近期的工作彼此有何差别，它都倾向于不再询问关于价值的过于深入的问题，而这长期以来曾是道德反思的支柱。不妥协的功效主义者拒斥我们的某些约定俗成的信念，但是他们如此做的依据在于一种对平等施惠的仁善的毫不怀疑的信念，而这本身是传统的，也是在道德和理论上的奇迹般的过度自信。尼采式的怀疑精神已经在一些历史和文学研究中取得极佳的成果，而它仍需对那种被很多道德哲学接受下来的虔敬投出幽暗的凝视。

如果将这个建议与我先前对自由主义政治理论的倡导相结合，似乎会显得悖谬；凭什么尼采的幽暗凝视除了摧毁这种理论之外还能起到别的作用，尽管尼采自己也认为它会摧毁这种理论？它一部分是悖谬的，但是这是属于我们的悖谬，它属于那些需要关于个人权利的理论，但是已经失去了坚持个人权利的某些传统理由的人。但是同时，它也不完全是一种悖谬。我们需要一种赋予个人生活以伦理意义的政治学，同时我们也需要这种政治学具有心理的和社会的现实性。道德哲学的一个主要任务依旧是同时满足这两个要求，而尽管尼采自己的政治学未必有用，他的一些想法却一定有所帮助。

注释

[1] *The Need to Be Sceptical, Times Literary Supplement.*

（郭予峤　译）

肯尼斯·J.格尔根《被浸透的自我：当代生活中的身份困境》

这不是一本关于酗酒的书。对于肯尼斯·J.格尔根这个斯沃斯莫尔学院的心理学教授来说，把自我泡了个透的其实是观念、体验和可能性，并且自我已经在后现代生活那无根而浅薄的多样性中丧失了中心。[1] 媒体技术和旅行的扩展、传统的忠贞和认同的消泯、面对面社会的消失，以及与这些改变一道发生的文化变迁，全都促成了一个这样的世界，自我在其中支离破碎、散落各处，缺乏任何稳定的身份。我们对自身没有真正的意识，并且几乎可以暂时成为任何我们想成为的人。

你可能会认为自己以前听过这话，而你的确听过。"被浸透的自我"又是一次文化乡愁的操演，并且它与大多数其他的操演没什么区别。在此书结尾处，它对当代的混乱持一种温和的乐观态度，非常试探性地对多元主义、相对主义和传统信条之丧失提了一两个意见。但是如果说它在这方面没有很多这类型的书那么极端，那么它同时却是更无耻地体现出浅薄、人云亦云和见识鄙陋。如果后现代文化是一堆被商业和心不在焉的浮夸行为扔来扔去的碎片，那么这本书正是这种文化的一个症候，而非对它的诊断。

其中一个问题在于，格尔根先生严重误解了"后现代"一词。他认为这个词的意思是**后现代主义者**，而这的确是它所意味的东西之一，尤其是与建筑和音乐有关时，在那里，一种后现代风格代表着对现代主义运动那种形式上的严格性的拒斥，大致上，这种形式上的严格性偏爱精英主义、历史关联以及更强的欢乐气息。然而，在其他语境中，尤其是在与政治有关时，后现代主义希望克服**现代性**，现代性是一种现象和一种精神，可以被等同于诸如启蒙运动以及十九世纪政治理论这样的事物。

因为现代性登场的时间不晚于十八世纪，而现代主义这个勃兴于本世纪上半叶的运动拒斥了现代性的很多典型产物，例如自然主义和浪漫主义，格尔根先生对这两个概念的混淆产生了一种惊世骇俗的历史混乱。在他对流行文化的一个令人窒息的综述中，他引用反自然主义的剧院装置，这种常见于二十世纪 20 和 30 年代的现代主义设计（例如，在皮兰德娄 ① 的设计中）的东西，作为**近期**后现代主义表达的典型。但是这个六十多年的误差还算是轻微的。格尔根先生还告诉我们，二十世纪物理学重新发现了作为不可分解的粒子的原子；但实际上，是十七世纪重新发现了原子，而二十世纪，照这个说法来说，使得它不再是一个发现。在既不懂现代艺术又不懂原子弹的情况下写一本关于二十世纪文化的书确实是一项创举。

现代性动摇了传统的面对面形式的社群，这是一个历史常识。一直以来，定位这个过程的历史时期并非易事，而那种从这一转型里解读出很多东西的乡愁会发现自己不安地在新教改革和二十世纪早期之间到处游荡，寻觅从整全的社群以及它所提供的保障中堕落的位置。尽管格尔根先生提出了很多现代人的身份问题，但他在定位自己的黄金时代时甚至比大多数人都更摇摆不定，并且他对这个黄金时代的面貌有着异乎寻常的感伤。他似乎认为，直到 1900 年

320

---

① 路易吉·皮兰德娄（Luigi Pirandello, 1867—1936），意大利剧作家、小说家。——译者注

左右，所有人都住在一个村子里并且几乎不出村。

关于人们在现今世界中对自我的意识以及他们与别人的关系的很多严肃问题，在这本空泛而自大的书中都没有得到揭示，更别说得以解决了。

注释

[1] *The Saturated Self: Dilemmas of Identity in Contemporary Life*, by Kenneth J. Gergen (Basic Books, 1991).

（郭予峤　译）

希拉里·普特南《带有人性面貌的实在论》

尼采的《朝霞》（*Daybreak*）有一段文字，议论起老年哲学家来相当精彩。"陶醉在一种伟大的精神更新和重生的幻觉中，他对一生的工作和历程下达判断，仿佛直到现在他才看个清清楚楚。"他"认为自己可以更随意地看待事物，可以发号施令，用不着证明什么"；鼓动"这股幸福感和这些自信的判断的，不是智慧，而是**疲倦**"。

美国哲学家希拉里·普特南如今六十多岁了，已经做出了很多重要而有影响的哲学工作；他在这部论文集里，也在一些零散的篇章中，展示了自己大多数时候都出色抵挡住了老成带来的种种诱惑。[1]他的确偶尔和我们讲过他在近期哲学史上的地位，却是以闲话家常、低调谦逊的风格道来，这种风格在此书多半可见。很多论文显然就是谈天，感叹号快活地散落在文中，提起他的同事也是一团和气，这就营造了某种非正式的私人交流气氛——或许，就像是哲学气息浓厚的学校里，有个非常聪明的学童给家里写信一样——而不是什么对晚期生涯的自吹自擂的思考。

"自己当不上最后一位思想家了"，这个念头折磨着尼采描写的那个高龄圣人，却肯定折磨不了普特南。我们一直有这样的感觉：

321

哲学和其他的创造性活动经年累月，没什么东西过了一段时间还看起来一样，我们谁也不对任何东西说了算。普特南发起号令来，并非确定无疑，这倒值得赞赏。可我们必须得承认，他的发号施令有时是仓促使然，有些事情在很大程度上进展过速，当他在物理学数学哲学上调用自己的权威时，尤为如此。有个论证在某处匆匆略过，它应该是要说明，物理学如今是非决定论的，这对自由意志问题造成了影响，其影响便是我们（毕竟）是自由的。该论证是一个相当老旧的论证的一个版本，乍一看也不比别的版本好到哪儿去，可普特南没有在此停留，把这个论证搞得更有力一点；他似乎只是匆匆造访一遭，正如他对很多大型主题所做的一样。

本选集涉猎广泛，囊括了近期哲学的历史，对文学文本的诠释，兼有些许政治思想。内容多有重合之处，而普特南在某些领域走马观花，就连他拍下的快照也品质不佳。不过，此书的大部分内容关注了一集非常基本而重要的问题，关系到世界、知识和价值。由书名的选取及其回响或可见得，普特南对一段饱含伤痛的历史还达不到完全的敏感，鉴于他本人的政治过往，他有必要好好考虑一下那段历史；不过，这个标题确实很好地表达了本书的核心主题。[1]

我们有个想法：我们身居一个独立于我们及我们的思想而存在的世界。这个想法可以叫"实在论"。几乎人人都这么想，哪怕有些人的哲学似乎不承认——比如有的文学理论家说，我们从来就没法拿我们的文本和"这个世界"比，只好拿去和别的文本比一比了（加州大学伯克利分校有个同事和我讲："把这话讲给对外文本老兵协会听听。"）——他们其实也对其某种形式深以为然。问题在于：实在论有多大作为？我们可以赋予实在论多大的理论分量？

普特南觉得实在论只有两大基本形式。"形而上实在论"认为，

---

[1] "带有人性面貌的实在论"这一标题，影射了"布拉格之春"运动的口号"带有人性面貌的社会主义"（Socialism with a human face）。

我们有某个办法，可以独立于我们的理论和描述世界的术语，设想这个世界，并提出这样的问题：我们的描述匹不匹配世界的真实本性——我们的描述符不符合世界的真实模样，即我们到来前的那副模样？这个版本的实在论确实在理论上雄心勃勃，可它要么是虚假的，要么是不可理喻的。可以说，它表明我们可以绕到我们的描述后边，看看那些描述何以匹配世界，但这一点儿也讲不通：任何我们用得上的对世界的认知，都已经用我们理解的术语，也就是我们的术语，来表达一遍了。世界可没法向我们描述其本身。

　　既然如此，趁我们还没发疯，我们人人共享的那个实在论观念是什么呢？普特南称其为"内在实在论"（internal realism）。他说，该理论虽然真实而合理，却是完全不足道的。内在实在论提供了这样的真理，例如：还没有人类，就有树木和石头了；英语短语"太阳"（the sun）指称某颗恒星；"我们身居银河系里的一颗行星上"的理论之所以为真，是因为我们身居地球这颗行星上。这些式子可以表达我们的科学知识和其他知识，却提供不了一般的哲学理解，说明我们的思想和语词何以抓得住这个世界。它们表达了"世界独立于我们的思想"这一观念，但除了否决那些连非哲学的日常理解都觉得疯狂的事项——比方说，行星或太阳直到有了人类的描述才存在——别的什么都否决不了。

　　"内在实在论"的内容不多。尽管如此，照普特南的看法，维持内在实在论还是有些哲学上的优势的。一来，该理论抵制这样一种相对主义：我们直说"太阳是恒星"可不妥，只能说"依我们看东西的方式，太阳是恒星"。普特南断然否定了这个观点，提出了反驳：要是我们只能那样说话，那么依我们看东西的方式，我们究竟视何为真，可就识别不出来了。他同样断然地说明，特别是由理查德·罗蒂推广的这种相对主义风格的表述，只会撕裂自身。要是正如罗蒂喜欢说的一样，（对我们来说）唯一正确的世界描述就是我们觉着怎么方便就怎么说，并且就如罗蒂承认的那般，"科学发现了一个已然存在的世界"，我们觉得这么说很方便，那么，"科学其实没有发现一个已然存在的世界，反倒是（多少）发明了这么个世界"，这样的话罗蒂可就找不着什么角度说出口了（可他确实这么说了）。以上的观点很出色，可一旦我们更仔细地查看普特南的"形而上实在论"和"内在实在论"的对照，可能就想弄明白，他自己究竟把这些观点消化得有多深。

首先，我们要是否认形而上实在论，我们究竟否认了什么呢？毕竟，内在实在论可不限于对平常对象的平凡之论，还可以就不那么平常的对象发出平凡之论：倘若我们相信，比方说物质由某些类型的粒子组成，那么我们就可以说，把该信念缔造为真的事实是，物质确实由那些粒子组成，并且那些粒子还没等我们研究研究，无论如何就已存在了。形而上实在论现在似乎只是给这一切中意的俗论添上一幅图画，一幅大概没那么中意，而且还难以捉摸的图画。

323　　要是我们拿另一个观念——"我们对世界的某些描述要比另一些更定域化、更视角化、更人类中心化"——来讨论一番，问题会变得更尖锐。乍一看，这个观念应该有点儿道理。谈到月球，我可以说：这是个有特定形状的物体，表面有不规则处，一受到太阳的照耀，某些不规则处就比别处反射更多的光。我还可以说，月球一受到这样的照耀，就看起来像人脸。我也可以说，它看起来像你的亨利叔叔，（不妨给这不新鲜的小面包裹撒点儿糖）从逗趣的角度、不可思议的角度或是从形象的角度来说，它看来的确像你叔叔。以上三种人为描述，说的都是同一码事，但它们要求的理解却愈见狭窄。在更大的尺度上，当帕斯卡谈起宇宙的空间，说那些空间浩瀚、静默、令人生畏时，则是从一个更定域化的视角来讲的。

对不同描述中用到的材料进行如上比较，应用这个想法，我几年前在讨论这些事情时，就引入了"最大限度独立于人类特质的世界说明"这个概念，这个理念讲的是"任何观察者，哪怕是非人类观察者，只要能研究这个世界就用得着的描述"。我提议过，可以说这样的描述表达了对世界的"绝对认知"（absolute conception），这种认知是科学试图达成的理想。这里的宗旨不是要回到"形而上实在论"，只要我们识别得出那个幻觉的话。如果我们用上普特南的对照，"绝对认知"是和"内在实在论"归到一块儿的。然而，"绝对认知"并不把人类提供的一切描述都看成同一档次。我说过，我们可以在人类理解力提供的资源内展开反思，从而在我们关乎同一个世界的不同描述中，识别某些为获理解而要求更多人类特有的经验的描述，以及其他要求更少的描述。

普特南可不这么认为，他在此书的一篇论文里，把自己对这些概念的愤怒推向了极端（所幸只是暂时的）。他提出的批评五花八门。我对那些批评的看法无疑有所偏颇，不过在我看来，它们要么全都错失了重点，要么起码也得更仔细一些，才好说明重点是怎么抓住的。有一条批评用上了这样的想法，普特南在好几个场合都用来反驳各种"实在论"，它说的是：世界上没有固定数目的对象，问到有五棵树的树丛是一个对象，还是五个，六个，或是其他什么数目，可没有什么答案。可这无非表明了一个广为人知的道理："对象"不是一个你能拿来计数，比方说有五棵树那样的概念。在另一个层面，普特南又援引了科学描述的约定性的方面，或是量子理论里观察者和被观察者的关系。可是，他没有说明一种观察者（特别是人类观察者）给出的描述，怎么凭着约定性的方面，就在相关意义上变成定域性的或视角性的了。就算量子力学展示出定域性和视角性的特点，它也把这些特点，展示给在宇宙中别的定域使用类似理论的观察者了。"绝对认知"在最大限度上，把自身从任何一组观察者所享有的**特质**那里抽离了出来。

当然，倘若外星观察者不用任何类似的理论，也出色地探究了世界，那么就引发了另一组问题，关系到比之外星观察者的理论，我们应该怎么看待量子理论。我们原则上解释得通他们的理论吗，他们解释得通我们的吗？如果解释得通，我们就可凭借我们对科学是什么的认知，理解当前发生了什么事儿；如果解释不通，我们会摸不着头脑（我们在假设这些外人探究世界还取得了成功时，就已经做出了大量的假定，这一点须牢记在心）。可按照普特南对事物的看法，好像没什么理由摸不着头脑。毕竟我们所说的一切，都同样是**我们**说的话。普特南的"内在实在论"有一副独特的人性面貌。倘若外星物理学与我们的物理学大不相同，恰如外星的穿衣时尚或饮食与我们的穿衣时尚或饮食大不相同一样，那么摸不着头脑的理由好像既没有更多，也没有更少。

普特南也许说明得了"绝对认知"的观念如其所言是不融贯的（incoherent），但他令人窒息的攻击尚未达成这一目标。我猜，他之所以对"绝对认知"抱有敌意，是因为他误以为"绝对认知"代表了（就在你自觉脱险之时）形而上实在论又还了魂。可是，在这种恐怖清晰可辨的程度上，普特南犯了错误。我说过，我们可以拿"绝对认知"的观念，叫人们意识到"本来所是的世界"和"我们看来所似的世界"的对照。我想，我们需要这一对照——当我们解释科学的抱负时，尤其需要这一对照。我的目的就是要凭借我们在人类生活内——（不消说）这是我们唯一能开展反思之处——开展的反思，而不是从我们的认知以外的地方，解释这一对照也许有何意义。

虽然普特南没有直接处理这个问题，但他好似要说，任何这样的对照都没有意义，况且科学也不承认这样的对照。他轻轻松松地说，觉得哪怕是人类的科学研究，也会继续在一幅一致的（agreed）世界图景上实现会同，不过是独断论作祟；可他的意思并不是说，认为科学必然会继续成功也是独断论使然（虽然很多人可能都这么看）。[1] 他的意思是，科学也许会继续成功，但取得成

---

[1] "会同"（convergence）是威廉斯的另一个重要概念。威廉斯认为，我们对某领域的思考是否客观（objective），得看我们在该领域是否可能达成原则性的一致（agreement），也就是实现所谓的信念会同。详情可参见威廉斯《伦理学与哲学的限度》第八章"知识，科学，会同"。——译者注

功的方式可不是在一幅一致的世界图景上实现会同，或是觉得有需要实现会同。我觉得这个想法误解了科学事业所自认的模样，恰是因为它没有为科学赋予这样的认知：科学正设法告诉我们世界是何模样。

我还提出过进一步的建议，即科学思想和伦理思想在上述方面有不对称性，这一点也不受普特南待见，其不受待见的程度也许更甚于别的东西。他对于我在该领域说过的一切，甚至更没有什么牢固的目标：他在很多时候说得像是我打算把事实和价值本身区分开（这是我明确反对的一个传统计划），像是我必须得当个相对主义者（这也是我明确否认的必然性）一样。这倒不要紧。普特南和我都同意，关于这些主题，有两个重要的问题。第一，事关我们与世界——在平平常常的意义上，那是我们身处、却不由我们所缔造的世界——的关系，人类有一些基本的想法，这些想法和作为科学探究的人类事业的基本关系，是不是同它们和我们的伦理生活的基本关系一模一样呢？第二，把科学探究理解成找出世界的真实模样，这需不需要现代哲学最终理当抛诸脑后的那些空洞虚假的形而上学形象呢？

普特南这本书传达的讯息是：他对这两个问题都作了肯定的答复。第一个肯定答复可能看上去让人安心；可一旦掂量起第二个肯定答复牵涉的英雄般的悖论时，或许就不那么叫人放心了。不管我们最终对第一个问题有什么说法（在我看来，还是有相当直接的理由表明，伦理学和世界的关系与科学和世界的关系截然有别），我们无疑都该设法抛弃如下自相矛盾的想法，即，唯有全盘否认"科学执着于世界的真实模样（而非世界在我们看来所似的模样）"，才躲得过形而上学的错觉。在我看来，普特南由于一开始设置他的两种实在论的方式，才被迫陷入这个悖论里。

普特南把那种中意却平平常常的实在论称为"内在的"，蕴涵了人类经验内的立场和人类经验外的立场形成了至关重要的对照。

325

外部立场是形而上实在论企图采取的立场。但我们其实没法理解外部立场是什么，因此，就很难说形而上实在论有何意蕴了。我们仿佛有一条边界，却对边界外的任何东西无从设想。如果我们这样讲，还认定唯一的立场在人类经验之"内"，那么，我们其实还是用到了"边界"的观念：我们声称有一条边界，而且理解得了的一切都位于边界的这一侧。一旦我们陷入这样的表述，那么，当有人说起"世界有某些特征影响了我们的经验，比如促成了我们的科学"这样的道理时，我们就会如此这般地解读，认为他们企图把世界及其特征推回这条边界之外。

可正如维特根斯坦所认定的一样，没有这样的边界——关于边界的想法不可理喻。普特南说自己就此也认同维特根斯坦，罗蒂也确实说过同样的话。可普特南恰如罗蒂一般，也许没那么明目张胆，还是受到了那些据说已遭放逐的幽灵的牵制。**内在的**实在论一定在什么东西以内，但我们明白，没什么东西可让它寄身于内。只有依托形而上实在论本身所绘制的一幅图像，形而上实在论和内在实在论的区分才说得通。哲学家一旦恰当地领会了这个教训，说起大众说的那些话，说起科学的目标是告诉我们世界的模样，而非世界（特别）在我们看来所似的模样，兴许就没那么焦虑了。有人可能也会觉得，此乃科学有别于伦理学的诸多方面之一，但这自然就是另一个问题了。

注释

[1] *Realism with a Human Face*, by Hilary Putnam (Harvard University Press, 1990).

（谢沛宏　译）

约翰·罗尔斯《政治自由主义》

距约翰·罗尔斯的《正义论》出版已过去二十多年。甫一出版，这本书当即被认为对现代政治哲学作出了巨大贡献，自此声誉日隆。有关现代国家的社会正义、宽容和稳定性，存在许多问题，除非从罗尔斯所形塑的思路出发，否则压根就不可能讨论这些问题。

作者本人这些年来并没闲着。和有些对哲学作出巨大贡献的人不同，罗尔斯并不满足于做他那套理论系统的看门人，所谓看门人，就是堵漏洞，向来访者解释，更换部分路线以满足改进后的现代标准。与此相反，罗尔斯在某些方面基本上重新思考了他原先提出的那套系统。不同于仅仅为了回答他的批评者并提供新的应用而摆弄细节，同时所有的核心要点一仍其旧，罗尔斯的做法几乎是反着来的。他差不多保留了（原先理论系统的）整个结构，包括大部分细节，但他对这套结构何为——这套结构的主要目的——提出了新的解释。他重新解释了自己（原有）的观点。

多年来，罗尔斯在一系列已发表的演讲中完成了这项工作，而现在，《政治自由主义》一书将这些讲稿拢集起来。[1] 它们仍被称为讲稿，且仍以讲稿的形式呈现。其中有些讲稿被改写或编辑的次数要多于其他讲稿，且有大量重复；书里最后两讲《基本自由及其优先性》和《作为主题的基本结构》特地从这个系统的基础开始讲起——都已经到书末了，再写这些几乎没必要。这本书并没有试图独立于《正义论》，对《正义论》不甚了解的人不会从此书中收获太多。书里的很多内容（尤其在那些极富教益和启发的脚注中）着眼于细节，也着眼于罗尔斯围绕批评者展开的讨论，这些讨论永远彬彬有礼，最大限度地让步于理性、诚实和善意，且始终贯穿着一种最为独特的品质——对批评者帮助自己把事情看得更清楚心怀感激，这种感激既坦率又真诚。在许多方面，本书是对他早期著作（即《正义论》）的评论，但最重要的是，在其翔实的发展和让步中，它提供了一种对罗尔斯所做工作的全新理解。

《正义论》——罗尔斯给他的早期著作取了这个名字（我们不妨跟随他）——以一个从根本上说非常简单的思想实验的形式，为思考社会正义问题提供了一个合理的基础。在这套虚构出来的设想中，那些将在社会中共享生活的人是由处于"原初状态"中的人代表的，他们被要求选择一个社会系统的结构和基本原则，每个人都不知道自己在其中会扮演什么角色。如果人们不知道他们将如何从安排中受益（用罗尔斯的名言来说，如果他们处于"无知之幕"之后），他们会作何选择？这个问题被用来模拟在日常生活中对人们来说什么是公平的安排，就好比你要公平地分一块蛋糕，你让一个不知道他会分得哪块蛋糕的人来切蛋糕。在无知之幕背后，各方"理性地"作出了选择，如罗尔斯所言，"理性"意味着基于明智的自身利益。然而，在幕布后面，各方并不知道他们的具体利益是什么，所以，每个人的自身利益必须通过一系列通用的或"基本的"善品来定型，这些基本善主要指自由、金钱和自尊，它们被认为是任何一个人，或者至少是任何一个生活在现代社会中的人所珍视的。罗尔斯认为，基于这些设定，人们会选择一套相当具体的规定来构造他们的社会，包括自由优先于其他善品，以及被称作"差别原则"的分配正义的原则，即任何偏离平等的分配只有在有利于最不利者时才是正当的。这一原则有望产生显著的再分配效果。

虽然在原处初状态中各方的选择是基于理性的自利作出的，但罗尔斯并不认为社会正义能够完全立基于自利。如果这么去设想社会正义，那就是没考虑到原初状态这个设置本身。如果一个自利的人不知道自己是谁，也不知道自己的利益是什么，那他就不会被自己的选择约束。这套（理论）模型的全部要义在于，一个愿意从这些方面思考的人，一个愿意把自己想象成处于原初状态中的人，就是一个打算考虑什么是公平的人；他不仅是一个理性的人，也是一个通情达理的人，如罗尔斯所言，他愿意在合理的合作条件下与他人生活。作为《正义论》的核心，这点在书里已经说得很清楚了，而罗尔斯对没有理解这点的众多批评者表现出了圣人般的耐心。

出自《正义论》的正义观被叫作"作为公平的正义"。这种正义观的一些原则需要被解释成社会的宪政特征；其他原则，尤其是"差别原则"，看起来更像是一项可取决策的决定因素。这种正义观本身就是一种道德理论，它将道德标准应用于政治主题，也就是说，从道德的观点来看，一个正义的社会是什么样的。此外，它似乎代表了任何地方任何社会的一种理想，或至少代表了任何足够安全和发达的社会的一种理想，在这些社会中反思和落实社会正义的雄心都是真实可能的。

罗尔斯的立场的根本变化是，他现在把"作为公平的正义"视为一种独特的**政治**观念。这就意味着他想把它与许多主张告诉人们如何生活的整全道德学说区分开来。它的内容既多于又少于这些学说。说它少，是因为它没有声称能够裁定对人生观至关重要的重大形而上学问题和道德问题——比如宗教问题，或者哪种个人生活最值得过的问题。同时，它的内容比任何整体道德观要多，因为正是凭借其最低纲领，它就可以达到任何整全学说都无法达到的目的——也就是提供一个像样的公共结构，持不同观点的人能够在其中共享社会生活。

这一目的的重要性和诠释"作为公平的正义"的另一个变化密切相关："作为公平的正义"不再提供一种普世的正义理论。现在，作为一种政治理论，"作为公平的正义"为被罗尔斯所认为的独特的现代政治问题提供了解决方案：在一个容纳了持各种不同整全观念或信条的群体且将持续多元的社会里——如罗尔斯所设想的那样，如何确立其结构和原则？"作为公平的正义"被视为提供了一个核心结构和一套原则，不同群体可以就此达成一致，一致认为这些结构和原则是一个有序和有原则的合作体系的社会的基础，尽管这些群体在许多重要的伦理问题上存在分歧。因此，《政治自由主义》一书的精髓与宽容观念息息相关，实际上，罗尔斯经常提及从宗教战争中产生出来的宽容观念，以作为他正在探究的（自由主义）思想的历史先导。

如罗尔斯指出，这一情形并不是他心目中的完美范例。一方面，至少从一开始，许多人认为这些安排只是权宜之计，是在承认没人能获胜且大多数人已经厌倦了暴力的情况下所能达到的最好结果。罗尔斯强烈主张他的多元社会不只是基于这种妥协。他的正义原则不只是让人们一起生活而非一起死去的设置。按照正义原则生活、意识形态差异之下的宽容和公平合作，本身就代表着一种更高的人类理性和明智的适度的能力。在一些地方，罗尔斯称赞这种能力是最有价值的人类特性之一。既然这种能力独独脱胎于多元主义环境，那就应该得出如下结论：形成多元主义社会的条件本身不只是现代社会所独有的特征（更不是像文化保守主义者所认为的那样，是可悲的特征），而是一种格外有价值的历史发展，是进步的表现。罗尔斯几乎要那么说了，可又完全没有那么说。在某些时候，他承认，虽然自由主义的价值尤其是由现代性发展起来的，但人类还有其他可能性，这些可能性当然有其价值，而自由主义已经排除了这些可能性。

宗教宽容既鼓励了宗教怀疑主义，又得到了宗教怀疑主义的帮助；面对狂热的冲突，有识之士有理由怀疑这些立场中的任何一个是否是真实的——是否它们实际上可能都不是不真实的，他们对其中任何一种立场的热情都会消减。基于其理性共和国，罗尔斯当然反对狂热，但他同样不希望怀疑主义和冷漠挤兑共存于理性共和国之中的各种观念。人们必须按照某种善观念来生活。罗尔斯希望，在多元主义国家中，这类善观念是强大的，并为追随者的生活赋予独特的意义，但同时他也需要这些善观念足够平和、合理，以使它们在正义的共同架构内和睦共存。事实上，共同的架构本身就需要有不同的善观念才能繁盛。在详细论述了正义制度奠基和连结的方式之后——也就是罗尔斯所说的各种不同的伦理观念之间的"重叠共识"，他认为道德能量在正义的核心价值和各种理念之间双向传递。对各种不同的整体道德观的怀疑和嘲讽只会动摇"作为公平的正义"的自由主义结构。

经常有人问，自由主义理念是否足够强大或坚固，以至于可以为忠诚或抱负提供一个聚焦点。对于这个问题的这种问法，罗尔斯给出了谨慎且令人放心的回答，这些回答阐明了"作为公平的正义"的价值和雄心，并解释了它如何与一系列其他更整全的观念共存。对罗尔斯来说，困难反而来自相反的问题：在自由主义理念之下兼容并包的不同观念能有多大的生命力和独特性？首先，我们尚不清楚这些不同的观念都是什么。罗尔斯有时想到的似乎是某些特定的哲学道德理论，比如功效主义；但要让这些典型的现代性产物（比如密尔和康德）在自由主义理念之下共存，显然不是什么伟大的政治功绩。有时他想到的是各种不同的宗教，但是为了形成一部分重叠共识，这些宗教及其追随者必须得是合理的，罗尔斯对合理性的要求是如此强硬，足以让人怀疑只有被驯化的和已经自由的宗教形式才算得上是合理的。罗尔斯笔下的国家不可能涵盖比如激进的印度教或伊斯兰教，或正统犹太教的最狂热变体，对它应该涵盖上述宗教群体抱有期待无疑是不明智的。但如果罗尔斯能对人类经常出现的状况——暴力、热情高涨的非理性（unreasonableness）——说得更多，那他会帮助我们更好地理解他所谓的国家范围有多广。这些状况对国家的范围所施加的效力看起来似乎在不久的将来会对自由主义提出更多而非更少的要求。

即使在他自己的国家，罗尔斯为各种观点的运作留出的空间也是相当有限的。可取的公共言论规则要求政治家（至少在重要的国家事务方面）搁置对他们和他们所在的群体可能持有的对善的独特信念的诉求，而在共享结构和共同善的层面上行动。理想情况下，人们甚至不应该（在国家层面上）在投票时抱有如下动机，就什么样的生活值得过表达自己独特的观点，或表达任何其他此类宗派观点。此书论述了应该如何将人最坚定的信念和价值观联系于政治，但它在没有政治和没有信念之间留出的空间似乎很窄。对此很能说明问题的是，罗尔斯在处理堕胎问题时——这是当今美国政治中唯一一个被认为带有强烈宗教和道德色彩的问题，"作为公平的正义"本身给出了一个回答而非另一个回答：堕胎的权利应受宪法保护。

罗尔斯的理论显然深深植根于美国的宪政经验，他对此颇为赞赏，但同时他也坦率承认，美国的宪政制度在很多方面并没有实现它为自己设定的最宏大抱负。虽然罗尔斯作出这番坦言，然而，哪怕是美国——他思想的核心地带，他的相关论述有时也显得空洞和理想主义。这并不是说他把抽象的道德理论误认作具体的政治思考；他长于抽象的政治思考，对这样或那样看待社会正义所带来的心理影响和政治影响，他作了许多睿智的思考。他缺乏的反而是所谓的"社会学想象力"的维度，一种对美国宪政主义的种种特殊性（包括迄今为止奇特的成功）的感觉，这些特殊性可能取决于美国社会的特点，这些特点既不是基于其政治组织也不是基于其理想，而是基于美国的移民史及其致力于实现商业社会的目标。如果不讨论美国的种种特殊性，就很难做到罗尔斯想让我们去做的事，即就以下内容达成一致：一套基于美国宪政经验的体制（尽管它记录了该经验的一些局限性）可以成为调和的基础，有序地、体面地调和发生在非常不同的社会形态中相互冲突的道德或宗教主张。

当《正义论》首次提出"作为公平的正义"这一正义理论时，格外惹人眼球的一点是"差别原则"的强烈再分配含义。这似乎是一套专门用来界定经济和社会正义的理论。既然它在《政治自由主义》中已经呈现出宽容自由国家的政治理论的新样貌，那么，和那些有助于确定宪政结构——在这个结构中，可以继续有政治争论——的要素相比，"差别原则"显然发挥了次要作用。罗尔斯确实稍稍谨慎地解释了为什么差别原则无法享有与该理论所产生的其他原则同等的地位；换句话说，差别原则无法提供核心的宪政结构。主要原因在于，像再分配税这样明显有争议的政治问题，无法指望从重叠共识获得支持。但这是个奇怪的原因。对"差别原则"的论证和该理论中的其他论证同样有力，如果即便有这些论证，人们仍会因其相互冲突的政治承诺而反对差别原则，那么，为什么这类反对不适用于那些更具宪政特征的规定就不是很清楚了。

从关于社会和经济正义的近乎普世的道德理论到现代自由国家的带有多元主义和宽容特征的政治理论，罗尔斯的这一转变不同凡响、令人印象深刻且有冲击力。任何关心这些问题并熟悉《正义论》最初构想的人，都会想跟进罗尔斯在此书中为了支持这一转变及其结果而提供的论证。当我们跟进这些论证，我们必然会问：罗尔斯的自由主义到底为人类和社会的各种完全不同的道德观念留出了多大的空间？在其新的化身中，它把自己最独特的结论之一——

332

即要求彻底重新分配利益——置于什么位置？罗尔斯的成就有个特点，就是无论这些问题以何种形式出现，它们都是我们要面对的。

注释

[1] *Political Liberalism*, by John Rawls(Columbia University Press, 1993).

（吴芸菲　译）

阿马蒂亚·森《再论不平等》

　　每个现代国家和每种现代政治哲学都相信人们在某个方面的平等。自由至上主义者认为不应该对人们保留自己不靠暴力或欺诈获得的东西施加政治上的限制，但如阿马蒂亚·森在书中指出的那样，即使是这些人，也相信在市场上大展拳脚以及不被征税的平等权利。[1]那些认为更努力或更有成效或更负责任的工作应该得到更高报酬的人认为，该原则应该平等地适用于所有公民。那么，如森多年来有益地坚持的那样，重要的问题不是我们是否赞成平等，而是什么方面的平等？

　　即使所有的现代见地都接受某种平等，其中的许多见地也并没有将平等列为它们的政治理想。那么问题来了，是什么使得某些而不是其他平等观念成为旨在增进平等的政治方案——比如，立足于将平等与自由和博爱联系起来的传统的方案——的焦点呢？还有一个问题是，为什么所有的现代国家都信奉某种平等观念呢？回答说他们必须这样做，因为平等（就算到现在仍然）是现代政治的主要流行语，这还不够：这只是以一种更嘲世的语调再次提出问题。答案似乎是，现代世界总体上摒弃了神话性和单纯传统性的权威源泉，因此在这个世界上，只有某种平等顾及每个公民的观念，才能构成对政府效忠的基础——这样的效忠不受胁迫，且充分知情。

以上说法所提供的承诺，当今时代没有几个政府可以说是毫不犹豫地或无条件地加以兑现，而这一事实本身又引回之前的问题，即如何将平等定义为一种政治理想，而非仅仅是一种假设。阐明和追求政治上的平等理想的意义，并不在于纵容怨恨或纵容对整齐划一的管理嗜好，尽管这两者在平等主义的历史上无疑都发挥了一定的作用。基本目标——这个目标前所未有地重要——是找到一种切合实际的平等观念，使人们真正感觉到他们得到了社会的平等顾及，因而与该社会利害攸关。惟此，才有希望给人们一个他们应该服从和合作的理由。若没有这样的理由，那就只有强迫、神秘化、习惯，以及寄希望于人们都止于随遇而安、尽力而为。那种不包含任何志向、可以轻轻松松地宣布已经存在的平等——比如一种成为百万富翁的平等法律权利——明显是不够的。殊可怪者，竟然曾有人会像撒切尔夫人的一些追随者以为的那样（或许其中少数人仍那样以为），觉得单单在市场面前的平等就实现了足够分量的公民平等理念，能让某种东西——例如市场本身——运转起来。

森的平等理论确实立志解决现代国家的问题，尽管他自己并没有讨论现代社会会对平等理想感兴趣的最基本、最一般的原因。他更关注的是这样的一个理想应该是什么。他正确地提醒我们，如果我们要发展平等理念，我们最好对它们的目的有些了解，并且，为了不同的目的，我们也许想要使用不同的平等理念。出于某些从经济层面来理解的目的，收入不平等可能是相关的衡量标准，但对于更广泛的政治和社会目标，我们需要更丰富的平等理念。森非常了解政治问题，比如贫穷、匮乏和对妇女的不公正，但这本书不是一部政治理论著作，它也没有从政治问题入手，而政治问题本身就产生对理解平等的需求。森既是经济学家，也是道德哲学家，但他通过一条从经济理论出发的路线来探讨平等问题。

就像我一开始说的，问题是什么方面的平等？或者如森用数理经济学家的语言来说的那样，我们希望平等在什么空间里成立？一个基本要点是，一个空间中的平等可能凭借完全相同的事实而意味着另一个空间中的不平等。以森最喜欢的一个例子为例，人们因其体重、年龄、健康状况等而对食物有不同的需要。给他们提供相同的食物不会在每个人身上产生相同程度的营养供给；食物供应空间中的平等意味着营养供给空间中的不平等。同样，金钱或其他类似资源的平等并不意味着人们所能达到的成就的平等：出于许多不同的原因，人们在将资源转化为有价值或令人满足的活动方面的能力是不同的。

福利经济学家已经表明了这一要点，用的是传统上他们最喜欢的衡量标准——"效用"（utility），它大致意味着某人对某个结果的满意程度，或者得到他想要的东西的程度。无论是在不同的人之间，还是对不同环境中的同一个人，增加等量的资源并不会增加等量的效用。该要点的一个应用就是我们所熟悉的"货币边际效用递减"，即，多拥有100英镑对一个拥有少量钱财的人来说比拥有大量钱财的人更有意义。然而，对于那些高估了有用性和效用概念的连贯性的人，森一直是一个有力度、有影响的批评者，并且出于许多原因（不是这里提到的大部分原因，而是在其他地方提到的原因），他反对将效用作为他所谓的"基本的平等"（basal equality）的衡量标准。

他还反对将约翰·罗尔斯在其政治理论中指定为分配对象的"基本善品"（primary goods）作为平等的衡量标准。罗尔斯将这些善品描述为在大多数社会环境中任何通情达理之人都会想要的多用途善品：它们包括金钱和"获得自尊的手段"（the means to self-respect）。森本人提议，最基本的平等应得以确立的空间，乃是自由本身的空间。他声称，罗尔斯的基本善品代表的是手段而非目的：金钱作为基本善品的唯一意义在于它能增加人们的选择自由。或许对罗尔斯的批评应该是，罗尔斯在《正义论》中对基本善品的描述是有误导性的。罗尔斯的基本善品之一就是自由本身，而森的批评——即基本善品只是实现自由的手段——对此很难适用；但这样说来，罗尔斯对基本善品的描述也不太适用于自由这种善品。

如果我们能使不同的人的自由变得平等，那么我们就会使他们所拥有的选择范围平等，从而使他们实现不同类型的人类"生活内容"（functioning）的"能力"范围（the range of 'capabilities'）平等。如果我们让残疾人得到更多的资源，我们就增加了他们可以选择做的事情，在此意义上我们增进了他们的自由。在解释这些观点时，森做了一些细致且重要的区分。在许多情况下，拥有一系列可供选择的选项是一种工具性的善好，因为它使人们能够找到最令人满意的选项。在以效用为核心的标准经济模型中就是如此，在此模型中，所欲的结果仅仅被等同于人们所挑选的事项，人们所拥有的选择范围只是作为他们从中挑挑选选的篮子。然而，森指出，在许多情况下，选择本身就很重要。一个人是选择了某种结果，还是这一结果只是被交付给他，往往是有区别的，即使结果本身就很好。因此，森希望在平等理论中为选择和行动留出真正的位置，而不是仅仅把它们作为通往可欲结果的途径——福利国家不止在理论上，在实践中也相当频繁地这样看待选择和行动，往往将残疾人视为受益人，而不是将其视为希望有机会做出自己选择的人。

如果平等基本上被理解为自由方面的平等，那么所谓的平等和自由之间的冲突——该冲突因左派和右派之间的对抗而闻名——就必定在某种意义上界定不清。森确实说过，着眼于这些方面来表述问题反映了一个范畴上的错误。"它们不是替代关系。自由是平等的可能**应用领域**（fields of application）之一，而平等是分配自由的可能**模式**（patterns）之一"（强调是森加的）。森没有像卢梭和其他一些哲学家那样走得那么远，他们说自由和平等之间根本不可能有冲突，理由是，任何与平等相冲突的东西都不可能是真正的自由，任何与自由相冲突的东西都不可能是真正的平等。就最基本的平等正在扩大而言，在森看来，某人的（某种）自由正在增加，这肯定是真的，因为正是自由得到了更平等的分配。然而，这并不意味着我们可以只从自由的增加的角度来思考，而忘记自由和平等之间的冲突。

假设一些穷人和残疾人的出行自由通过提供特别的服务而得到了增加，而这笔费用是通过增加再分配税收来承担的。（考虑到英国目前的态度，这个例子显然是乌托邦式的，但这并不影响论证。）由于税收增加限制了一些高额纳税人的选择范围，因此，在森的意义上，他们的自由被削减了：他们今年不能既买宾利汽车又去格施塔德（Gstaad）① 度假了。现在用他们的这一点自由换来的是别人的自由的增加。然而，对于森的论证来说，残疾人自由的增加并不需要大于富人自由的丧失。一个人的自由被用来与另一个人的自由对比，这是因为自由是平等的通货，但仅仅从自由的角度来看，一个人的收益未必会抵消另一个人的损失：所需的只是，最终我们应该更接近平等。在这种情况下，自由和平等之间可能会有真正的冲突——尽管平等本身就是自由方面的平等。

森承认，和其他空间中的平等一样，在上述处置中，存在着"向下拉平"（leveling down）的危险，但他辩解说还有其他价值需要考虑。比如，他认为，如果使用大量资源来略微提高弱势群体的能力，而这样做的代价是严重降低了优势群体的生产力，那就不是明智之举；这将是无法接受的效率损失。他对除经济效率以外的价值与自由方面的平等的关系论述不多。因此，他对刚才讨论的失去自由的情况论述不多。同样，他也较少论及公平，比如，在给更有技能的人提供报酬更高的职位上的公平问题。他从激励和效率的角

336

① 瑞士著名奢华度假胜地，也是世界著名的滑雪胜地之一，位于阿尔卑斯山脉的腹地。这个小镇一直都是欧洲贵族名流和好莱坞明星的度假胜地和高级疗养院。——译者注

度讨论了这一点，但许多人认为，不给予一些这样的回报不仅是低效，而且实际上也是不公平的（尽管罗尔斯持不同意见，理由是没有人应得他们的才能——这是实情，但它是否与公平问题相关也是颇为可疑的）。森会如何将自由——平等的基本通货——与应得以及类似的种种公平理念结合起来？在刑罚领域之外，是否有谁比另一个人**应得**更多的自由？看看森会作何回答，将是有趣的事情。

如这些例子所表明的那样，为了确定自由空间中的平等和不平等，需要一些方法来"度量"自由的增加或减少。任何明智的人都不应该要求高度确定的或定量的方法，多年来，森一直在努力说服他的经济学家同行们相信这样一点：在现实世界中做一些合乎情理的对照，要比对只存在于数学模型中的数量进行高度复杂的操作有价值得多。然而，在对自由或能力进行计数和度量的问题上，我们确实需要一些指导，而且可以公允地抱怨说，森没有给我们提供太多的指导。显而易见，人们可以用自己喜欢的任何方式来为能力、选择计数，等等。用我之前给森举过的一个例子来说，引进了一款新洗衣粉的人同时也引进了许多个新的选择（比如在购买随便哪种商品和购买这款洗衣粉之间做出选择），同时也剥夺了另一些选择（比如在知情的情况下选择洗衣粉而不用考虑这一款）。显然，计数对我们毫无帮助。对于这方面的问题，森给出了一个有力的回答，大意是任何标准都可能引起一些这样的困难，你只能在面对实际情形时运用判断力。

人们在实际情形中的考虑并不依赖数目，而是依赖权重（weight），这点毫不奇怪：某些能力（或自由，或选择的可能性）比其他能力更重要。然而，在很多情况下，自由的重要性与相关生活内容的重要性有直接关联。首先，走路的能力很重要，因为走路很重要。如果我能走路，我就能做更多的事情，随之而来的就是一些选择，选择在哪里以及什么时候走路。但是，如果真的存在一个聚焦于选择的问题——我是否能够在我选择的时间和地点走路的问题——那么这自然会被理解为一个进一步的问题，一个只有在我能走路的情况下才会出现的问题。把这两个问题放在自由的语境之中，有可能会把两种不同的政治关切混在一起：能够走路（比如不瘫痪）是一回事，能够自由地在我希望的时间、地点走路（比如不受警察干涉）是另一回事。

在其他情况下，森对自由的强调似乎是针对某种不良状态的后果，而不是针对其核心。他像富兰克林·罗斯福（Franklin Roosevelt）那样强调"免于"（freedom from）疟疾等疾病的重要性，他着重关注反事实选择，也就是人们在没有疟疾的情况下可以选择的种种生活。重要的实情是，疟疾不仅令人不快，还会使人失能。另一方面，这一事实本身是否就辨别出了疟疾如此明显具有的坏处呢？可以用许多不同的方式来补全"要是我没有……我本可以选择一种比现在更为丰富的生活"这个句子，但并不是所有的补法都具有相同的政治或社会意义。

在森所举的许多例子中，如果能将资源用于缓解弱势群体的不利处境——营养不良、疾病、无知、不安全——他们的状况无疑会得到改善。如果他们的状况变得好一点，平等就会得到推动。但是，如森本人在一些关于可比性的技术性讨论中令人钦佩地指出的那样，你几乎可以根据任何一种对平等的阐论得出这个结论。关于这些不利处境，任何关于人类应该如何生活的合理故事都会给出大致相同的结果，而格外强调自由似乎就是不必要的；如我所说，在某些情况下自由是次要的。另一方面，在其他情况下，强调自由大有作为，但其结论也有争议。森对世界各地性别歧视的令人钦佩的讨论就属这种情况。许多关于女性处境不利的统计数据再次提到了营养不良和早逝等无可争议的恶，但其他有关女性教育水平和就业机会的统计数据则提出了在意识形态上存有争议的问题，即女性应该发展哪些能力的问题。

森会采取支持妇女拥有自我发展的权利的立场，这一点无可指摘。不清楚的则是，他认为自由和能力的这些维度本身在多大程度上可以从理论上推导出来。他的理论是否只是说，自由和能力是主张平等的适当依据？还是说，该理论还得出这样的结论：为女性提供平等的教育机会的要求，可以从任何一种对人类能力和潜能的充分阐论中推出来？如果他想说的是第二种观点，我应该不会感到惊讶或失望。但这样一来，他的理论就需要补充一些内容，而眼下他还没有提供这些内容，甚至也没有承诺这些内容，尤其是他没有提供关于虚假意识的理论，该理论会解释为什么许多女性未能理解她们自身的能力。

事实上，比起森显然关心的政治，他的理论与政治的关系确实显得颇为古怪。他提到的许多不利处境很可怕，这毫无争议，以至于关于自由优先的精炼论证似乎没什么必要：无论你在哪个空间展开论证——无论该空间是效用、资源、基本善品还是自由——你都会得到同样的答案。在其他情况下，至少就当地文化问题而言，该进路的结果更具争议性，那么人们必须要问一问，森的理论在多大程度上允许我们在政治上将这些情况视为与无争议的情况一样（根据他的理论，这些情况都是无争议的：所有情况都同样涉及对基本自由的限制）。但这需要该理论有进一步的政治维度：借助该维度，我们可以理解诸如虚假意识和对人类基本能力的意识形态歪曲，这将有助于我们讨论（除其他事项外）西方机构与那些未必认同西方观点的人的关系。

在他关于许多主题——尤其是饥荒——以及本书所讨论的几个主题——比如对贫穷的定义——的工作中，森的敏锐分析以及他在做出微妙且相关的区分上的出众能力，都与他惊人的知识面相结合——后者能把理论工具打造得适合直接用于政治。平等之为自由方面的平等这一理论似乎没有完全做到这一点。与我们政治目的上的需要相比，它所做的区分似乎不是超出就是不及。也许这只是说，除了这部扣人心弦、论述优雅的著作所能提供的，我们还需要更多的武器。不往更远处看，仅考虑到这个国家不平等现象的深度和增长，这一点就不足为奇了。

注释

[1] *Inequality Reexamined*, by Amartya Sen (Clarendon Press, 1992).

（吴芸菲　译）

玛莎·努斯鲍姆《欲望的治疗：希腊化时期的伦理理论与实践》

　　这本书讲的是治疗性哲学——哲学家之为医生。[1]这是一部历史著作，涉及希腊化时期发展起来的哲学流派，在这一时期，公元前323年亚历山大大帝去世后，希腊文化适应了在大型、组织松散的国家中生存，这些国家取代了古典时期大多数希腊人生活其间的独立城邦。这些哲学流派继续发展并在罗马世界产生影响，事实上，玛莎·努斯鲍姆在她这本丰富且富有意趣的书中所引用的一些主要资料是用拉丁语写的。这是一部学术著作，有许多参考文献和注解，但努斯鲍姆在整本书里非常清楚地表明，她认为这些古代哲学流派提出的问题对我们来说是迫切的，对此她以一种流畅、不学究气、时而情意急切的风格阐明了她的主张，邀请我们走近这些早已去世的老师们或曾有过的心声。

　　希腊化哲学通常被称为"后亚里士多德"（post-Aristotelian）哲学，努斯鲍姆以亚里士多德（他在亚历山大大帝死后第二年去世）为起点，将其伦理观设定成基准。正如在她的许多其他著述中，她在该书中宣称亚里士多德具有一种比有些人在他身上所看到的更开放、更富探索性的人文主义；她给出了以亚里士多德而非柏拉图为起点的理由，尽管人们可能会觉得柏拉图是更显而易见的选择，他才是真正的治疗性哲学之父。接着，她带领我们了解伊壁鸠鲁学派（the Epicureans）、怀疑学派（the Sceptics）[①] 和斯多葛学派（the Stoics）的观点、目标和论证过程。就像努斯鲍姆自己所说的那样，格外遗憾的是，她没有给我们讲述嘲世学派（the Cynics），这是一场行为不端的不满者的运动（暂且算它是场运动吧），以著名的第欧根尼为代表，据说他住在一个桶里，曾经叫亚历山大大帝不要挡住他的光线。努斯鲍姆说我们对他们所知甚少，因此她无法将其纳入自己的计划，她说的也许是对的。

努斯鲍姆引入了一个被想象成游走于不同哲学流派之间的角色，这是一个名叫尼基丁（Nikidion）的年轻女子，努斯鲍姆从一份古老的文献中找出了她，文献中提到，据伊壁鸠鲁的敌人说，她是和伊壁鸠鲁有交往的几名交际花之一。尽管开头充满希望，但必须说，作为叙事装置的尼基丁有点晃晃悠悠，几乎维持不住她在叙事中的地位，因为她没多少固定不变的特点，毕竟几个世纪以来她接受了一个又一个疗程的治疗。（一开始，当她出现在亚里士多德学派中时，她得是个男人，因为亚里士多德把他对女性作为思想者的看法说得太清楚了。）

尼基丁参与了各个学派的教育过程，总在接受这种或那种哲学治疗，以对治她的激情、她对死亡的恐惧、她无足轻重的执着，或者（就怀疑学派而言）她单纯想知道些事情的愿望。具体需要治疗的是什么在每个学派中都有所不同，努斯鲍姆也巧妙地阐明了每个学派的关注点如何既定义了独特的治疗模式，又定义了何者需要治疗的独特认识。然而，所有的学派都认为，学生需要的且正在寻求的是平静：所谓的**心神安宁**（*ataraxia*），即摆脱情绪上的困扰。毫

340

---

① 也就是皮浪主义。——译者注

不奇怪，努斯鲍姆认为这个目标本身就成问题。同样成问题的是认为可以通过哲学的手段来追求这一目标。

努斯鲍姆的论述主要是从哲学体系的角度展开的：大部分素材都是对效忠种种体系的老师们所授内容的重构。重构本身就是一项非常有难度的工作。除了残篇，所有主要人物没有作品存世，我们依赖于转述或者这样一些作品：它们或许完整——甚至出色，例如卢克莱修的诗，它是伊壁鸠鲁主义的主要资料来源——但并不是这些学派的直接产物。此外，"学派"本身在某种程度上是一种建构，出自古往今来人们对其观点的讨论，而那些观点在漫长岁月里不断被传递、修改、混合。这些技术问题是人所周知的，努斯鲍姆既指出了这些问题，又巧妙地解决了这些问题，即使其结果可能会使不同进路之间的对照变得比其应有的对照更为鲜明。

重构哲学体系的问题，对所有关心这些主题的人来说都是一样的。然而，还有一个对努斯鲍姆来说特别严重的问题，因为她想强调不同老师的工作是一种治疗性质的实践，这就提出了一个疑问：一旦哲学体系——这些不同群体或传统所阐述的典型问题、学说和论证——被重构出来，那么在某一特定的时间点，该体系是怎么和一种治疗性实践联系起来的。在某种意义上，这是一个老师如何处身持己的问题，是寻求这种治疗的人如何以及在什么条件下可以得到治疗的问题。在有的可说的地方，努斯鲍姆确实告诉了我们一点点关于那个虚构的学生尼基丁如何被接受和对待的情况，但这大部分都必须建立在哲学体系本身的证据之上，在她的书中也几乎没有任何社会或文化素材来让我们了解那些真正可能从这些老师那里寻求治疗的人，或了解他们可能有什么想法。

《欲望的治疗》一书并不打算给出——而且考虑到它的篇幅和写作计划，它也不可能给出——像彼得·布朗（Peter Brown）在他的奥古斯丁传记和其他关于早期基督教的书中所描绘的那种图景，它刻画出在亚历山大港或迦太基的某个日子，身为一个想知道该信仰什么的人是什么样的。① 就此而言，努斯鲍姆的书不是一部有别于哲学史的史学著作，而这样说它不是要责备它。然而，这确实意味着该书关于哲学体系的论述背上了很重的负担，要被用以明确那些哲学体系可能被认为满足什么样的治疗需求；而这种负担并不是该论述总能承受的。

在这些方面，最成功的论述是对伊壁鸠鲁主义的论述。在这里，有一些证据——尽管不那么明确——表明，有志者可能会加入"治疗社群"（therapeutic community）。在某些方面，它听起来相当耳熟，有广告宣传，（也许）还有对大师的过分敬重。当然，同样地，想来也曾有许多人对伊壁鸠鲁主义感兴趣并受其影响，但不属于任何一个这样的群体。在这种情况下，哲学本身到底应该为病人做些什么，也比在任何其他情况下都更清楚。努斯鲍姆提醒我们，如果一种疗法独具哲学性，它就需要将严谨的论证和智性的分析放在重要的位置上。伊壁鸠鲁学派在这方面做得很好，因为他们认为我们的恐惧和痴迷都是基于关于死亡、神以及我们与自己和他人身体的关系的错误看法，而哲学可以通过清楚地表明宗教是一种幻觉且死亡没什么好怕的来战胜这些看法。努斯鲍姆很好地处理了这些观点，并且，在书里最精彩的一章中 ②，她对卢克莱修对性的非凡论述给出了有说服力的解读，其解读既梳理出一个论证，又表明了为什么该论证是相关的，还认可了诗性声音在传达这份论述时发挥的作用。

到了怀疑派，事情就没那么容易了。努斯鲍姆合情合理地把一

---

① 彼得·罗伯特·拉蒙特·布朗（Peter Robert Lamont Brown, 1935— ）是普林斯顿大学罗林斯历史学荣誉教授。布朗被认为使古代晚期的研究领域有了连贯性，并且经常被认为是该领域的发明者。他的著作尤其关注罗马帝国晚期和中世纪早期欧洲的宗教文化，以及宗教与社会的关系。这里提到传记是他于 1967 年出版的处女作《希波的奥古斯丁传》（*Augustine of Hippo: A Biography*）。——译者注

② 这里说的是《欲望的治疗》的第五章"超越痴迷和厌恶：卢克莱修论爱欲的治疗"。——译者注

些历史方面的复杂问题搁在一边，专注于塞克斯都·恩披里柯 [①] 作品中所呈现出的极端或"皮浪式"（Pyrrhonian） [②] 怀疑主义。塞克斯都在把古代怀疑主义的一些思想传递给现代世界方面有着巨大的影响力。然而，他的作品由各式各样的材料组成，其中一些部分比其他部分更富哲学意趣。此外，尚不清楚他的书与教学或治疗实践到底有何关系。

342

事实上，一个众所周知的问题是，怀疑主义教学的实践说到底可以连贯地包含哪些内容。皮浪学派（多多少少）认为，通过不同意一切，包括不同意"不同意一切"这个主张本身，可以达致心神安宁的目的。据塞克斯都叙述，怀疑派传统包括一些著名的意象，这些意象被认为可以捕捉到这种自相矛盾的观点，比如泻药可以清除身体里的一切，包括泻药本身，还有画家阿佩利斯（Apelles） [③] 的故事，他对捕捉马的呼吸的效果感到绝望，恼怒地把海绵扔向画作，从而恰恰得到了那种效果。

努斯鲍姆无情地逼迫怀疑论者承认，如果他们从事治疗工作（而且她表明，至少有些人确实是这么认为的），那么他们无法避免的一个看法是，怀疑论的方法将有助于**心神安宁**。她表达了一些忧虑，担心他们为了鼓励不信而情愿用一些非常糟糕的论证。她引用了塞克斯都的一段话（他本人可能是位医生），叫做"为什么怀疑论者有时会有意提出没什么说服力的论证"，塞克斯都在这段话里提出，就像医生不会给病人服用过量的药物，而是给病人服用能治疗病情的药力最弱的药方一样，老师也会给学生最弱的论证方法，只要这能消除不信的障碍——因而消除获得平静的障碍。不过这一

[①] 塞克斯都·恩披里柯（Sextus Empiricus），晚期希腊最重要的哲学家之一，是怀疑主义流派的集大成者。——译者注

[②] 皮浪（Pyrrho，前365或360年—前275或270年），又译作毕洛或皮罗，被称为"爱里斯的皮浪"。古希腊怀疑派哲学家，怀疑主义创始人，早期怀疑主义代表人物。——译者注

[③] 公元前四世纪希腊画家，曾给马其顿的腓力二世及亚历山大大帝充当宫廷画师，以肖像画闻名。——译者注

说法背后的假定却非同寻常。"强效"药物是危险药物，是可能会产生不良的副作用的治疗。如果论证是药物，那么有力的论证——也就是合理的论证——则不是上述意义上的强效药，而是良药；软弱的论证反而可能使人生病。当然，怀疑论者可能会说，病在于信，有力的论证比软弱的论证更能诱人相信。但是，即使这是真的（其实不然），它也只是强调了一点，即把论证作为治疗相信的怀疑主义疗法的整个想法有着无法消除的自相矛盾；到这个地步，我认为必须承认，这种自相矛盾是相当乏味的。

如果有人真的认为内心的平静是压倒一切的紧要之事，而且只有通过放弃求知欲——无论所求的是何种知——才能达到，那么，在大多数时候，他就不会试着通过论证来让他的学生进入所追求的状态，或者即便这样做，这些论证也明显只是用来迷惑人的。他的方式会更像一位禅师。当努斯鲍姆恰如其分地提及60年代末的那些确实想弃绝信仰的人时，她很方便地拿来了上述这样的想法，但这给她的程序提出了一个问题。她非常希望我们认真对待她笔下的每一位治疗师，她本人也非常认真地这样做，但现在已经很难把古代怀疑论当作一种治疗事业来认真对待。即使它的谜题（笛卡尔已经称之为"昨天的卷心菜"）仍然可以合理地为知识论这一学术性的、非怀疑论的活动提供素材，但这无关治疗。

343

斯多葛学派应该是这三个学派中最重量级的。斯多葛主义以许多变体形式持续存在了很长一段时间，它有大量的公开表达，并且给现代世界留下了广泛的遗产，这些遗产有好有坏，其形式是着眼于内心意图的坚定的道德主义和对人类平等的信仰。然而，就像它在这里出现的那样，它也很难被认真对待，至少难以被当作一种治疗方法。这并不是说，如果它旨在成为一种治疗方法，它就应该像怀疑主义那样完全放弃哲学，而是说，我们不清楚它想要我们接受什么样的哲学。斯多葛学派认为激情应该被彻底根除。尽管努斯鲍姆在她叙述的最后很好地写出了他们复杂的情感理论，但我们最终并没有明白为什么斯多葛学派的人会这样想，也没有明白对激情的根除涉及什么。这是因为，对于那些通常能引发激情的事物的价值，并没有一份连贯的论述。斯多葛学派认为，除了美德和理性之外，一切都是道德中性的（adiaphoron）①，"无差别的"（indifferent）。努斯鲍姆试图争辩说，这并不意味着其他东西毫无价值，但她最终承认自己的辩解失败了。如果对此没有可信的说明，那么斯多葛主义似乎执著于一种要命的高尚精神，我们很难将这种精神视为治疗的素材或目标。

斯多葛主义看待严格的哲学的方式也存在一些问题。由于努斯鲍姆把希腊和罗马的斯多葛主义学说紧密地结合在一起，且格外强调塞涅卡（他试图向尼禄灌输美德，并为他的失败付出了生命的代价）②，因而这些问题显得很严重，而本来不必这样严重。这种做法努力试着让塞涅卡看上去或许比他本来所是的整体上更一致、更有吸引力，但在此之外，它也确实让我们弄不清楚斯多葛学派如何理解理论哲学与治疗事业的关系，毕竟塞涅卡和多数罗马人一样，对抽象主题缺乏耐心且无能为力。在书中的某一页，努斯鲍姆谈到克利西波斯（Chrysippus）（斯多葛学派的真正创始人）时说他"显然是逻辑学史上最伟大的逻辑学家之一"，而在下一页，她向我们讲述塞涅卡如何把时间浪费在无休止地滥用逻辑上。如果我们像她所希望的那样对塞涅卡给予足够的关注，那么我们不清楚这会给我们带来什么。

维特根斯坦有时把哲学说成是一种治疗，但在他那里，治疗主

---

① Adiaphora 对应的希腊语是 ἀδιάφορα，原文意指"没有不同或不可区分"。在嘲世学派中，adiaphoron 代表对生活的波折无动于衷。在皮浪主义/怀疑论中，adiaphoron 则表示无法在逻辑上区分事物。与斯多葛主义不同，该术语与道德没有特定联系。在斯多葛主义中，adiaphoron 表示对道德既不要求也不禁止。在斯多葛主义的语境中，adiaphoron 通常被翻译为"冷漠"。——译者注

② 塞涅卡（Lucius Annaeus Seneca，约公元前 4 年—65 年），古罗马政治家、斯多葛派哲学家、悲剧作家。提比略时期进入官场，曾任帝国会计官和元老院元老，后任司法事务的执政官及尼禄皇帝的家庭教师与顾问。在公元 65 年，因其侄子——诗人卢坎谋刺尼禄事件，多疑的尼禄逼迫他承认参与谋杀，赐以自尽。——译者注

要是打消要做哲学的念头。用卡尔·克劳斯（Karl Kraus）关于精
神分析的名言来说，哲学病哲学治。这个想法确实提出了一个问
题，即如果哲学服务于这样的目的，它会是什么样子。任何与传
统哲学实践相连续的东西，怎么可能助力于一种消除自身的治疗
呢？事实上，即使在维特根斯坦本人身上，治疗性哲学关注的问
题——乃至其整个陈述风格——看起来都很像其他哲学，眼下，维
特根斯坦式的主题被人以通行的学术方式发展，不与任何治疗概
念相关联，也就不足为奇了。如果哲学要成为一门可以教授的学
科，那就没有太多别的选择。如果你真的认为哲学是一种治疗，而
且是一种对哲学的治疗，那你为什么一上来要鼓励别人染上这种病
呢？接种疫苗是有用的技术，只是因为它向体内注射了有害杆菌
的一种无害版本，以防这种有害杆菌攻击人体。相比之下，哲学
疫苗似乎在全力注射一种你本来不太可能染上的疾病。维特根斯
坦主义者可能会认为，无论如何你都有可能沾染上哲学，但即使
存在这样的风险，阻止它的最好办法当然不是把哲学病引进人们
体内，而是鼓励他们（就像维特根斯坦经常做的那样）去做别的
事情。

努斯鲍姆所关注的哲学治疗提出了完全不同的问题。他们寻求
治疗的疾病不是哲学本身，也不是哲学的产物，而是人类普遍的病
症——绝望、沮丧、焦虑。此外，努斯鲍姆坚持认为，治疗本质上
应该由正统哲学组成，应该为严谨的论证留出适当的位置（即使它
也应该像她同样坚持的那样，认真留心其论述的修辞）。她严厉批
评伊壁鸠鲁学派，因其对哲学的看法过于工具化；她严厉批评怀疑
论者，就像我已经说过的那样，因其使用了糟糕的论证。在这种对
哲学整全性的坚持中，她将自己对待这些思想家的方法与福柯区分
开来，因为后者只从用在自我关注（*souci du soi*）的技术的角度看
待他们。

但是，我们真的能相信，从严谨的论证方面得到正确理解的

哲学，能够如此直接地关乎治疗实实在在的人类苦难，也就是牧师、医生——当然还有治疗师——所处理的那种痛苦？我们对人们可以相信这一点的文化有多深入的洞察？有多少人曾经真的相信这一点？在她这部引人入胜且富有创造力的长篇著作结尾，她〔的论述〕让我感受到，唯独或主要从这个角度来看待严谨的哲学（比如，克利西波斯的逻辑）是多么陌生，也感受到这些思想家——就其确实相信这一点而言——离现代世界是多么遥远。尽管她在他们身上发现了那么多的精妙之处和洞察之点，尽管斯多葛学派尤其认识到了它之前的哲学所不知道的无意识心智活动，但我们肯定免不了认为伊壁鸠鲁学派过于理性主义（rationalistic），怀疑派过于从程序上专注于自我，斯多葛学派（至少在他们的罗马化身中）过于虚夸，以至于我们无法完全认真地对待他们，既无法认真对待他们的治疗，也无法认真地把他们看作哲学治疗师。努斯鲍姆经常而恰当地提醒我们注意某种哲学的文学向度，尤其是在卢克莱修这个例子上，以此，她的确消减了这些学派对哲学的使用从形式上带有的蕴意。但这仍然没有把这项活动放在我们需要它在的地方，因为作者与读者的关系对我们来说并不是治疗师与病人的关系，正如师生关系同样不是这种关系。

　　站在这么多历史——尤其是基督教和浪漫主义的历史——的另一边，我们必定会觉得这些治疗师的目标、语气和方法都很陌生：在我看来，他们比修昔底德或柏拉图等之前的思想家更陌生。正因为玛莎·努斯鲍姆没有设法把这段历史包括进来，而只是试图让这些希腊化时期的哲学家尽可能地走近我们，同时承认他们与我们的差异，她才生动地把那种陌生感传达给了我们。她也许没有像她所希望的那样成功地让他们离我们的关切更近些，但她确实把他们从哲学史上的纪念性墓葬中拯救了出来。

注释

[1] *The Therapy of Desire: Theory and Practice in Hellenistic Ethics*, by Martha Nussbaum (Princeton University Press, 1994).

（吴芸菲　译）

凯瑟琳·麦金农《言辞而已》

凯瑟琳·麦金农最广为人知的身份是一位能言善辩的反色情作品活动家，她是一名法律人——密歇根大学法学院的法学教授。这本书（基于在普林斯顿所作的讲座编成）并非通篇听上去都像法律论证，尤其是当她谈论色情作品时，她展现的修辞技巧如果放在演讲厅里大概会令人惊赞。[1] 但是本书的确提出了一个法律论证，这个论证非常有趣，并且很有美国特点，因为麦金农是从美国法律和美国宪法的角度讨论由色情作品和涉及性骚扰或种族歧视的言论所引发的问题。麦金农自己不接受当前对那些条款所作的解读，而她的书就是对美国人的一次雄辩的呼吁，让他们超越当今信条，尤其是自由主义信条中带有歧视性的局限。作为一个对美国人的呼吁，它假定了美国式讨论的一些特点。其中的某几个或许对英国读者而言是令人困惑的。

美国宪法第一修正案保护"言论自由"；对这一条有一种很稳固的解读方式，使得要封禁任何东西都非常困难。存在着一些限制色情作品的条款，尤其是宣布儿童色情作品为非法的那些，但是为了提供一个能支持这些法条的很不牢靠的表述，已经付出了艰辛的工作。有些不希望色情作品受宪法保护的人试图论证，对于宪法的目标而言，色情作品不能算"言论"。这并非因为色情作品如今主要由图片而非文字构成——很大一部分受宪法承认的"言论"不是语言性的。其主张大致而言是，色情作品并非"言论"，因为它并不传达观念：它被设计出来以产生勃起，而非观点。但是这个思路并没有受到多少青睐，尤其是在自由主义者当中。虽然大部分色情作品不传达观念，但是有些传达了观念的表达方式可能会被认为是色情性的［一个温和的例子是越战时期的一种夹克，它经常在文学作品中被提到，上书"操他的征兵令"（Fuck the Draft）］。更一般而言，很难依据不同类型的表达的形式、它们的意图或者效果来在它们之间划出一条界线，并且声称其中的一些而不是另一些算作第一修正案所保护的"言论"。

在这里，自由主义者不希望划出一条界线，并且为了理解麦金农所说的一些话，尤其是她在题外作出的一些严厉责备，我们必须认识到，她是在这一点上攻击自由主义者们。麦金农想在这里划出一条界线。因为她希望法律能压制色情作品（或者至少给那些对色情作品有意见的人提供补偿），但是她不想压制对性主题的政治争论，所以她需要在更有论证形式的表达和不太有论证形式的表达之间做出区分。

虽然自由主义者们并不热衷于通过区分出一类（就此而言）算不上言论的表达来划出界线，但是他们确实需要将"单纯是"言论的东西与超出言论范围的东西——也就是行为，区分开来。第一修正案保护言论、论证、观念的交换，而这包括了恶劣的观念，例如有种族主义特点的那些；但是它不保护意在威慑其他种族的人的敌意行为。一个非常明显的问题是，有些言说行为恰好就是那种威慑性的行为；或者，换句话说，有些属于威慑一类的行为有着"单纯的"言论的形态，它们是在特定场合说给特定听众的。对于政治言论或者任何可以被设想为政治言论的东西而言，对第一修正案的主流解读花了很大的工夫保护说话者，而不是这些言论意图侵害的人。在 1978 年，美国纳粹党提出要在伊利诺伊州的斯科尔奇镇举

347

行一次游行①，选择这个地点的原因是很多犹太人大屠杀的幸存者
生活于此。这次示威被法定为受保护言论，这一决定由最高法院作
出（布莱克芒大法官②持反对意见）。

当考虑到如下事实时，上述解读思路显得尤其不合常理：在其
他语境中，尤其是当涉及聘用条件时，美国法律热衷于言论或其他
形式的表达可构成行为这个想法。依据第十四修正案，即保证所有
公民受到"同等保护"的修正案，可以采取法律手段来应对性别或
种族歧视，这也可以包括口头的和相关类型的骚扰。人们已尝试过
以"言论规范"的形式将这类条款从工作地点扩展到大学校园，并
获得了一定成功。这引发了一些争论，因为据信在区分两类东西时
存在困难，一边是粗暴的侮辱，另一边是或许会让一位女性或者少
数族裔成员觉得加剧了"威胁性环境"的学术论证或者别的材料。
然而，在工作地点中，各种各样的言论以及其他类型的表达，例如
色情照片，都被认为是歧视和不平等的帮凶。

总而言之，上述这些都导致这样一个结果，即美国法律可以抑
制更衣室里的暴行或者在工厂里传播的淫秽照片，但是喊着威胁口
号的新纳粹暴徒和在芝加哥郊区发生的对犹太老人的侵害却受到警
方保护。对于一些人，尤其是欧洲人来说，这似乎非常不可思议。
凯瑟琳·麦金农写道："我的观察是，任何在美国之外的其他地方
上完小学的人都会认为这种做法，以及人们捍卫它时的热心，是一

---

① 1977 年 3 月，美国伊利诺伊州斯科尔奇村（Skokie, Illinois）的美国国家社会党成员以
"言论自由"为理由，向当地警察递交了游行申请。斯科尔奇村是一个住有大量纳粹犹太
大屠杀幸存者的村镇，村民向库克县巡回法院申请紧急限制令成功，使得国社党人的游
行无法如他们预期的那样成为反犹游行。后国社党受到美国公民自由联盟（ACLU）协助
上诉，最后案件上诉至联邦最高法院，最高法院判决，依据宪法第一修正案，在发布任
何限制令之前必须先举行聆讯，因此将案件发回伊利诺伊州上诉法院进行聆讯。伊利诺
伊州上诉法院裁定国社党人在游行中展示的纳粹军旗属于"挑衅滋事言论"范畴，因此
不在第一修正案保护范围内，但这一裁定被伊利诺伊州最高法院驳回。后来在科林（斯
科尔奇的国社党头目）诉史密斯一案中，限制令的内容被判违宪，限制令取消，游行得
以进行。——译者注
② 哈利·布莱克芒（Harry Blackmun, 1908—1999），1970—1994 年间任美国联邦最高法院
大法官。——译者注

种需要被容忍的美国文化的怪癖或者盲信。"她是对的。对事情的看法在其他方向上也有不同。几个月前我就上述问题对一些在纽约的自由主义者朋友表达了自己的一些保留意见，后来我听说，在我离开后，他们觉得这位讲道理的英国人在言论自由问题上竟然几乎是法西斯主义者，简直不可思议。

然而，这并不仅仅是一个文化特点的问题。所有民主政体都在言论自由与其他价值的关系上面临问题，但是美国的问题非常严重，并且并不总能被充分意识到。我不认为当麦金农说"在这个国家，关于平等的法律和关于言论自由的法律正要彼此迎面撞上"时，她是在夸大其词。麦金农自己倾向于站在管控一边，提倡通过惩罚言论来支持公平，但是在这点上即使你不完全接受她的看法，也足以承认问题所在。

当下的自由主义立场要求一个人同时持有三个观点。第一：在言论和其他够不上言论的表达形式之间没有安妥的或者清晰的界线。第二：在言论和超出言论范围的行为之间有一条清晰的和可以坚持的界线。第三：在指向工作地点的特定人士的侵害和指向公共空间的人群的侵害间有一条行之有效的界线。第三个观点最终意味着，存在一类言论在非常广泛的意义上是政治性的或者公共性的，并且这类言论受到第一修正案的保护，从而不同于那种（且称之为）"非政治性的"言论，后者不受保护。特别地，"政治性的"言论不能被任何有利于争论一方而不利于另一方的条款所限制，因此种族主义言论必须被容忍。然而，在行为中体现种族歧视则是被禁止的，因此在这里——在一个"政治的"语境中——我们必须依赖于言论和行为的区分（三个观点中的第二个）。不过，在一个"非政治性的"语境中，可以接受将言论视为行为，并且言论可以受到法律限制。但是我们在哪里可以找到一种足够强的"政治性的"和"非政治性的"区分，以支持上述两种不同的对待言论的方式？

在三个自由主义观点中，第一个的基础在于这样一种观念，即，所有表达性的行为都以这样那样的方式对道德和政治环境起作用：如果我们要保护"政治性的"东西，这种观点说，那么我们应该保护比公开的政治争论更多的东西。但是如此一来，为什么工作地点的冒犯性行为或者展示没有受到保护，既然它们按理来说对道德环境起到了相当可观的作用？反过来说，如果通过管控工作地点的言论来捍卫种族平等是正确的，那么为什么在被人选定好来实施骚扰的公共地点——有理由认为这种骚扰更令人震惊——管控种族主义团体的言论就不正确呢？

这些问题在美国正在经历讨论，而自由主义者急于找到能够区分我称之为"政治性的"东西和"非政治性的"东西的法律表述。但是这里存在着理念的真正冲突，而其解决或许需要一次重新思考，而不仅仅是更聪明的区分。美国声称自己致力于支持种族平等，第十四修正案正是被调动起来表达这一支持，其法令使得很多侵犯性的法律活动成为可能。当面临涉及第一修正案的问题时，想要将第十四修正案与麦金农所谓的"在区分压迫者和被压迫者上的有教养的无能，可称得上这个领域中的有原则的中立态度"相结合，就存在着巨大的阻力。当一个人必须说在"非政治的"领域中算是行为的言论在"政治的"领域中不是行为；或者进一步说，当在"政治的"领域中算作言论的东西被设想得如此宽泛，以至于不清楚是否还存在"非政治"的领域时，这种阻力就更为严重了。

在我看来，麦金农有很强的论证可以证明美国自由主义观念以上述方式进入了死角。然而，也有不止一个理由使得读者可能无法立即看出这些论证是什么。其中一个，正如我先前所说，就是她假定读者知道她在攻击什么，或者仅仅是隐晦地提到它们，而尤其是英国读者有可能不仅无法认出目标，而且也会困惑于有关第一修正案的详尽的长篇大论对他们有何意义。（对于这一点有一个回答：我们非常需要某种类似第一修正案的东西，正如我们需要对基本权利的其他支持，而且我们应该被提醒注意可能随之出现的问题。）

不过，还有另一个原因使得读者可能难以跟随她的论证。这个原因就是，她的论证与有关色情作品的一个争论相联系，这一争论经常遮蔽她的论证，并且对于某些人而言，这个争论可能会使得她的论证彻底失去合理性。有鉴于本书第一章和结尾几页的强烈语气，你可能会说本书实际上是关于色情作品的，而那些有关第一修正案的论证仅仅是被调动过来为这个目标服务的武器，但是我不这样理解它。它在我看来是一本关于平等和言论自由的立法与政治问题的书，这些问题之上覆盖着一篇有关色情作品的演讲词，这篇演讲词的修辞令人赞叹，并且在这个意义上有时非常值得欣赏，但是这篇演讲词系统性地混淆了大部分为了理解管控色情作品这一问题所必需的区分。实际上，如果麦金农想要她的核心论证能被理解，就需要这些区分。

在这篇演讲词通篇都做了两个预设，二者都不正确。第一个预设是，所有的色情作品都是异性倾向的和虐待性的。色情作品仅仅有关于男性对女性的虐待，而同性恋色情作品或者总的说是情欲性而非攻击性的色情作品，全都直接从讨论中消失了。第二个错误的预设是，对于色情作品"导致"强奸、性虐待、性谋杀等，或者"是其主因""是其动因"这一点，我们已经明白无误地知道，通过科学证实，毫无疑问地证明，如此云云。除了疲惫地指出我们如今并不比过去更确信这一点，以及麦金农没有为之提供任何证据，我将不再处理这类断言——总之，它比起另外两个麦金农始终（并且显然是有意）与之一同提及的断言来说，并不是麦金农的立论最突出的部分。其中一个断言是，在制作色情作品的过程中有时会发生犯罪。这当然是对的，并且任何合理的规范化方案都应该试图封禁据信涉及这类犯罪的色情作品。（我在70年代末期曾任主席的淫秽和电影审查委员会建议将这一点作为封禁色情材料而非将之限定在选择观看它们的成人中的一个依据。）美国法律依据这一原则封禁了儿童色情作品。麦金农赞成这种封禁，但是她认为美国的做法是自相矛盾的，因为它没有将这种做法扩展到其他情况中。然而，她

350

没有告诉我们她要将之扩展多少。如果真的存在"谋杀电影"①，或者令我们怀疑在制作它们时涉及了真实的折磨或胁迫的电影，那么很多人会同意我们有理由不仅追查这些犯罪，而且也要打压这些电影。麦金农想要做到什么程度？有时她似乎认为，除非一个女性受到了男性的胁迫，否则不可能自愿出现在色情电影中，因此只要色情电影存在，就意味着制作它涉及犯罪。

麦金农援引的第二个突出的想法是，不存在在电影中犯罪和真正犯罪之间的有意义的区分。这个想法不是说色情作品导致强奸，也不是说有些色情作品可能是通过实施强奸来制作的。这个想法说的是，在色情作品中表现强奸就等于强奸。这是言论等于行动这一想法的最极端版本。

确实，图像性的色情作品或许可以用一个大词来形容为"自象征的"：仅就基本的性行为来说，至少在硬核的情况下，参与者们所做的正是他们被表现为在做的事。但是老生常谈地说，这并不会扩展到他们被表现为在做的所有事；例如，暂时按下对暴力的模仿不谈，他们可能会被表现为正在一个欢乐的周末骑行旅程中相遇，而他们实际上在一个洛杉矶的地下室里疲惫地开始第四天的性爱拍摄。类似地，看电影的人的反应也不一定完全和他们看到电影所表现的所有事情时的反应相同。正是因为这些事实大概非常明显，所以麦金农如此执拗地在她的倡议中致力于掩盖它们。"就男性在性上面的作为而言"，她写道，"一个观看电影中的轮奸的观众与一个观看一次对电影中的轮奸行为的重演的观众或者一个观看任何一次轮奸的观众没有区别。"直白地说，"就男性在性上面的作为而言"这个狡猾的限定语必须起很大作用才能阻止上面的话成为一个谎言。

351　　麦金农故意装出一种对任何可能与这个主题相关的区分的漠然态度：在实际上发生的事和被表现为发生的事之间的区分；在现实的幻

---

① 一种据称是记录了真实谋杀过程的影片，但通常只是以此为噱头的伪纪录片。其名称 Snuff movies 来自 1979 年的同名电影 *Snuff*。——译者注

想之间的区分；在电影可能会导致的犯罪和在拍摄现场实际上发生的犯罪之间的区分；在表现女性受到羞辱和残害的色情作品和表现女性作为积极和有野心的性行为参与者的色情作品之间的区分。我肯定，这种漠然并不是因为在理智上出现了混乱，而是因为一种特意为之的策略。这是消灭自由主义者常用的藏身处并拒斥他们的理性交流路径的策略之一。在通常的区分都被炸毁后留下的开阔空间中，自由主义者就会现出他们的原形，也就是一群为男性权力而战的游击武装。

正如其他同类策略一样，这对政治和对人都会造成巨大的代价。麦金农的战略的一个牺牲品是她对法律的责任。我们非常不清楚她关于色情作品的提案实际上会触及什么。她和安德丽娅·德沃金①设计了一个模范条例，使得色情作品可以作为对公民权利的侵犯而接受执行；这个条例在美国被宣布为违宪，不过它的一个版本在加拿大获得了更多的成功，虽然其结果非常可疑。它的撰写方式使得我们非常不清楚它究竟可以覆盖什么。再一次——除了我已经提过的政治的和非政治的争论的区分之外——麦金农还需要法条来区分出单纯的色情作品和艺术作品或极端表达，她（只有一次并且非常简略地）承认后者受到保护。但是没有理由认为可以实现这一点，并且在《淫秽和电影审查委员会报告》②中，我们作了一个我依然认为是正确的论证，即以《色情出版物法案》③下的"保护公众利益"一条的形式置入英国法律的对创造性作品施加法律保护的整个想法，在原则上都是错误的。

很清楚的一点是，麦金农至少在她活动的这一阶段并不在意这一切。这些法律诡辩里有一种令人警觉的愤怒的、道德主义和民粹

---

① 安德丽娅·德沃金（Andrea Dworkin, 1949—2005），美国作家，激进女权主义者，以她对色情作品的批判而闻名。——译者注
② Committee on Obscenity and Film Censorship，这个委员会于 1977 年 7 月由当时的内政大臣梅林·里斯（Merlyn Rees）任命，以修订英格兰和威尔士境内有关出版物、展示和娱乐品种出现的淫秽、冒犯和暴力内容的法律法规。威廉斯任该委员会主席。该委员会于 1979 年 10 月出具了一份对负责地区的调研报告。——译者注
③ 英国政府 1959 年出台的有关淫秽出版物审查的法案，1964 年修订。——译者注

主义的不耐烦语调。这对于一个致力于维护法律完整性的人来说是不合适的。它在政治上也未必非常聪明。在这些主题上，这是一种来自右翼的较为熟悉的语调，而麦金农应该反思——正如人们经常要求女权主义者反思的——谁是她真正的盟友；谁会利用她想引入的那种含混的和道德主义的法律，并且用它来做什么？如果这些人真是妇女自由之友，那么她就算很幸运了。

麦金农专横而不容置疑地声称自己为女性发声。但是很多女性可能不希望有人以这种语调为自己发声。这不仅是因为她们可能会对一些色情作品持有比麦金农所允许的更为正面的看法（例如，琳达·威廉斯在她的书《硬核》①中所表达的就算一种）。她们可能会困惑于色情作品是否真是麦金农所指出的那种对女性自由和自主权的吞噬一切、无所不在并且极其严重的威胁。她引用她的朋友安德烈亚·德沃金的话说："对于女性来说，色情作品就是法律本身。"这在我看来是对女性的侮辱，比起这种言论所容许的，法律中还有很多值得她们恐惧或者希望的东西。

这类标语也遮蔽了麦金农更一般的论证的力量。她完全揭示了现代自由主义有关言论自由的信条的重要弱点，尤其是在美国；但是很多人，包括很多女性，将不会在这个问题上严肃看待她，如果她们不得不和美国自由主义者一起匍匐在她对所有关于色情作品的合理想法的无差别猛攻之下。

注释

[1] *Only Words*, by Catharine MacKinnon (HarperCollins, 1994).

（郭予崝　译）

---

① 琳达·威廉斯（Linda Williams, 1946—　），美国加州大学伯克利分校教授，电影研究专家。她的著作《硬核》是对色情电影作品的一个历史研究。——译者注

翁贝托·埃科《诠释的限度》《诠释与过度诠释》《悠游小说林》《推迟的审判日》《误读集》《如何带着三文鱼旅行》

在埃科的小说《傅科摆》的开头，有两段引语。那本书的每一章都有一个引语，因此这些引语尤其重要——它们出现在所有别的东西前面。有一个引语出自一位神秘学作者，海因里希·科涅琉斯·阿格里帕·冯·耐特斯海姆[①]。另一个则出自一位当代逻辑学家，雷蒙德·斯穆里安[②]："迷信带来厄运。"所引的两个文段将埃科作品所涉及的两种痴迷放到了一起，一种是对逻辑悖论的痴迷，另一种则是对赫尔墨斯传统中的幽微事实、魔法谜团、预言、卡巴拉，以及依据复杂的、隐秘的并且通常是阴谋论的模式对历史和自然所作的阐释。

正如其读者所知的，这些东西本身就是《傅科摆》的主题。在

353

[①] 海因里希·科涅琉斯·阿格里帕·冯·耐特斯海姆（Heinrich Cornelius Agrippa von Nettesheim, 1486—1535），文艺复兴时期的哲学家和卡巴拉学者，赫尔墨斯主义的代表人物。——译者注

[②] 雷蒙德·斯穆里安（Raymond Smullyan, 1919—2017），美国逻辑学家和哲学家，其主要的工作包括对递归函数论和悖论的一些研究；他在哲学上写有不少文章。同时他也撰写了很多妙趣横生的逻辑谜题类书籍。——译者注

其中心是一个有关巨大的跨越历史的计划的想法，这个计划由圣殿骑士团①启动，涉及了圣杯、玫瑰十字会②、数字神秘主义比例③、大金字塔、共济会④、七个小矮人，以及锡安长老会⑤的事典。在小说中，一些当代的人物，被卷入这个阴谋世界的米兰出版商们，最后被证明是受到了欺骗；埃科在《诠释与过度诠释》当中称之为"我笔下偏执狂们的诠释狂热"的东西得到了制衡，因为一个比她的朋友们更有理智的年轻女子颇为合理地推测，核心文件是一份"洗衣清单"，这份文件在小说其余部分就被叫做洗衣清单；然而尽管它确实是一份清单，但看起来却并非一份有关待洗衣物的清单。

不过，即便**大计划**（Plan）在书中正如在历史上一样，最后被发现是一个神话，埃科却不认为它没有留下任何东西。小说邀请我们进入"过剩的遐想"，这种遐想引领着赫尔墨斯主义的诠释者前进，而在小说的结尾，有着一些值得遐想的奇异事件。进一步说，小说本身的存在以及埃科在其中集结的材料也邀请我们对"赫尔墨斯主义符号学"的奇异手段作一些遐想。

埃科非常清楚地看到诠释（主要是对文本的诠释，但是也是对事件的诠释）的原则中导致了对大计划的偏执信念的那种缺陷。它们容许任何想法，因为正如埃科所解释的那样，文艺复兴时期的"记忆术"⑥所利用的大量相似性或者联想中的任何一个都足以令诠

---

① 圣殿骑士团（The Knights Templar）十字军三大骑士团之一，1118 年成团，著名的于格·德·帕英（Hugue de Payne）为第一任大团长。在十字军东征过程中扮演重要角色；1307 年灭亡。在后世的文艺作品中，圣殿骑士团经常以秘密阴谋团伙的形象出现。——译者注
② 玫瑰十字会（Society of the Sossy Cross, Roscicrucianism）相传文艺复兴时期存在于德意志地区的秘传宗教团体。但也有学者考证认为纯属恶作剧的产物。——译者注
③ 数字神秘主义比例（Numerology），一种认为数字具有神圣含义，并且可以从中解读出种种预兆的学说。据说起源于古希腊的毕达哥拉斯学派。——译者注
④ 共济会（Freemasons），原名直译为"自由石匠"，是发源于十七世纪欧洲、如今遍布全世界的秘密社团。其教义是一种诺斯替主义，也有卡巴拉和炼金术的成分。据说很多历史上的名人（如富兰克林）都是共济会的成员。——译者注
⑤ 锡安长老会（Elders of Zion）是传说中的秘密犹太人组织，据说它图谋统治全世界。《锡安长老会纪要》是一部匿名出版于十九世纪末的欧洲的书籍，其中煞有介事地描绘了这个组织的各种活动。——译者注
⑥ art of memory，一种通过有步骤的联想来记住一串信息的技术，比较著名的类型例如所谓"记忆宫殿"；据说起源于中世纪的修道院。——译者注

释进行下去；被称作红门兰的植物可以象征睾丸（因为形状近似），或者渡鸦可以象征埃塞俄比亚人（因为颜色近似），或者蚂蚁象征神启（因为象形文字中的联系），并且正如埃科所说，既然"从某个视角看来，所有东西都和别的一切具有隐喻关系、毗邻性和相似性"，通过利用"一种虚假的传递性"你就可以从任何地方行进到任何地方。结果是，不存在最终的赫尔墨斯之秘：

> 每一个对象……都隐藏着秘密……赫尔墨斯入门仪式的终极秘密正是，万事皆秘……赫尔墨斯主义思想将整个世界剧场转变为一个语言现象，并且同时否认语言具有任何交流的功能。

不仅仅是每个事物都意味着别的事物，而且每个事物也意味着几乎所有事物。正如《傅科摆》中的一个角色所说："象征越暧昧、越捉摸不定，就越深刻、越富有启示、越有力量。"能够很好地说明这里的错误的一个例子（虽然我不知道埃科是否提到了它）是一度非常流行的那种活动，即，从莎士比亚的文字中找寻加密信息，以揭示它们实际上由培根所写。在学者们以更巧妙的方式使用同一手段解读信息，得出它们出自各种其他人之手，例如莎士比亚时，这种活动似乎就中止了。

正因为这些诠释活动永无止境、缺乏控制而且飘忽不定，它们也就特别地和没有底线地无聊。这并不意味着有关人类对这种诠释的兴致的事实本身是无聊的。毕竟，这些事实的发现并非轻而易举或者毫无阻力，而埃科在《傅科摆》中和其他地方调用的大量有关这些事情的信息一定令他付出了巨量的劳作。然而，这部小说的主旨在于，人们不应该只是了解这种诠释的狂热，还应该乐于分享这种狂热，而至少对我来说，埃科将读者兴趣维持在那个世界中的尝试并没有完全成功。它不如对《玫瑰的名字》中同样极为深奥地呈现的世界所做的相同尝试那么成功，并且我也不是那本书的好读

354

者，因为那本书结合了两件对我而言都没有多少魅力的事情，也就是英国侦探故事和中世纪。

当然，埃科担心缺乏自制的诠释将会摧毁自身，这种诠释活动的形式不限于狂热者遍寻历史追溯圣殿骑士的踪迹。他也担心着当代的文学文本尤其是虚构文学的读者所选择的方向，而本评论涉及的好几本书都试图处理如何限制诠释的问题，以及如下问题，即如果阅读一旦从传统的（并且是缺乏考量的）对其限度的设想中解放出来，那么该如何使它不至于陷入一种如同玫瑰十字会的幻想那样空洞而又定然是无聊的不确定性中。

埃科希望我们能容许对虚构作品和诗歌的多种诠释的游戏，并且他经常引用魏尔伦的一句名言说，不存在一首诗的真正意义；但是有些诠释肯定是要排除的。他会同意我所认识的一个古典学家的话，后者或许带着一丝不情愿而承认道，能指的自由游戏不能扩展为这样一种可能性，使得贺拉斯的一首诗中的 album① 一词可以被理解为是指一本相册。他肯定地指出，乔佛里·哈特曼 ② 克制自己不去将华兹华斯的诗句"诗人的心儿被欢愉充塞"按照它如今可能暗示的意思去解读 ③，并且他说道，这多少是因为解读者知道诗歌被写成的时间（我在后文将指出，这一点的影响可能超出埃科的预期）。

埃科想要从不受控制的诠释中回转的愿望显然受到了这样一个想法的鼓励，即他自己可能已经做了一些鼓励不受控制的诠释的事情。在他 1962 年的书《开放作品》[1] 中，他写道，他"倡导诠释者主动发挥作用……我的印象是，在过去几十年中，诠释者能做的事被过分放大了"。在他从那时起所写的文字中[2]，埃科和沃尔夫冈·伊瑟尔

---

① 在拉丁语中意为"白色"。——译者注
② 乔弗里·哈特曼（Goeffrey Hartman, 1929—2016），美国文学理论家。——译者注
③ 原句为"A poet could not but be gay"，如今可以恶意解读为"诗人必为同性恋"。——译者注

等人一道致力于发展一种内在于文本的读者概念，这个概念现在被埃科称为"典范读者"，这个读者有着可以认为被文本假定了的语言理解、经验知识以及更一般意义上的预期。典范读者是"一种理想类型，文本不仅将之预见为写作者，还试图创造之"。

顺着这个思路，同样可以设想各种文本暗含的作者的概念，这其中最为熟悉的是与经验上的作者（写了那本书的历史人物）相对的叙述者。[3] 引人入胜的演讲集《在悠游小说林》中最有趣的几个章节就与这些主题有关，尤其是有关于一个令埃科痴迷了很长时间的文本，热拉尔·德·内瓦尔的故事《希尔薇》①。[4] 在这里，除了经验上的作者（其真名是热拉尔·拉布吕尼，于1855年上吊自杀）之外，还有一个第一人称的叙述者（以 J 开头的热拉尔［J-erard］），而在他身后，还有一个典范作者，一个叙说这篇小说中的一切的无人称的声音。埃科利用这些元素作了独特的工作，正如他利用书中中精巧的时态表达所做的那样，从本书的第一个句子中的动词时态开始，一直展开成对闪回的细致的形式主义分析。

就此而言，典范读者就是对诠释所施加的限制的来源。这并不意味着这一想法提供了一个可以接受的诠释的标准。显然它提供不了，因为典范读者自身就仅仅是从文本本身中被建构起来的；诚然，埃科也很愿意从"文本意图"角度来表达诠释的限度。不存在可接受的解读之标准，只有可信的或者不可信的解读，而典范读者的想法提供了一个焦点或者框架来整合那些似乎较为恰当的限制。在《诠释与过度诠释》中，他给出的例子和解释包括了一些对他自己的小说的评论，在那里，通过对作者优先权的严谨而引人注意的否定，他将自己展现为一个典范读者，并且借助他自己的经验记忆而告诉我们，《傅科摆》中的"Foucault"当然有点米歇尔·福柯的

---

① *Sylvie*，法国作家德·内瓦尔于1853年出版的小说，讲述了一名男子先后与三名女子的失败恋情。——译者注

回音，同时也意味着莱昂·傅科（傅科摆的发明者）。[5] 埃科希望典范读者能理解，名叫"卡索邦"的主要角色得名于文艺复兴时期的学者伊萨克·卡索邦①，而不是《米德尔马契》②中多萝西的丈夫（本书至少暗示了这一点）；但是他也出乎意料地告诉我们，他从未想过，乔治·艾略特笔下的那个角色夜以继日努力撰写的著作的名称是《神话发凡》（*A Key to All Mythologies*）。但是："作为一个典范读者，我认为自己必须接受那个暗讽。"

这当然是正确的："暗讽"完全处在这本书可以恰当地唤起的联想的范围内，并且可以颇有助益地将之放进一个正被告知这本书的意图的读者的头脑中。依照埃科自己的证言，暗讽并非本书经验上的作者的意图。而对于作为理论家的埃科而言，这并不重要，因为经验上的作者是上述这一干人等③当中受到最少的正式关注的人，并且大部分时候都被施以鄙夷。"我会立刻告诉你"，埃科在《在悠游小说林》靠前的地方说道，"我对于一个叙事性文本（或者实际上是任何文本）的经验上的作者是最不关心的"，并且他继续说道，知道作者的年龄并不会有助于你判断《魔鬼附身》④是不是一部杰作，或者告诉你为什么康德引入了十二范畴。这当然无可置疑，但是这算不上一个论证：你也可以反对形式主义说，知道书页上的词的数量也不能回答上述问题。

这些问题不仅仅或者不主要是关于作者的意图，虽然值得说明，埃科对意图主义⑤的反对意见，正如别的很多人的反对意见，

---

① 伊萨克·卡索邦（Isaac Casaubon, 1559—1614），文艺复兴时期学者。——译者注
② 《米德尔马契》（*Middlemarch*）是英国作家乔治·艾略特（George Elliot）于 1874 年出版的小说。多萝西是其主人公；书中的卡索邦是一位有学识的牧师，后与多萝西结婚。——译者注
③ 指埃科归纳出来的这几个理论人格：典范作者、典范读者、经验上的作者、经验上的读者。——译者注
④ *Le Diable au Corps*，法国作家拉迪盖（Raymond Radiguet, 1903—1923）于 1923 年出版的小说。——译者注
⑤ Intentionalism，这里指依据作者写作意图来理解文本。——译者注

看起来确实依赖于一种非常粗陋的意图的概念。他有时给人的印象是，在一种意图主义的解读中，一个作者必须时时刻刻在他的脑海中装着一个漫画家笔下的思维气泡，里面包含对他正在写的东西的解读性的重述；但是这对于**有意图**地做任何事都不是一种合理的论述。然而，即使完全不涉及有关意图的问题，埃科对经验上的作者的全然摒弃也似乎是一种明显的压抑。实际上——并且这毫不出人意料——埃科保持着对他的诠释的控制，并且通过时刻援引有关经验上的作者的事实，为典范读者提供了典范读者所需的东西：经验上的作者是谁，他在何时写作，当然还有，他认为自己在写一本什么样的书——也就是说，他广义上的意图。他有一个有关《三个火枪手》中街道名称的非常细致和有趣的论证，这诉诸大仲马写书的日期、当时巴黎的地形，以及大仲马（真正的大仲马）照理来说应该期待他的读者知道什么。

有关经验上的作者的信息仅仅是很多毫无疑问值得了解的事情的一个例子。在名为《诠释的限度》的文集中的一篇文章里，埃科在讨论德里达时写道：

> 如果字面意义这个概念确实有问题，那么也不能否认，为了探索一个文本的所有可能性，甚至是那些其作者尚未发现的可能性，诠释者必须首先假定一种零度的意义，那种被当前最简单和枯燥的字典所许可的意义，那种被一门给定的语言在一个给定的历史时刻所许可的意义，那种一个健康的说母语的人的共同体的任何成员都不能否认的意义。[6]

357

进一步说，当埃科诉诸字典，即便是一本枯燥的字典，他也与很多当代哲学一样，不愿意从原则上区分字典和百科全书。

至少上述这些似乎是（如果这个词不是特别不清楚的话）合情合理的；并且埃科利用经验信息来解读文本的实际操作似乎尤其是

合情合理的，即便他有时允许自己玩弄德里达式的花样，将现存的世界变为另一个文本："为了对不同的世界进行比较"，他在《诠释的限度》中说："我们必须甚至将实在的或者现存的世界视为一种文化建构。所谓的现存世界就是我们——或正确或错误地——指称为《大不列颠百科全书》或《泰晤士报》所描述的世界的东西……"在这里，尤其是当我们遇到"所谓的"这个险恶的词时，我们似乎就正在走向那些更癫狂的后结构主义观点中的一种，我的一个朋友有一次就这个问题对我说：你倒是去和对外文本老兵^①讲讲这些啊。但是显然埃科的心思不在这里，他在这些问题上是一个可敬的经验主义者，他只是看上去像是被"文本之外无物存在"^②一语的可疑魅力所俘获。诚然，当他一旦点明他造成的威胁，他就任凭"或正确或错误"这话来带走这种威胁，只给我们留下那个令人警觉的想法，即世界可以被设想为是《泰晤士报》所描述的那样。

有些埃科的批评者认为他过分合情合理了。在《诠释和过度诠释》这本埃科的文章也出现其中的坦纳讲座文集中，乔纳森·卡勒狡黠地表示"过度-"一词比较成问题。"就像很多智力活动一样，"他声称，"诠释仅仅当它是极端的时候才是有趣的。"（当那本书的编者在他略为傲慢的导言中提到这个引言时省去了"智力"一词，将有争议的东西变成了愚蠢的。）当然，这取决于诠释的目的。就我的理解，卡勒假定，问题关键在于对如此这般的文学的讨论。在这个语境下，他援引了一个由韦恩·布斯（Wayne Booth）所做的在理解一个文本和"过度理解"它之间的有用的区分，而后者在于"追问文本不向它的典范读者提的问题……询问文本不鼓励人们询

---

① 原文为"veterans of foreign texts"，此处是对"对外战争老兵"（veterans of foreign wars）一语的戏仿。见前言译者注。——译者注
② 原文为"Rien de Hors-Texte"，意为"文本之外的虚无"。这是一种对德里达的庸俗解读。——译者注

问的问题有时是非常重要和卓有成效的"。正如卡勒所说："布斯提出的对立相比于埃科提出的对立的一个优点在于，当我们将这种活动称为过度理解时，我们可以比带有偏见地将它称为过度诠释时更容易理解它的作用和重要性。"我们需要"过度理解"来纠正过于恭敬的解读。卡勒引用巴尔特说，那些从不重读的人注定要令自己在到处都读到同一个故事："他们辨认出自己所想或所知的东西。"

这当然是过度理解幻想性的文本的一个理由，即为了走出典范读者的视域。然而，即便是对于文学来说，这也不构成总是过度理解文本的理由，例如，当文本被介绍给从未读过它们的学生时就没有理由过度理解。教师确实是在重读它们，并且也有完全可以理解的理由（以及为了在市场上找到位置）来期望从中得出新的东西，但是他们的学生（如果他们真的会阅读这些文本，那是另一个问题）首先需要从中得出一些旧的东西，需要被教导如何成为典范读者。

但是还存在一个完全不同并且非常重要的理由来警惕诠释总必须是极端的这一想法，或者用卡勒的话来说，它总是需要力图变得有趣。埃科所写的有关偏执幻想的历史在对锡安长老会及其后裔的纪要当中达到顶峰，它提醒我们，诠释是一个紧迫的政治问题，并且不仅仅是在文学系的密探们将重读《黑暗之心》视为一个政治问题的意义上是如此。否认大屠杀需要对记录作出解读，而这时，粗略地说，对解读的要求应该是保持真实，而不是为了有趣而追求极端。

因为埃科意识到，诠释的此消彼长可以是严肃的政治问题，他的小说也面向政治问题而言说，即便我们不完全同意罗伯特·朗姆利在他为《推迟的审判日》所写的有用的前言中的意见，即诠释是一种"政治寓言"，上述论断也成立。[7] 朗姆利的前言告诉我们不少关于埃科历年来与意大利政治之间飘忽不定的关系的事情，尤其是他与左翼运动的关系。（我也从朗姆利那里得知，埃科写了一本论述如何撰写一篇博士论文的标准意大利语著作：标题是"如何撰写学位论文"[*Come si fa una tesi di laurea*]，这个标题带有的自身指涉的声音使得写论文这件任务至少在不完全熟悉意大利语的人听来要比其实际情况更为轻松惬意。）这本书本身探讨了政治问题，但是它们几乎都是有关文化的政治问题。它不是一本令人满意的文集。里面收录了从一本于 1964 年出版的书即《审判日与文化融合》（ *Apocalittici e Integrati* ）中选译的文段，接着是一批关于流行文化和文化政治的文章，其中一些事情年代颇为久远（二十世纪 60 年代在意大利发生的事件；奥威尔的《1984》；还有比较令人难受的英国王室婚礼）。

"审判日式的"和"接受融合的"知识分子的特点在于他们对流行文化的态度，并且，埃科对标签的选择很清楚地表明，他始终如一地与后者站在一边，这些人希望从流行文化中得出一些好结果，而相信审判日者则在电视和"大众文化"中看到了文明的终结。埃科向相信审判日者致意，并且实际上将这本书题献给他们，但是他认为他们的表述——尤其是"大众文化"这个术语本身——是一类偶像崇拜，他们关于与现在形成对比的过去的观点是非历史的，并且，最根本地，他们自命不凡地令自己远离那些可能是值得欣赏的、有趣的以及充满大量符号学意蕴的文化表现。

埃科在撰写这些文章时谈及的相信审判日者也许是来自左翼，即便（正如在阿多诺的情况中）这仅代表一种修辞选择，而没有更多意义。但是如今被美国的施特劳斯主义或者其他版本的文化悲观论所吸引的人会发现埃科对他们提出了挑战，例如在短文《文化修养的未来》（"The Future of Literacy"）当中，他反思了这些人究竟在申斥什么，以及他们申斥的状况究竟与过去的状况有何不同。特别地，他很善于展示有关图像和文字的简单的麦克卢汉式假设的推论。他指出，在中世纪，视觉交流手段比写作更为重要。"大教堂就是他们那个时代的电视，而这与我们的电视的区别在于，中世纪电视的导播会读好书，有很丰富的想象力，并且致力于公共利益。"应该承认，这仅仅令我们足以询问关于学养的一些更好和更困难的问题，而埃科，至少在这几页书中，没有怎么帮助我们回答它们。在这个意义上，"接受融合的"知识分子这个范畴多少是一种妄想。与对流行文化的拒斥相比，它仅仅记录了如下情况，即有些知识分子吸收流行文化的程度已经使他们足以参与其进程，正如埃科在他关于查理·布朗 ① 和疯猫 ② 的文章中所做的那样。就其本身而言，这种情况并未对某些知识分子与流行文化融合并影响流行文化提供多少希望，而当埃科将意大利广播电视公司（RAI）与沙特尔城 ③ 的设计者做批评性的对比时，他显然希望知识分子可以与流行文化融合。

其实埃科在做教授之余还涉入了电视、出版和新闻行业。这本书中好几篇有关文化政治的文章是从报刊上重印的。然而，除了这些学术批评家的熟悉活动，他还以更轻松的风格写作了不少文字。从 1959 年开始，他为一个文学杂志中名叫《最简日记》(*Diario Minimo*) 的月度专栏供稿，而《误读集》(*Misreadings*) 提供了从那个专栏中选译的一些篇目。[8] 它们以戏仿的形式出现——其目标包括纳博科夫、罗伯-格里耶 ④、阿多诺，以及英美人类学。这些篇目如今已辗转多途，从英语、法语或者其他语言的原文到意大利语，再译为英语，而尽管埃科和他的翻译者的语言功底深厚，起初驱动着它们的那种戏仿的律动在这本书中还是没有完全保留下来。埃科以轻松风格写的另一本小书，《如何带着三文鱼旅行》代表了

360

---

① Charlie Brown，由 Charles Schulz 创作的漫画《花生》(*Peanuts*) 的主要角色之一，比格犬史努比 (Snoopy) 的主人。因为总是对发生在自己身上的糗事逆来顺受，被网友们戏称为"忍人"。——译者注

② Krazy Kat，由 George Herriman 创作的同名漫画《疯猫》(*Krazy Kat*，有时候也称为 Kat & Ignatz) 的主角。——译者注

③ Chartres，法国中北部城市，建成于中世纪，因为众多的文化古迹而闻名。——译者注

④ Allain Robbe-Grillet，法国作家和电影制片人，新小说运动的代表人物之一。他是由阿兰·雷乃 (Alain Renais) 执导的著名影片《去年在马里昂巴》(*L'année dernière à Marienbad*) 的编剧。——译者注

从第二本《最简日记》当中选译的篇目，这些篇目可以说是在抽屉里放过了一会儿，因为它们的写作和发表晚于《最简日记》。[9]这些篇目比较滑稽，论述"如何主持电视节目""如何在飞机上吃饭"，如此等等。其中一篇包含了一个原创的叙事学发现，这个发现在《悠游小说林》里再次出现了：判断一部电影是不是色情片的一个可靠办法是看它是否包含主人公们乘车出行、进出楼宇、倒饮料、参与其他日常活动等诸多场景，这一切都**实时地**呈现出来，并且所花的时间与它们在生活中所花的时间相等（这是一种将性爱场景分离出来而不必发明剧情的方法）。其中一篇关于航班杂志广告中小玩意的文章至少对我而言非常逗趣：

> "叶形手套"会把你的双手变成巧夺天工的蹼形，就好像核辐射产生的基因突变，或是科幻片里夸特马斯博士将翼手龙和鹅杂交搞出来的结果。这种手套可以在搜集你家八万英亩公园里的叶子时派上用场。只需要 12.50 美元，就能省下园丁和猎场管理员的费用（建议查泰莱夫人的丈夫购买）。"领带救星"将一种油性液体喷在领带上，这样你在马克西姆餐厅吃完番茄烤面包片之后，就不用像做完心脏移植手术的巴纳德医生一样去参加董事会。这款产品售价 15 美元，对应于还在用发蜡的人尤其实用，可以用领带擦额头。

另一些篇目，比如对博尔赫斯有关 1 比 1 比例尺地图的著名想法的冗长论述，在我看来就十分无趣，有时其无趣程度几乎令我感到困惑。

也许这无非是因为幽默文字通常的曲折命运——不同时间、不同文化、不同气性，无法传播的笑话。但是我怀疑这里还涉及更深刻的东西。这关系到埃科和他的很多文学学界的同侪都有的一种特点，这尤其体现在那些比他更投入于文学理论的人身上。他比这些人更博学、更稳健，也更幽默，并且当他面对实打实的事实时也比他们中的很多人更讲道理，但是他确实也和他们分享一种通病。那就是悖论暴食症，即对看似自相矛盾的难题的无法抑制的胃口。这种症状令哲学家癫狂，而哲学家和文学家两个群体在这个问题上的区别比别的任何事情都更代表着哲学队伍和文学队伍间由来已久的战争的当代前线。

面对表面上的矛盾，哲学家，这些一致性爱好者，希望能消解它。像雷蒙德·斯穆里安（我在开头提到了他那个被埃科引用的不错的笑话）这样的逻辑学家热爱悖论，但是希望解释它们。另一边的人，难题的爱好者，则向着反方向行进：面对一个无聊的事实，他们尽己所能将其表达为一个矛盾。很多年前我读了一本名为《箭术与禅心》^①的小书，这本书试图教导你，例如，一个人在射箭时应该通过不瞄准来瞄准，以此来展示禅意。这仅仅是说，如果你要射中目标，那么你必须进入一种不再有意识地试图射中目标的心理状态。但是这对于大部分这类活动都是事实。作为一致性一派的硬核成员，我非常清楚地记得我对这种毫无来由的故弄玄虚所感受到的恼怒。

老实说，这个例子也许不太好，因为由矛盾包装起来的那个真理是显而易见的，并且将之包装起来的唯一目的，禅的目的，存在于冥想和修行的实践中，而没有一本书能教导这种实践。当然，在很多其他情况下，一致性派的成员会被正确地视为蠢笨的肇事者，他们一看到矛盾的苗头就感觉受到威胁，并掏出他们的理性化工具箱。他们——也就是说，我们——总会不小心忘记以下要点，即值得理解的东西第一眼看上去可能都具有矛盾的形式。说出某些值得说的话的最好办法可能就是以那种形式来说，并且，至少在个人生

361

---

① 《箭术与禅心》（*Zen in the Art of Archery*）（这里威廉斯误作 *Zen and the Art of Archery*）是德国哲学教授欧根·赫里格尔（Eugen Herigel）所写的一本书，讲述了自己在日本学习弓道时对弓道和禅宗思想的一些体悟。——译者注

活中，有时或许最好让话保持矛盾的形式，因为有时矛盾的根系只有通过挖起整株植物才能找到。但是如果情况是这样，那么至少存在一个对它何以如此的解释。矛盾本身不会使得生活更丰富。它们甚至多数时候不会使得生活更有趣，而其原因与追寻赫尔墨斯之秘之所以如此无聊的原因一样，即，就它们自身而言，它们留给你的是一种不确定的和无界限的东西，一个在其中一切事情都有可能并且每件事都一样的世界。因此一个人的（字面意义上的）绝望的疲惫作为一种更有机械性的解构过程而消磨掉了它们的悖论性。

埃科从不是以这种方式显得无聊，或者，大部分时候他也不以其他方式显得无聊。但是对于悖论，他似乎有一个进食障碍的诊室中的人会说的那种严重问题，并且我认为这就是为什么他的笑话看起来如此良莠不齐，因为一种共有的幽默感建立在对什么是悖谬的共同理解之上，而埃科打算将他的一些读者当作是刻意或者强行为之的东西当作是逗趣的悖论。他搜寻可以自己绊住自己的表述，那种只要稍加扭转就能否定自身所说之事的说话方式。他与矛盾爱好者的共情有时很难与他对矛盾本身的共情区别开来，而且他偶尔会用一剂文化相对主义麻药来令逻辑动弹不得，正如他在坦纳讲座中提到"西方理性主义的典型思维模式，即**肯定前件式**：'如果 p 那么 q；然而 p：因此 q。'"你要往东方走多远才能让这一条不再有效？

在《傅科摆》中，角色们对讲述者说：

> "要是皮埃蒙特人，从其持怀疑论的态度就可立即识别出来。"
>
> "我是一个怀疑论者。"
>
> "不。您只是一个不轻信的人，这不是一样的。"

往后一点，讲述者继续说道：

不肯轻信等于什么也不相信。不要相信一切。一次相信一件事，只有当第二件事是从第一件事衍生出来的时候再去相信它。做事要以近视的方式去做，不要冒远景的风险。如果有两件互不相关的事，你两者都相信，而且还认为会有来自某个方面的第三件事把这两件事联系在一起，这就是轻信。

不轻信并不排除好奇心，相反可以抚慰它。

当翁贝托·埃科处理诠释时，他极大程度上正是那个主题所需要的人，一个并不轻信但又不是令人无法动弹的怀疑论者的人。他也质疑怀疑论本身：他质疑那个不受限制的符号化行为的无尽空间。同时他对于有关作者的传统假定以及意义可以被确切地寻回的程度也抱有质疑。但是在他对这些问题的所有富有创见的处理中，他除了展现出宏富的学识和高度的幽默感，还展现出对事实的牢固性的坚定信念，这种事实是一种可以被寻回的历史过往，即使它不能作为宏大的故事被寻回，至少也可以作为一连串无可置疑的片段而被寻回。他仅仅是时不时在他处理逻辑问题时显示出一种对悖论的品位，他对这种品位施加的限制比他对诠释施加的限制更少，因此他似乎在与一种深层的悖论嬉戏。但是最终，这可能仅仅是他所玩的游戏之一，因为很清楚的是，他承认，对过去以及对过去之诠释中的癫狂的合理判断和理解，实际上必须由对事情之间的推理关系的有力信念来维持，并且，一厢情愿的诠释者既然不能证明圣殿骑士的阴谋的存在，也就不能夸大矛盾的力量。

注释

[1] 英译本为 *The Open Work* (Harvard University Press, 1989)。

[2] *Der Implizite Leser* (Munich: Fink, 1972)；英译本为 *The Implied Reader*　363

(Johns Hopkins University Press, 1974)。 *Der Akt des Lesens* (Munich: Fink, 1976); 英译本为 *The Act of Reading* (Johns Hopkins University Press, 1978)。

［3］埃科在 "Intentio Lectoris" 一文中讲到了这些想法的历史由来，该文章收录于《诠释的限度》；他尤其指明了维尔纳·布斯对于"隐含作者"的构想，这最初出版于 1961 年。

［4］*Six Walks in the Fictional Woods*, by Umberto Eco, Charles Eliot Norton Lectures (Harvard University Press, 1994).

［5］*Interpretation and Overinterpretation*, by Umberto Eco, with Richard Rorty, Jonathan Culler, and Christine Brooke-Rose, edited by Stefan Collini, Tanner Lectures in Human Values (Cambridge University Press, 1992).

［6］*The Limits of Interpretation*, by Umberto Eco (Indiana University Press, 1994).

［7］*Apocalypse Postponed*, by Umberto Eco, translated and edited by Robert Lumley (Indiana University Press/British Film Institute, 1994).

［8］*Misreadings*, by Umberto Eco, translated by William Weaver (Harcourt Brace, 1993).

［9］*How to Travel with a Salmon & Other Essays*, by Umberto Eco, translated by William Weaver (Harcourt Brace, 1994).

（郭予崝　译）

谈对哲学的仇恨和鄙视[1]

自从哲学这个学科存在以来，一直有仇恨和鄙视它的人。

我不想通过自怜或自夸的方式夸大这种厌恶感的范围和强度。我所想到的不是被苏格拉底的形象脸谱化地代表的哲学家们，那些触及了被虔敬和传统之人视为错误的答案的自由思想的殉道者。我也不认为人们通常看哲学家就像澳大利亚人看政客一样，在那里，那个职业（有人曾告诉我）被认为很像是夜间收集粪水的工人①。他们更是和美国律师无甚相似，后者拥有权势滔天、无孔不入和令人生畏的恶名。

总的来说，大部分人不太会想到哲学家，而想到哲学家的人中有一些可能会以一种略带戏谑的敬重来看待他们。但是这个学科确实承受了一类很熟悉的抱怨：哲学找不到任何答案，或者找不到任何成年人会为之费心的问题的答案，或者找不到任何值得为之费心的答案，即便问题本身是值得费心的。这个抱怨从根本上说就是，哲学毫无用处，或者以常规形式做出的哲学毫无用处，这种形式是一种职业的或学院的形式。正是这第二种观点，亦即本不该无用的

---

① 原文为 night-soil workers。这是一种早年间在夜里挨家挨户收集粪水的工作，随着城市卫生系统的变化，已经渐渐消失。——译者注

哲学如今却是无用的，可能会在人们的鄙视上又加上厌恶。

哲学家在询问他们的很多问题时——例如，什么是实施一个行动，或者我们如何通过发出声响来理解彼此，如果我们真的能理解彼此——是受到好奇心的驱使。但是这不是他们唯一的动机，并且尤其是在询问政治和伦理问题时，询问关于正义、关于权利的正当应用、关于什么是值得过的生活的问题时，他们也想要帮一点忙。他们中的一些人甚至也曾希望重新树立或者改造人性。

当然，并非所有这样的问题都是哲学问题。政界、宗教界，还有酒吧里的人都会讨论这些问题，而他们没有都在做哲学。哲学只在讨论变得更有反思性、更理论化或更系统化的时候才会进入其中，而哲学对伦理和政治的讨论通常与别的更为理论化的问题相关，这些问题关涉到知识、行动以及心理学。对于政治宽容的论证通常与一个想法相关，即没人可以垄断道德真理。所有人类都共享道德自由的想法被提出以作为自由主义的一个基础。这些例子都来自现代，不过过去的哲学也有类似的兴趣，并且它也同样能够吸引某些特定类型的厌恶。

对哲学的抱怨的最极端的形式是，它就是**如此**无可救药地无用：全部的哲学都是空洞的、无意义的玩弄辞藻，既浪费时间，又使人不能专注于有价值的工作。这类反对意见曾经来自某些宗教思路中：例如，德尔图良① 说，他承认基督教是荒谬的，而这正是他信仰基督教的理由。另一些虔敬之人曾认为哲学反思是对宗教生活的不专注和逃避，它用贫乏的机智论证来代替对人生要务的诚恳看法。这个抱怨既是面向宗教哲学的，也是面向其他哲学的：实际上，神学被认为在某些方面是最糟糕的哲学，是对宗教应有的真正形态的拙劣模仿。

如今，大部分对哲学持这类态度的人都不是宗教人士，而是科

① 德尔图良（Tertullian, 150—230），罗马帝国阿非利加行省的基督徒，早期基督教的拉丁教父之一。他因为在理性和信仰之争的问题上持信仰主义的立场而闻名。——译者注

学家，或者——更典型地——与科学走一条路的人，而他们持这种
态度，不是凭着宗教的名义，而是为了一种反哲学的、充满自信的
纯净主义科学观。正如宗教领域里仇恨哲学的人最痛恨宗教哲学，
以上的抱怨者可能尤其厌恶与科学离得最近的哲学，例如有关思维
和脑的关系的哲学。科学界的批评者经常会将这种哲学视为实验室
工作的懒惰替代品。

365

这些抱怨者有一个问题，这个问题与他们的宗教界前辈曾有的
问题相似：他们不能仅仅通过做科学来为他们关于科学之有用和哲
学之无用的故事辩护——为了为之辩护，他们必须做哲学。因此，
他们最好的策略就是不要试图为他们的抱怨辩护，或者根本连提也
别提，从而忽略哲学，同时如果他们是科学家的话，继续做科学就
是了。

一种与之不同的观点是，哲学不一定是无用的，但是在它当前
的形态下它几乎是无用的。在这个论述中，存在哲学本可以做的
事，并且它确实曾经做过这件事，但是它现在却将之抛弃了。它本
可以也本应该帮助我们，但是哲学家没有帮助我们，反而将时间花
在技术性的和难懂的学术操练上。这是最近在罗杰·斯克鲁顿的
评论中表达的一种态度[1]，斯克鲁顿除了有其他身份外，还是一
个哲学家，并且他当然不认为自己鄙视哲学本身。他声称哲学应该
"讲一些对普通人有用的东西"，并且应该"帮助他应对他周围的道
德困境"。这里的抱怨在于哲学过于技术化和抽象，以至于对没有
受过正规训练的人而言既难懂又毫无帮助。它形式化的和不讨喜的
风格令它显得过于**困难**，而因为它过于困难，它也背弃了对人类有
用的初衷。

这也是一个古老的抱怨，至少可以追溯到柏拉图的时代，并且
就这个事实而言，存在着相当的讽刺。柏拉图是那些声称哲学对人
类有重要性的人的英雄，并且他当之无愧；事实上，如果他无法
（正确地或错误地）触及我们最基本的关切，那么就很难知道有哪

个哲学家在这样做了。但是那些处在柏拉图的时代的抱怨哲学技术化和难懂的人——关切的、有地位的、自大的，有些情况下仅仅是投机的公民们——将柏拉图视为他们的敌人。据说在柏拉图学园的门上有一个标语说"不懂几何者禁入此门"，并且在学园中展开的研究十分困难。柏拉图认为哲学不能帮助任何人，除非它恪守自身的标准，而随着年岁渐长，这一思想也越发严厉。哲学的信实也意味着它不能提前预知什么东西有帮助；而既然情况是如此，如果它以为它能提前预知什么是有帮助的，那么它也就没有希望能找到真正有帮助的东西。

正如柏拉图所知道的，通往有帮助的东西的道路不仅是艰难的，而且不可预测，并且让人们沿着它走下去的动机不一定与想要帮忙的意愿有关。其中也包括了哲学的另一个动机，即好奇。实际上，这两个动机不可能真的彼此分离；致力于帮助我们的哲学不可能与意在使我们理解的哲学分开。

上述要点的一个例证既是哲学问题又是重要的政治问题：言论自由的价值问题。这个价值是什么？言论自由的价值最基本的理由是什么？它是否只是自由，亦即做任何事的自由的价值的一个特例？或者它是否尤其与民主，也就是自由参与政治的价值有关？再者，它是否与真理的重要性——或许特别是涉及政治和社会批判的真理的重要性有关？对这些问题的各种回答会带来不同的实践后果。第一种思路仅仅倡导尽可能多地敞开言路，或者与人们所乐见的一样多，但是它没有说明为什么言论比别的东西更重要，并且面对所有自由有时都要受到限制的事实，它也没有给言论提供特别的保护。第二种思路认为政治言论具有特权，不论这些言论是多么的令人迷惑或东拉西扯，但是这留下了一个关于政治言论的边界的糟糕问题。如果言论自由的实施最终是为了真理，那么就不清楚这种毫无节制的言论所生成的混乱喧器是不是发现或宣告真理的最佳方式了。

但是或许，在远离政治和揭露精心编织的谎言之需要的地方，在自由和寻找真理之间还存在一种更深刻的联系。普里莫·莱维 [1] 在他的自传里讲述了他如何从他的化学工作中找到一个法西斯主义那令人窒息的恶毒谎言下的避风港。他的想法是，对客观科学真理的追求本身就是表达了自由，因为一个人在此所做之事不在别人的控制范围内，而是被世界本身的结构以独立于人类意志的方式所支配。莱维的观点与政治自由和言论自由的价值有很大关系，但是如果我们要分享它，那么重要的就在于要知道我们是否能合理地期望科学获得客观真理，并且要理解何种人类的研究，如果真有这种研究的话，可以得到独立于人类意志的结果。

因此，言论自由的问题，一个有关政治价值的最具有实践性的问题，如果人们严肃对待它，最终将会导向科学哲学和形而上学中的根本问题。这些问题本就是困难的、技术性的，并且不会直接有所帮助。那些致力于研究它们的人可能不能腾出手来接触普通人，帮助他应对道德困境。柏拉图的回答，即哲学不是（或者很快就会变得不再是）表面功夫，依旧不可动摇。

因此，那些一般的抱怨，即哲学本身就无用，或者它就因为它的困难和不显明而背弃了它的天职，在当下正如它们在两千年前一样没有根据。但是只有不是真心为了哲学的人才会不承认，有大量以任何标准看来都毫无益处的哲学工作：它们无所助益、枯燥，而又贫瘠。一个糟糕的事实是，某些这类工作除此之外几乎别无所图。它包含作为学术职业的哲学的结构所必需的那些操演。哲学职业化已经持续了一个多世纪（或者更长，如果算上中世纪的话），但是现在它处于前所未有的水平。这无疑使哲学自身变得畸形，而斯特拉文斯基 [2] 曾经对很多当代音乐提出的釜底抽薪的问题："谁

367

---

[1] 普里莫·莱维（Primo Levi, 1919—1987），意大利化学家和作家，纳粹集中营的幸存者。——译者注
[2] 伊戈尔·斯特拉文斯基（Igor Stravinsky, 1882—1971）俄国作曲家，前后移居法国和美国。现代主义古典音乐的代表。——译者注

需要它？"，也是某些哲学生产所亟需回答的问题。

在令人麻木的过量职业操演之外还有一个担忧。分析哲学一直正确地坚持一个想法，即在哲学中一定存在某种东西算得上"弄清真相"。在这一点上，它合理地拒斥了理查德·罗蒂给未来哲学（或者，在他看来是曾为哲学的那种东西）提出的模板，一个对话的模板。除非一场对话非常锱铢必较——例如，它是一场哲学家之间的对话——否则它不会用"所以"或"因此"或"但是"来做联结词，而会用"好吧"和"这让我想到"和"说到这个"，然而并不清楚谁会愿意继续这种对话，以及为什么。实际上，我们很容易认为对话模板暗地里是职业主义的盟友：唯一愿意参与这种对话的是领薪水来做这事的人。

如果哲学，或者任何类似它的东西，想要有其意义，那么"弄清真相"的想法必须存在，还有清晰性和精确性。但是所有这些都有不止一个类型。很难否认，在很大一部分分析哲学中，已经进入分析哲学的自我形象并且支持了它的某些划界的那种弄清真相的观念，是从自然科学当中借来的，并且这一点的后果可能不容乐观。

有很多哲学与科学比邻而居。有些哲学话题在科学中有着近邻，它们接近到彼此没有清晰边界的程度。这对于量子力学哲学、数学哲学、一部分语言哲学以及某些心灵哲学都是事实。但是即使在科学实践最为相关的哲学领域，科学也可能是哲学的一个糟糕模板。

有这么几个自然科学的特点，当应用到哲学上时可能会对哲学产生恶劣的后果。其一是，科学不是真的需要了解其自身的历史。无疑，科学家知道其学科的一点历史是非常可取的，但是这对他们的探究而言不是根本性的。某些哲学家得出了与之平行的结论：在一个有名的美国哲学院系，一位资深人物在他的门上贴了如下声明：直接对哲学史说不。在一两个领域里，哲学或许与科学足够接近，因而这种态度是有道理的。但是如果是这样，它们也是一种例外。总的来说，我们必须非常严肃地对待桑塔亚那[①]的警告，即对哲学史无知的人必定会重复它。

第二个要点是，科学确实有一个行之有效的分工。当然，不同科学领域之间的技能迁移曾经成就了巨大的突破：例如梅纳德·史密斯[②]的突破，他受的是工程师的训练，但讲他的注意力转向了生物学。但是在日常活动中，存在着获得局部成果的非常完善的方法，而且即便这些成果不怎么激动人心，它们也是一些成果。由此可知，不管职业训练是多么的稀松平常，它都不仅对教育，而且对学科本身有所贡献，但是正如我们已经不幸地注意到的，对于哲学这不一定是真的。

最后，还有一个风格的问题。科学当然展现出了想象力，但是当它这样做时，它经常是有创造力而非有表达力。这种想象力导致发现或者理论，并且不一定会以其结果被表达的方式呈现出来。科学写作应该清晰和有效，它当然可以有其风格，但是科学家们是否弄清了真相的问题不太受到他们写作的表达力的影响。这对于哲学不一定成立。分析哲学所熟悉的平实风格有很多可以为之辩护的理由，但是在科学写作的影响下，它已经成为一种累赘。我们不能带着某个分析哲学家的精神从事哲学写作，当他与别人合写一本书时，他（确有其事）对另一人说道："让我们先弄清真相，然后你可以把风格放进来。"

我们为什么要假定事情必须如此？尤其是当我们转向道德哲学和政治哲学，然后去看那些就连分析哲学也承认的以往哲学的典范时，难道它们就是这副样子吗？柏拉图、霍布斯、休谟、卢梭，当然还有约翰·斯图亚特·密尔，不用涉及更有争议的例子：我们真的认为他们对于哲学的贡献与他们作品中的想象力和表达力无关

[①] 乔治·桑塔亚那（George Santayana, 1863—1952）西班牙—美国哲学家。——译者注

[②] 约翰·梅纳德·史密斯（John Maynard Smith, 1920—2004），英国生物学家，演化博弈论的开创者。——译者注

吗？确实存在亚里士多德这个独特而无人可及的例子，他对于分析传统关于什么是弄清真相的想法有着巨大的影响。但是我们为什么应该认为这些毫无感情的论文代表了他真实的声音？即便在它们代表了他的声音时，这种语调又意味着什么？亚里士多德对他所处的社会给出或暗示的图景很大程度上是虚构的：或许我们应该将这种苍白、无历史和技术性本身看作一种避讳？不论如何，我们为什么应该听起来像那样？大多数哲学家都不应该承受他们的历史遗产：柏拉图不该承受大多数柏拉图主义者，即使是黑格尔也不该承受大部分的黑格尔主义者，但是亚里士多德或许是唯一一个活该承受其后果的人——他发明了经院哲学。

369

正如别的那些作者（还有很多其他人）提醒我们的那样，道德哲学和政治哲学要求的比上述这种风格更多。他们可能必须为我们提供他们关于生活、社会和个人的图景。进一步说，一个哲学家不仅需给我们这种图景，还需要以一种将之与他或她关心的东西整合起来的方式给出它。如果一个哲学作者不解决，或者如同在很多情况下那样，甚至不去面对如何充分表达这些关切的问题，那么他或她就不能将反思推得足够远。因此道德哲学和政治哲学应该听起来对味，应该以真实的声音言说的要求，不是那些对文学、历史或者激动人心的事有品位的人偶然强加上来的。它是从哲学的反思性理想当中得出的，这个理想得到了哲学最核心的传统的认可。

毫无疑问，存在着与哲学变成一个职业有关的问题——某种程度上是全人类共有的问题——但是它们不表明哲学作为一个学科的观念本身有问题。对哲学来说依然存在的作为富有教益和有建设性的学科的希望受到了哲学正逐渐被变成一种学术俗套这一情况的威胁，正如它也受到了哲学被宣传为能提供随取随用的帮助这一情况的威胁。在这两种情况中，哲学失去的是它的根本品格，不论它试图解决什么问题：一种对所说之事，以及所说的是否不仅为真而且有真切的声调这一问题的强烈关注。在这个意义上，在任何主题上，好的哲学（或者至少是非常好的哲学）将会展现一种紧迫性或者强度，而俗套的哲学会缺乏它。

然而，这些紧迫性或者强度仅仅（让我们记住柏拉图）在哲学将自己严肃地视为一个困难的学科时才会来临。哲学不能像很多哲学的批评者认为的那样，通过立刻试图解决紧迫和深刻的问题来获得这些品质。有很多文化批评以及自认为是哲学的东西，它们表面上听来十分急迫，非常令人心碎地谈及人类的末日和二十世纪的恐怖。它提供了一种易懂的和直接震撼人心的末世论，而很多批评家正是提出这一点作为严肃性的典范。但是这些文字，正是因为它们传达的信息是，真正重要的是直接语出惊人，从而处在了哲学的错误对立面——它所处的错误对立面，既不是文学和哲学之间的对立（这是另一个故事了），也不是修辞和平实的言辞之间的对立，而是媚俗和信实之间的对立。至少在哲学中，一种信实的风格不会立即表明当下的工作与我们最紧迫的关切的关系，因为它的兴趣在于我们关心之事的更不显明的根源和后果。

这并非对任何一种写作都成立。哲学有自己的责任和限度，而小说、戏剧或报告则有可能直接述说苦难，其方式不是哲学可以采用的。但是它们，以及别的类型的写作，都和哲学一道面对一些对信实的要求，任何一种写作都必须以其自身的风格来承认这种要求。（也许这些普遍的要求说明了哲学何以也能是一种**有想象力**的写作。）如果写作者首先只想到要有所帮助，而不考虑弄清真相，那么这些形式中任何一个都不会有有用的东西。对于哲学来说，"弄清真相"可能需要探索看起来颇为晦暗和没有回报的路径。

还有一种对信实的要求。即便在日常对话中，要有所帮助也不一定要带来慰藉。对于一种信实的哲学则更是如此，而一种严肃的哲学最终证明有所帮助的方式也很可能不是最终带来慰藉的方式。它也不会通过拒绝慰藉的方式带来慰藉，它会拒斥那种修辞性的和直接可辨的绝望提供的保证。

如果可以存在严肃哲学家所梦想的东西，一种既是彻底信实的又是真正有帮助的哲学，它也仍然会是困难的、不讨好的和不显白的。因为这些理由，它无疑会受到本就厌恶哲学的人的厌恶。但是更激动人心的是，它也有可能成功引来一批新敌人，他们给它的肯定就在于，他们是因为它所谈的事情而非它曾经的样子而厌恶它。

注释

[1] On Hating and Despising Philosophy, *London Review of Books*.

[2] *Times* (21 September 1995). 他说这话时碰巧是在评论我的一部文集，即 *Making Sense of Humanity*。

（郭予峤　译）

托马斯·内格尔《理性的权威》

1

　　本书的讨论关注的是一个几乎贯穿于所有探究领域的问题，该问题甚至已经渗入一般性的文化——它就是理解和辩护终止于何处的问题。它们是终止于其有效性与我们的观点无关的客观原则，还是终止于我们的视点（point of view）——个人的或共有的视点——进而，说到头来，甚至那些看上去最客观和最普遍的原则，其有效性或权威性也来自遵从它们的人的视角和实践？[1]

这就是托马斯·内格尔在《理性的权威》（*The Last Word*）中提出的问题，在这本精妙、简练且有力的书中，他给出的答案坚定且雄辩地属于第一种——"理性主义者"的答案，而不是他称之为"主观主义者""相对主义者"或"自然主义者"的答案。我们，我们中的大多数人的道德观（泛泛说来）是自由主义的：我们支持普遍人权，赞成宽容。其他地方的其他人则没有这种观念，过去的大多数人也没有。我们更赞同出自医学实践的医学而不是巫医的医学，并且认为我们这样做是有科学理由的；巫医则有不同的看法。内格尔想要维护（vindicate）我们的理性（rationality）和我们为自己的看法（beliefs）给出的辩护，以此反对那些说我们只是在文化上习惯于并且碰巧偏爱这些思考方式的人。

某些说这种话的人，也就是内格尔所说的相对主义者，只是停留在这个结论上："这是我们的〔思考〕方式，但我们有什么资格说其他人是错的呢？"我们当中的主观主义者走得更远，他们说那些不同意我们的人是错的，但他们深深服膺如下想法，即不存在据以解决分歧的客观视点。另一些更加持怀疑态度的人则假装我们完全可以不用"真的""错的"等词，除非把这些词用作装饰或修辞，并促请我们把这些分歧和争论简简单单看成是这样那样的政治。

内格尔反对以上所有各方，他想表明，"理解和辩护终止于……客观原则，其有效性与我们的视点无关"。他的意思是，如果相互冲突的立场或解读之间的争论进行得足够深入，如果各方完全理性，他们将不得不接受争论的这个或那个解决方案，或者至少彼此同意，出于相互理解的理由，争论无法解决。他们不能退回到单单从心理学、社会学或政治学的角度来解释彼此的观点。

在提出这些观点之际，内格尔认为自己是在处理一个眼下重要的智性和文化问题，事实上他也是这么做的。但应该马上指出，《理性的权威》是部哲学反思之作，而不是论战性著作。这本书对我们这个时代的文化战争意义重大，特别是对如下反复出现且乱作一团的争论意义重大，即客观的理解和论证在多大程度上既能摆脱怀疑主义的猜忌（后者声称成熟的思考者理应什么都不信），又能摆脱芜杂的相对主义（这让人们可以信任何自己喜欢的东西）。但在内格尔的书里，并没有太多的内容表明它与任何特定的争议有何关联。他差不多只举了一个例子来说明其中的利害关系，那就是引了段理查德·罗蒂慨然自我反驳的话（我马上就会讲到），并引用了我在伦理问题上的一些观点。希望看到自己的敌人或朋友遭内格尔嘲笑的读者会失望。

在这些讨论中，"我们"是谁？每种声称我们的理解是相对于"我们"而言的主张是否具有同样的威胁性？当我们反思"我们"相信什么时，特别是反思我们在文化和伦理问题上相信什么时，我们常常会把我们自己想成是（就像相对主义者那样）现代工业社会或是某个更受限制的群体的成员，对照于生活在其他时空之中的其他人来看。如语言学家所说，这样的"我们"是"对照性的"——它把"我们"和其他人区分开来。但也可以将"我们"包容性地理解成囊括任何参与或可能参与探究世界的人。有些哲学家提示，我们的思想中总是隐含着这种包容性的"我们"；据他们说，当宇宙学家宣称宇宙"本身"是什么样子时，他们并不是整个地抽离于可能的经验，而是隐然谈论事物在研究者眼中的样子，这些研究者至少和我们足够相似，使得我们原则上能将他们识认成研究者。

这些哲学家认为，我们所有的概念都是相对于"我们"——以前述抽象地包容性的方式理解的"我们"——而言的，而他们这么想对不对，无疑是形而上学中的重要问题。但这对文化战争以及内格尔真正关心的相对主义和主观主义争论重要吗？内格尔说，他批评的是如下想法，即世界总是我们看来的世界，而我们无法逾越这种世界观。然而，相对主义者和主观主义者真正令人不安的，肯定不是这个想法本身，而是他们坚持以那种非常地方性和狭隘的方式来理解"我们"。他们——至少是他们当中最极端的人——提示，我们所有的想法，包括我们的宇宙学理论，都只是地方性的文化构造物，并且在诸如历史这样的事绪上没有"事情的真相"，这些提示确实令人不安，且有着深远的文化上的蕴意，因为这意味着没有共同的标准，据此我们人类可以相互理解——也就是不存在包容性的"我们"，而只有对照性的"我们"。

像现代哲学中的许多其他问题一样，这些关于人的理解力的范围的问题，可以追溯至康德。康德正确地认识到，如果我们追问我们对世界的认知是否正确，我们就没法彻底摆脱我们实际的概念和理论，以便将其和一个完全没有被概念化的世界——也就是纯粹的"不论其为何物的一切"——进行对照。他的结论是，我们无法逾越这样一种对世界的思想，即把世界思想成它可能向这样一些生物显现的样子：这些生物至少在作为智能观察者这方面与我们相似，从而属于具有终极包容性的"我们"。然而，事关道德思想，康德认为情况大不相同。康德不认为道德是个知识问题。相反，他认为道德关注的是在和其他理性人打交道时约束理性人的实践原则，这就导致了一个乍一看令人惊讶的结果，也就是对康德来说，道德比科学更少相对于世界作用于我们的方式。单凭我们是理性生物这一点，康德的道德就适用于我们。道德的"我们"潜在地比共享科学的群体更广泛。

内格尔同情康德冥顽不化的理性主义伦理观点，但他认为康德在理解科学和我们对世界的日常知识方面的革命是堕落的开始。[2]和所有人一样，康德处于"后现代"中的"现代"，康德之后又有一段很长的故事（尽管内格尔在这里没有讲述），讲述了我们与世界的关系的批判性反思如何继续扫荡康德自己对我们能知道什么和我们应该做什么的确信。道德主张，历史学和文学批评等人文学科，以及自然科学本身，渐次在一些批评者眼里变得无法博得所有人类合情合理的赞同。相反，它们被视作人类之内诸群体的产物，表达了这些群体的视角。有些人认为所谓理性话语的权威本身也不是什么权威，而是社会力量的一种构建。

更进一步说，对这种情况本身的反思会导致相对主义，即从所有的视角退开，以同样的距离看待它们——它们都真，都不真，每个视角对其拥护者而言都是真的。最终，我们应验了那句咒语——

艾伦·索卡尔（Alan Sokal）在纽约一次会议上就他的骗局 [1] 引用了该咒语——其大意是：美洲原住民最初是穿过白令海峡来到大陆还是从地球中心上升到大陆，这件事没有真相，两种说法都为真（都对某人为真，或类似的意思）。

这是在内格尔所反对的那一方更为遥远的海岸上可以找到的丢弃物，但他同样反对通往这些海岸之路上的一切，也就是反对任何这样的东西：它把应被直截了当地理解为关于事物是怎样的看法或说法表示为依赖于"我们"——无论"我们"是指人类和人类可以理解的任何生物，如康德所说的那样；抑或是人类；抑或是此时此地的我们；抑或也许是此时此地的我们中的一些人，如各种后现代的构造。内格尔对"我们"的广义理解和狭义理解之间的差异不太感兴趣，一如他对识别出具有相对主义和主观主义倾向的特定理论家不感兴趣。无论认为看似客观的真理依赖于何种意义上的"我们"，这种想法都是他想摆脱的。他相信，他有一套完全一般性的、抽象的考虑可以做到这一点，这套考虑将说服我们，理性和客观性应该如书名所提示的那样有"最终发言权"（Last Word）。

2

内格尔的基本想法是，但凡哪种主张被说成只有地方性的有效性，只是特定社会力量的产物——不管以这种方式遭受批评的是道德，还是历史，抑或是科学——提出这种批评的相对主义者或

---

[1] 1996 年春天，美国著名社会与文化研究学术期刊《社会文本》（*Social Text*）推出一期题为"科学战争"的专刊，其中发表了纽约大学物理学教授艾伦·索卡尔的一篇论文，题为《逾越边界：关于量子重力学的转化性阐释》。谁料一个月后，索卡尔在文学杂志《通用语》（*Lingua Franca*）上又刊登了一篇文章，宣称此前那篇论文是自己策划的恶作剧。他表示，这篇文章中引述的后现代主义理论，是从拉康、德勒兹、利奥塔等后现代主义知名学者的著作中抄来，然后随意拼凑的，它们相互矛盾，毫无逻辑，对自然科学的运用更是错误百出。一时之间，大众哗然，这件事很快登上了《纽约时报》《世界报》等报纸头条，引起了西方知识文化界巨大的争论。这就是著名的"索卡尔事件"。——译者注

主观主义者必须提出另一些主张，而这些主张本身必须被理解为不只是地方性的，而是客观上有效的。此外，在所有重要的情况下，这种进一步的主张必须和那些被批评的主张属于同一种类型：相对主义者对道德的批评不得不使其委身于客观道德的主张，他们尝试表明科学由地方偏见构成，而这番努力必须诉诸客观科学，等等。

我们将回到内格尔的基本想法的一些细节，以及这一想法从实践上是如何展开的。不过，首先，关于他的进路及其所使用的具有相当一般性的（the very general）论证样式，存在一些问题。如果这一进路是对的，那内格尔可以在主观主义者和相对主义者的攻击临近任何特定的目标之前就予以阻止。这和拟议的星球大战防御系统有着同样的优势，即如果防御系统起作用，爆炸发生在平流层，人们在意的东西就不会受损。它也有着同样的缺陷，那就是如果它没起作用，无法保证拦截，你就无从知道你所在意的东西有多少会存活下来。

这就是为什么我认为该对策有误：并非所有受到主观主义、相对主义或自然主义威胁的思想都处于同样的境地。有些以这些方式遭到质疑的思想类型，在面对攻击时处在比其他类型的思想更不良的状态。比如，我们的道德的某些部分，或我们的长时段历史叙事，或我们个人的自我理解模式，比我们的科学或逻辑更容易受到怀疑，更容易以令人不安的方式被证明取决于一个狭隘的"我们"。如果是这样，那它们之为如此，就不可能是出于完全一般性的、对这些类型和其他类型的思想同等适用的原因，而是有特殊的原因。而且，这些原因可能是它们在现时代所特有的：和其他疾病一样，无视其病史的诊断都不太可能成功。

再者说，这些疾病是我们自身的病症。在我看来，内格尔的对策有误的另一个原因是，它安装了一套长距离、大功率、多用途的防御系统来打一场实质上的游击战。非理性主义者、相对主义者或怀疑论者就在我们之中。我指的并不是学院里一些保守派幻想家所提示的《人体入侵者》(*Invasion of the Body Snatchers*)中的场景 ①，他们似乎认为秘密送到文学系的豆荚已经生出了接管学者的生物。我的意思是，怀疑主义的种子会在任何认真思考当前我们的智性和文化状况的人身上发芽。内格尔说得很对，这类怀疑主义不能是彻头彻尾的，那是精神错乱的一侧。但凡我们要思考，我们就没法将逻辑、科学或历史仅仅看成是地方性奇想。但是，难题是，在不走到精神错乱一侧的前提下，怀疑主义或相对主义可以走多远，（换个军事隐喻来说）而内格尔**"他们不得通过！"**的策略并不能给我提供足够的帮助来回答该问题。

内格尔用一句话来表达他的基本观点，即有些想法是"我们无法跳出"的。若要理解我们自己，以及若要更具体地得出结论说，我们的一些想法、信念或经验只是"表象"，因我们如何而非事物如何而定，那么就有另一些判断是我们必须"直接地"思考的——也就是说，必须以一种使我们担守这些判断的客观真理性的方式思考。内格尔说：

376

> 某些类型的思想是我们无可避免地终归会**有**的——它们是绝无可能仅仅从外部来考虑的，因为它们不可避免地直接进入任何从外部来考虑我们自己的过程，这才使我们建构出对这样一个世界的认知——这个世界从客观事实上说包含着我们和我们的主观印象。（强调是内格尔加的）

---

① 《人体入侵者》(*Invasion of the Body Snatchers*)是出版于 1955 年的经典科幻小说，作者杰克·芬尼（Jack Finney）在小说中这样描述：来自外太空的外星生物已然发达到会复制人类外表形象的地步，并逐渐取代地球上的人类，以至于人类变成没有感情，没有知觉，只有理性的行尸走肉。——译者注

内格尔坚持认为，从超脱的视点批判我们的思想是有限度的。也许我们确实能得出如下结论，即我们的一些看似客观的看法其实是某种地方特性的表达：

> 一个从小就被灌输"女人暴露乳房是不对的"这样的观念的人，可能会在某个时刻意识到，这是他文化中的一种约定俗成，而不是一个无条件的道德真理。当然，在考察了人类学、历史学和社会学证据后，他**有可能**还是坚持认为女人暴露乳房本身是不对的……但这种反应不太可能经得起对抗；它背后根本没有足够的支撑……（强调是内格尔加的）

如果原有的看法在这种情况下消失了，那么这种改变将是通过**其他**道德论证而产生的。因此，这种样式的反思不可能把**所有的**道德看法和论证都还原为一系列地方特性。内格尔认为，这同样适用于他所讨论的一切思想领域。说到头来，你无法跳出这些思想样式。**你不得不以同样的方式继续下去**。最终，任何试图在某一领域反对客观性的人都会牵连进在该领域中提出的主张，而这些主张不得不再次被理解为客观的。

有个例子既说明了内格尔观点的优点，又说明了他完全一般性的进路的局限，那就是科学的客观性问题。他把该问题作为在两种同样抽象的见地（outlook）之间做选择的问题提出来。一种是多数人——包括多数科学家——采取的"现实主义"态度，大意是说存在一个独立于我们所有人的世界，科学家们的理论试图把捉其所具有的明确特性。另一种是"试图将有序的世界图景重构为我们思想的投射"的态度。（我想，该重构可能采取也可能不采取相对主义的形式，这取决于如何理解"我们的"，不过内格尔不太关心这方面的相对主义。）他认为，这第二种见地会败在这样一种需要之下，那就是把自己置于这般有序的世界之中的需要。在试图理解这种关系时，基于对秩序的寻求，我们不可避免地会采用同样的推理。即使我们认为我们对秩序的某些理解是错觉或谬误，那也是因为一种从同样标准来看更好的理论可以将其解释掉。

在这个完全一般的层面上，内格尔肯定是对的。关于世界的实在论思想，是没人能够**完全**跳出或加以"评定"或将其当作地方性思想而与之切割的，乃至也是没人能够通过一些秩序原理试图加以理解的。那些尝试这样做的人，为说明自己的观点，将不得不重新担守起他们试图抛开的思想方式和说话方式。

然而，尚不清楚这对我们有多大启示。有关科学实在论及其替代方案的文著汗牛充栋。一向有那么些作者——毫无疑问现在仍有——他们大多对科学一无所知，他们似乎认为科学不过是被发明出来的，或是由意识形态力量决定的。但对科学有所了解的人很少会这么想。[3] 要点在于科学是种复杂的社会活动，而科学的某些分支在某一特定时期选定了某些而非另一些理论或模型这一事实，并不是由对世界的感知直截了当决定的结果，而是由科学家的习惯和实践，包括他们选择和解读观察结果的方式决定的。这不是一个抽象的哲学论点；这是详实历史研究的结论。[4]

事实上，内格尔本人似乎愿意接受这一点；他不大觉得，光受那么点儿实验的鼓励，世界就能将自己刻写在科学期刊上。但他并没有探讨如下问题：这一点究竟把我们带到哪里？在内格尔所主张的范围内，我们和利希滕贝格（Lichtenberg）的观点是一致的，即"大自然崇高的简单往往依赖于认为自己看到它的人不那么崇高的简单"[5]。如果这个思路是对的，那么究竟是谁或什么东西拥有"最终发言权"呢？我们的科学当然是和这个世界打交道的，但这也给一种反思留出了空间：我们会反思到，科学在很大程度上仍比人们天真地以为的那样更因"我们"而定。就像说到我们对过去的印象或我们对他者的理解等，这里的问题不在于我们**是否**客观地掌握了什么，而在于我们掌握了**多少**，而这个问题的答案可能相当模糊，乃至于我们会生出一些不安——那种在我看来内格尔的策略本打算消除的不安。

无论内格尔的策略效果如何，他确实表明，没人可以完全与科学话语相切割；比如，如果有人说科学只是我们的地方性神话，那他需要一幅包含人们及其神话的世界图景，而如果他要支撑起这幅图景，他就不得不致力于科学探究。内格尔实际上还揭露了一种为人熟知的把戏，也就是既试图与一种话语切割，同时又留在其中。理查德·罗蒂尤为喜欢这种说法。比如，他写道：

378

> 像库恩、德里达和我这样的人所相信的是，探问是否有山，或者我们谈论山只是为了方便，这是没有意义的……鉴于谈论山脉是值得的——它确实是值得的——那么关于山的一个明显的事实就是，在我们谈论它们之前，它们就在这里了。如果你不相信这一点，你可能就不知道如何玩通常使用"山"这个词的语言游戏。但这些语言游戏的效用无关乎"实在本身"当中是否以便于人们描述它的方式之外有山。[6]

内格尔正确地坚持认为，罗蒂及其朋友们最好把他们关于山脉的想法和盘托出（比他在上述说法中再无保留一些）。毫无疑问，对人类而言，拥有指代山的词汇是便利的，但如果不提及存在山脉的事实，就很难解释为什么会这样。同样说明问题的是——内格尔其实可以加上这一点，作为他一般论点的例证——罗蒂毫不迟疑地认可谈论山脉是值得的。他不只是说，谈论"谈论山脉是值得的"

是值得的。

内格尔没怎么引用他所反对的大部分内容。许是出于同样的洁癖，他离罗蒂的论证有一定距离。内格尔斥责罗蒂的错误。但罗蒂不是简简单单地陷入错误，他是把自己置于错误之中，我们有必要更细致地研究一下他的说辞。罗蒂在"如其本身所是的实在"（Reality as It Is In Itself）中标出的大写字母提示了一个形而上学理念，即全然未被概念化的世界——我们理应拿我们的概念与之作比较的世界，而这是一个康德认为无用的理念。但是，这种关于实在的形而上学理念是如何与日常的、小写的实在——比如说真正存在的山——联系起来的呢？

这是康德之后的许多哲学都在探讨的问题。罗蒂不断进出于对大写实在的指涉，而拒绝处理该问题，此即要点所在：就像他经常说的那样，他想改变主题。说起来，罗蒂认为哲学的发展往往是通过改变主题来实现的，这话没错；就像伯特兰·罗素在谈及巫术时所说的，巫术从未被证伪，只是不再有趣了。罗蒂的错误在于，他认为主题改变的方式是某人简简单单地宣布它已经改变。

对于智识领域的变化涉及什么，罗蒂的看法相当轻率，这是他的问题。但同样地，对内格尔来说也有一个问题。在内格尔看来，**为什么**主观主义和相对主义等观点会如此盛行？为什么事情会像他说的那么糟糕？在书里很难找到他的回答。他似乎只是认为，出于懈怠和懒惰，也许还有对名声的渴求，人们并没有很好地思考这些事绪。这里面夹杂着少许落空的道德主义，这有时会让他的写作多少带点儿老顽固的语调。内格尔站在自己的立场来反驳他的对手（大部分未加以指认），而没有试着去看看这些人可能采取的立场是什么，以及是什么吸引他们采取这些立场。这么做的危险之处在于，内格尔也许没注意到，事实上他所讨论的问题在某种意义上已经发生了变化。哲学想把事儿弄清楚。不幸的是，真正有意思的事

379

儿很少一上来就是清楚的：需要弄清楚的事，这个新鲜事，^① 通常没法简单地使用它出现之前就有的范畴辨认出来。这就意味着，为厘定我们必须理解的东西，我们需要探问它是怎么产生的，这就是哲学需要历史的一个原因。

内格尔的进路无疑是由哲学史塑造的，很大程度上是由哲学的近期历史塑造的，不过他阐述需要讨论什么、解释什么时，却是决然没受历史的影响。这跟他自己的立场及其雄心勃勃的目标息息相关，而他的目标实际上不啻于倒转整个现代哲学。内格尔对康德的如下努力予以抵制，即，使哲学从反思像我们这样的观察者的能力和局限开始。当康德引入这种哲学时，他称其为**批判**哲学。康德发起的批判过程后来破坏了他自己的大部分哲学，该过程的结果就包括时下风行的相对主义和主观主义的策略和理念，内格尔对此感到不安和厌恶。很难像这一切都没有发生过一样从这里继续下去。我们不该忘记，康德自觉地把他批判的矛头指向一种他称其为**独断**论的哲学风格，意思是说，这种哲学只是把据认为由理性（reason）给出的判言照单全收，而不问这些判言如何奠基于人类思想和经验的结构。

无论是行文风格还是智性态度，内格尔的哲学都铁定不是教条的：它有耐心，开明磊落，关注论证，愿意和一切稍有理性的反对者进行讨论。它也没有在援引他人的教条的意义上陷入教条；他的书意在为理性辩护。然而，依康德的区分的实质来看，它是教条的，因为它对种种解释没有足够的兴趣。在我看来，它武断地限定了哲学所能提出的反思性问题。

380

3

我们回到内格尔的原则，即人无法"跳出"各式各样的思想和

---

① 按本文的语境，这里的"新鲜事"指主观主义和相对主义等流行观念。——译者注

话语。就逻辑来说，批评者甚至在进行批评时也必须运用逻辑；在自然科学中，正如我们所看到的，批评者致力于各种形式的探究，这些探究最终把批评者带回接受自然科学结论的论证中。这些都是很好的例子，但我们需要问一问：我们无法"跳出"某种特定的话语或推理，这一事实究竟说明了什么，又说明了多少内容？

假设我们考虑一个没有人类和人类感知的世界。对这样一个世界，我们可以基于自己的感知就事论事作一些描述，而我们会把这些描述直接应用在这个世界上：我们说恐龙在绿叶间穿梭，即使恐龙本身是色盲。我们可能不太愿意说，一些恐龙可笑的不幸遭遇（真正说来）很好笑，尽管没有幽默感的恐龙注意不到这一点。我们更有可能会说，有些事儿对我们来说很好笑，但对恐龙来说没什么事儿是好笑的。比起说到颜色，我们在言及幽默时更容易采用相对主义的调调。然而，很重要的一点是，事涉其他人类成员，我们又不总是用这个调调说话——即使是在言及幽默的时候。内格尔的许多读者会认为，过去人们觉得好笑的很多事儿——那些对人施以羞辱和暴虐的寻欢作乐——（真正说来）一点也不好笑。

这些差异的根据是什么？差异又有多深？我们的绿色概念和好笑概念都植根于我们的感性（sensibility）和我们应对世界的方式。不论事涉二者当中哪一个概念，我们都没法完全摆脱这种想法；如果不使用这些概念或类似的概念，我们关于绿色或好笑就无法想我们之所想，说我们之所说。在此意义上，事涉这两个概念，我们都只能"以同样方式继续下去"：我们无法完全站在它们之外。然而，这本身似乎并没有告诉我们关于客观性的任何深刻之点。

就内格尔所考虑的这些事绪而言，他一门心思想的是还原论——也就是，我们是否能够完全摆脱我们熟知的概念，代之以缺乏我们经验的典型特征的概念。他写道，"行为主义的还原及其后裔"

在心灵哲学中不起作用，因为从心灵内部显而易见的现象学特征和意向性特征，从来没有从纯粹的外部角度得到充分的解释，而还原理论将自己局限于这种外部视角，错误地认为只有外部视角才与科学的世界观相容。

381 　　为反对心灵哲学中的某些科学主义方案，我们可以同意内格尔的观点，即对于我们经验中引起此类问题的任何方面，这种强形式的还原都是不可能的。因此，还原论的失败本身并不能告诉我们，在这些各式各样的经验中，是否有某些经验比其他经验更"客观"。更有帮助的做法是从解释而非还原的角度来思考。如果我们问，为什么几乎所有的人都觉得这样或那样一些事儿好笑——尽管他们觉得好笑的不都是同一些事儿——我们可能不知道答案应该是什么，但我们相当肯定的是，这个答案肯定不涉及把事儿说成是在我们接触它们之前就好笑——换言之，说成是无论如何都好笑。

　　内格尔也对我们事实上是否以相对主义的方式说话这个问题予以一定的重视。但从我们是否以相对主义的方式说话这一点可以推出多少内容，这并不清楚。好笑的例子提示，如果我们在某一些而非另一些情况下偏好客观事实和客观错误的语言，而不是相对主义的语言，这也许更多地说明了我们的态度而非世界包含着什么。（可能罗蒂的观点还是有点儿道理的：否认一件事情是我们语言游戏上的事情，这本身可以是我们语言游戏的一部分。）对审美判断的考虑也将涉及类似的反思，尽管复杂一些，而内格尔并无相关讨论，有些令人惊讶。

　　当我们认识到我们拥有各式思想的能力应该以不同方式解释时，这会影响我们理解自己与他人分歧的方式。既然我们的地方性性向（local dispositions）——我们认为有些事儿而非其他事儿好笑或丑恶——能够在无须将世界看成包含好笑或丑恶之事的情况下得到解释，那么就此而言，我们也就能够理解何以其他人未必会觉得同一些事儿好笑或丑恶。当然，什么算作解释，什么需要解释，这些问题上并非人人意见一致。这一点很重要，我也将提示，内格尔对他认为客观的事项如此肯定，而其他人对他们的怀疑如此坚持，这个醒目的事实本身就来自何事需要解释这个问题上的分歧，在伦理学中尤其如此。

有时候，内格尔对解释抱有些许兴趣，这又似乎使他不必要地认为某些事儿没法解释。关于我们对无限的理解，他有段耐人寻味的文字。他写道，"留给我们的，似乎一个无法想象其答案的问题：像我们这样有限的生命，怎么可能去思考无限的思想呢……？""如果存在理性这种东西，那它就是有限生物的地方性活动，它以某种方式使这些生物能够接触到普遍真理——这些普遍真理的所辖范围往往是无限的"：一个简单的例子是，我们知道有无限多个自然数。存在一种还原主义的诱惑，即否认我们掌握无限多的真理，但还原主义是行不通的。"因此，把表面上的无限还原为有限的想法就被排除了：相反，表面上的有限必须依据无限来解释。"

笛卡尔用了一个类似的论证来证明上帝存在。他推论说："我是个有限的存在者，但我有个无限存在者的观念。该观念不可能来自任何有限的源泉，比如我自己。所以它一定来自这样一个无限的存在者，而我有这个观念的事实表明上帝存在。"没人认为这是个很有说服力的论证。一个理由是，它用了一个非常简单的解释原则，大意是说，任何具有无限内容的思想都必须有一个无限的原因。柏拉图正是出于与该原则相似的理由（这构成了该原则的历史的一部分）认为，如果我们反思我们获取几何知识的能力，我们就能认识到，我们并不是赤裸裸地来到这个世界：存在一个我们（可以说）必定已经造访过的几何真理的领域。

内格尔也说过稍带这层意思的话，他在我先前引用过的一段话里使用了一个有所透露的短语："……使这些生物能够**接触到**普遍

382

真理……"（强调是我加的）。无论对人类的数学能力可能有什么样的解释，它们涉及数学真理的方式总不会像这个短语暗示的那样，仿佛在与外星事物打交道。难道仅仅通过思考数学的本质，我们就可以预先排除这样一种可能，即我们的数学思维能力可以有一些广义的生物学解释？尽管数学学科无疑有段文化史，但它所需要的基本能力一定是自然选择演化的产物，或是以这种方式涌现的其他能力的副产品。（演化论解释必须做的一件事就是弄清楚这些能力是什么。）

内格尔似乎实质上否认存在这样的解释：它当然不会像他所要求的那样，"用无限来解释表面上的有限"。我认为，他认定了对数学能力的任何科学解释都必定是还原性的，而且这种还原性极端到完全剥夺数学思想的无限内容的地步，以至于我们最终会否认每个自然数都有后继，并否认不存在最大的素数。

任何带有这种结果的解释肯定都是糟糕的解释。但内格尔所说的一切都没有表明不可能有种更好的解释，能富有启发性地将数学能力与人类因演化而具有的其他特征联系起来。这会是一个自然主义解释，不过这个自然主义的含义比内格尔——至少在这个问题上——所承认的更为宽泛。同其他地方一样，这里我们想要的是不带有还原论的自然主义。我们不是想否认我们无疑拥有的能力，而是想解释它们；解释它们是为了让我们理解，这些能力可以是像我们这样的生物拥有的能力：这种生物有某种演化史，且有相当特殊的行为学，后者包括文化和自觉的历史。

4

当我们谈到伦理学时，对我们思想的解释如何影响我们对思想和我们自身的理解，这个问题会呈现出一种截然不同的、尤为紧迫的形式。内格尔原则上接受，对自由主义式的伦理思想，可能会有一些不讨喜的解释：

> 举一些粗糙但又为人熟知的例子，面对如下指控，即个人
> 权利的道德只不过是一大堆资产阶级意识形态，或是男性统治
> 的工具，或者，要求爱你的邻居实际上是在表达对你邻居的恐
> 惧、仇恨和怨恨，对此唯一可能的回应是，根据这些建议，重
> 新考虑尊重个人权利或关心他人的理由是否可以得到支撑，或
> 这些理由是否掩盖了一些根本不是理由的东西。这是一个新的
> 道德问题。人没法随便**退出**道德反思的领域：它就在那儿。人
> 所能做的就是根据可能提供的任何新的历史学或心理学证据继
> 续反思。这一点在哪儿都一样。对科学客观性的挑战只能通过
> 进一步的科学推理来解决，对历史客观性的挑战只能通过历史
> 学来解决，诸如此类。（强调是内格尔加的）

这是人不能跳出某种思想——即我们不得不"以同样的方式继续下去"——这一主题的伦理学版本。但它再次提出了如下疑问：有多少问题是可以通过这些说法解决的？"同样的方式"是什么？"道德理由"有多么多样？文化、心理或经济解释与伦理价值的相关性，并不仅仅在于前者对所有伦理价值提出了总的挑战。内格尔的论证也许有效地应对了这一挑战，但这么做最多只是击败了伦理虚无主义，而没能触及相对主义者和主观主义者的关切。对伦理观念的文化解释和其他类型的解释有助于提醒我们，这些观念因地而异，从而进一步提醒我们，我们自己的观念有段独特的历史，并且可能也有某种独特的心理。这些考虑不仅理应使我们以不同的、更具反思性的方式思考我们看法的内容，更应使我们这样去思考我们为之进行论证的风格。

特别是我们如何看待我们与其他文化的伦理差异问题，比如过去那些不跟我们共享自由主义的人；内格尔写道：

384 面对（自由主义）价值观直到最近才开始流行而不是普遍
流行的事实，人们仍然须得判定它们是否正确——人们是否应
该继续持有这些价值观……仍然存在的问题是……如果我接受
种姓社会的不平等是自然的，因此也是得到辩护的，那我是否
就犯了错……

但我**须得**判定多少内容呢？这里有个关键的区别。内格尔绝对
正确地说，一个自由主义者如果真的是个自由主义者，就得把他的
自由主义应用于其周遭世界，并且世界历史上很少有人是自由主义
者这一事实本身并不是他放弃成为自由主义者的理由。如果有放弃
自由主义的理由，那么这些理由会是如下类型的考虑，即这些考虑
表明有更好的、更有说服力的或更鼓舞人心的东西供人去相信。在
这一点上，我完全同意内格尔——尽管还有一个有意思的问题：为
什么人们的确往往会以这种方式失去其信念呢？我之后会回头来谈。

因此，自由主义者必须认真对待自己的观点，认为其适用于世
界。不过，适用于世界上的多少地方呢？是否可以由此得出如内格
尔所说的一点，即"面对传统的种姓社会的描述，我不得不问自
己，它的世袭不平等是否是得到辩护的……"？我们大多数人都会
同意，如果我们实际面对这样一个社会，我们就必须问自己一些这
样的问题。但是，如果我们面对的是一段**描述**，它描述这样一个社
会，一个很久以前的社会——我们假设它属于古代世界——我们还
必须问那些问题吗？当然，在思考这个古代社会时，我可以问自己
内格尔的问题，但理性的力量真的要求我必须这么做吗？这个问题
是什么意思？"如果我接受它的不平等是得到辩护的，我是否就犯
了错？"——是**谁**犯错了呢？我一定要认为自己是在审判整个历史
长河吗？当然，人们可以想象自己是站在亚瑟王法庭（the Court of

King Arthur）上的康德，不赞成亚瑟王的不公正，但这对一个人的伦理思想究竟有什么影响呢？

特别是，一个人只带上刚刚管够的理性行李进行这段想象的旅行，这真的可信吗？考虑到当时没人持有自由主义世界观这一显著的事实，伦理性的时间旅行者必须暗地里随身携带使其成为自由主义者的历史经验，而这种经验并不属于他正在造访的地方。

我们之所以如此看待事物是因为我们所处的历史环境，这一基本想法两百年来已经深深地扎根于我们的观念之中，以至于看起来也许奇怪的反而是内格尔的普遍主义假定，即，道德判断必须把每个地方的每个人都平等地作为其判断对象。当我们想到反方向的旅行时，该假定看起来一样奇怪。内格尔在本书的开头说道，"推理就是以某些方式系统地思考，使得任何在我身后看着我的人都应该能承认我的思考是正确的"。**任何人？**比方说我和内格尔一起以自由主义的方式推理，而路易十四正在我们身后看着我们。路易十四不会承认我们的想法是正确的。他应该承认吗？——或者，更准确地说，当他处在他自己的世界里，尚未面临试图理解我们的世界的任务时，他就已经应该承认了吗？

385

我们又回到了要求解释的问题上。如果自由主义是正确的，是建立在普遍的人类理性之上的，就像内格尔似乎认为的那样，为什么早先的时代没有想到它或接受它呢？康德在其进步与启蒙的理论中给出了答案：人类已经从长期的监护中成长起来，第一次能够理性地决定他们应该如何生活。黑格尔和马克思在历史和经济方面给出了相关的答案，尽管这些答案更具冲突性。

内格尔没有给出任何答案，而且他似乎也不想有答案。我会说，内格尔没有为其所谓的道德正确性提供一种"错误理论"（theory of error），但无论我们是否这么说，对于某些迫切需要解释的事绪，很明显他没给出解释。他不能想当然地认为，对各种伦理看法的解释顶多会修改其内容，就像我前面提到的露乳这个乏味例子所说明的那样。如果我们从历史上和心理上理解了我们自己的和别人的伦理思想是怎么产生的，这就能够改变我们对我们思想的地位以及它们与其他人的思想的关系的看法。在我看来，忽视这种可能性确实构成了康德意义上的教条主义，也就是拒绝使现代哲学（包括内格尔正确拒绝的畸形的现代哲学）成其所是的那种批判。

内格尔这本书的读者会去寻找支持他采用这种进路的潜在观点的线索。就伦理学而言，我碰到了他的两个假定。其一是，如果一个人不认为他的道德是普遍适用于每个人的，那他就不能自信满满地把它应用到他必须应用的地方，也就是应用到他自己时代的议题上。我先前说过，有些人似乎确实认为，如果自由主义是近世的观念，而过去的人不是自由主义者，那么他们自己应该对自由主义适用于现代世界失去信心。这种看法，如内格尔所说，是个错误。但是为什么不自信的自由主义者会犯这个错误呢？我怀疑，这恰恰因为他同意内格尔的普遍主义：他认为，如果一种道德是正确的，它就必须适用于每个人。所以，如果自由主义是正确的，那它一定适用于生活在过往时代的非自由主义者。

386　　　那为什么过去的人自己不这样认为呢？有人说，这是因为他们从集体层面说邪恶且自私：不自信的自由主义者（正确地）认为这是个愚蠢的说法，它什么也解释不了。而另一些相信启蒙导向进步的人，认为这是因为过去的人信息匮乏、迷信，诸如此类。但是不自信的自由主义者已经对启蒙导向进步的思想失去了信心，而且（非常合情合理地）看不到科学技术的进步如何揭示出了关于自由主义的真理。他终究不那么确信自由主义适用于那些过去的人了。因此，他开始认为，自由主义不可能是正确的。这不是他应该得出的结论；他应该做的是放弃他和内格尔所共有的普遍主义观念。这并不意味着我们必须滑入一种反讽的境地，即身为自由主义者时坚持自由主义，身为反思的批评者时则退开它。这一立场本身仍处于普遍主义的阴影之下。我们只须认识到，新的时代意味着新的需要和新的力量。在许多重要的方面，我们都不同于任何曾经存在过的人，其中一个方面就是我们有自由主义观念以及观念所适用的生活方式。

内格尔的伦理学立场的第二个理由，我认为是他对何谓"以同样的方式继续下去"的硬性理解。他确实在书里的一处提到了一种可能性，即整个活动或继续下去的方式可能会被理性地摒弃：他几乎是挑衅般地举了一个无足轻重的例子，即通过茶叶来预测。他大概认为，这样的事情应该被摒弃，因为这种原始的思维操作处于与科学相同的行当，而科学做得更好。但谁说这是相关的行当呢？就像人类学家提醒我们的那样，还有其他方式来看待诸如占卜之类的行为。是什么决定了几种不同的做法中哪一种算作"以同样的方式继续下去"？有一点是清楚的，那就是从业者不能简单地自己决定。阿赞德人的老巫医说："这才算得上行医，我不认为这些新来者所做的是同样的事情。"但尽管如此，他的客户可能会移步新医院。

所以内格尔说：我的道德的内容可能会被新的发现所修改，但这种论证方式，这种普遍主义的、理性的事业，**正是**我们所认为的道德。这决定了什么是以同样的方式继续下去。然后，内格尔的反对者——自然主义者和心怀不满的康德批判继承者——回答说：你不能就这样去决定什么是相同的。我们说，你所特有的道德是有目的的；且不说那些不那么友好的目的，它至少试图帮助我们生活在一起，勾勒出值得过的生活的图景，理解自己的欲望与他人的欲望和需要之间的关系，等等。曾有过其他的方式来做这些事儿，毫无疑问今后还会有别的方式。依这一理解，是我们在更广泛的意义上以同样的方式继续下去，尽我们所能以现在讲得通的方式来生活，同时记得这种生活方式并非一向讲得通，并且试着捕捉那些还没有人能理解的新事物的线索。你所说的"以同样的方式继续下去"只代表一种伦理思想风格，尤其是一种试图忘记自己有一段历史的伦理思想风格。

387

我们以这些方式思考的人，当然一点儿也不比内格尔更能决定什么算是——什么将会算是——从伦理上以同样的方式继续下去。说到底，没有什么能决定这一点，除了未来本身。最终的发言权，一如既往地握在实际发生的事情手里。

注释

［1］*The Last Word*, by Thomas Nagel (Oxford University Press, 1997).

［2］内格尔有一节（第92页及以后）论述了康德的"先验观念论"（transcendental idealism），声称它不可避免会成为一种（不可信的）经验主义理论。这当然与康德的意图相悖。我们可以更同情地理解康德，他并不否认如下思想，即世界是——用他自己的话说——"经验上实在的"（empirically real），他是在探究该思想本身的内容必须是什么，以及我们如何能够去思考它。

［3］例如，甚至是与科学知识社会学中所谓"强纲领"（Strong Program）相关的巴里·巴恩斯（Barry Barnes）、大卫·布卢尔（David Bloor）和约翰·亨利（John Henry），他们都强调理论形成和接受过程中的社会因素，拒斥"观念论"，坚持社会学解释必须预设科学和实在的交互。参见 *Scientific Knowledge: A Sociological Analysis* (London: Athlone, 1906), pp. 1, 32。

［4］比如 Andrew Pickering, *Constructing Quarks* (Edinburgh University Press, 1984)。他的书名就令我们预料他本人有时会说这样的话："……夸克的实在性是粒子物理学家实践的结果……"，他对自己结论的这种表述方式不够谨慎（夸克二十世纪70年代出现在宇宙中有点晚），但这应该鼓励人们思考如何更好地表述它。（在此我感谢伊恩·哈金，他在即出的 *The Social Construction of What?*［Harvard University Press, 1999］一书中讨论了这些问题。

［5］引自 Pickering, p. 414。

［6］Richard Rorty, "Does Academic Freedom Have Philosophical Presuppositions?" *Academe* (November-December 1994), pp. 56-57; quoted by Nagel, pp. 29-30.

（吴芸菲　译）

瓦格纳与对政治的超越[1]

1

我们应该如何看待瓦格纳？像我一样被这个问题困扰的人大概会认为，作为一个艺术家，瓦格纳值得你困扰：他的作品，或其中一些作品，调动人、吸引人、有魅力、有感染力。并非每个关心音乐的人都需要认同这个观点。瓦格纳与西方音乐史以及品味的形成之间的关系，不同于巴赫或莫扎特：他并非以这两人的那种方式必不可少。他的作品对于解释近世的音乐史确实必不可少，这一点非常之明显，但这些作品并不是以同样的方式成为西方音乐品位的必要组成部分。事实上，一个严肃的音乐爱好者可能会讨厌它们——但这不是真正的重点，因为讨厌可以是对它们力量的一种反应，特别是由于我将讨论的特质。所以托马斯·曼提到尼采"对瓦格纳不朽的批判，我一直认为这是一种反向的赞美，是另一种形式的讴歌"。[2]

你可以与西方音乐有着良好而深厚的关系，而对瓦格纳的作品视而不见，觉得它们无聊或不合你的品位。但同样显而易见的是，热情投身于这些作品没什么错，也没有陷入误解。它们很了不起，值得投身于其中的东西有很多。人们不仅大量讨论瓦格纳，而且投入巨量的努力、花费和想象力用于排演这些作品，这绝非偶然。

除了受其困扰、对其感到无聊以及对其充满敌意的人之外，众所周知，还曾有另一群人，他们全然忠诚于瓦格纳——也许现在仍有这样的人。忠诚未必意味着不批评，但即使这一派的成员持批评态度，其根据也是非常局限于其本人的，即大师并不总能达到他自己的标准。有个问题需要他们回答。没人能够否认，瓦格纳本人的一些态度在伦理和政治上令人不安，其中一些态度是相当令人不安。我的意思是，这些态度让我们感到不安；而这样说的意思则是，那些目睹了二十世纪的罪行和灾难的人正确地感到不安。我们当然要把瓦格纳放在他的时代背景下来理解他的态度，考虑到当时所能接触到的选项和意识形态上的对照。我们需要了解他的态度在当时的含义。但同样地，我们必须考虑到这些态度从那之后又有了何种含义。

389　　　当我们说"我们必须"考虑到这些事绪时，这意味着如果我们不想被误解，我们就别无选择。在莎士比亚的《无事生非》（*Much Ado about Nothing*）（V.iv.38）中，克劳狄奥说："即使她是埃塞俄比亚人，我也会坚持我的想法［即坚持我娶她的意图］。"在《诺顿莎士比亚》（*The Norton Shakespeare*）一书中，编辑斯蒂芬·格林布拉特（Stephen Greenblatt）给出了解释："换句话说，她是黑人，因而根据伊丽莎白时代的种族主义刻板印象是丑的。"[3] 伦敦《星期日泰晤士报》（*Sunday Times*）的一篇评论批评他过于讲求政治正确。但正如格林布拉特在一次采访中合情合理地说的那样，如果他说"她是黑人，因而是丑的"，他们就真的会喜欢吗？在瓦格纳那里，"我们别无选择"确实意味着这一点，但它也意味着更多：如果我们要在这些作品所要求的深度上体验和反思它们——更确切地说，如果我们要深入理解这些作品，使其成为我们经验的重要组成部分，我们就别无选择，我们就必须要考虑到他的态度及其后来具有的含义。（事实上，就舞台而言，如果我们要上演这些作品，就必须要考虑到这些东西，这点我还会再谈。）

如果我们试着把如下问题当成真正的历史学问题来理解，即，在瓦格纳的世界里，存在怎样的一系列可供采取的观点和态度——他在各种事绪上"处于什么位置"——我们会发现，在某些情况下，他的情况已经相当糟糕。最重要也是最臭名昭著的，就是他的反犹主义。他的文章《音乐中的犹太教》（"Das Judentum in der Musik"）攻击了梅耶贝尔（Meyerbeer）和门德尔松，还一般性地攻击了犹太人在艺术上的无能，文章在 1850 年首次以瓦格纳的一个笔名发表时并没有引起多大的轰动。1869 年，他以自己的真名重新发表这篇文章，反响要大得多，补充的内容语气更加尖锐，种族主义意味更加直接（李斯特说："他非但没有改掉自己的错误，反而使其变得更糟了。"）受各宾诺①的影响，对种族主义的强调在瓦格纳生前最后几年出版的其他作品中也很突出。有理由认为，瓦格纳通过自己的论著促成了反犹主义在十九世纪 80 年代德国的重新抬头，尤其是通过帮助反犹主义在文化上受到尊重。[4]

不仅如此，瓦格纳于 1876 年创立的拜罗伊特音乐节与这些最令人憎恶的观念的联系，也并非只在纳粹时期，通过他的儿媳威妮弗雷德（Winifred）与希特勒的友谊才产生。音乐节的内部刊物《拜罗伊特报》（*Bayreuther Blätter*）创立于 1878 年，此时瓦格纳还在世，创立者是追随他的汉斯·冯·沃尔措根，而据一位研究该音乐节的历史学家说，沃尔措根

> 把这份刊物用作意识形态手段，以此散播一种种族主义、反犹主义、沙文主义、仇外且反民主的意识形态。一份如此

390

① 约瑟夫·戈宾诺（Joseph Gobineau, 1816—1882），法国外交官、作家、人种学者和社会思想家，所倡种族决定论之说，对后来在西欧发展起来的种族主义理论及其实践活动曾产生巨大影响。——译者注

恶毒，如此充满仇恨，如此精神失常的出版物，在十九世纪末西方世界的任何地方，甚至在法国右翼最阴暗的角落，都难以找到。[5]

在另一些情况下，瓦格纳持有的态度本可采取更温和的形式，但瓦格纳的版本不属于这些形式。有一例看来就是这样：瓦格纳认为应该有一种独特的德意志艺术，并对这一想法赋予格外沙文主义的形式。[6]托马斯·曼在他的名文"多难而伟大的瓦格纳"（上文已引用过该文）中考察了这一点，该文曾在1933年作为一场演讲发表，直接导致他离开德国，流亡海外，而这篇文章，连同尼采的一些思想，至今仍是这些问题上最具助益的反思。[7]利用一位瑞士作者作出的区分，托马斯·曼指出，瓦格纳所热望的是一种民族艺术（nationale Kunst）而非民间艺术（Volkskunst）意义上的德意志艺术，也就是说，民族主义一事，关乎德意志艺术的命运和政治意义，而非其材料。

这本身作为一个十九世纪的抱负，看似完全可以理解，乃至纯真而值得嘉许。但我们必须想到，至少从十八世纪末开始，独特的德意志艺术的问题，以及这种艺术与工作于更广泛的欧洲传统之中的自觉的艺术家的关系，一向是德语思想的关注焦点。最重要的是，歌德也曾对这一问题反复关注，将其联系到诸多方面：德语，德语写作传统，该写作面向的公众，对于与欧洲其他国家的差异的自觉培养和拒斥，德意志艺术与德语国家各种可能的政治制度的关系，等等。事实上，瓦格纳在关于这些主题的著作中，毫不奇怪地赞扬了歌德和席勒。

而十九世纪60年代的德意志世界，与1800年时的德意志世界，当然是判然有别的两个地方。然而仍然有必要指出，就歌德而言，如何实现独特的德意志艺术的问题是个**对他而言的**问题，他也以尊重其复杂性的方式回应了这个问题；而对瓦格纳来说，在他职

业生涯的任何特定阶段，他无疑都知道问题的答案，以此反对持不
同观点的叛徒和敌人。歌德精神的这种缺失——缺失的不仅是一种
到了十九世纪 60 年代不合时宜的形式的歌德精神，而是任何形式
的歌德精神——我到下文还会再谈，那里我们将直面瓦格纳作品给
人的一种不应轻易拂去的印象：这些作品虽有其妙处和力量，但其
中的一种夺人心魄的强势可能令人厌恶。[8]

我已经从谈论瓦格纳在其论著中表达的个人态度直接转到谈论
其作品的特点。这不是我疏忽；问题在于两者无法完全分开。政治
观点令人不安的艺术家，所创作的作品未必在政治上令人不安。毫
无疑问，汉斯·普菲茨纳的杰出歌剧《帕莱斯特里纳》(*Palestrina*，
1917 年首演) 有一些弊病，比如它笨拙地试图以《纽伦堡的名歌
手》的风格来表现特伦特会议；但这些弊病并不表现普菲茨纳本人
的问题——他的保守主义、民族主义的观点与纳粹着实相投，使得
他在第二次世界大战后 (令他非常不满地) 被要求接受去纳粹化处
理。瓦格纳与其作品的关系并非如此。这一点现在很明显，而且从
作品创作之初就很明显，但我们必须要问，其作品的哪些特征构成
了这一点。

一方面是他令人憎恶的态度引发的问题，另一方面是他作品令
人不安的力量引发的问题，而麻烦在于，这些问题无法通过"作
品"与"人"的区分来解决。或者说，我们无法直接援引这个区分
来解决这些问题。重要的问题当然涉及作品：正是我们想要认真对
待作品这一点，才可能迫使我们去直面瓦格纳本人。但它的确迫使
我们直面他本人，因为瓦格纳的情况是：如果我们想要妥帖地对
待其作品及其力量，我们就要考虑到这个人的态度及其后来具有的
含义。我的意思不是说，他的观点——即便是他关于自己作品的观
点——必然决定了我们对作品的解读。他的诸部作品在不同程度上
独立于他围绕它们和针对它们所做的论述，但涉及每一具体情形，
我们都需要去问，作品在多大程度上独立于他的论述。我们尤其需

391

要理解的是，作品当中打动我们的东西在多大程度上可能联系于他态度当中使我们惊惧和反感的东西。

　　某些对瓦格纳作品的当代研究，虽然也很直言不讳地谈论他的态度，但未能把握到问题所在，也未能给出我们思考这一问题所需要的东西。二十世纪 70 年代以来的很多关于瓦格纳的论述都把课题设想成是揭露一个隐秘丑闻：这些作者试图追踪那些态度在作品中留痕的方式。[9] 例如，这些作者下很大功夫到那些歌剧本身里去寻找反犹主义的迹象，声称对米梅（Mime）、克林索尔（Klingsor）、贝克梅塞尔（Beckmesser）等角色的表现引入了关于犹太人的刻板印象。我并不关心对这些角色的破译做得是否正确，而这个问题上尚有很大争议。即使十九世纪的观众不需要我们看来需要的那么多帮助就能认出这样的刻板印象，即使瓦格纳有意地呈现这样的刻板印象（这一点并无直接证据），关键仍然在于，这些据认为的迹象过于琐碎，无法帮助我们探究那个唯一有理由令我们担心的问题。对瓦格纳作品抱有忧虑的唯一理由在于它们有力量、有趣。但若是这样，这些标记，这些以一时一地的方式编码的消息，又能造成什么差别？

　　实质上说，这些作者把瓦格纳（就其作品而言存在的）的反犹主义问题约简为这些据认为的痕迹，约简为这样的想法：瓦格纳在这一处、那一处心照不宣地示意着反犹主义。这种做法无助于处理瓦格纳的作品导致的深层焦虑。实际上，它适足以调和这些作者对瓦格纳作品的赞赏和瓦格纳的态度给他们带来的良心不安，但这种调和所在的层次是蜻蜓点水、不痛不痒的。他们把问题外在化了，挪出了它真正所属的地方。

　　我们可以借用托马斯·曼的一部完全不同的作品《死于威尼斯》当中的一个比喻：这些评论者把瓦格纳的威胁、危险当作霍乱的暴发，若是一切顺利，疫病可以通过刷白和消毒墙壁得到警示和控制。但是我们与瓦格纳之间、他们与瓦格纳之间的真正问题与此毫不相似，而是类似阿申巴赫与塔齐奥之间的问题。这些评论者并未在正确的层次上接受瓦格纳与其作品之间的联系。他们实质上在说，作品**不妨**有一些弊病，而他们也发明了一种边界清晰的、相对无痛的方式来识别弊病所在。

罗伯特·W.古特曼在他的一部有名的著作中写道，

> 令人遗憾的是，瓦格纳主要的主导动机之一就是一种原纳粹主义，它主要通过对犹太人的难以遏制的厌恶表达出来，他的生活和工作都被反犹主义的有毒卷须通体缠绕。在他最后的岁月里，他的仇恨进一步延伸到了黑皮肤和黄皮肤的人身上。不能把这种态度当作音乐英雄的一种不得体的狂想或一个微小的缺陷而轻易打发掉。

这些话强调，某些反犹主义标记的存在本身是不够的，无法表明反犹主义是瓦格纳作品的"主要的主导动机之一"。这些作品所受的污染理当比这更为彻底，而古特曼在他的著作中也给出了一些解读来说明污染确实彻底（虽然他在表明这些解读无可规避方面所做的较少）。但这样一来，他就被抛回到一个问题，即为什么这些彻底污染的作品被认为对我们来说有趣或者重要。对此，他的回答干脆诉诸音乐：

> 但瓦格纳仍然留传下来，这主要因为他是一位大音乐家。他成熟的晚期浪漫主义风格保留了大部分的魅力……一种几乎无与伦比的畅快和亲切把他的作品一直留在了舞台上。[10]

这完全不是什么回答。古特曼拒绝把人和作品分离开，于是尝试把作品与其音乐分离开，而这个目标从"畅快""亲切"这些词语的使用上就已经能看出是行不通的了，并且就瓦格纳而言，这个

393

目标终归格外没有成功的希望，毕竟他在统一音乐性与戏剧性表达上迈出了前所未有的步伐。如果到头来我们用起这般遁词，那么很明显，我们必须重新开始。

2

瓦格纳作品的某些现代演出以另一种方式试图把问题"外在化"。一个重要的事实是，近年来我们在歌剧院看到两种激进主义的共存。一种是在没有不妥之处的情况下，管弦乐和声乐表演以历史研究为基础，有了越来越高的"原真性"；与此同时，也有一些演出和布景显示出各种程度的重新思考和创造性，直至现在的出名的极端情况，即全凭导演突发奇想，而这种极端情况本身已经或多或少成了预期之内的事情。

这两种发展看起来方向相反。当然，它们确实有发生冲突的可能，比如，音乐要求或邀请歌者表达某些内容，但演出的编排使歌者无法表达它（重要的是，这不应被描述为音乐和戏剧之间的冲突；它是音乐的戏剧性贡献和演出的戏剧性贡献之间的冲突）。但这种情况属于特定的失败，而非两种激进主义的内在因素所致。即使是相当极端版本的两种激进主义，若以正确的方式组合在一起，也能大获成功（彼得·塞拉斯［Peter Sellars］1996 年在格林德伯恩上演的亨德尔的《西奥多拉》［*Theodora*］就是如此）。两种激进主义可以为同一个目的结合起来。音乐表演试图提供一个更接近作曲家本人表达手段的版本；演出则对这部剧、这些情感关系所能具有的含义，提供一个以我们现在看来讲得通的措辞来讲述的版本：无论是对于歌词的表达内容，还是对于现在呈现给我们的音乐的表达内容，这种演出都试图从视觉和戏剧上找到对我们起作用的等价物。单纯被史学研究所框定的戏剧演出是不可能做到这一点的。

实际上，认为一部歌剧也有那么一种"原真"的剧场演出，能达到音乐表演所追求的那种意义上的原真（这本身引起一些大问题，不过并非此处要关注的），这种想法似乎近于荒诞。有些评论家抨击他们眼中近年来导演们那种走极端的创新，呼唤对《尼伯龙根的指环》进行"传统式"演出，他们的意思也不可能是说，我们理应观看到瓦格纳在1876年拜罗伊特音乐节实际看到的东西——不说别的，我们知道瓦格纳对他在1876年的所见有什么看法。[11]但抛开这点不谈，毕竟问题是对我们而言的，关乎我们该做什么，那么即便是最忠诚的意图主义者所该问的，也不是瓦格纳在拥有他所拥有的资源的前提下想要什么，而是假如瓦格纳拥有我们所拥有的资源，那么他会想要什么；而这个资源，当然也就意指把他的作品呈现给这样一类观众的资源——这类观众看到过我们（不仅仅在舞台上）看到过的东西。毫不意外，我们又回到我们开始的地方，回到了为我们上演瓦格纳作品的问题。为追求信实的演出，除了再创造，断无他途。

394

对于瓦格纳作品的某些近年演出的异议不在于它们采用了新的风格，而在于它们没有用这种新风格进行再创造。有些演出提供的不过是评论。它们对作品进行的具有意识形态批判性的处理，不像我刚刚考虑的破译那些据认为反犹的标记那样轻微和间断。它们发出的评论有可能是持续的，例如在2000年拜罗伊特音乐节演出的《尼伯龙根的指环》中，沃坦从头至尾被表现为一位业界巨头。但若它们不过是评论，停留在对作品内容的回应之外，问题就产生了；那样的话，它们就类似于对反犹信息的所谓破译。[12]我们如果得到一份认为贝克梅塞尔的声乐风格是犹太式的解码，那么它即使正确，也不会对我们理解《纽伦堡的名歌手》或者塑造我们对它的反应有什么帮助，同理，一份附加在《尼伯龙根的指环》上的持续的伦理健康警告——例如机械地向其中加入现代的仇恨者形象——也不会帮助我们面对《尼伯龙根的指环》要求我们面对的东西，不论是好东西还是坏东西。

我们必须在更大的尺度上处理作品和作品所呈现的问题。我们必须去问：瓦格纳的风格有什么一般性特点参与造成了那些问题？我愿提到三个特点，这三点都是托马斯·曼提到过的。

瓦格纳与十九世纪的其他艺术家，尤其是易卜生，有一个共同目标，那就是把神话的东西和心理的东西统一起来。我们甚至可以提出，从某种意义上说，瓦格纳是内外颠倒的易卜生——这是我的想法，不是托马斯·曼的。易卜生在某些作品里，成功地给现实主义中产阶级家庭剧赋予我们能在索福克勒斯那里找到的一种重量，一种必然感；瓦格纳则是给神话和中世纪史诗装配了一种中产阶级家庭剧常有的心理。他这项事业有一个根本难题，隐含在瓦尔特·本雅明的这样一个观察里，即古代悲剧或史诗中的英雄缺少一种现代意义上的内心世界：那些古代作品，有很多——甚至可能全部——都沉重地表达了一种超越传记个殊性的必然性。而把这一事实调和于一种其强度不可避免地意味着强烈主观性的戏剧，是一项艰难的工作，正如十九、二十世纪的很多艺术家感到的那样。

395　　实际上，这里涉及三个层面。除了神话或中世纪材料，以及明确的中产阶级戏剧的动机和情境，瓦格纳还深度涉入心理探索，这种探索通过远超出自然主义戏剧的歌词和音乐表达出来。而在我看来，当最后这种元素占上风时，瓦格纳对神话的与心理的东西的调和就最为成功：此时，主观性的强度是如此极端，如此孤独，与市民生活和家庭生活如此无关，以至于以其自身的方式获得一种威严，或可与古代悲剧的威严相比拟。这一点在《帕西法尔》和在《特里斯坦与伊索尔德》的第三幕尤其明显。而在其他地方，他取得成功则是因为他能维持一种与家庭剧之间无需自我申辩的类比：一个明显的例子是《女武神》的第一幕。

有时候，对类比的协调不够完美，即使用瓦格纳有理由为之骄傲的那种"转换的艺术"也无法把三个层面结合起来。我个人认为《特里斯坦与伊索尔德》第二幕中马克国王的斥责，在三个层面上都属此类情况。一个问题是，从日常社会视角出发对那一对情侣的看法，与我们刚刚在他们已经进入的夜的世界里获得的体验相比，不是那么有趣；此外，就算对英雄和宫廷的名誉多有提及，马克的控诉仍然难以区别于一种中产阶级的尴尬，而这种尴尬无疑是瓦格纳本人熟悉的。这种情况给演出造成了难题，不过可以用技巧和运气来应对。然而有一个核心案例是齐格弗里德这个角色，在他那里，存在一种真正的真空，一种处于作品核心的塌陷，而我将提示，与他相联系的那种非常可疑的英雄主义观念具有一种政治意味。

瓦格纳风格的另一个很明显的特点是他确确实实在某些方面打破了音乐与非音乐的传统区分。如托马斯·曼所言，有种老旧的批评意见认为瓦格纳的音乐并不真正是音乐，这种意见虽然荒谬，但也不是完全无法理解：瓦格纳的作品的确以某种方式把音乐和文学融为一体。托马斯·曼这样评说《莱茵的黄金》开头的降 E 大调和弦："它是一个声音表达的概念：万物起源的概念。音乐在此被以一种专横的业余爱好者派头临时征用去表现一个神话概念。"[13] 这意味着，瓦格纳在他完成《尼伯龙根的指环》时说他作品所提供的"音乐之被彰显的功绩"[14]，和歌词（或者也许该说是情节）的心理／伦理／政治意味，唯有相互参照才能理解。作品的意义并不单纯或主要由情节确定，这一点并非瓦格纳所特有：一切歌剧皆如此，至少一切伟大歌剧皆如此。但瓦格纳的风格，的确使音乐与情节之间的戏剧关系的存在更加普遍，同时又使这种关系在情绪上更加直接。我们已经看到这一点的一个后果，即单单诉诸音乐则无法充分解释瓦格纳的力量。而另一个（可说是）相反方向的后果则是：如果谁特别感到《尼伯龙根的指环》在伦理或政治上有点可疑，那么这种感受无论正确不正确，都无法单纯诉诸情节或更为狭窄地诉诸歌词来应对。

某些捍卫瓦格纳的人有一种自相矛盾，他们在其他地方称赞他

396

作品中音乐和文本的统一，却认为，要想应对这些意识形态批评，只需指出，根据情节，违背誓言和偷窃不会有好下场。无论找出《尼伯龙根的指环》的结尾的整体意义有多大希望，你也不会在它的收场白那里找到这种意义，而且有一点很重要，我也将在探讨齐格弗里德这一人物时回头来谈这一点：《诸神的黄昏》最令人陶醉的片段——我想说也是最令人不安的片段——葬礼音乐，是没有歌词的。

瓦格纳比任何人都更是一位"整体化"的艺术家：在任何一部特定作品里，所有元素都关联于一个根本观念或基调。托马斯·曼对此又有妙评，虽然其措辞从技术性的观点看无疑夸张，但我们完全可以看出他所想表达的：

> 这种无限的刻画能力……使他的作品各不相同，而又从一种使之有别于所有其他作品的基调来展现每一部作品；所以，在其本身就构成他的个人世界的全部作品之中，每一部个别作品又形成一个封闭的统一体，如同一颗星球。

尼采说，瓦格纳的任何特定作品都仿佛整个是由一位声音非常独特的模仿艺人所上演的；又因为生平信息的存在也很明显，这个模仿艺人很容易被认为就是创作者。[15] 一切的疑惑、两面性和无充分决定性，都要么被内化到情节之中（人物被表现为犹豫不决或内心冲突），要么被外化，完全存在于作品之外（作品反对除它之外的世界）；疑惑和两面性不存在于作品呈现其自身的层面。作品自身所表达或暗示的，是完全的统一性和确定性。由于在瓦格纳那里，作品的声音如此独特，再加上创作者的历史存在是迫近的（例如在暗示整个策划是在反对什么的时候），其观感就不是在设定一个世界，而是在主张一种观点。

瓦格纳后期风格的极端现代主义意味着他没有把伦理和社会方

面的确信视为理所当然之事，而这种确信架构十九世纪其他很多自信的戏剧作品，例如威尔第的作品。与此同时，他虽然表现了内心矛盾的人物和具有暧昧或倒错的后果的行动，但他完全不赞成典型的现代主义发展，因为这种发展使矛盾性和不确定性成为戏剧演出的自身结构的一部分，以至于作品的本质性的一点就在于它不会最终告诉观众该如何看待它。实际上，达到这种效果的歌剧不多，不过其中包括二十世纪的两部最伟大的歌剧作品，《佩利亚斯与梅丽桑德》和《露露》。

397

3

上文中，联系到《纽伦堡的名歌手》和创立一种德意志艺术的计划，我提到歌德精神的缺失，现在我回来谈这一点。瓦格纳的可疑有一部分在于，虽然他描绘了冲突和矛盾，例如沃坦的犹豫不决，他对自己无法直接得偿所愿的认识，以及权力和爱之间的张力等，但是瓦格纳在呈现这些之际的基调，似乎时时刻刻都是一种坚定不移的确信。他在告诉我们这一切说明了什么。瓦格纳的风格的这一面可能使人产生恐惧和怨恨；我们可能有种被锁在瓦格纳的头脑里的感觉；这也可能给人一种操纵欺瞒之感。此外，瓦格纳的确信——那种认为自己把握到无条件地有意义之物的感受——一旦与政治性的事物相遇，尤其是在他想超越政治性的事物时，这种确信就可能变得十分令人担忧。

这些特点及其所唤起的反应也许意味着，他的有些手法干脆就不奏效。但有时候，瓦格纳的发明似乎本不该奏效，却真的奏效了，这时候我们的抗拒（因而还有我们的内心冲突）就特别强烈。到此为止提到的不止一个考虑把我们引向这一点的特定的核心例子，包括《诸神的黄昏》的葬礼音乐，即齐格弗里德之死那一场与整个《尼伯龙根的指环》的终场之间的管弦乐插曲。葬礼音乐从其效果上说几乎完全是回顾性的——的确该是这样，这对于整部《尼伯龙根的指环》给我们的体验而言是本质性的。我想，没人可以把它描述为悔恨、忧郁或无奈的。它明明白白是贺胜的。它呈现为对一位大英雄刚刚结束的生命的颂赞。可正如很多评论家所注意到的，这个振聋发聩的音乐纪念的主体几乎未曾作为一个人而存在过。

在瓦格纳的诸位英雄里，齐格弗里德最无自我意识，最无所知——从这个词的每个意义上都可以这样说。他几乎对什么都不太知道，对他自己则尤其如此，而就算他知道的事情，在《诸神的黄昏》的大部分里，他也受哈根的药的影响而忘掉了。虽然在他的濒死时刻，他对布伦希尔德的爱的记忆被归还给他，可这些记忆并未多带来一些理解，而只带来了向一段极乐过往的回返。在这一点上，以及在他与这些迷药的关系上，他都完全不像特里斯坦，后者在第三幕里有一段不一般的独白，其中，他终于看到发生的一切如何因他而起。而对齐格弗里德来说，魔咒的机制始终是外在的，毫不代表他的动机和愿望。如果说他有什么性格可言，那只能说是一种无止境的——几乎可以说是不带感情的——老实。

他与布伦希尔德的相遇的确教给他一件事，那就是恐惧。我们被告知，这给了他一次新的经历，但值得注意的是，关于这一点，我们除了被告知以外再没有得到什么。在齐格弗里德唤醒布伦希尔德之后齐格弗里德的最后一场里，有大量的心理材料，当然也表达在音乐之中，但这材料几乎完全是关于布伦希尔德从战士向情侣的转变的。齐格弗里德作为情侣获得了新的音乐，所获得的新的心理却很少。他从这场相遇中带走的不外乎一段极乐的记忆；而当他重申他作为英雄的个体性，回到行动的世界时，他除了行动本身就没有任何计划了。"Zu neuen Taten!"（"建立新功吧！"）是布伦希尔德在《诸神的黄昏》中对他说的第一件事，而如果我们认为他理所当然要继续过他唯一能够过的生活，那么布伦希尔德也没有别的话可说。帕西法尔的标志性特征是一种虔诚的少智，但随着情节展开，他有了一个内心世界；他在第二幕里以如此非凡的方式直面记忆和性，这番直面完全改变了他，而在齐格弗里德这里却丝毫没有发生什么意义重大的事情。

大英雄不是不可能缺乏内心世界：如瓦尔特·本雅明所指出，史诗和古代悲剧的叙述往往明显地缄口不提这些英雄的主观面。但一个人如果纯粹是天真，没有想象力，且其屠龙、其奔向布伦希尔德之类的壮举所标志的不是勇敢而是小儿的无畏，那么，把这样一个人描写为英雄就困难多了。这可不是阿喀琉斯。再者说，在齐格弗里德出现于其中的这部戏里，主观性、自我意识、反思、个人内心矛盾无处不在，并且表达在艺术手段本身之中，而最重要的是，它们构成另一个人物沃坦的核心——这样的人更有资格称为英雄。

由于葬礼音乐所代表的颂赞的对象看起来无可颂赞，这个时刻的戏剧演出就有一场危机。近来我们常见到的处理是空舞台，或者让齐格弗里德的尸体不受扰动地躺在那里。在我看到这种处理的场次里，这些手法显得蹩脚或者绝望；但这种绝望局面的存在并不令人意外。评论家们对此不满，觉得这是故意排斥英雄气概。但英雄气概上的失败不是导演的错。评论家们对作品的一个特色作了或许不当的反应，而若允许这个特色展露，它现在一定会显得空洞或潜在地令人担忧。

既然有这种戏剧上的失败，那么葬礼音乐为何确实有效果，乃至征服人，就成了真正的问题；而且，说它是一段令人称奇的音乐还不够，因为它是一段最深层意义上的瓦格纳式的戏剧音乐。我想，它何以能够这样触动我们这个问题有一个答案，我将回头再谈。但最先到来的问题，由导演的困难所标志的问题，是如何阻止另一种消息，一个有潜在政治性的消息，它能轻易填补齐格弗里德作为英雄的缺席所留下的空白。我说到，在这种缺席的情况下，葬礼音乐有可能是令人担忧的。之所以如此，原因在于它与《尼伯

399

龙根的指环》的政治方面——或者不如说非政治方面——之间的
关系。

出现在《诸神的黄昏》最后时刻的安详而调和的动机，原本叫
作"经由爱的救赎"。那些主导动机的标签没有一个靠谱，但这个
标签又比大多数更糟。就算按照瓦格纳过于大方的用词，到底是什
么被救赎了？布伦希尔德跃马进入齐格弗里德火葬的柴堆，当然是
牺牲了自己，但如果这要算救赎，而不算马背上的自焚殉夫，那么
它必须有某种进一步的结果。她说："这焚烧我身躯的火，烧净了
指环的诅咒。"的确，金子被净化了，因为它被归还给莱茵河——
这里，如莱茵少女在《莱茵的黄金》末尾唱的那样，是亲密和真实
的唯一所在："亲密和真实唯在深处才有。"（"Traulich und treu ist's
nur in der Tiefe."）[16] 金子是被救赎了——非要这么说也行。可单
是这样，也完全无法提示金子的回归或齐格弗里德和布伦希尔德
的死同时救赎了世界，至少在这救赎意味着世界变成一个更好或者
更自由的地方的前提下。在《诸神的黄昏》末尾，世界的未来显然
不受关注，而诸神完全没有了未来。这给常见的对《尼伯龙根的指
环》的政治解读出了难题。这种解读都从一个来自《莱茵的黄金》
的巨大动力开始，这出戏带有明显的侵占、自我贫困化和奴隶制的
意象，但即使其中最机智的解读也会随着组剧的继续而不了了之，
到末尾只能找到一种平淡无味的对纯真政治（politics of innocence）
的渴望。

这一点的问题不在于《尼伯龙根的指环》在展开的过程中回避
政治，而在于纯真政治是它似乎拒绝的一样东西。若想从《尼伯龙
根的指环》获取可搬用的教训，那么由沃坦的故事可以得出的一个
结论将是，没有什么纯真政治，因为没有什么值得达成的事情可以
在纯真状态下达成。只有在深处，只有在对自然无所强加、无所
谋取之处，才有温柔与真实。但是葬礼音乐的崇高和辉煌反对这一
点。并非由于它所说的（它什么也不说），而恰恰由于它所做的，

这段音乐可能带有一种暗示，即有可能存在这样一个世界，在那里，一种纯粹的英勇行动的政治能够成功，不被沃坦的诡计和与巨人谈判的需要所阻，也有办法一劳永逸地对付尼伯龙人：这是一种救赎的、改造的政治，一种超越了政治事物的政治。

这样的想法在德国有漫长、复杂且最终灾难性的历史。政治，至少是"俗常的"政治，那种关乎党派、权力、谈判的政治，被视为一种导致分歧的、低等的、实利主义的、肤浅的东西，而与另一种深刻的、精神性的、能把人聚在一个更高的统一体中的东西形成反差；而且，后者不兜售满足感，反而要求弃绝和受苦。而这种更高等的东西有两个候选项，一为艺术，一为民族，实际上也可以是两者的结合。

这些理想塑造了具有影响力的 Sonderweg（特殊道路）观念，这种观念认为，德国的发展可以走一条特殊的、（特别是）有别于英国和法国的道路；这种差异的一种表达是在 Kultur（文化）和 Zivilisation（文明）之间据认为存在的对比，前者是德国的、深刻的，后者是浅薄的、法国的。（托马斯·曼本人在第一次世界大战期间就支持这种观点，并在 1918 年出版的一部冗长的著作中仍然部分地试图为其辩护，这部著作意味深长地题作《一个不问政治者的反思》[*Betrachtungen eines Unpolitischen*]。）[17] 这一传统的所有元素，最终都被希特勒以一种漫无条理但却坚决果断的机会主义方式加以利用。[18] 希特勒远不是非政治的，但他假装是非政治的，也许他自己也相信，在他身上，这个民族已经超越了政治：使他上台的政治，以及与恐怖相配合而使他保持在台上的政治，确实是一种超越的政治（politics of transcendence）。

瓦格纳当然深深地忠奉 Sonderweg 的民族主义理想，但在他的作品中（与他的论著对比而言），超越政治的意愿很少指向有明显政治性的方向。《纽伦堡的名歌手》当然有政治蕴意；尼采说得不错，它反对 Zivilisation，它是德国人在反对法国人。此外，它还引出了艺术的政治的问题，这些问题它显然没有回答。汉斯·萨克斯相信人民（Volk）的判断，而在最后一幕中，年轻的骑士瓦尔特得到了人民的热情赞许，我们被告知，他的作品把灵感与传统调和在一起。瓦格纳无疑认为，他的这一幕整体上也确实可以这样说。但事实上，在这个平淡无奇的公式里，乃至在《纽伦堡的名歌手》对这一公式的展开里，都没有什么能缩小这样两种音乐的差距：一种是瓦格纳强烈激进的前卫实验，另一种是可以像威尔第的音乐那样直截了当地流行的音乐。

艺术的政治——瓦格纳、他的音乐与德国人民之间的关系——直到歌剧结尾都是没有解决的问题。但所有这些与狭义的政治亦即政府的政治之间的关系，在《纽伦堡的名歌手》中甚至不是一个问题。尽管在作品的最后时刻（在一个明显突兀的，似乎是瓦格纳在科西玛的坚持下加入的段落），瓦格纳让萨克斯宣布了艺术民族主义的理想，但他很谨慎，没有承诺其政治蕴意可能是什么。萨克斯就这个主题的最后发言是："即使神圣罗马帝国在迷雾中解体，神圣的德意志艺术仍将存在！"而这话在其语境下可以公平地理解为是说，即使政治发生剧变或者出了大问题，德意志艺术的理想仍会存续。这也许称得上对政治的回避。

至于瓦格纳在完成《指环》后创作的唯一作品《帕西法尔》，情况又有所不同。尼采说瓦格纳最后跪倒在基督教的十字架前，他显然说错了。瓦格纳没有这样做：粗略地说，他拍摄了一些圣餐仪式的彩色快照，用来说明自己在性、内疚、记忆和痛苦的心理中的旅程。（他认为尼采缺乏幽默感，因为他送给尼采一份《帕西法尔》的诗稿，落款是"理查德·瓦格纳，最高教会议会成员［Oberkirchenrat］"——类似于"瓦格纳牧师阁下"——结果尼采并不觉得好笑）。但这部作品给人的一些共鸣无疑是从基督教仪式及其联想中窃取来的，尤其是，瓦格纳反复出现的救赎者的主题在这部戏里维持了许多熟悉的宗教含义。事实上，在第三幕的宏伟高潮中，古内曼兹在为帕西法尔加冕时，他所使用的语言大量地提到赎罪和救赎，以至于有人认为他不是在对帕西法尔说话，而是在对救世主本人说话。[19]

虽然帕西法尔成了国王，但他是一位不统治任何臣民的国王。这部歌剧也并未像《尼伯龙根的指环》那些更具费尔巴哈色彩的时刻那样，暗示人类正从宗教那里夺回自己的身份。这里谈得上一种真正的政治缺席。我们所见到的是一种对宗教残余的利用，服务于一部几乎完全在深层心理水平运作的戏剧。这涉及一种戏法，因为这部作品必须在一些地方假装整个人类生活被某种更高的东西（如最后一场所表现的那样，它在字面意义上更高）——圣灵——所超越和辩护。但心理材料如此有力，伤口和长矛的象征足够强烈，而且最重要的是，音乐的创意如此引人入胜，以至于瓦格纳的全能（Allmacht），他作为魔法操纵者的能力，使他几乎可以应付过去。一些难办的问题被留给导演，但我们不必有什么问题，无疑更没有什么与政治相关的问题。

在创作《帕西法尔》时，瓦格纳还写了越发疯狂的文章，把这部剧的故事同种族纯粹性的主题捆绑在一起，但这不是抵制《帕西法尔》的理由。对某些人来说，这可能是抵制观看《帕西法尔》的理由：一部作品的作者既然有如此观点，他们也许觉得自己不想同这部作品扯上关系。像人们说的那样，这样做是他们的特权。但这与如何解读和回应《帕西法尔》全不相干，因为不论瓦格纳可能有过什么理论，那些理论都没有架构这部作品，没有表露在作品中，也不需要我们在体验作品时去关注。

例如，罗伯特·古特曼说："帕西法尔在魔法花园的顿悟是意识到，顺从昆德丽会稀释他的纯粹血统。"他这时不是在叙述剧情、文本或者从音乐联想到的蕴意。他单纯在说，对那些除了瓦格纳的种族主义论著之外几乎什么都不考虑的人，剧情看起来是怎样的。我在这里不是想要重新起用作品与人的区分，而且我已经说过，这

402

个区分在瓦格纳这里不是一个有用的手段。我只是想说，我们不能事先决定——无论是积极地还是消极地决定——关于这个人、他的观点和这些观点的历史的哪些事实对于回应某部作品来讲有可能是相关的。特别是，如果我们承认它的力量，那么问题就在于我们内心中的什么东西在作出这种承认，而就《帕西法尔》而言，我们在这个问题上有足够的认识，知道这部剧与瓦格纳的种族主义狂言没有什么本质上的关系。

政治在《纽伦堡的名歌手》中被回避，在《帕西法尔》中单纯是缺席的，但《尼伯龙根的指环》不属于这两种情况。这部组剧毫不含糊地应对权力问题，而即使到了末尾，它暗示这个发生权力问题的世界已经被克服，这还是很难不给我们留下一种感受，即权力及其使用的问题与其说被消除，不如说被提升到一个新的层次，需要某种"更高的"回答。

我此前说到，有一种解释可以说明葬礼音乐为何如此触动我们，即使我们认识到它本该庆贺的对象其实并不存在。我想说，这段音乐之所以有意义，是因为我们不是把它听成对一个人的颂赞，而是听成对一个过程，对《尼伯龙根的指环》此前上演的一切的颂赞。在《尼伯龙根的指环》趋近剧终之际，这部组剧引发一种对它自身的复杂性和力量的汇集之感，而这种复杂性和力量才是那段葬礼音乐所颂赞的。随着与故事前期相关的动机次第浮现，音乐本身就有助于揭示这一点。在颂赞其自身的完满之际，这部作品有可能使我们感到，这一整个充满灾祸的历程是值得的。

很重要的是，这不是在表达生活被艺术所救赎，不是在表达，真实的生活，真实的苦难、残酷、屈辱，皆因其能孕育伟大的艺术作品而得到辩护。就连瓦格纳是否对自己的作品持这种观点，也是有疑问的。不是说，《尼伯龙根的指环》的辉煌可以为现实生活辩护，而是：《尼伯龙根的指环》对它所呈现之事的颂赞，对我们来说象征着生活如何在承受灾祸之际也能看起来值得一过。从这个角度看，《尼伯龙根的指环》就显出它本该是一部肯定性的戏剧，而不该唤起一种假设性的、甚为可疑的提倡英雄主义与牺牲的政治。

但仍然有一个问题是，齐格弗里德在故事里扮演的角色，依据任何恰当的解读，是否能承担它该承担的分量。作品中的某些紧张局面无疑来自瓦格纳写这部作品时复杂的思想变化。但问题不仅仅是作品不完美。真正要紧的是一种历史的产物，是这些紧张局面把我们引向的对作品的一种感觉：我们感到，对政治的超越并非倾向于暗示政治的缺席，而是倾向于暗示一种更高的、超越性的政治，一种格外具有威胁性的政治。

这一点被戏剧排演方面的问题所标示，而即使我们最终把葬礼音乐听成一种悲剧性的肯定而非对令人难堪地不存在的英雄的颂赞，问题依然存在。那些在戏剧导演面前具体地出现的问题，无论如何也是我们面前的问题，如果我们不让瓦格纳的非凡智谋把我们从这些问题引开的话。特别是涉及《尼伯龙根的指环》，但也不只在这一例上，完全充分地再现瓦格纳的作品也许是不可能的，就连在我们的想象中都不可能。也许瓦格纳渴望的心理、神话和道德救赎意义的完全统一是种错觉，这不只是说它无法达到——贝多芬的自由理想同样无法达到——而是因为，如尼采所言，它部分地基于一种装腔作势，仿佛一系列戏剧性的、往往是宏大的姿态可以揭示世界的本质。如果真是这样，那么在这个程度上，对它的任何诚实的处理都无法使它作为整体发挥作用。我们可以公正地对待它——但那样一来它就会暴露那种装腔作势之罪，并因为无法洗脱的历史缘由，而被公正地联系到一种政治，这种政治自瓦格纳写作以来就进入了那种装腔作势所留下的空白。它也可以不显得那么有罪——但那就将是戏剧再创造所协调出的一种和解，发生在以下三者之间：历史记忆，瓦格纳试图表现的东西，以及我们现在可以体面而（如我们所说）尽可能诚实地接受的东西。

如果至少对瓦格纳的某些作品来说，一种"公正对待它们"的演出会判处它们有罪，那么这将构成伦理事物对一位艺术家的历史报复，这位艺术家独一无二地把利害所系提高到如此程度，几乎足以使这种报复不再可能。

注释

关于音乐的其他一般性文章参见 *On Opera*, by Bernard Williams (Yale University Press, 2006)。

［1］Wagner and the Transcendence of Politics, *New York Review of Books*.

［2］'The Sorrows and Grandeur of Richard Wagner', in *Pro and contra Wagner*, trans. Allan Blunden (London, 1985), p.100.（在引用托马斯·曼的文字时，我对译文有调整。）尼采对瓦格纳的抨击无疑体现一种对他的持续着迷，不过他的评论有时也可能引起那些不那么投入的人的共鸣："我对瓦格纳音乐所持的异议乃是生理学上的异议：那么，何以还要给这样一些异议披上美学的外套呢？"

［3］New York and London, 1997.

［4］Jens Malte Fischer 为瓦格纳的小册子的一个版本，即 *Richard Wagners 'Das Judentum in der Musik': Eine kritische Dokumentation* (Frankfurt am Main and Leipzig, 2000)，写了既有帮助而又值得赞美的平衡的引论，其中论述了此处的观点。关于瓦格纳的反犹主义的评论，参见 Dieter Borchmeyer 的文章（in *A Wagner Handbook*, ed. Ulrich Müller and Peter Wapnewski, translation edited by John Deathridge［Cambridge, Mass., and London, 1992］）。

［5］Frederic Spotts, *Bayreuth: A History of the Wagner Festival* (New Haven and London, 1994), p.84. 根据科西玛的日记，瓦格纳的确有一回告诉沃尔措根，他希望这份刊物表达一种广泛的、理想主义的态度，而与素食主义和反犹的鼓动这类"特殊性"保持距离。参见 Cosima Wagner, *Die Tagebücher*, 2 vols. (Munich and Zürich, 1976-77), vol. 2, p.700；由 Fischer, p.118 所引用。

［6］根据 John Deathridge 在 *The New Grove Wagner* (London, 1984), pp.52-3 所述，瓦格纳的文章《德意志艺术与德意志政治》（"Deutsche Kunst und deutsche Politik"，先是在 1867 年发表在一份报纸上，然后在 1868 年以著作形式发表。）可以"至少部分地解读为对《纽伦堡的名歌手》的评注"。下文中我会回到《纽伦堡的名歌手》本身是否有明确政治属性的问题。

［7］此处要作一重大的限定性说明：不论在这篇文章里，还是（更为非同小可地）在第二次世界大战之中、之后所写的篇目里，据我所知，托马斯·曼都没有提到过瓦格纳的反犹主义。

［8］托马斯·曼在 1949 年给埃米尔·比勒陀利乌斯（Emil Preetorius）的信中说"瓦格纳身上有很多希特勒的影子"，这时他特别想到的是一种"不可名状的

自以为是"，想对一切都有话可说。

［9］例如：Robert W. Gutman, *Richard Wagner: The Man, His Mind, and His Music* (London, 1968); Hartmut Zelinsky, '"Die Feuerkur" des Richard Wagner oder die "neue Religion" der "Erlösung" durch "Vernichtung"', in *Richard Wagner: Wie antisemitisch darf ein Künstler sein?* (Munich, 1978); Barry Millington, *Wagner* (London, 1984); Paul Lawrence Rose, *Wagner: Race and Revolution* (London, 1992); Marc A. Weiner, *Richard Wagner and the Anti-Semitic Imagination* (Lincoln, Nebr., and London, 1995)。这个想法至少可以追溯到特奥多尔·阿多诺（Theodor Adorno）的《探究瓦格纳》(*Versuch über Wagner*)，该书写于 1937—1938 年，全书首次出版于 1952 年；该书有 Rodney Livingstone 的英译本 *In Search of Wagner* (London, 1981)。

［10］Gutman, *Richard Wagner*, pp.xiv, xviii. 具有讽刺意味的是，古特曼居高临下地讥笑瓦格纳的早期传记作者"把道德标准带入艺术事务中这种维多利亚时代的喜好"。

［11］瓦格纳确实非常喜欢他在 1882 年观看到的《帕西法尔》，除了一个移动布景的问题。参见 *Wagner on Music and Drama*, selected by Albert Goldman and Evert Sprinchorn from translations by H. Ashton Ellis (London, 1970), pp.369-76。如今再看自然会相当奇怪。

［12］也许值得一说的是，我不认为这种批评适用于帕特里斯·谢罗（Patrice Chéreau）1976 年在拜罗伊特排演的《尼伯龙根的指环》，其录像广为人知（由飞利浦唱片发行）。它的某些创造是无根据的，但总体上说，它体现了对这部剧极其细腻的回应。

［13］阿多诺指出（*In Search of Wagner*, p.28），瓦格纳是个"业余爱好者"的观点可以追溯到尼采的文章《理查德·瓦格纳在拜罗伊特》，该文写于 1876 年第一届音乐节之时。

［14］参见《关于"乐剧"的命名》('Über die Benennung "Musikdrama"', 1872）一文。

［15］*Nietzsche contra Wagner* (Leipzig, 1889), 'Wo ich Einwände mache'.

［16］Andrew Porter 的译本把这句译成"善与真只栖身在水中（Goodness and truth dwell but in the waters）"。见 *Richard Wagner, The Ring of the Nibelung* (London, 1977)。

［17］Trans. Walter D. Morris (New York, 1983).

［18］这种思想传统以及其他文化遗产如何出现在纳粹话语尤其是希特勒本人的演讲中，是 J. P. Stern 的精彩著作 *Hitler: The Führer and the People* (London, 1975) 的主题。

［19］参见 Lucy Beckett, *Richard Wagner: 'Parsifal'* (Cambridge, 1981), pp. 52-3。

（吴芸菲　译）

为什么哲学需要历史[1]

"缺乏历史感是哲学家们的遗传通病……因此从现在起，**历史的哲学思考**是必需的，与之相伴的是谦虚的美德。"尼采于 1878 年写下这段话，但时至今日这些话仍然非常有必要说。的确，当下许多哲学比以往任何时候都更加彻底地非历史。特别是在所谓的分析（哲学）传统中，哲学的非历史性采取了如下形式：试图让哲学看上去像科学的某种延伸。尽管大多数科学家也许会觉得科学史有意思，但他们不认为它对科学有多大用处，他们有理由认为科学是一项进步的活动，已经摆脱了以往的错误并将过去的发现纳入教科书和当前的理论之中。在办公室门上贴"对哲学史说**不**"的标语的那位美国哲学家，可能觉得大多数科学家的上述想法也适用于哲学。

然而，哲学经常忽视其自身的历史这一事实还不是最重要的。许多哲学家确实对哲学史有点儿敬重：更要紧的是他们忽视了另一段历史——哲学所试图理解的那些概念的历史。哲学始于我们不够理解自己。我们在伦理上不够理解自己（所谓伦理上，意指我们为什么应该对人的某些而非另一些性向（dispositions）和做法采取积极或消极的关切，以及这些关切应该是怎样的）；我们并不完全理解我们的政治理念；我们也不理解我们怎么一来就有了诸种观念和经验，而且似乎对这个世界还知道得蛮多。哲学帮助我们理解自身的方法包括：反思我们所使用的概念，反思我们思考这些不同事物的方式；有时它会提出思考上述事项的更佳方式。这些（相对而言）都没什么争议。

在哲学的任何领域，触发反思的关切，即我们之未能理解我们自己，必须从我们所在之处开始。"我们"是谁，还有谁是"我们"的一员，很可能会有争议，尤其在伦理和政治领域。但反思必须从最狭窄意义上的我们——提出问题的人，我们正与之交谈的人——开始，并且，从当下开始。引发问题的概念是我们的概念。但这些概念背后有一段故事：一段讲述人们怎么就这样思考起来的历史。有些观念，比如政治平等或民主正当性，或真诚（sincerity）和诚实（honesty）的德性，其历史会很稠密，会独具我们自己文化的特色——跟过往年代的文化比起来是这样，跟其他现存社会的文化比起来或许也是这样。这些也没什么争议。不过，通常的设想是哲学探究无须过于在意那段历史：哲学家的独特事业是反思，大致来说，反思会参透这些观念。尼采那段话的基本要点是，至少在伦理和政治领域，这个设想是错的。

这个设想也不是在所有情况下都是错的。科学概念——比如"原子"概念——当然说得上有历史，但一般说来（其原因与科学史不属于科学的原因差不多），其历史没怎么参与造成那当下可能使我们对这个概念感到困惑的东西。可以用另一种说法来表述：从量子力学角度来理解的现代原子概念，跟公元前五世纪人们以（很粗略地说）同样的名称来理解的原子概念不是一回事，尽管前者可以说是后者的后裔。不过这类情况下，不同的社会或文化使用的是同一个还是不同的概念，这（之于我们对那个概念或那段历史的理解）并不那么重要：这一点永远不会是高度确定的，在很多情况下——"原子"概念就是一例——对此念叨不停完全是学究兮兮。然而，在另一些非常重要的情形下，我们**不仅**需要说，在两个不同

的群体所使用的观念或概念之间有着显著的历史差异，**而且**需要说，

407 在某种意义上，这些不同的观念和概念都是同一个概念的不同变体。对于自由和正义之类的价值概念，我们格外需要这么说，这种情况下，在不同时期或不同群体之间，对价值的解读可能存在重大冲突：比如，在独立共和国里作为一种自律生活的自由和第八大道上的自由之间就存在冲突。① 为尝试了解我们在自由观方面存在的问题，我们需要描述和理解这些差异，而且我们需要说，在某种意义上这些差异代表了对同一事物的不同解读：只是给这些相互冲突的价值取不同的名字会完全错过冲突的要点。

事涉对价值概念的解读，一种有帮助的做法是设想一个共同的内核，这个内核为这些相互冲突的价值所共有，并以不同的方式发展和表达出来。我在《真与信实》②（ *Truth and Truthfulness* ）[2] 里针对我所称的"真之德性"（virtues of truth）所尝试解释的，正是这样一个中心内核—历史变异的结构：所谓真之德性，主要是"准确"（accuracy）——把自己的信念弄对所需的品质——和"真诚"——向他人诚实地表达自己的信念所需的品质。眼下，在我们的文化中，这类观念遇到了各种问题。我们为什么要关心真相？③ 毋庸置疑，部分原因是持有真信念有用。但持有假信念也有用：从有用性来看，即使真理有正面的价值，也只是总体而言。但至少在有些时候，我们多数人会承认真／真理有一种不止于此的价值——比如，当我们意识到自欺不是什么良好的状态时。

---

① 前一种自由似指希腊城邦式的古典公民自由，后一种自由似指现代大众社会中的个人自由，"第八大道"一语尤其暗示对个人权利、多元文化的强调。——译者注

② 本书已有徐向东老师的中译本《真理与真诚》。书名中作为全书核心概念的 truth 和 truthfulness，徐老师分别译作"真理"和"真诚"，本文并未沿用，理由如下：首先，书中拢集在 truth 名下的意思有真实、真相、真理等，权衡之下，本文暂用单字"真"笼统概括；其次，truthfulness 在书中大意是指抵制被欺骗和愚弄，希望透过表象弄清背后的实情，它是和 truth 相关的德性，其内涵并不限于"真诚"，译作"真诚"，容易让人误以为是 sincerity 的译法，故本文勉为其难将其译作"信实"。——译者注

③ 本文统一把不带冠词的 truth 译成"真"或"真理"，而把 the truth 和 truths 译成"真相"。——译者注

同样，我们当前的信实观念也摇摇欲坠。一方面，我们的疑心无孔不入，急于不被愚弄，热切希望看穿表面现象，看到背后的真实动机和真实结构。另一方面，有一种同样强有力的对真 / 真理本身的疑心——（当真）有真理这样的东西吗？如果有，真 / 真理能够不仅仅是相对的或主观的或诸如此类的吗？（像理查德·罗蒂这样的一些人说，"真理"压根就不是我们探究或关心的对象：我们应该瞄准类似团结的东西。）第一种冲动势必会助长第二种冲动：对诚实和信实的要求，回过头来攻击真 / 真理本身。不过这两种冲动肯定有冲突。如果你不相信有真理这回事或者不相信真理有意义，那么对信实的热忱究竟是对什么的热忱呢？在追求信实之际，你是要真实面对（be true to）什么呢？第二个问题随之出现，它与本真性（authenticity）有关，本真性本身是信实的一个变体，也是一种典型的现代观念。如果一个人设想某种生活方式、某一整套抱负或者某种效忠的态度将能真实面对他那真实的自我，那么他必须与之应合的实在（reality）是什么？又该如何应合？

这些问题源于我们当前对诚实、信实、真诚和现实主义等品质或理念的看法。这些问题对于哲学来说是恰如其分的，因为它们关涉一种识认，即我们并不充分理解自己。显然，我们构想这些品质的方式不是人人都有的，关于这些品质如何成为我们的品质，有一个历史故事要讲。如果对这个故事没多少了解，我们能理解这些概念从而直面它们给我们带来的问题吗？比如，我们怎么一来就有了关于个人本真性的特殊理念呢？我认为，哲学只有借助于历史才能真正把握自己的任务；或者，如尼采所说，在这种情况下，哲学思考本身必须是历史的。①

哲学开始处理这项任务时是可以不借助历史的。光是反思人与人之间交流的条件和要求，就可以在最基本的层面上就"真之德

①　尼采这里所说的情况应是指当哲学尝试解读的相关概念独属于"我们"时。——译者注

性"告诉我们点儿什么。每个社会都在发现实情方面有所分工，哪怕只是最低限度的分工，即一些人在某个地方或某个时间观察到实情，另一些人在另一个地方、另一个时间观察到实情，而他们需要相互告知。单是反思这一点，我们就能明白，需要有某种形式的准确和真诚的品质；人们需成为可靠的观察者，而其他人需能够相信他们所说的话。这些基本的功能需要及其某些后果，可以在对一个初级社会的精简且明言其虚构性质的阐述中得到展现，用政治哲学的传统说法，我称其为"自然状态"。但是，自然状态故事本身已经提示，必定有一个更进一步的、真实的、有历史厚度的故事要讲。没有一个社会的运转可以仅仅基于其成员认为说出真相[①]在很多时候有用。个人和家庭团体有很多理由不对人说出真相（伏尔泰就是依据这一点才说，人有语言是为了掩饰自己的想法）。因此，每个社会都需要某种形式的信任建制（institutions of trust），这些建制要求，应该有认为说出真相（在正确的场合对正确的人说出真相）本身就是一件好事的某些性向。这些性向在不同社会、不同时期会以什么样的形式出现，是一个真实历史的问题。在这个意义上，真实的历史**填充**了自然状态故事所提供的单单是概要性的画面。如果你停留于这幅概要性的画面，你可能会觉得信实只是一种功能性品质，然后对它显然不只如此感到困惑。也许你会转到一个一般性的想法，就是信实是这样一种功能性品质：这种功能性品质需要被理解成不只是功能性的。无历史的哲学不会带你走得比这更远：你对这种情况[②]如何可能不会有什么见解，对围绕信实的德性的各种冲突会毫无见解——比如，和其他形式的误导性言说相比，说谎有什么特别差劲的地方吗？去看看我们是怎么走到眼下我们所在之处的，会为上述疑问带来更多洞见。

[①] 为呼应全文，此处的 tell the truth 译成"说出真相"，更自然的译法是"说实话"。——译者注

[②] 此处应是指信实何以需要被理解为不只是功能性的才能发挥其功能性。——译者注

况且，真实的历史不只是填充了那个概要性的故事。在准确方面，文化发展可以**提高**对讲述特定类型真相的**要求**。书写的发明使人们不可避免地要在关于遥远过去的各种故事之间作区分，区分开自称是真实的故事（即使它们是否真实并不为人所知）与属于神话或传说的故事。有了这个区分，就有了一个新的历史之真的概念，实际上也就是有了一个新的、确定的历史时间概念。无历史的哲学分析鼓励我们认为，这些对我们的思想至关重要的概念必定一直都存在，如果身处口头文化之中的成员无法辨识这些区分，那他们是糊涂了。但这些成员并不糊涂。历史时间的出现是一种智性进步，但它之为进步并不在于驳斥了错误：像许多其他新发现一样，它使人们有能力去做一些在它出现之前他们无法设想的事。与这个想法一道，我们必须坚持这确实是一个进步——正如我们顺理成章地说，这是一项发现。一些现代批评家，本着解构主义或相对主义的精神，试图抹杀这一进步，声称历史上关于连续时间的整个想法是由西方霸权主义强加的。不出所料，他们既没有抹杀这一进步，也没能使自己的事业讲通。如历史学家理查德·J.埃文斯（Richard J. Evans）所指出的，写下"历史时间已成往事"的那位批评家需要细想一下自己的立场。

在其他方面，真实的历史甚至比自然状态故事所呈现出来的抽象的结构必然性走得更远。真诚和准确这些价值——比如，为真理而求真理——已经有了自己的文化生命，并已经造就诸如智性诚实这类自觉的理念。像个人本真性，粗粗说来，作为一种理念在十八世纪末出现，它是复杂历史的产物，这段历史牵涉基督教这样重大的偶然事件。最为狭义的哲学可以弄清人类交流的结构性要求，但基于这些要求是无法预见那段真实历史的。但是真实的历史已经形塑了我们的世界和我们的问题，所以我们的哲学必须得考虑到真实的历史。如果不了解历史，有些价值与信实之间的联系可能会被完全忽略，我们实际的信实概念充其量也只会像是诸多想法的任意组合。

通过虚构自然状态来描述普遍要求，再阐述真实历史的发展，这两者相结合的方法，我称之为"谱系学"（genealogy）。谱系学是尼采使用的术语，这种探究理应满足尼采本人就其提出的一些要求。事涉信实的谱系，是尼采本人首先明确指出了我们文化中的张力，这是我们的探究所要直面的。然而，尼采他自己在用"谱系学"这个术语时还有另一层含义，多数时候福柯也这么用：谱系学来者不善，它揭示可耻的起源，它把如此解释的现象不光彩的一面显明出来。不过这些并不是谱系学方法所必然蕴涵的。在有些情况下谱系学确实来者不善，包括尼采自己举的主要例子，即从某种狭窄、纯粹、受法则驱动的意义上说的道德，但谱系学并不非得如此。可以有维护性的（vindicatory）[①]谱系，比如休谟论述的正义之谱系。人们可能不接受休谟对正义的"起源"的叙述，但就算他们接受了，这套叙述也不见得会削弱人们对正义的敬重：实际上，如果人们由此第一次把正义看成与人的需要和情感之间存在可理解的联系，而不是把它看成道德或形而上学的启示，那么对正义起源的阐述会让人更敬重正义。在这个意义上，我认为可以对眼下我们关心的真之德性的某些形式给出一个证认性的谱系。

一些哲学家否认历史故事能够证认（或不予证认）我们的价值。他们认为，任何类似的想法都犯了"起源谬误"（genetic fallacy）：作数的是理由或辩护而非起源。但这些人的想法忽略了这样一种可能性，即所讨论的价值理解自身、展现自身、主张自身权威性的方式可能会遭到谱系学故事的破坏。尼采谱系学所破坏的"道德"自称是一种精神的表达，这种精神更抽象、更纯粹，与理性的关系更密切，且超越了怨恨等消极感情，而如果尼采对道德的

---

① 在威廉斯用这个词的意义上，"vindicatory"含义近于"justificatory"（证成性的）但又稍弱，故暂译为"维护性的"。对某事物的证认性说明通常不足以直接显明其价值与意义，但可以维持人们对其价值与意义的信心。——译者注

阐述在其功能和历史方面都是真实的，那么道德在这两个方面就会显露为自欺。同样地，有人争论说当代自由主义诸价值不可能遭到从其历史方面提出的批评，但这么说有一个条件，那就是这些价值可以和一个常有人为之提出的主张相脱钩，而这个主张是：自由主义诸价值兴起于理性的扩张，代表着认知上的成就。这里有一个真正的疑问：如果自由主义诸价值代表了这个世界真实的道德秩序，何以它们竟只在某些地方且只在过去三个世纪左右才崭露头角？当然也可以向物理学理论或分子生物学提出类似的问题，但在这些领域，这个问题有答案。自由主义的历史是否与这些领域有足够的相似性，从而使得为自由主义提出的主张是真实的？这是一个历史解读的问题。如果这个问题的答案是否定的，自由主义就不会有**这种形式的**证认性的谱系。① 但是，如果自由主义剥除了对其历史的虚假的自我理解，留下来的重要部分可能确实有一个证认性的谱系，使得我们能够在理解它的同时，敬重它、支持它，并在它之中生活。我们也能力挺它而反对另外一些信条，那些信条自己所持的自我理解（比如，把自己理解为神的启示）本身就经不起谱系学性质的探究。

在《真与信实》中，也就是在我自己对真之德性的谱系学阐述中，我系统反对了我所说的"否认派"：他们声称真理概念对我们的探究或对我们的自由观念和其他价值观念毫无助益；他们声称，要么信实不应成为我们的一种价值，要么它跟真/真理无关。这些在人文学科中颇有影响力的怀疑论者，对于历史的地位、对于心理理解和叙事理解持某种观点，或几种不同的观点；那些正确反对了否认派的哲学家和其他人常常以为，如果人们摆脱了对真/真理和语言的困惑，一切就会复归常态，这种常态有时似乎被等同于某种

411

① 此处"这种形式"当指以"自由主义诸价值是一种认知成就"为主旨。——译者注

粗笨的实证主义，它相信单靠真相的力量就能讲通事理。信实是一种重要的德性，它本质上跟真相有关，但它要完成的任务比简单地收集一些真相艰巨得多。

有人认为，补充抽象的哲学反思并告诉我们为什么我们会有我们的这些观念，这件事所需要的不是历史而是科学。眼下有种甚嚣尘上的观点认为，诸如此类的问题可以通过演化心理学来回答。谱系学本身并不是演化论的一种应用。自然状态无意展现某种早期人科动物环境，演化论也无法提供谱系学申言要提供的东西。自然状态以明确宣称为抽象的形式阐述了人类交流承担的某些功能要求，这些要求可以通过反思推知。目前没谁对早期人科动物环境了解得一清二楚，如果不把人类交流的这些功能要求和其他类似的功能要求视作理所当然，也无法形成关于早期环境对人类认知的选择性影响的理论。视这些功能要求为理所当然，这没什么不妥，而且演化论者将不得不继续这么做，即便将来他们对早期人科动物的发展了解比现在多。到那时，实际讲述的有关人类早期交流实践的故事将成为谱系的另一部分，与基于较近时代发展的故事相比，其厚度要小得多，思辨的成分也多得多。

一些演化理论家认为，后来的文化发展本身可以用自然选择来解释。这些理论家并不是在说，文化变化体现了基因突变：他们是在说，文化变化受到智人的那些被早期环境选择出来的具体心理特性的强烈影响。人类目前具备的一切心理特性都是在演化过程中突现的，这已是老生常谈；在这些特性中，必定有一些构成了一种极其重要和成功的创新的基础，那是一种人类这个物种所独有的创新：有能力依从文化而生活，因而获益于规模宏大、形形色色的非遗传学习。这些说法都不错，但并没有表明，诸种文化之间的差异，或文化随时间的变化，在多深远的程度上被这些特性所决定。显然，不是一路决定到底：很可能，决定得不很深远。也许演化科学最终会表明为什么世界各地的人都会创作和享受音乐，但它无法解释贝多芬第三交响曲的出现。这里的基本要义是，只有对历史（和人类学）记录的解读才能回答这些问题，并表明演化科学所鉴别出的特质在多大程度上能够解释文化的差异。那种解读是演化科学本身无法作出的。

应用于真之德性的谱系学有理由批评"否认派"；但在这里以及在更广泛的意义上，它更有理由反对演化心理学更具还原论色彩的雄心。就算解构主义否认派不总是好好读书，但至少他们鼓励人们读书，鼓励人们了解这些书所从出的历史。心怀还原抱负的科学压根就不鼓励人们去了解历史。这种科学像那些贫于史识的哲学风格一样——乃至于和它们联手——对理解我们是谁、理解我们有哪些概念、理解我们在做什么形成阻碍，因为如果不掌握我们的历史，我们根本无从理解这些东西。

注释

[1] Why Philosophy Needs History, *London Review of Books*.

[2] *Truth and Truthfulness: An Essay in Genealogy* 是威廉斯写的最后一本书。这本书于 2002 年由普林斯顿大学出版社出版。

（吴芸菲　译）

致 谢

我想感谢普林斯顿大学出版社的阿尔·伯特兰（Al Bertrand）及其同事，他们发起了这项计划，还予以鼎力支持。蒙汉娜·保罗（Hannah Paul）和劳伦·莱波（Lauren Lepow）汇集了出版的材料；又蒙汤姆·斯特劳森（Tom Strawson）给予了编辑方面的协助。

承迈克尔·伍德揽下了撰写前言的差事，他慷慨非常、才华横溢，我很是感激。

我也想感谢巴里·斯特劳德（Barry Stroud）和乔纳森·威廉斯（Jonathan Williams），本来有更多的候选文章打算收录于此，承二位提了意见，再版有些不妥，又承二位襄助，定下了最终的内容。还有杰弗里·霍索恩（Geoffrey Hawthorn）、约翰·格雷（John Gray）、托马斯·内格尔、阿德里安·摩尔（Adrian Moore）、理查德·莫兰（Richard Moran）、塞缪尔·谢弗勒（Samuel Scheffler）、罗伯特·皮平（Robert Pippin），在此对他们的建议和鼓励一并致谢。

伯纳德辞世了整整十年。蒙友人和读者满怀热情，重温这些横跨四十年之久的书评，我心有所感。愿大家一如既往地享受他独特的声音。

帕特里夏·威廉斯 ①

2013 年 6 月

---

① 帕特里夏·威廉斯（Patricia Williams），本书作者伯纳德·威廉斯的第二任妻子，两人 1974 年结婚，育有二子。2006 年，帕特里夏主编的伯纳德·威廉斯遗作《论歌剧》（*On Opera*）出版。——译者注

版权方致谢

蒙各家出版商惠允，得以在本书重印下述材料，普林斯顿大学出版社谨致谢忱。

蒙剑桥大学出版社所允，重印第 2 和第 47 两篇文章；蒙《伦敦书评》杂志所允，重印第 31、32、34、35、36、37、41、44、46、49、52、53、56、58、62、63、64、65、66、68 和 71 等篇文章；蒙约翰·威利父子出版公司（John Wiley & Sons）所允，重印第 33 篇文章；蒙《新科学家》杂志所允，重印第 28 篇文章；蒙《新政治家》期刊所允，重印第 11 和 29 两篇文章；蒙《纽约时报书评》杂志所允，重印第 51 和 61 两篇文章；蒙《纽约书评》杂志所允，重印第 13、20、26、27、39、42、48、55、57、59、67、69 和 70 等篇文章；蒙《观察家报》所允，重印第 16、19、22、43 和 45 等篇文章；蒙《旁观者》杂志所允，重印第 1、5、6、9 和 18 等篇文章；蒙《星期日泰晤士报》所允，重印第 38 篇文章；蒙《泰晤士报教育副刊》（TES）所允，重印第 54 篇文章；

蒙《泰晤士报文学副刊》所允，重印第 21、23、24、40、50 和 60 等篇文章。①

---

① 原书第 11 篇为 "*The Concept of a Person*, by A. J. Ayer, 1963"，第 29 篇为 "*The Fire and the Sun: Why Plato Banished the Artists*, by Iris Murdoch, 1977"，第 33 篇为 "*Lying: Moral Choice in Public and Private Life*, by Sissela Bok, 1980"，因版权原因未收入本书。——译者注

索 引

I

义，80, 81, 82; and Nagel, ～和内格尔，373, 374, 379, 385, 386, 387n2; and Nozick, ～和诺齐克，108, 188, 189; on powers and limitations of observers, ～论观察者的能力和局限，379; on progress and enlightenment, ～论进步和启蒙，385; and Rawls, ～和罗尔斯，85, 87, 122, 330; and reach of human understanding, ～和人的理解力的范围，373; and Rorty, ～和罗蒂，206, 209, 378; and Taylor, ～和泰勒，303; and utilitarian thought, ～和功效主义思想，82

Kaufmann, Walter, 瓦尔特·考夫曼，182

Kennedy, John F., 约翰·F·肯尼迪，244

Kepler, Johannes, 约翰内斯·开普勒，28, 33

Keynes, J. M., 凯恩斯（经济学家），75, 219

Kierkegaard, Søren, 索伦·克尔凯郭尔，35–36, 198, 200, 228

Knowledge 知识：and Chomsky, ～和乔姆斯基，137; and Descartes, ～和笛卡尔，9, 26; and Hampshire, ～和汉普希尔，12–13, 14; and human experience, ～和人类经验，96–97; and humanities, ～和人文学科，270; innate, 天赋～，155; and Kant, ～和康德，78, 79, 80, 81, 373; of mind vs. external world, 心的知识与外部世界的知识，9; and Nagel, ～和内格尔，261, 262, 263, 381; and Nietzsche, ～和尼采，180; non-propositional, 非命题～，13, 14; and Nozick, ～和诺齐克，191–92; of other minds, 他心的～，102–3, 104; and philosophy, ～和哲学，364; and positivism, ～和实证主义，102; propositional, 命题～，13; and Putnam, ～和普特南，322; and Russell, ～和罗素，130–31; and Ryle, ～和赖尔，154–55; theoretical, 理论～，xii

Kolakowski, Leszek, *The Socialist Idea*, 莱泽克·科拉科夫斯基《社会主义的理念》，105–6

Kraus, Karl, 卡尔·克劳斯，343

Krell, David Farrrell, 戴维·法雷尔·克雷尔，179, 182

Kuhn, T. S., 库恩，208

Kundry (Wagner), 昆德丽（瓦格纳），402

L

Labor Party, 工党，254, 255

language, 语言，70; and Austin, ～和奥斯汀，41–42, 43–44; capacity for learning, ～学习能力，134, 139; and Chomsky, ～和乔姆斯基，133–34, 155; and Dewey, ～和杜威，205; and Dreyfus, ～和德雷福斯，95–97; ethical, 伦理～，314; and Galileo and Descartes, ～和伽利略和笛卡尔，31; and Hampshire, ～和汉普希尔，10, 11, 12, 16; historical changes in, ～的历史变迁，44; innate mechanism for, ～的先天机制，134, 137, 139, 155; and Minsky, ～和明斯基，278, 279; natural, 自然～，95–97, 133–34, 153; philosophy of, ～哲学，130, 367; in religion, 宗教～，70–71; and Rorty, ～和罗蒂，xiii, 296, 297, 381; and Russell, ～和罗素，130; and Ryle, ～和赖尔，153–54, 155, 156; and

O

objectivity 客观性：and Cowling, ～和考林，176, 178; and different systems of value, ～和不同的价值体系，194; of history, 历史的～，383; and Nagel, ～和内格尔，261–63, 264, 371–73, 374, 375, 376, 380, 381; and Rorty, ～和罗蒂，205, 214; of science, 科学的～，383; and Taylor, ～和泰勒，307

Obscene Publications Act, 色情出版物法案，202, 203, 351

obscenity, 色情 / 淫秽，202, 256

Official Secrets Act, 政府保密法案，229, 250

Orthodox Judaism, 正统犹太教，330

Orwell, George, 乔治·奥威尔，297; *1984*,《一九八四》，300, 358

Osborne, John, 约翰·奥斯本，293

Oz trial, Oz《奥兹》(杂志案)，201

P

Paley's Watch, 佩利的表 (设计论证)，23, 24

paradox, 悖论，360–61, 362

Parfit, Derek, 德里克·帕菲特，xiii; *Reasons and Persons*,《理与人》，218–24

Parliament, 议会，249, 250, 251

Parmenides, 巴门尼德，188

Parsifal (Wagner), 帕西法尔 (瓦格纳)，398, 401

Pascal, Blaise, 布莱兹·帕斯卡，77, 79, 198, 323

Pasolini, Pier Paolo, *Salo*, 皮耶·保罗·帕索里尼 (导演)，《索多玛的一百二十天》(电影)，201

Paul, 保罗，21, 288–89

Pavlov, Ivan, 巴甫洛夫，131

Pears, David F., 大卫·F·皮尔斯，132; *Bertrand Russell and the British Tradition in Philosophy*,《罗素与英国哲学传统》，130

Peel Committee, 皮尔委员会，116

perception, 知觉，11, 12, 40, 41, 42, 98–99, 130, 275

Pericles, 伯里克利，3, 238–39

person, 人格，148, 220. 又见：人；同一性 / 认同；自我

Pfitzner, Hans, *Palestrina*, 汉斯·普菲茨纳《帕莱斯特里纳》(歌剧)，391

Phenomenology 现象学，13, 39, 80, 98, 153, 166

philosophy 哲学：as academic exercise, ～之为学术操练，365; accuracy in, ～的准确性，xi, 407, 408; American, 美国～，x, 115, 124; Anglo-American, 英美～，245; as art form, ～之为艺术形式，187; and Austin, ～和奥斯汀，43, 44; axioms of, ～公理，188; British, 英国～，8–10, 115, 124; complaints about, 对～的抱怨，363–70; Continental, 大陆～，212–13; conversation model of, ～的会话模型，367; critical vs. dogmatic, 批判哲学对独断论哲学，379; curiosity in,

图书在版编目（CIP）数据

威廉斯论评集：1959—2002/（英）伯纳德·威廉
斯（Bernard Williams）著；谢沛宏，吴芸菲，郭予峤
译. —上海：上海人民出版社，2024
（思想剧场）
书名原文：Essays and Reviews：1959－2002
ISBN 978－7－208－18530－2

Ⅰ．①威…　Ⅱ．①伯…　②谢…　③吴…　④郭…　Ⅲ.
①学—文集　Ⅳ．①B－53

中国国家版本馆 CIP 数据核字（2023）第 176069 号

责任编辑　陈佳妮　任健敏
封面设计　周安迪

思想剧场
威廉斯论评集（1959—2002）
［英］伯纳德·威廉斯 著

谢沛宏　吴芸菲　郭予峤 译

出　　版　上海人民出版社
　　　　　（201101　上海市闵行区号景路 159 弄 C 座）
发　　行　上海人民出版社发行中心
印　　刷　上海盛通时代印刷有限公司
开　　本　635×965　1/16
印　　张　39.5
插　　页　4
字　　数　508,000
版　　次　2024 年 7 月第 1 版
印　　次　2024 年 7 月第 1 次印刷
ISBN 978－7－208－18530－2/B·1712
定　　价　168.00 元